V. 2506
E. a. 1.

# ARCHITECTURE
# DE BULLET.

IMPRIMERIE DE MARCHAND DU BREUIL,
Rue de la Harpe, n° 80.

# ARCHITECTURE DE BULLET,

ou

## LE NOUVEAU BULLET

DE LA VILLE ET DES CAMPAGNES,

Comprenant toutes les notions relatives aux constructions et décorations en tout genre, et aux toisés de ces constructions; les détails et prix nouveaux des légers et gros ouvrages de maçonnerie, de serrurerie, menuiserie, etc.; des méthodes simples et faciles pour lever les plans ; les lois relatives aux bâtimens, etc., etc.

Ouvrage indispensable aux architectes, maîtres maçons, entrepreneurs, vérificateurs, toiseurs, et mis à la portée des ouvriers.

### ÉDITION D'APRÈS SÉGUIN,

Augmentée d'observations extraites de RONDELET, MORISOT, DURAND, et des meilleurs livres d'Architecture, orné de 26 planches gravées.

### PAR MOREL,

ANCIEN INSPECTEUR DE BATIMENS.

### PARIS,

AUDIN, QUAI DES AUGUSTINS, N° 25.
URBAIN CANEL, PLACE St.-ANDRÉ-DES-ARTS, N° 30.

1825.

# ARCHITECTURE PRATIQUE
## DE
# BULLET.

## Géométrie pratique,

*Pour la mesure des Surfaces planes et des Solides.*

On s'est borné, dans le traité présent de *géométrie pratique*, à donner des méthodes pour mesurer l'aire des surfaces planes, ainsi que la solidité des corps dont la composition et la formation sont assignables. On a joint à ces méthodes des règles et les applications des règles, pour l'analyse et le tracé des figures nécessaires en architecture.

Les lecteurs curieux d'approfondir la géométrie, doivent avoir recours aux nombreux traités spéciaux qui ont été publiés sur cette science. Ceux qui n'ont ni le temps, ni la volonté de se livrer à cette sorte d'étude, peuvent, en toute confiance, faire usage de nos *règles* : nous garantissons qu'elles sont conformes à celles que les meilleurs auteurs ont déduites de leurs démonstrations les plus rigoureuses.

## Définitions.

*Les corps* ont trois dimensions : *longueur, largeur* et *hauteur.*

*Les surfaces* ne réunissent que deux dimensions : *la longueur* et *la largeur.*

Une *ligne* est une *longueur* sans largeur ni hauteur.

On distingue plusieurs sortes de lignes : la *ligne droite*, la *ligne brisée* et les *lignes courbes*.

1°. La *ligne droite* est le plus court chemin d'un point à un autre ; et le *point* est l'extrémité d'une ligne droite.

2°. La *ligne brisée* est composée de lignes droites.

3°. La *ligne courbe* n'est ni droite, ni composée de lignes droites comme la ligne brisée. La circonférence du cercle appartient à la famille des lignes courbes, laquelle comprend aussi les ellipses, les paraboles, hyperboles, spirales, etc., les lignes sinueuses.

La ligne *mixte* est composée d'une ou plusieurs parties droites et d'une ou plusieurs parties courbes.

Un *angle* est formé par l'inclinaison de deux lignes qui se rencontrent en un point. Dans la *fig.* 1, les lignes AB et BC, qui se rencontrent au point B, forment un angle.

Les angles sont, ou *droits*, ou *obtus*, ou *aigus*.

Quand une ligne droite en rencontre une autre, de telle sorte que les angles qu'elle forme à droite et à gauche sont égaux, ces angles s'appellent angles *droits*, et la première ligne est *perpendiculaire* à l'autre ; ainsi, dans la *fig.* 2, la ligne BD tombant sur la ligne AC, de manière que les angles ADB et BDC sont égaux, ces angles sont dits droits, et la ligne BD est perpendiculaire à la ligne AC.

Quand une ligne ne tombe pas perpendiculairement sur une autre ligne, elle fait des angles inégaux ; le plus grand s'appelle angle *obtus*, et l'autre s'appelle *aigu :* dans la *fig.* 3, la ligne BD tombant obliquement sur la ligne AC au point D, fait les angles BDA et BDC inégaux ; le plus grand BDA, s'appelle *obtus*, et le moindre BDC, s'appelle *aigu*.

Les angles s'expriment par trois lettres, dont celle du milieu marque le point d'intersection des lignes ou le sommet de l'angle, *fig.* 3, et comme dans l'angle obtus BDA, et l'angle aigu BDC, le point D indique le sommet.

Deux ou plusieurs lignes sont dites *parallèles*, lorsque tous les points correspondans sont constamment à une distance égale : prolongées à l'infini, les lignes parallèles ne se rencontrent jamais. Voyez la *fig.* 4.

## *Superficies.*

Il y a surfaces *planes* et surfaces *courbes*. La surface plane est celle à laquelle une ligne droite, ou une règle s'applique exactement dans toute son étendue. La règle pénètre dans la surface courbe, et n'a que deux points communs avec elle.

L'écaille d'un œuf, la partie extérieure d'une boule offrent des surfaces courbes. Considérons d'abord les premières dans leurs différentes espèces.

## Des Triangles.

Le triangle a trois côtés et trois angles : c'est la plus simple des figures polygonales.

Le triangle considéré par rapport à ses côtés, est *équilatéral*, ou *isocèle* ou *scalène*.

Le triangle *équilatéral* a ses trois côtés égaux, comme le triangle A, *fig.* 5.

Le triangle *isocèle* a deux côtés égaux, comme le triangle B, *fig.* 5.

Le triangle *scalène* a les trois côtés inégaux, comme le triangle C, *fig.* 5.

Considéré par rapport à ses angles, un triangle est *rectangle* lorsqu'il a un angle droit comme le triangle D, *fig.* 5.

Le triangle *équilatéral* de la *fig.* 5 A, est appelé aussi triangle *équiangle*. L'égalité des trois côtés entraîne l'égalité des trois angles et réciproquement.

La *base* d'un triangle, considérée par rapport à l'angle qui est au sommet, est le côté opposé à ce même angle. Comme dans le triangle ABC, si l'on considère l'angle B pour le sommet, AC sera la base du triangle, *fig.* 5, A.

Il arrive souvent que la perpendiculaire ne tombe pas dans l'intérieur du triangle, comme on le voit *fig.* 6. Dans ce cas, l'on prolonge la base BC, et l'on abaisse de l'angle A la perpendiculaire AD ; puis, imaginant un arc CYE, décrit du point A, et avec le rayon AC, le point D où doit tomber la perpendiculaire, est au milieu du prolongement CE de la base.

La surface du triangle est exprimée par le produit de BC par ½ de AD; c'est-à-dire par le produit des deux nombres linéaires, contenus dans ces deux lignes.

*Des figures de quatre côtés, ou quadrilatères.*

Le *carré* a les quatre côtés et les quatre angles égaux.

*Parallélogramme, carré-long* ou *rectangle,* (ces trois noms sont synonymes), c'est une figure qui a les quatre angles droits et les côtés parallèles et égaux; MNOP, *fig.* 8.

Le *parallélogramme* ou *rhombe,* a ses quatre côtés parallèles deux à deux, *fig.* 9.

Sous cette condition et lorsque, outre cela, les quatre côtés sont égaux, la figure est un *losange, fig.* 10.

Le quadrilatère s'appelle *trapèze,* lorsqu'il a deux côtés, AC et BD (*fig.* 11), parallèles; les deux autres côtés AB et CD, ont une direction quelconque.

*Des Polygones ou figures de plusieurs côtés.*

Parmi les autres figures rectilignes, celles qui ont les angles et les côtés égaux, sont appelées *régulières.*

Celles qui n'ont ni les côtés, ni les angles égaux, s'appellent figures *irrégulières.* Elles sont comprises l'une et l'autre sous le nom général de *polygones.*

Des régulières, celles qui ont cinq côtés et cinq angles égaux, s'appellent *pentagones*, comme E, *fig.* 12.

Celles qui ont six angles et six côtés égaux, s'appellent *hexagones*, comme F, *fig.* 13.

Celles qui ont sept côtés et sept angles égaux, s'appellent *heptagones*, comme G, *fig.* 14, et ainsi du reste, comme de l'*octogone*, *ennéagone*, *décagone*, *endécagone*, *dodécagone*.

*Le Cercle, et figures dérivées du Cercle.*

Le *cercle* est une surface comprise dans une ligne, appelée *circonférence*, *fig.* 15. Cette circonférence est une ligne dont tous les points sont également distans d'un point intérieur que l'on appelle *centre*. Toutes les lignes droites menées de ce point à la circonférence sont égales entre elles, et se nomment rayons. Dans la *fig.* 15, ACBF, le centre est D, les lignes AD ou DB sont les *rayons* ou les *demi-diamètres*, et les lignes AB ou CF, qui passent par le centre, et qui se terminent à la circonférence, s'appellent *diamètres* du cercle.

Toute portion de circonférence du cercle s'appelle *arc*. Si une ligne est menée d'un point de la circonférence à un autre, sans passer par le centre, elle s'appelle *corde*, de l'arc qu'elle soutient, comme la ligne CB, qui soutient l'arc CGB.

Un *secteur* de cercle est une figure comprise dans une partie de circonférence, et dans deux rayons, comme DCGB.

Un *segment* de cercle est une figure comprise dans une partie de la circonférence, et une corde, comme CGB.

L'*ellipse* est une figure oblongue, comprise dans une seule ligne courbe.

Le centre est le point du milieu A. *fig.* 16.

Les *axes* ou *diamètres* sont les lignes qui passent par le centre et se coupent à angles droits. Elles sont terminées de part et d'autre à la circonférence ; telles sont les lignes DE, CB, dont l'une est le grand axe qui représente la longueur de l'ellipse, et l'autre le petit axe qui en représente la largeur. Si d'autres lignes passent par le centre de l'ellipse, et se terminent à la circonférence, elles sont aussi appelées *diamètres*, comme la ligne GH.

L'ellipse a ses parties analogues à celles du cercle, comme secteur et segment, etc. Ainsi, la portion de la circonférence DHC, et les deux lignes AC et AD comprennent un secteur d'ovale ; et la même portion DHC avec la ligne DC, comprend un segment d'ellipse. Il y aurait encore d'autres choses à dire sur cette figure ; mais cela appartient à sa description.

Parmi les diverses autres courbes usitées en architecture, il y a encore les anses de panier, la spirale, la parabole et l'hyperbole, dont plusieurs auteurs ont parlé, et qui sont en général inutiles.

La *diagonale* est une ligne droite tirée d'un angle d'une figure rectiligne à l'angle opposé : dans le rectangle ACDB, la ligne BC est appelée *diagonale. fig.* 17.

## Des Solides.

Les *solides* ont longueur, largeur et profondeur ; leurs extrémités sont des surfaces.

Le cube est un solide rectangle, renfermé sous six surfaces carrées et égales, comme la figure 18, il est aussi appelé *hexaèdre*.

La *base* d'un cube est la superficie que l'on suppose être le fondement du corps.

Le parallèle pipède rectangle est un solide contenu sous six plans rectangulaires, et inclinés les uns sur les autres selon un angle droit comme dans la figure 19.

Le *prisme* est un solide qui a pour base deux figures rectilignes égales et parallèles, et dont les faces latérales sont des figures rectilignes ou de rhombes, *fig.* 20.

La *pyramide* est un solide qui a pour base une figure rectiligne, et dont les lignes élevées au-dessus de la base tendent toutes à un point que l'on appelle *sommet*, *fig.* 21.

Le *cylindre* est un solide qui a pour ses deux bases deux cercles égaux et parallèles, comme *fig.* 22.

On appelle *cylindre oblique* celui qui est incliné, *fig.* 23.

Le *cône* est un solide qui a pour base un cercle, et dont les lignes élevées au-dessus tendent à un point appelé *sommet*, comme *fig.* 24. On appelle *cône oblique* celui qui est incliné, *fig.* 25.

La *sphère* est un solide renfermé sous une seule superficie circulaire, comme *fig.* 26.

L'*ellipsoïde* est un solide renfermé sous une seule superficie ovale, *fig.* 27.

Les *corps réguliers* sont des solides dont toutes les lignes ou côtés et toutes les superficies sont égales.

L'*angle solide* ou *matériel* est l'inclinaison de plusieurs lignes qui sont dans divers plans. L'angle A formé par les angles plans BAD, BAC et CAD, *fig.* 28, est un angle solide.

# MESURE
## DES SURFACES PLANES.

### PROPOSITION PREMIÈRE.

*Mesurer la superficie d'un carré.*

Comme le carré a ses quatre côtés égaux, il faut multiplier un des côtés par lui-même, et le produit exprimera la superficie.

*Exemple.* Soit le carré AB, dont chacun des côtés ait 6 mesures, CAB ; de 6 pieds 6 toises 6 pouces, etc. ; le produit de 6 par 6 donnera 36 pour la superficie, *fig.* 7.

### PROPOSITION II.

*Mesurer la superficie d'un rectangle.*

Il faut multiplier le petit côté par le grand, ou le grand par le petit, et le produit exprimera la superficie.

*Exemple.* Au rectangle AB, *fig.* 8, soit le côté AC de 12 mesures, et le côté BC de 6 mesures, il faut multiplier 12 par 6, et l'on aura 72 pour la superficie.

### PROPOSITION III.

*Mesurer la superficie d'un triangle rectangle.*

Il faut premièrement savoir que tous les *triangles rectangles* sont toujours la moitié d'un carré ou d'un rectangle ; c'est pourquoi il faut mesurer les côtés qui comprennent l'angle droit, les multiplier l'un par l'autre, et la moitié du produit sera la mesure requise.

*Exemple.* Soit à mesurer le *triangle rectangle* ABC, *fig.* 29 dont le côté AB soit de 12 mesures, et le côté BC de 6 mesures : comme ces côtés comprennent l'angle droit ACB, il faut multiplier 12 par 6, et l'on aura 72, dont la moitié 36 sera la superficie requise. On aura la même chose si l'on multiplie un de ces côtés par la moitié de l'autre.

### PROPOSITION IV.

*Mesurer la superficie de toutes sortes de triangles rectilignes*

De même que les *triangles rectangles* sont la moitié d'un *carré* ou d'un *rectangle*, tous les autres triangles sont toujours la moitié des mêmes figures dans lesquelles ces triangles peuvent être inscrits, comme il sera aisé de le connaitre en supposant le triangle irrégulier ABC, inscrit dans le rectangle EACD, *fig.* 30 ; car si du sommet B du triangle ABC, on fait tomber sur AC la perpendiculaire BF, le même triangle sera divisé en deux autres triangles égaux aux deux triangles de complément AEB, CDB, qui composent le rectangle EACD ; car le triangle AFB sera égal au triangle AEB, et le triangle CFB sera égal au triangle CDB ; ainsi dans tous les triangles rectilignes, de quelque espèce qu'ils puissent être, si l'on fait tomber une perpendiculaire de l'un des angles sur le côté opposé au même angle, et que l'on multiplie ce côté par cette perpendiculaire, la moitié du produit sera la superficie demandée ; ou bien, si l'on veut multiplier une de ces deux lignes par la moitié de l'autre, on aura la même chose.

*Exemple.* Soit dans la figure précédente le côté AC de neuf mesures, et la perpendiculaire BF de six mesures. Si l'on multiplie 6 par 9, on aura 54, dont la moitié est 27 pour la superficie requise : ou bien si l'on multiplie 9 qui est le côté AC, par 3, moitié de la perpendiculaire BF, l'on aura la même superficie.

*Autre manière de mesurer la superficie des triangles par la connaissance de leurs côtés.*

Il faut ajouter les trois côtés ensemble, et de la moitié de leurs sommes soustraire chaque côté séparément ; puis si l'on multiplie continuement la moitié par les trois restes, la racine carrée du produit sera la superficie du triangle proposé.

*Exemple.* Supposons que les trois côtés du triangle ABC, soient 13, 14, 15, *fig.* 31 ; leur somme sera 42, dont la moitié est 21. De cette moitié si l'on ôte séparément 13, 14, 15, il restera 8, 7, 6. Puis, faisant le produit des quatre nombres 21, 8, 7, 6, c'est-à-dire, en multipliant 21 par 8, l'on aura 168, qu'il faut multiplier par 7 ; on aura pour second produit 1176, qu'il faut encore multiplier par 6. Le troisième produit sera 7056, dont la racine carrée 84 est la superficie requise du triangle.

## PROPOSITION V.

*Mesure des polygones réguliers.*

Il faut prendre le périmètre ou circuit du *polygone régulier* proposé, multiplier ce périmètre par la moitié de la perpendiculaire qui tombera du centre de la figure sur le milieu d'un des côtés, et le produit sera la superficie requise.

*Exemple.* Soit proposé à mesurer l'*hexagone régulier* ABCDEF, *fig.* 32, dont chaque côté soit de 5 mesures, les six côtés contiendront 30 mesures. Il faut du centre G, faire tomber sur ED, la perpendiculaire GH, que je suppose être de 4 mesures. Multipliez 2, moitié de GH par 30, somme des six côtés, et vous aurez 60 pour la superficie requise.

Pour trouver GH, élevez une perpendiculaire au milieu de DE et une autre au milieu de DC, l'intersection de ces deux perpendiculaires détermine le point G, et par conséquent GH.

Comme l'*hexagone* est très-commun dans les bâtimens, nous en trouvons la superficie plus aisément en multipliant la ligne CB, *fig.* 33, par la ligne AH. Cette mesure n'est particulière qu'à l'*hexagone*, et la méthode indiquée dans cette proposition est générale pour tous les polygones quelconques *réguliers*. La proposition suivante donne la méthode pour les *irréguliers*.

## PROPOSITION VI.

*Mesurer les polygones irréguliers.*

Sous le nom de *polygones irréguliers*, sont comprises toutes figures rectilignes ou multilatères irrégulières. Pour en avoir la superficie, il faut diviser les figures en triangles qui aient tous un angle dans un de ceux de la figure que l'on veut mesurer, ensuite mesurer séparément chacun de ces triangles par la proposition IV; après cela ajouter tous les triangles contenus dans la figure, et on aura la superficie requise de la figure proposée.

*Exemple.* Soit proposé à mesurer le *polygone irrégulier* ABCDEFG, *fig.* 34, il faut prendre un des angles à volonté, comme ici l'angle C, et mener des lignes aux autres angles, comme CA, CG, CF, CE : on aura cinq triangles qu'il faut mesurer séparément par la méthode ci-devant expliquée : toutes les superficies rassemblées donneront celle de la figure proposée. Comme si le triangle ABC contient 10 mesures, le triangle AGC 8, le triangle CGF 7, le triangle FEC 6, et le triangle ECD 9 : en ajoutant tous ces nombres, on aura 40 pour la superficie totale du *polygone* proposé.

Une même base pouvant appartenir à deux triangles à la fois, comme les bases AC, FC, l'opération l'abrège d'autant ; des deux élémens qui ont servi à la mesure d'un triangle, l'un peut être aussi employé dans l'évaluation du triangle contigu.

## PROPOSITION VII.

### *Mesure des losanges.*

On aura la superficie des *losanges* en multipliant une de leurs diagonales par l'autre.

*Exemple.* Soit proposé à mesurer le losange ABCD, *fig.* 35, dont la diagonale BD soit de 12 mesures, et la diagonale AC de 8; il faut multiplier le produit de 12 par 8, et l'on aura 48 pour la superficie requise. Il en arrivera de même si l'on multiplie la moitié de 12 qui est 6 par 8; ce qui fait le même nombre 48.

## PROPOSITION VIII.

### *Mesurer les parallélogrammes.*

Les parallélogrammes sont des figures dont les côtés sont parallèles deux à deux, mais qui n'ont pas les angles droits. Pour en avoir la superficie, il faut multiplier la base par la hauteur. Dans la figure 36, CD ou AB, étant pris pour base, la hauteur est la perpendiculaire AD.

*Exemple.* Soit le *rhombe* ABDC, *fig.* 36, dont le côté AB soit de 10 mesures, et la perpendiculaire AP de 6 mesures : il faut multiplier 6 par 10, et l'on aura 60 pour la superficie.

## PROPOSITION IX.

### *Mesure des trapèzes.*

Quoique l'on puisse mesurer toutes les figures rectilignes, par la règle générale que j'ai donnée (proposition IV), de les réduire en triangles;

j'expliquerai cependant la mesure particulière des *trapèzes*.

*Exemple.* Soit le *trapèze rectangle* ABDC, *fig.* 37 ; que le côté AC soit de 7 mesures, et le côté BD de 9 ; il faut ajouter ensemble les deux côtés AC et BD, leur somme sera 16, dont la moitié 8 sera multipliée par 10, qui est le côté CD perpendiculaire sur AC et BD, et l'on aura 80 pour la superficie requise.

Les *trapèzes*, que par extension, nous nommerons *isocèles*, *fig.* 38, sont ceux qui ont toujours deux côtés parallèles, mais en même temps les angles sur les mêmes côtés égaux. Or, ces figures sont mesurées, en ajoutant ensemble les deux côtés parallèles, et multipliant la moitié de leur somme par la perpendiculaire qui tombera de l'un des angles égaux sur le côté opposé.

*Exemple.* Soit proposé à mesurer le *trapèze isocèle* ABDC, *fig.* 39, dont le côté AB est parallèle à CD, et dont l'un est de 6 et l'autre de 10 mesures : la moitié de leur somme est 8, qu'il faut multiplier par la perpendiculaire AP de 7 mesures ; ce qui donnera 56 pour la superficie requise.

Le *trapèze* quelconque ABCD, *fig.* 40, ou ABCD, se traite de la même manière que le précédent. Il faut faire la demi-somme des deux bases et la multiplier par la hauteur AP.

## PROPOSITION X.

### *Mesure du cercle.*

Pour avoir la superficie d'un cercle, il faut multiplier toute la circonférence par le quart du diamètre, ou tout le diamètre par le quart de la circonférence.

*Exemple.* Soit proposé de mesurer le *cercle* ABCD, *fig.* 41, dont le diamètre AC ou BD soit de 35 mesures ; la circonférence est environ de 110. Il faut ensuite multiplier $27\frac{1}{2}$, le quart de la même circonférence, par 35 diamètre du cercle, et l'on aura $962\frac{1}{2}$ pour la superficie requise. Il en arrivera de même si l'on multiplie le quart du diamètre par toute la circonférence.

Au moyen du diamètre, on trouve la circonférence en multipliant la première quantité par $\frac{22}{7}$, ou si l'on veut plus de rigueur par $\frac{10}{16}$ ou $\frac{355}{113}$ ; la circonférence donne le diamètre par une opération inverse. Les multiplicateurs sont $\frac{7}{22}$, $\frac{16}{31}$ et $\frac{113}{355}$. Le dernier donne le résultat le plus exact.

## PROPOSITION XI.

### *Mesure d'une portion de cercle.*

Ces portions de cercle s'appellent *secteur* ou *segment.*

*Un secteur* est une portion de cercle qui est comprise entre deux demi-diamètres ou rayons, et un arc, comme ABGC, *fig.* 42.

*Un segment* de cercle est une portion comprise entre un arc et une droite, dont les deux extrémités touchent la circonférence ; tel est CED, *fig.* 42.

Pour mesurer un *secteur* de cercle, comme ABGC, il faut savoir que la *superficie d'un secteur de cercle est à toute la superficie du même cercle, comme la portion de la circonférence du même secteur est à toute la circonférence du cercle.*

*Par exemple.* Soit proposé à mesurer le *secteur* ABGC, *fig.* 42 : supposant la superficie du cercle précédent de 962 $\frac{1}{2}$, et la portion de l'arc BGC la cinquième partie de toute la circonférence du cercle, le *secteur* sera la cinquième partie de la superficie du même cercle ; ainsi la superficie de tout le cercle BCD, étant de 962 $\frac{1}{2}$ ; la superficie du *secteur* ABGC de ce même cercle sera 192 $\frac{1}{2}$.

Pour la superficie d'un *segment* de cercle, il faut premièrement trouver le *secteur* comme dessus, et soustraire de ce *secteur* le triangle fait de deux côtés du *segment* et de la corde du *segment*. Par exemple : pour avoir la superficie du *segment* CED, il faut mesurer tout le *secteur* CADE, et en soustraire le triangle CAD : restera le *segment* CDE, dont on aura la superficie.

## PROPOSITION XII.

### *Mesure d'une ellipse.*

La superficie de l'*ellipse* est à la superficie d'un cercle, dont le diamètre est égal au petit axe de la même ellipse, comme le grand axe est au petit ; et par conséquent le grand axe est au petit axe, comme la superficie de l'ellipse est à la superficie d'un cercle fait du petit axe. Ainsi, pour avoir la superficie d'une *ellipse*, il faut premièrement trouver la superficie d'un cercle fait du petit axe, et augmenter cette superficie, selon la proportion qu'il y a du petit axe au grand.

*Exemple.* Supposons que le petit axe AB soit 35, *fig.* 43, et le grand axe CD 50; le cercle qui aura 35 pour diamètre contiendra 962 $\frac{1}{2}$ de superficie; ainsi, en ordonnant la règle de proportion suivante, on dira, 35 : 50 : : 962 $\frac{1}{2}$ est à un autre nombre; il viendra 1375 pour la superficie requise.

*Autre manière de mesurer l'ellipse.*

Multipliez le grand diamètre 50 par le petit diamètre 35, le produit sera 1750

| | |
|---|---|
| Prenez-en la moitié | 875 |
| Plus le quart | 437 $\frac{1}{2}$ |
| Et le septième du quart | 62 $\frac{1}{2}$ |
| La surface de l'ellipse sera | 1375 |

## PROPOSITION XIII.

*Mesure des portions de l'ellipse.*

Les secteurs IKD, les segmens DCO de l'ellipse sont aux secteur et segment du cercle de projection ABCD, *fig.* 44, comme le grand diamètre de l'ellipse est au petit diamètre de la même figure. Le cercle de projection est évidemment égal à celui que l'on construirait avec le petit diamètre.

*Exemple.* Supposons que la superficie du cercle ABCD soit encore de 992 ½, et que la superficie de l'ellipse soit 1375, les deux secteurs IKD, NLH seront entr'eux, comme 55 à 50, c'est-à-dire, comme les deux axes; que le secteur IKD soit la septième partie du cercle, il contiendra 137 ½; si l'on mène les lignes à plomb, elles répondront aux mêmes parties du secteur LNH de l'ellipse : ainsi pour en trouver la superficie, on dira par une règle de proportion, 55 : 50 :: 137 ½ est à un autre nombre, qui sera 196 ¾, pour la superficie du secteur LNH de l'ellipse.

Les *segmens* d'ellipses seront mesurés par la même méthode : car, par exemple, si l'on veut avoir la superficie du segment d'ellipse CHM, il faut connaître le segment du cercle DCO qui lui répond, et l'augmenter suivant la proportion du petit axe au grand axe, et ainsi de même dans toutes les autres portions d'ellipses.

### PROPOSITION XIV.

*Mesure d'un espace parabolique.*

Soit la base 14, et l'axe 9, *fig.* 45, il faut multiplier la base 14 par les ⅔ de l'axe, savoir 6; le produit 84 sera la surface demandée.

Une parabole est une courbe, *fig.* 45, dont tous les points sont également distans d'un point F, qu'on appelle *foyer* de la courbe et d'une ligne MN qu'on appelle *directrice*.

# MESURE DE LA SUPERFICIE
## DES CORPS SOLIDES.

### PROPOSITION PREMIÈRE.

*Mesure de la surface convexe d'un cylindre.*

La superficie convexe d'un cylindre est égale à la superficie d'un rectangle, dont un côté sera la hauteur d'un cylindre, et l'autre côté la circonférence du cercle de la base. Ainsi, en multipliant la hauteur du cylindre proposé, par la circonférence du cercle de sa base, on aura la superficie convexe du cylindre.

Supposons que la hauteur du cylindre ACDB, *fig.* 46, soit de 15 mesures, et que les bases opposées de ce cylindre soient des cercles parallèles, dont la circonférence soit 26; il faut multiplier 15 par 26, et l'on aura 390 pour la superficie requise.

### PROPOSITION II.

*Mesure de la superficie d'un cylindre, dont l'un des bouts est coupé par un plan oblique à l'axe.*

Il faut mesurer la surface de la partie du cylindre proposé, depuis sa base qui est perpendiculaire à l'axe, jusqu'à la partie la plus basse de la section oblique, comme si le cylindre n'avait que cette longueur, et ensuite mesurer le restant de ce qui est oblique, comme si c'était un morceau séparé, et de ce restant en prendre la moitié et l'ajouter à la partie mesurée d'abord, et l'on aura la superficie requise.

*Exemple.* Soit le cylindre ABDC, *fig.* 47, dont la partie AB est coupée obliquement à l'axe : il faut mesurer la partie AEDC comme un cylindre dont les deux bases sont parallèles et perpendiculaires à l'axe. La hauteur de cette partie étant supposée de 8 mesures, et la circonférence de la base de 21, ce cylindre AEDC contiendra 168 mesures en superficie. Il faut ensuite mesurer la partie BE, que je suppose de 4 mesures, et la multiplier par 21 de circonférence ; le produit sera 84, dont la moitié est 42, qu'il faut ajouter avec les 168 : on aura 210 mesures pour la superficie entière. La surface est toujours la moitié de la surface cylindrique entière, de même base et de même hauteur.

Cette proposition peut servir à mesurer les berceaux coupés obliquement.

## PROPOSITION III.

*Mesure de la surface convexe d'un cône.*

Pour mesurer la surface convexe d'un cône droit, il faut mesurer la circonférence circulaire de la base, et multiplier cette circonférence par la moitié du côté du même cône, ou le côté par la moitié de la circonférence, et l'on aura la surface requise.

*Exemple.* Soit le cône droit ABC, fig. 48 : que la circonférence de sa base circulaire AECD soit de 55 mesures, et son côté BA de 18 mesures : il faut multiplier 55 par 9, moitié de 18 ; on aura 515 pour la surface requise.

Si le cône proposé à mesurer est oblique, c'est-à-dire, qu'il ait un côté plus long que l'autre, il faut ajouter ensemble le grand et le petit côté, et de leur somme en prendre le quart qui, multiplié par la circonférence de la base, donnera la surface requise.

*Exemple.* Soit le cône oblique ABCD, *fig.* 49 : que sa base ADCE, qui est circulaire et oblique à l'axe, ait 25 mesures de circonférence, le côté AB 20, le côté BC 16 ; il faut ajouter 16 et 20, qui font 36, dont le quart est 9 qu'il faut multiplier par 25 circonférence de la base, et l'on aura 225 pour la surface demandée.

Cette règle peut servir à mesurer les trompes droites et obliques.

### PROPOSITION IV.

*Mesure de la surface convexe d'un cône tronqué.*

Il faut ajouter ensemble la circonférence de la base du cône et celle de la partie tronquée, prendre la moitié de leur somme, qu'on multipliera par le côté du même cône ; et l'on aura la mesure demandée.

*Exemple.* Soit proposé à mesurer le cône tronqué ABCD, fig. 50 ; il faut ajouter ensemble les circonférences CHDG et ALBO, que je suppose être 56, dont la moitié est 28, qu'il faut multiplier par un des côtés AD ou BC, que je suppose être 16, et l'on aura 448 pour la surface requise.

Si le cône tronqué est oblique, et que les bases soient parallèles, il faut mettre ensemble le grand et le petit côté, et en prendre la moitié qu'on multipliera par la moitié de la somme des deux circonférences; et on aura la superficie requise.

*Exemple.* Soit le cône oblique tronqué ABCD, fig. 51; que les circonférences des bases soient ensemble 48, la moitié sera 24 : le plus grand côté AD soit 18, et le petit côté BC soit 12, leur somme est 30 : en multipliant 15, moitié de la somme des côtés par 24, moitié de la somme des circonférences des bases, l'on aura 330 pour la surface requise.

## PROPOSITION V.

*Mesure de la surface convexe d'une sphère.*

Que l'on multiplie la circonférence du plus grand cercle de la sphère par son diamètre, et le produit exprimera la surface. Un grand cercle de la sphère est donné par l'intersection d'un plan qui passe par le centre de ce solide.

*Exemple.* Supposons que le diamètre AC de la sphère, fig. 52, soit 35, la circonférence du plus grand cercle ABCD sera 110; il faut donc multiplier 35 par 110, et l'on aura 3850 pour la surface.

On aura encore la même surface, en multipliant le carré du plus grand diamètre de la sphère par $3\frac{1}{7}$ : ainsi, le diamètre étant 35, le carré de

35 est 1225, qu'il faut multiplier par 3 ⅐, et l'on aura 3850 pour la surface, comme ci-devant.

## PROPOSITION VI.

*Mesure de la superficie convexe d'une portion de sphère.*

Multipliez le grand diamètre de la sphère par la plus grande hauteur de la portion proposée; vous aurez un rectangle qu'il faut multiplier par 3 ⅐ pour avoir l'expression cherchée.

*Exemple.* Soit proposé à mesurer la superficie convexe de la portion de sphère ABC, fig. 53; que le grand diamètre BD soit de 35 mesures, et que BE, la plus grande hauteur de la portion à mesurer soit de 12 : il faut multiplier 12 par 35; on aura 420 qu'il faut multiplier par 3 ⅐, pour avoir 1320, qui est la superficie requise.

On peut encore mesurer cette superficie par une règle de proportion, en disant : comme le diamètre de la sphère est à la superficie de la même sphère, la hauteur de la portion est à la superficie de la même portion. Ainsi, supposant que le diamètre de la sphère soit 35, et la superficie 3850, comme ci-devant, la hauteur de la portion BE étant 12, par la règle de proportion, on trouvera 1320 pour la superficie.

## PROPOSITION VII.

*Mesure de la superficie convexe d'une zône de sphère.*

Soit la zone ABGC, fig. 54, dont on cherche à connaître la surface.

Il faut multiplier la circonférence dont BC est le diamètre, par la hauteur HO; le produit sera la surface demandée.

*Exemple.* Soit le diamètre BC 14, sa circonférence sera 44, qu'il faut multiplier par la hauteur HO, supposée 6; le produit 176 sera la surface demandée.

## PROPOSITION VIII.

*Mesure de la superficie d'un solide elliptique, ou d'un ellipsoïde.*

Il faut premièrement savoir que la superficie d'un solide elliptique est à la superficie d'une sphère inscrite dans le même sphéroïde, comme le grand axe est au petit. Ainsi, ayant trouvé par les propositions précédentes la superficie de la sphère inscrite dans le même sphéroïde proposé, il faut augmenter cette superficie selon la proportion du petit axe au grand.

*Exemple.* Que AB, fig. 55, diamètre de la sphère inscrite dans le sphéroïde ACBD, soit de 35 mesures, la superficie sera 3850 : que le grand axe du sphéroïde soit 45, il faut faire cette proportion 35 : 45 : : 3850 : $x$; par la règle de trois on trouvera que $x$ égale 4950, qui est la surface convexe du sphéroïde.

Cette proposition peut servir pour mesurer les voûtes, dont les plans sont ovales ; car quoique l'on ne mesure ici que la surface convexe, la mesure est la même pour une superficie concave ; on peut supposer que ces voûtes ne sont que la moitié d'un sphéroïde concave.

On peut encore mesurer par cette règle toute autre partie que la moitié d'un sphéroïde ; car puisque la superficie d'une sphère, dont le diamètre est le petit axe du sphéroïde, est à la superficie du même sphéroïde, comme le petit axe est au grand ; on peut, en gardant la même raison, trouver toutes les parties du même sphéroïde.

*Observation pour la surface du paraboloïde.*

Cette méthode peut servir aussi à trouver la surface d'un paraboloïde. La différence du sphéroïde elliptique au paraboloïde est peu de chose, quant à la pratique.

# Stéréométrie,

## OU MESURE DES SOLIDES.

### PROPOSITION PREMIÈRE.

*Mesure de la solidité d'un cube.*

Le cube est un solide rectangle dont toutes les faces sont des carrés égaux entre eux et tous les angles solides droits. Pour mesurer le cube, il faut avoir la superficie de l'une de ses faces, par les précédentes propositions, et multiplier cette superficie par un des côtés du cube; le produit donnera la solidité.

*Exemple.* Soit à mesurer le cube A, fig. 56, dont chaque côté a six mesures; la superficie de l'un de ces côtés sera 36, laquelle il faut multiplier par 6 un des côtés du cube; et l'on aura 216, nombre qui exprime la solidité.

### PROPOSITION II.

*Mesure d'un parallélépipède rectangle.*

Il faut multiplier la superficie de la base du solide par sa hauteur, et on aura la solidité.

*Exemple.* Soit à mesurer le solide B, fig. 57; que la superficie de sa base soit de 24 mesures, et sa hauteur de cinq; multipliez 24 par 5, et vous aurez 120, nombre qui exprime la solidité.

## PROPOSITION III.

*Mesure d'un parallélepipède, rectangle, coupé obliquement à sa hauteur perpendiculaire.*

On considère ce solide comme composé de deux autres solides qu'on mesure séparément.

*Exemple.* Soit le solide AE, fig. 58; la face ABDC opposée à l'oblique, contient 24 mesures en superficie : la moindre hauteur BF est de 5 mesures, et la plus grande DE de 8 : multipliez 24 par 5, et vous aurez 120 pour la solidité du rectangle, compris dans le solide AE. Prenez ensuite la moitié du produit de la même superficie ABDC par 3, excès de la grande hauteur DE sur la moindre BF, et vous aurez 36, qui, ajoutés à 120, la première solidité trouvée, vous donneront 156 pour toute la solidité requise.

*Autre méthode.*

Multipliez le nombre qui représente la surface ABCD par le nombre d'unités de longueur contenues dans la ligne MN, laquelle joint le point M, milieu de FE, avec le point N, milieu de BD.

## PROPOSITION IV.

*Mesure de la solidité des prismes et des cylindres droits.*

Soit à mesurer un prisme droit, dont les bases sont triangulaires : il faut mesurer la superficie de l'une des bases, la multiplier ensuite par la hauteur du prisme, et on aura la solidité requise.

*Exemple.* Soit le prisme triangulaire AB, fig. 59, dont les côtés sont perpendiculaires aux bases : supposons que la superficie de l'une de ses bases soit 18, et la hauteur AB 15, il faut multiplier 15 par 18, et on aura 270 pour la solidité requise.

En général, les prismes dont les bases seront d'autres figures parallèles entre elles et perpendiculaires aux côtés, doivent se mesurer de même. Soit le prisme CD, fig. 60, dont les bases sont pentagonales, il faut chercher la superficie de l'une de ses bases, et la multiplier par la hauteur CD, pour avoir la solidité.

Il en est de même des prismes dont les bases sont des trapèzes, comme le prisme EF, fig. 61.

On mesure aussi de cette manière la solidité des colonnes et des cylindres droits. On a, par exemple, à mesurer la solidité du cylindre droit HI, fig. 62, dont les bases sont des cercles parallèles et perpendiculaires à l'axe ; il faut chercher la superficie de l'une de ses bases, la multiplier par la hauteur HI.

Quand les bases des cylindres sont des ellipses,

on mesure la superficie de l'une de ses bases, et on la multiplie par la hauteur, comme ci-dessus

## PROPOSITION V.

*Mesure des prismes et des cylindres obliques.*

Les prismes obliques sont ceux dont les bases et les côtés sont parallèles entre eux; mais dont les mêmes bases sont obliques par rapport aux côtés. Pour les mesurer, il faut de l'extrémité de l'une des bases, faire tomber une perpendiculaire sur l'autre base, et multiplier la hauteur de cette perpendiculaire par la superficie de la base sur laquelle tombe la perpendiculaire.

*Exemple.* Soit le prisme A, fig. 63, dont les bases ne sont point perpendiculaires aux côtés : il faut de l'extrémité B faire tomber BC perpendiculairement sur la base DEF, multiplier la superficie de cette base par BC, et l'on aura la solidité.

Il en sera de même des cylindres obliques; car, pour avoir la solidité du cylindre B, fig. 64, dont les bases sont obliques par rapport aux côtés, il faut de l'extrémité C faire tomber perpendiculairement sur la base A, la ligne CD : cette ligne étant multipliée par la superficie de l'une des bases, donnera la solidité du cylindre oblique.

## PROPOSITION VI.

*Mesure des pyramides et des cônes.*

On aura la solidité des pyramides et des cônes droits, en multipliant leur base par le tiers de la perpendiculaire qui tombe du sommet sur les mêmes bases.

*Exemple.* Soit à mesurer la pyramide ABCDE, fig. 65, dont la base a 12 mesures en superficie. Il faut du sommet A faire tomber perpendiculairement sur la base BCDE la ligne AG, que je suppose être de 9 mesures. Il faut multiplier le tiers de 9 par 12, ou le tiers de 12 par 9, et on aura 36 pour la solidité cherchée.

Il en est de même de toutes les pyramides dont les bases sont triangulaires, pentagonales, hexagonales, etc.

Les cônes seront mesurés de même; car ayant multiplié la superficie de leurs bases circulaires par le tiers de la ligne qui tombe perpendiculairement du sommet sur la base, on aura la solidité requise. Par exemple, je suppose que la base ADCE, fig. 66, soit de 25 mesures, et que la perpendiculaire BF soit de 12, si l'on multiplie le tiers de 12 par 25, on aura 100 pour la solidité du cône proposé.

Les pyramides et les cônes obliques seront aussi mesurés par cette méthode. Par exemple, supposons que le sommet de la pyramide oblique, fig. 67, ne tombe point perpendiculairement sur la base BDCE, il faut prolonger DC, et du sommet A faire tomber la perpendiculaire AG : le tiers de cette hauteur multipliée par la base BDCE, donnera la solidité.

Il en est de même des cônes, fig. 68, et de tous les solides pyramidaux.

## PROPOSITION VII.

*Mesure des pyramides et des cônes tronqués.*

Les pyramides et les cônes droits tronqués sont mesurés en multipliant la surface de la base inférieure par la surface de la base supérieure ; la racine carrée du produit donnera la surface moyenne qu'il faut ajouter aux deux autres : on multipliera ensuite leur somme par le tiers de l'axe, et le produit sera la solidité de la pyramide ou du cône tronqué.

*Exemple.* Soit la pyramide oblongue, fig. 69, dont un des côtés de la base inférieure soit 18, et le petit côté 6, la surface sera 48.

Que le grand côté de la base supérieure soit 12, et le petit côté 4, la surface sera 48.

Il faut multiplier 108 par 48, le produit sera 5184, dont la racine carrée 72 sera la surface moyenne qu'il faut ajouter à 108 et 48 ; leur somme sera 228, qu'on multipliera par 4 le tiers de la hauteur de l'axe supposé ici de 12 ; le produit donnera 912 pour la solidité de la pyramide tronquée.

On trouvera de même la solidité du cône droit tronqué, en multipliant la surface de la base par la surface supérieure ; la racine carrée du produit sera le cercle moyen qu'on ajoutera aux deux autres, et on multipliera leur somme par le tiers de l'axe.

Il est encore une autre méthode plus compliquée que celle ci-dessus, mais plus sensible, qui est de prolonger et finir la pyramide ou le cône, en mesurer la solidité par la proposition précédente, et en retrancher la partie tronquée, ce qui se fait ainsi :

Supposons le cône tronqué ABED, fig. 70; que le diamètre de la base soit de 42 pieds, conséquemment son rayon sera de 21 pieds; le diamètre du cercle supérieur de 14 pieds, son rayon sera de 7 pieds, la hauteur de l'axe de 30 pieds.

Pour connaître l'axe total, il faut ôter 7 pieds de 21 pieds, il restera 14, qui est la différence du grand rayon sur le petit, et faire ensuite cette proportion 14 : 30 : : 21 : $x$, c'est-à-dire, la différence du grand au petit rayon est à l'axe du cône tronqué, comme le grand rayon de la base est à l'axe total qu'on trouvera être de 45.

Connaissant donc l'axe total du cône et sa base, on en trouvera, par la proposition précédente, la solidité qui sera de 20790; on en ôtera, suivant la même proposition, la petite pyramide qui aura 15 pieds d'axe, un cercle de 154 pieds en superficie, et 770 pieds de solidité; ainsi, ôtant 770 de 20790, il restera pour la solidité du cône tronqué 20020.

Tous les autres corps pyramidaux droits tronqués, sont mesurés par la même méthode.

## PROPOSITION VIII.

*Mesure des pyramides et cônes tronqués obliquement.*

Il faut savoir que les corps pyramidaux peuvent être tronqués par des plans obliques à l'axe, et que la manière de les mesurer ne diffère pas de la règle précédente.

*Exemple.* Soit à mesurer la pyramide droite CAB, *fig.* 71, tronquée par un plan DE oblique à l'axe, ou qui n'est pas parallèle à la base AB; il faut, par les règles ci-devant expliquées, mesurer la pyramide entière CAB, que je suppose de 55 mesures, et ensuite mesurer la partie CDE par la méthode que j'ai donnée ci-devant, pour la mesure des pyramides obliques, laquelle partie je suppose être de 18 mesures; j'ôte après cela 18 de 55, il reste 37 mesures pour la solidité de la pyramide tronquée DABE.

## PROPOSITION IX.

*Mesure de la solidité de la sphère.*

La solidité d'une sphère s'obtient en multipliant sa superficie convexe par le tiers du demi-diamètre, ou toute la superficie convexe par tout le diamètre; il faut prendre la sixième partie du produit, et l'on aura par l'une ou l'autre de ces deux pratiques la solidité requise.

*Exemple.* Soit à mesurer la solidité de la sphère ABCD, *fig.* 72, dont le diamètre soit de

35 mesures, la circonférence sera 110, et sa superficie convexe sera par conséquent 3850, qu'il faut multiplier par 35; l'on aura 134750, dont il faut prendre la sixième partie, laquelle est 22458 $\frac{1}{3}$.

## PROPOSITION X.

*Mesure des portions de la sphère.*

Les portions d'une sphère sont ou un *secteur* ou un *segment solide* de sphère ou une zone ; on connaîtra la mesure du segment par celle du secteur : il faut donc commencer par la mesure du secteur. J'appelle *secteur* de sphère, un corps solide pyramidal, comme HIDK, composé d'un segment de sphère IDK, et d'un cône droit HIK, qui a son sommet H au centre de la sphère, et dont la base est la même que celle du segment IDK; ce solide sera à toute la solidité de la sphère, comme la superficie de sa base IDK est à toute la superficie de la sphère.

*Exemple.* La solidité totale de la sphère étant 22458 $\frac{1}{3}$, et sa superficie de 3850; si la superficie de la base du secteur est le sixième de la superficie de la sphère, c'est-à-dire, est de 641 $\frac{2}{3}$, il faut prendre le sixième de la solidité de la sphère, et l'on aura 3743 $\frac{1}{18}$ pour la solidité requise.

Si la portion proposée est un *segment* de sphère, comme IDK, fig. 73, il faut mesurer d'abord le secteur entier comme ci-devant, et ensuite la partie IHK, qui est un cône droit. Il faut soustraire ce cône de tout le secteur, et on aura la solidité du segment IDK.

Si c'est une zone comme BC, EG, et la portion d'axe FH, elle se mesure ainsi :

Soit le diamètre BC du grand cercle 35, sa surface sera de 962 ¼.

Le diamètre EG du petit cercle soit 32, sa surface sera 804 ¼.

La portion d'axe FH soit de 9.

1°. Il faut multiplier 962 ¼ par 6 (deux tiers de 9), le produit sera . . . . . . . . . . . . 5,775.

2°. On multipliera encore 804 ¼ par 3 (tiers de 9), le produit sera . . . . 2,423 ¼.

8,188 ¼.

3°. On joindra les deux produits ensemble, et leur somme 8,188 ¼, sera la solidité de la zône.

## PROPOSITION XI.

*Mesure des polyèdres réguliers.*

Les corps réguliers sont mesurés par des pyramides, dont le sommet est le centre ; l'une des faces est la base de la pyramide.

*Exemple.* Soit à mesurer un dodécaèdre, fig. 74. Supposons que la superficie de l'un de ses pentagones soit de 5 mesures, et la perpendiculaire HA de 12 : il faut multiplier 12 par 5, et on aura 60, dont le tiers 20 est la solidité d'une des pyramides. Si l'on multiplie 20 par 12, qui est le nombre des faces du dodécaèdre, on aura 240 pour la solidité requise.

Cette règle servira pour mesurer tous les autres corps réguliers, comme l'*octaèdre* et autres, même irréguliers, pourvu que l'on puisse imaginer un centre commun à tous les sommets des pyramides, dont les faces seront les côtés ou pans du corps solide à mesurer.

### PROPOSITION XII.

*Mesure d'un ellipsoïde.*

Le solide en question est formé par la révolution d'une demi-ellipse autour de ses axes.

La connaissance de la mesure des ellipsoïdes donne le moyen de mesurer le solide des voûtes de four, dont les plans sont elliptiques. Pour les mesurer, il faut savoir que tout ellipsoïde est quadruple d'un cône, dont la base a pour diamètre le petit axe, et pour hauteur la moitié du grand axe de l'ellipsoïde.

*Exemple.* Soit à mesurer l'ellipsoïde ACBD, fig. 75, dont le petit axe AB soit 12 et le grand axe CD 20, dont la moitié CE sera 10 ; il faut trouver le solide du cône, dont le diamètre de la base soit 12, et l'axe CE soit 10 : on trouvera par les règles précédentes que le cône CAEB contiendra en solide $377\frac{1}{2}$, qu'il faut quadrupler, et on aura $1,508\frac{4}{}$ pour la solidité requise.

### PROPOSITION XIII.

*Mesure d'un paraboloïde.*

Un paraboloïde est un solide formé par la révolution d'une demi-parabole autour de son axe.

Soit la base 14 et l'axe 9, fig. 76, la surface

du cercle qui a pour diamètre 14, sera 154, qu'il faudra multiplier par 4 $\frac{1}{2}$, moitié de l'axe : le produit donnera 193 pour la solidité du paraboloïde.

J'omets l'*hyperboloïde* comme de peu d'usage dans la Géométrie pratique : d'ailleurs, il faudrait supposer des connaissances bien au-dessus de celles que nous supposons au lecteur.

# Mesures nouvelles.

## PREMIÈRE SECTION.

*Définitions et nomenclatures.*

Les mesures nouvelles ou autrement les mesures décimales, prennent des noms et des formes différentes, selon l'espèce des grandeurs auxquelles on les applique. Ces grandeurs peuvent être classées ainsi :

1°. Les longueurs d'où naissent les mesures linéaires.

2°. Les superficies ou les aires.

3°. Les volumes et les capacités, d'où naissent les mesures avec lesquelles on compare entre eux les corps, soit solides, soit liquides.

4°. Enfin les pesanteurs ou les poids.

L'unité de longueur s'appelle *mètre*. Le mètre, base du système, est la dix-millionnième partie du quart du méridien terrestre. Les subdivisions du mètre sont : le *décimètre*, le *centimètre* et le *millimètre*, qui sont équivalens à la dixième, à la centième et millième partie de l'unité principale.

Les composés du mètre sont le *décamètre*, qui vaut 10 mètres; l'*hectomètre*, qui en vaut 100; le *kilomètre*, égal à 1000, et le myriamètre à 10,000. Le myriamètre est la *lieue* décimale.

L'unité de volume est le *stère*, ou mètre cube.

L'unité de capacité est le *litre*, lequel est égal à un *décimètre cube*.

L'unité de pesanteur est le *gramme*, que l'on a pris équivalent à un centimètre cube d'eau distillée.

L'*are*, unité de superficie, est un *décamètre carré*.

Les mots *deci*, *centi*, *milli*, *déca*, *hecto*, *kilo* et *myria*, joints aux noms de *stère*, *litre*, *gramme* et *are*, donnent des composés et des fractions de ces unités analogues à ceux que l'on a énumérées en parlant du mètre.

Observons cependant que les seuls composés du litre dont on fasse usage sont le *décalitre* et l'*hectolitre*. Les composés du stère ne sont point usités.

L'*hectare* est le seul composé de l'*are*, qui soit admis.

L'unité monétaire, le *franc*, a été formée sur une pièce d'argent du poids de 5 grammes, et alliée de $\frac{1}{10}$ de cuivre.

Les fractions du franc sont le *décime* et le *centime*. On ne se sert pas des composés.

## DEUXIÈME SECTION.

### *Rapports.*

1°. Le mètre égale : 0,51307   de la toise.
    La toise égale : 1,94904   mètres.

2°. Le stère égale : 0,135064 de la toise cube.
La toise cube égale : 7,40389 mètres cubes.

3°. Le litre égale : 1,0737 pintes de Paris.
La pinte de Paris égale : 0,9313 de litre.

4°. Le kilogramme égale : 2,04288 liv. de poids.
La livre égale : 0,48951 de kilogramme.

5°. Le mètre carré égale : 0,263245 de la toise carrée.
La toise carrée égale : 3,798744 mètres carrés.

6. Le franc égale : 1,0125 livres tournois.
La livre tournois égale : 0,98765 de franc. (1)

## TROISIÈME SECTION.

*Rapports approximatifs en nombres ronds.*

### Mesures de longueur.

| | |
|---|---|
| 6 Mètres, équivalent à . . | 5 Aunes de Paris. |
| 1 Mètre, | 3 Pieds 1 pouce. |
| Double mètre, | 1 Toise 2 pouces. |
| 9 Millimètres, | 4 Lignes. |
| 8 Centimètres, | 3 Pouces. |
| 3 Décimètres, | 11 Pouces. |

### Mesures itinéraires.

| | |
|---|---|
| 1 Kilomètre, | 1 Quart de lieue. |
| 4 Kilomètres, | 1 Lieue de poste. |
| 5 Idem, | 1 Lieue moyenne. |
| 1 Myriamètre, | 2 Lieues moyennes. |

### Mesures de superficie.

| | |
|---|---|
| 5 Millimètres carrées, | 1 Ligne carrée. |

---

(1) On se servait sous l'empire, du mètre; on se sert aujourd'hui, dans les provinces surtout, des pieds, pouces, etc. A l'aide de nos tables l'entrepreneur pourra convertir ces diverses mesures.

## DE BULLET.

| | |
|---|---|
| 1 Centimètre carré, équiv. à | 20 Lignes carrées. |
| 15 Idem, | 2 Pouces carrés. |
| 1 Décimètre carré, | 14 Pouces carrés. |
| 15 Idem, | 1 Pied carré. |
| 1 Mètre carré, | 9 Pieds carrés. |
| Double mètre carré, | 1 Toise carrée. |
| 4 Mètres carrés, | 1 Toise carrée. |

### Mesures agraires.

| | |
|---|---|
| 1 Are, | 2 Perches, à 22 pieds la p. |
| 1 Hectare, | 2 Arpens, à 22 pieds la p. |
| 1 Hectare, | 3 Arpens, à 18 pieds la p. |
| 1 Hectare, | 2 arp. 36 perch. à 20 pieds. |

### Mesures de capacité pour liquides.

| | |
|---|---|
| 1 Litre, équivaut à | 1 Pinte de Paris. |
| 1 Décalitre (velte), | 10 Pintes 3 quarts. |
| 4 Hectolitres, | 1 Muid et demi. |
| 1 Kilolitre, | 3 Muids 3 quarts. |

### Mesures de solidité.

| | |
|---|---|
| 12 Traits cubes, | 1 Ligne cube. |
| 1 Doigt cube, | 87 Lignes cubes. |
| 20 Doigts cubes, | 1 Pouce cube. |
| 1 Palme cube, | 50 Pouces cubes. |
| 54 Palmes cubes, | 1 Pied cube. |
| 1 Mètre cube, | 29 Pieds cubes. |
| Double mètre cube, | 1 Toise cube. |
| 8 Mètres cubes, | 1 Toise cube. |

### Bois de chauffage.

| | |
|---|---|
| 1 Double stère, | 1 Voie de Paris. |
| 1 Décastère, 10 stères, | 2 Cordons et dem. d'ordon. |
| Idem, | 2 Cordes de port. |
| 9 Stères, | 2 Cordes de grand bois. |

### Bois de charpente.

| | |
|---|---|
| 1 Décistère, | 1 Solive ou pièce. |
| 109 Décistères, | 106 Solives. |

*Mesures de capacité, Mesures sèches.*

| | |
|---|---|
| 1 Litre (pinte), équivant à | 5 Quarts de litron de Paris. |
| 13 Litres, | 16 Litrons ou 1 boisseau. |
| 1 Décalitre (boisseau), | 3 Quarts de boisseau. |
| 1 Hectolitre (setier), | 2 Tiers de setier de grain. |
| 100 Hectolitres, | 64 Setiers, *idem.* |
| 2 Kilolitres (muids), | 1 Muid de Paris, *idem.* |
| 30 Kilolitres, | 16 Muids, *idem.* |

*Poids.*

| | |
|---|---|
| 8 Centigrammes, | 1 grain et demi. |
| 8 Décigrammes, | 15 Anciens grains. |
| 4 Grammes, | 1 Gros. |
| 5 Décagrammes, | 13 Gros. |
| 3 Décagrammes, | 1 Once. |
| 4 Hectogrammes, | 13 Onces. |
| 5 Hectogrammes, | 1 Livre, poids de marc. |
| 1 Kilogramme, | 2 Livres. |
| 1 Myriagramme, | 20 Livres 7 onces. |
| 7 *Idem,* | 143 Livres. |
| 1 Quintal, | 204 Livres. |
| 1 Millier, | 2043 Livres. |

*Monnaies.*

| | |
|---|---|
| 1 Franc, | 1 Livre tournois 3 deniers. |
| 5 Centimes | 1 Sou. |

## QUATRIÈME SECTION.

### *Tables de réduction.*

Ces Tables ne sont propres qu'aux mesures de longueur et de superficie qui font l'objet de cet ouvrage. L'arpent dont il est question celui de 100 perches de 22 pieds chacune.

## DE BULLET.

## TABLE PREMIÈRE.

*Réduction des Perches et Arpens en Ares et Hectares.*

| Perches. | Hect. | Ares. | Cent. | Arpens. | Hect. | Ares. | Cent. |
|---|---|---|---|---|---|---|---|
| 1 | » | 0 | 51 | 1 | 0 | 51 | 07 |
| 2 | » | 1 | 02 | 2 | 1 | 02 | 14 |
| 3 | » | 1 | 53 | 3 | 1 | 53 | 22 |
| 4 | » | 2 | 04 | 4 | 2 | 04 | 29 |
| 5 | » | 2 | 55 | 5 | 2 | 55 | 36 |
| 6 | » | 3 | 06 | 6 | 3 | 06 | 43 |
| 7 | » | 3 | 58 | 7 | 3 | 57 | 50 |
| 8 | » | 4 | 09 | 8 | 4 | 08 | 58 |
| 9 | » | 4 | 60 | 9 | 4 | 59 | 65 |
| 10 | » | 5 | 11 | 10 | 5 | 10 | 72 |
| 20 | » | 10 | 21 | 20 | 10 | 21 | 44 |
| 30 | » | 15 | 32 | 30 | 15 | 32 | 16 |
| 40 | » | 20 | 43 | 40 | 20 | 42 | 88 |
| 50 | » | 25 | 54 | 50 | 25 | 53 | 60 |
| 60 | » | 30 | 64 | 60 | 30 | 64 | 32 |
| 70 | » | 35 | 75 | 70 | 35 | 75 | 04 |
| 80 | » | 40 | 86 | 80 | 40 | 85 | 76 |
| 90 | » | 45 | 96 | 90 | 45 | 96 | 48 |
| 100 | » | 51 | 07 | 100 | 51 | 07 | 19 |

## TABLE II.

*Réduction des Ares et Hectares en Perches et Arpens.*

| Ares. | Arpens. | Perches | 10" de perche. | Hectares | Arpens. | Perches | 10" de perche. |
|---|---|---|---|---|---|---|---|
| 1 | » | 1 | 9 | 1 | 1 | 95 | 8 |
| 2 | » | 3 | 9 | 2 | 2 | 91 | 6 |
| 3 | » | 5 | 9 | 3 | 5 | 87 | 4 |
| 4 | » | 7 | 8 | 4 | 7 | 83 | 2 |
| 5 | » | 9 | 8 | 5 | 9 | 79 | 0 |
| 6 | » | 11 | 7 | 6 | 11 | 74 | 8 |
| 7 | » | 13 | 7 | 7 | 13 | 70 | 6 |
| 8 | » | 15 | 7 | 8 | 15 | 66 | 4 |
| 9 | » | 17 | 6 | 9 | 17 | 62 | 2 |
| 10 | » | 19 | 6 | 10 | 19 | 58 | 0 |
| 20 | » | 39 | 2 | 20 | 39 | 16 | 0 |
| 30 | » | 58 | 7 | 30 | 58 | 74 | 1 |
| 40 | » | 78 | 3 | 40 | 78 | 32 | 1 |
| 50 | » | 97 | 9 | 50 | 97 | 90 | 1 |
| 60 | 1 | 17 | 5 | 60 | 117 | 48 | 1 |
| 70 | 1 | 37 | 1 | 70 | 137 | 06 | 1 |
| 80 | 1 | 56 | 6 | 80 | 156 | 64 | 2 |
| 90 | 1 | 76 | 2 | 90 | 176 | 22 | 2 |
| 100 | 1 | 95 | 8 | 100 | 195 | 80 | 0 |

## TABLE III.

*Réduction des Lignes, Pouces, Pieds, en Mètres et parties de Mètres.*

| Lignes. | Mètres | Centim. | Millim | Pouces. | Mètres. | Centim. | Millim |
|---|---|---|---|---|---|---|---|
| 1 | » | » | 2 | 5 | » | 13 | 5 |
| 2 | » | » | 5 | 6 | » | 16 | 2 |
| 3 | » | » | 7 | 7 | » | 18 | 9 |
| 4 | » | » | 9 | 8 | » | 21 | 7 |
| 5 | » | 01 | 1 | 9 | » | 24 | 4 |
| 6 | » | 01 | 4 | 10 | » | 27 | 1 |
| 7 | » | 01 | 6 | 11 | » | 29 | 8 |
| 8 | » | 01 | 8 | 12 | » | 32 | 5 |
| 9 | » | 02 | 0 | | | | |
| 10 | » | 02 | 3 | Pieds. | | | |
| 11 | » | 02 | 5 | | | | |
| 12 | » | 02 | 7 | | | | |
| | | | | 1 | » | 32 | 5 |
| Pouces | | | | 2 | » | 65 | 0 |
| | | | | 3 | 1 | 97 | 5 |
| 1 | » | 02 | 7 | 4 | 1 | 29 | 9 |
| 2 | » | 50 | 4 | 5 | 1 | 62 | 4 |
| 3 | » | 08 | 1 | 6 | 1 | 94 | 9 |
| 4 | » | 10 | 8 | | | | |

## TABLE IV.

*Réduction des Toises en Mètres.*

| Toises | Mètres | Centim. | Millim | Toises | Mètres | Centim. | Mill. |
|---|---|---|---|---|---|---|---|
| 1  | 1   | 94 | 9 | 100  | 194   | 90 | 4 |
| 2  | 3   | 89 | 8 | 200  | 389   | 80 | 7 |
| 3  | 5   | 84 | 7 | 300  | 584   | 71 | 1 |
| 4  | 7   | 79 | 6 | 400  | 779   | 61 | 5 |
| 5  | 9   | 74 | 5 | 500  | 974   | 51 | 8 |
| 6  | 11  | 69 | 4 | 600  | 1169  | 42 | 2 |
| 7  | 13  | 64 | 3 | 700  | 1364  | 32 | 5 |
| 8  | 15  | 59 | 2 | 800  | 1559  | 22 | 9 |
| 9  | 17  | 54 | 1 | 900  | 1754  | 13 | 3 |
| 10 | 19  | 49 | 0 | 1000 | 1949  | 03 | 6 |
| 20 | 38  | 98 | 1 | 2000 | 3898  | 07 | 2 |
| 30 | 58  | 47 | 1 | 3000 | 5847  | 11 | 8 |
| 40 | 77  | 96 | 1 | 4000 | 7796  | 14 | 4 |
| 50 | 97  | 45 | 2 | 5000 | 9745  | 18 | 1 |
| 60 | 116 | 94 | 2 | 6000 | 11694 | 22 | 6 |
| 70 | 136 | 43 | 3 | 7000 | 13643 | 25 | 2 |
| 80 | 125 | 92 | 3 | 8000 | 15592 | 28 | 8 |
| 90 | 175 | 41 | 3 | 9000 | 17541 | 32 | 4 |

## TABLEAU V.

*Conversion des Mètres, et Subdivision du Mètre en Toises et Subdivision de la Toise.*

| Millimét. | Toises. | Pieds. | Pouces. | Lignes. | Trait ou 12ᵉ de ligne. |
|---|---|---|---|---|---|
| 1 | » | » | » | » | 5 |
| 2 | » | » | » | » | 11 |
| 3 | » | » | » | 1 | 4 |
| 4 | » | » | » | 1 | 6 |
| 5 | » | » | » | 2 | 2 |
| 6 | » | » | » | 2 | 8 |
| 7 | » | » | » | 3 | 1 |
| 8 | » | » | » | 3 | 7 |
| 9 | » | » | » | 4 | 0 |
| 10 | » | » | » | 4 | 5 |
| Centimét. | | | | | |
| 1 | » | » | » | 4 | 5 |
| 2 | » | » | » | 8 | 10 |
| 3 | » | » | 1 | 1 | 3 |
| 4 | » | » | 1 | 5 | 8 |
| 5 | » | » | 1 | 10 | 2 |
| 6 | » | » | 2 | 2 | 9 |
| 7 | » | » | 2 | 7 | 2 |
| 8 | » | » | 2 | 11 | 7 |
| 9 | » | » | 3 | 3 | 10 |
| 10 | » | » | 3 | 8 | 5 |
| Décimèt | | | | | |
| 1 | » | » | 3 | 9 | » |
| 2 | » | » | 7 | 5 | » |
| 3 | » | » | 11 | 1 | » |
| 4 | » | 1 | 2 | 9 | » |

## Suite du Tableau V.

| Décimètres. | Toises. | Pieds. | Pouces. | Lignes. |
|---|---|---|---|---|
| 5 | » | 1 | 6 | 6 |
| 6 | » | 1 | 10 | 2 |
| 7 | » | 2 | 1 | 10 |
| 8 | » | 2 | 5 | 7 |
| 9 | » | 2 | 9 | 3 |
| Mètres. | | | | |
| 1 | » | 3 | 0 | 11 |
| 2 | 1 | 0 | 1 | 8 |
| 3 | 1 | 3 | 2 | 10 |
| 4 | 2 | 0 | 3 | 9 |
| 5 | 2 | 3 | 4 | 8 |
| 6 | 3 | 0 | 5 | 5 |
| 7 | 3 | 3 | 6 | 4 |
| 8 | 4 | 0 | 7 | 6 |
| 9 | 4 | 3 | 8 | 6 |
| 10 | 5 | 0 | 9 | 5 |
| 20 | 10 | 1 | 6 | 10 |
| 30 | 15 | 2 | 4 | 3 |
| 40 | 20 | 3 | 1 | 9 |
| 50 | 25 | 3 | 11 | 1 |
| 60 | 30 | 4 | 8 | 6 |
| 70 | 35 | 5 | 5 | 11 |
| 80 | 41 | 0 | 3 | 7 |
| 90 | 46 | 1 | 0 | 1 |
| 100 | 51 | 1 | 10 | 2 |

# Construction et Toisé.

On donnera d'abord la manière de construire es différens ouvrages qui composent les bâtimens, avant que d'en donner le *toisé* ; il faut donc supposer un ouvrage fait avant que de le toiser.

Pour le toisé de la maçonnerie des bâtimens, on distingue ordinairement deux sortes d'ouvrages : les *gros ouvrages*, et les *légers ouvrages.*

On appelle *gros ouvrages* tous les murs de face, de refend, mitoyens, murs de puits et d'aisances, contre-murs, murs sous les cloisons, murs d'échiffre ; les voûtes de caves et autres faites de pierres ou de moëllons avec leurs reins ; les grandes et petites marches, et les voûtes pour les descentes de caves ; les vis potoyères ; les massifs sous les marches des perrons ; les bouchemens et percemens des portes et croisées à mur plein ; les corniches et moulures de pierre de taille dans les murs de face, ou autres, quand on n'en a point fait de distinction ou de marché à part ; les éviers, les lavoirs et les lucarnes, quand elles sont de pierre de taille ou de moëllons avec plâtre ; les carrelages en carreau de terre cuite, les terres massives. Les gros ouvrages peuvent être de différens prix,

espèce, comme les murs, selon leurs qualités et leur épaisseur, les voûtes de même, et ainsi du reste ; mais il faut que les prix soient spécifiés dans les marchés.

Les *légers ouvrages* sont les cheminées en plâtre, les planchers, les cloisons, les lambris, les escaliers de charpenterie, les exhaussemens dans les greniers sous le pied des chevrons, les lucarnes avec leurs jouées, quand elles sont faites de charpenterie revêtue en plâtre ; les enduits, les crépis, les renformis ou ravalemens faits contre les vieux murs ; les scellemens des bois dans les murs ou cloisons, les moulures des corniches et autres ornemens d'architecture, quand ils sont de plâtre ; les fours, les potagers ou fourneaux ; les contre-cœurs et âtres de cheminées ; les aires, les mangeoires ; les scellemens de portes, de croisées, de lambris, de chevilles, et corbeaux de bois ou de fer, de grilles de fer. On ne fait ordinairement qu'un seul prix pour les légers ouvrages, hormis le cas de cheminées de brique ou de pierre de taille, qui sont plus chères que les autres légers ouvrages.

Dans l'usage ordinaire de toiser les ouvrages de maçonnerie, chaque partie se mesure telle qu'elle est ; on compte même les lignes dans la mesure de la pierre de taille.

La méthode ordinaire d'assembler la valeur d'un article, de plusieurs, ou de tout un toisé, est de ne compter de partie aliquote que la demi-toise : après les toises, tout ce qui se trouve au-dessous de la demi-toise est compté en pied simplement; mais quand il y a en pieds plus d'une demi-toise, on compte après les toises la demi-toise, et le reste en pieds : par exemple, si on trouve 4 toises 15 pieds, on compte quatre toises 15 pieds : mais si on trouve 4 toises 25 pieds, on compte 4 toises ½ 7 pieds, parce qu'il y a 7 pieds de plus que la demi-toise.

Comme l'on toise les bâtimens dans un ordre contraire à celui de leur construction, on commence par les parties les plus élevées, telles que sont les souches de cheminées, les pignons, les lucarnes ; et l'on fait le toisé de chaque étage, dans lequel on comprend tout ce qu'il y a de cheminées, de cloisons, de murs de faces, de murs de refend, d'escaliers, etc. jusqu'au-dessous du plancher du même étage. On toise ainsi d'étage en étage, et l'on finit par le plus bas de l'édifice.

### Construction des cheminées.

Les cheminées se construisent de trois façons différentes : en brique, en plâtre et en pierre de taille. La meilleure est de les faire de brique bien cuite posée avec mortier de chaux et sable passé au panier; le mortier se lie mieux avec la brique que le plâtre. On doit enduire le dedans de la cheminée le plus uniment et avec le moins d'épaisseur possible : plus l'enduit est uni, moins la suie s'y attache : comme il n'y a pas de plâtre partout, l'enduit peut aussi se faire en mortier de chaux et sable, mais dont le sable soit bien fin.

Dans les bâtimens considérables, on fait les cheminées de pierre de taille depuis le bas des combles jusqu'à leur fermeture ; il faut que ces pierres ou briques soient bien jointes avec des crampons de fer, et maçonnées avec mortier fin ; on leur donne la même épaisseur qu'à la brique qui est de quatre pouces.

L'autre construction en usage à Paris et aux environs, et qui est la plus commune, est de plâtre pur pigeonné à la main, enduit des deux côtés de plâtre au panier. On donne trois pouces d'épaisseur au moins aux languettes ; cette construction est assez bonne, quand on y prend beaucoup de soin, et que le plâtre est bon. Lorsque les tuyaux de cheminées sont joints contre les murs, il faut y faire des tranchées, et y mettre des fantons de fer, de pied en pied, avec des équerres de fer pour lier les tuyaux ensemble.

Dans les pays où il n'y a ni plâtre ni brique, et où la pierre est commune, on fait les tuyaux de cheminées tout de pierre de taille, et l'on donne au moins quatre pouces d'épaisseur à ces tuyaux ou languettes. On pose le tout avec mortier de chaux et sable ; les joints doivent être bien faits, et le tout retenu avec des crampons de fer.

Les moindres cheminées doivent avoir 9 pouces de largeur du tuyau dans œuvre, et les plus grandes un pied : si elles étaient plus larges, elles fumeraient. Les tuyaux de cheminée doivent avoir 3 pieds de long ou 10 pouces de large en œuvre : celles des cabinets passent à 2 pieds 8 pouces de long sur 9 pouces de large dans œuvre, et malgré cela, on a bien de la peine à les empêcher de fumer (1). *Voyez* page 63.

La fermeture des cheminées se fait en portion de cercle par dedans, et l'on donne à cette fermeture 4 pouces d'ouverture pour le passage de la fumée ; on fait la longueur des tuyaux à proportion des lieux où ils doivent servir. Les plus grandes cheminées ne doivent point passer 6 pieds, les cheminées des grandes chambres 4 ; celles des cabinets 3, et moins, selon le lieu où elles sont.

### *Toisé des cheminées.*

On appelle souches de cheminées plusieurs tuyaux joints ensemble. Pour toiser ces tuyaux, il faut en prendre le pourtour extérieur, et de ce

---

(1) Il est des maîtres maçons qui arrondissent les angles des tuyaux des cheminées ; ils prétendent que cette méthode empêche la fumée dans certaines expositions, qu'au surplus cet arrondissement fortifie les souches ; on leur accorde un pied de plus pour les quatre arrondissemens.

Dans les cabinets on construit encore de petites cheminées, dont le tuyau est de boisseaux ronds de terre cuite, vernissés en dedans, tels que ceux qui servent aux chausses d'aisance. On attache sur la fermeture une chaîne de fer à chaînons courbes, de toute la longueur du tuyau, pour ramener la fumée, et faire tomber la suie en la remuant circulairement.

Les ordonnances obligent les maîtres maçons à donner 3 pouces d'épaisseur aux languettes de cheminées construites et pigeonnées en plâtre, ravalées des deux côtés.

Il est défendu d'appliquer et faire des languettes de plâtre, tant rampantes que droites, plaquées sur des planches, parce qu'elles sont sujettes à gerser et se fendre ; ce qui est dangereux pour le feu.

pourtour rabattre quatre épaisseurs de languette : si les languettes sont de plâtre, elles doivent avoir 3 pouces d'épaisseur ; ainsi il faut rabattre un pied de pourtour : si elles sont de brique, elles auront 4 pouces d'épaisseur, et on rabattra 16 pouces du pourtour : puis, il faut ajouter à ce pourtour toutes les languettes qui sont dans ces souches de cheminées. Ensuite la hauteur se prend du sommet des cheminées jusqu'au-dessous du plus proche plancher, et on ajoute à cette hauteur un demi-pied pour la fermeture des tuyaux ; la multiplication du pourtour par la hauteur donnera la quantité de toises que contient la souche de cheminées.

On ajoute ensuite les plinthes, larmiers ou corniches que l'on fait ordinairement au haut des cheminées, et que l'on toisera de la manière qu'il sera expliqué dans l'article *moulures*.

On continuera de toiser ainsi les tuyaux de cheminées jusqu'en bas, en toisant toujours dans chaque étage, du dessous du plancher supérieur, jusqu'au-dessous de l'inférieur. Si les tuyaux et souches de cheminées sont dévoyés, c'est-à-dire, s'ils ne sont pas élevés à plomb, on en comprendra la hauteur selon la ligne de leur inclinaison, sur leur contour pris carrément ou d'équerre sur les côtés (1).

---

(1) Je ferai deux observations à ce sujet. La première est qu'il ne faut point toiser à plomb un tuyau rampant, quoiqu'en bonne géométrie il soit entre deux parallèles et appuyé sur même base, parce que l'entrepreneur perdrait

Si, en construisant un mur à neuf, on laisse la place dans son épaisseur pour le passage des tuyaux de cheminées, comme l'on fait quand on veut que les tuyaux n'aient point de saillie outre l'épaisseur du mur, et qu'on les veut dévoyés les uns à côté des autres, on toisera les languettes des tuyaux entre le mur, la hauteur sur la largeur prise carrément sur les côtés : on ajoutera un des bouts du tuyau pour les deux enduits faits à ses deux bouts, et l'on comptera au surplus toutes les languettes qui seront au dedans des tuyaux; mais on ne comptera point le mur dans la largeur des tuyaux.

Supposé que le mur dans lequel le tuyau de cheminée est pris, ait plus d'épaisseur que la largeur du tuyau et l'épaisseur de la languette, et qu'il faille faire un petit mur ou parpin au lieu d'une languette, le petit mur sera compté selon son épaisseur, par rapport au mur entier, comme

---

l'excédent de l'aplomb des languettes de costière sur la longueur du rampant. Ce n'est pas qu'on ne le pût faire, mais il faudrait deux articles, et par la méthode de Bullet, il n'en faut qu'un.

La seconde est sur ce mot : *sur leur contour pris carrément*, qui est contre la pratique d'aujourd'hui, de ne point compter d'arrachement en mur neuf, et cela fondé sur rien ; par le mot *contour*, on entend contourner cette cheminée depuis le mur d'un côté jusqu'au mur de l'autre. On ne parlait point alors de rabattre les épaisseurs des languettes, qu'on compensait en mur neuf pour la valeur des arrachemens, qui se comptaient pour un pied courant en vieux mur, et qu'on a réformés à leur juste valeur de trois pouces. COMMENT.

si, par exemple, il n'y a que la moitié de son épaisseur, il sera compté pour demi-mur et quart, à cause de l'enduit, et ainsi des autres épaisseurs à proportion (1).

Si dans l'épaisseur d'un mur déjà fait, on veut mettre des tuyaux de cheminées, en sorte qu'il faille couper tout le mur pour le passage des tuyaux, on comptera toute la languette, compris sa liaison, qui servira de dossier au tuyau; et outre cette languette, on comptera un pied à chaque bout du tuyau, pour le rétablissement de la rupture faite au mur, et l'on toisera au surplus les autres languettes comme ci-dessus (2).

---

(1) Ce mur de dossier peut être construit en carreaux de pierre, en brique ou en moëllons. Dans tous ces cas, on le toise tel qu'il est, eu égard à son épaisseur, et on le timbre tel, sans s'arrêter à ce qui est dit en cet article; la règle n'étant pas générale.

Ordinairement les languettes de dossier sont rampantes, et on peut les toiser indifféremment, soit à plomb et de niveau, soit suivant les rampans et d'équerre. COMMENT.

(2) Il est entendu que le mur sera totalement percé à jour, et que la languette du dossier sera en plâtre, que l'on comptera, *compris sa liaison*, c'est-à-dire trois pouces d'arrachement de chaque côté, si la largeur est prise dans œuvre; *et outre cette languette on comptera un pied à chaque bout du tuyau, pour le rétablissement de la rupture faite au mur.*

Ce rétablissement du mur doit être fait avec moëllon, et élevé en pied droit avec parement, pour pouvoir être compté un pied de *légers* de chaque côté; car s'il n'y a qu'un rétablissement avec plaquis de moëllon recouvert de plâtre, il ne se compte qu'à moitié de *légers*; c'est-à-dire que l'on ajoute un retour pour l'enduit des deux côtés.

Si l'on veut adosser des tuyaux ou manteaux de cheminées contre un mur déjà fait, il faut faire dans le mur des tranchées de trois pouces d'enfoncement sur la largeur des languettes des tuyaux; il faut, outre cette tranchée, faire des trous de pied en pied pour y mettre des fantons de fer pour lier ces languettes avec le mur. Les tranchées et scellemens des fantons doivent être comptés pour un quart de pied courant, c'est-à-dire, vingt-quatre toises de longueur pour une toise superficielle.

Si les murs contre lesquels les tuyaux sont adossés ne sont faits qu'à moëllon apparent, et qu'il faille les crépir et enduire, ils doivent être comptés à quatre toises pour une.

Si les mêmes murs sont un peu endommagés, et que l'on soit obligé, outre le simple crépis et enduit, d'y faire des renformis, alors les faces des murs doivent être comptées à moitié toise pour une (1).

---

Il est rare de voir percer à jour un mur de faible épaisseur pour y loger un tuyau de cheminée. Il est plus ordinaire de le dégrader à mi-mur pour y en loger une ou plusieurs. On rétablit cette rupture avec lancis de moëllons crépis et enduits pour former le tuyau; alors ce rétablissement se toise sa hauteur sur son pourtour pris sur trois faces, et se compte de l'épaisseur qu'elles ont été faites en mur ravalé d'un côté.

On compte ensuite la languette de face pour sa valeur, et les raccordemens sur la face du mur, au surplus un quart de *légers ouvrages*. Comment.

(1) Les crépis et enduits se comptent à quatre toises pour une, et s'il y a renformis, à trois toises pour une.

## Manteaux de cheminées.

Dans les maisons considérables, on fait les jambages des manteaux de cheminées en pierre de taille dans toute l'épaisseur du mur, principalement aux étages du bas, et dans ceux d'en haut, quand il n'y a point de tuyaux derrière. On peut faire aussi les mêmes jambages avec brique et mortier de chaux de sable. Ceux des maisons ordinaires sont faits de moëllon, ou plâtras, avec plâtre. Au surplus, on fait les hottes, ou les gorges et les corps carrés des manteaux de cheminées avec plâtre pur, comme les tuyaux ci-devant expliqués. Pour les cheminées de cuisine, si l'on y fait des jambages, ils doivent être de pierre, et les contre-cœurs de grès ou de brique; le tout contre-gardé de bonnes bandes de fer (1).

---

L'usage de compter les crépis et enduits à quatre toises pour une de *légers*, est ancien. Aujourd'hui on compte ces ravalemens à moitié, et on ne déduit aucun vide à cause des échafaudages. *Voyez* l'article ravalement. Comment.

(1) Aujourd'hui que les plaques de fonte sont communes, on ne fait guères de ces contre-cœurs en grès ou brique dans les maisons les plus simples.

Le scellement et coulement des plaques de fonte se compte chaque partie pour un pied de *légers*, y compris les coulis au derrière, et solin au pourtour.

Dans les grands appartemens, on met un revêtement à chaque cheminée en plaques de fonte, composé de trois plaques et deux tours creuses, retenues avec pattes; les maçons en font la pose, et les coulent derrière avec plâtre bien clair; on toise la superficie des faces apparentes des-

Les manteaux de cheminées doivent être proportionnés aux lieux pour lesquels ils sont faits : leur grandeur prise dans œuvre des jambages varie entre 2 pieds 3 pouces et 5 pieds de largeur sur 3 pieds 5 pouces à quatre pieds de hauteur, y compris la tablette ; leur profondeur doit avoir le moins 18 pouces ; ces dimensions suffisent pour faire juger des grandeurs intermédiaires que l'on doit prendre selon la grandeur du lieu : on en excepte les cheminées de cuisine ou d'office, dont les manteaux ou hottes se font en pyramide tronquée.

A l'usage des corniches en attique, des bas-reliefs et autres décorations en saillie, qui ne faisaient que des amas de poussière, on a substitué des glaces encadrées de bordures, ce qui donne l'avantage de la propreté et de faire paraître les appartemens plus grands.

On ne fait de jambages en pierre que pour les cheminées de cuisine seulement, l'usage est de les faire en brique dans les grandes maisons, et en platras dans les maisons médiocres.

S'il se trouve une solive d'enchevêtrure à plomb d'un manteau, il faut dévoyer le tuyau, de manière qu'il y ait au moins six pouces entre lui et le bois, et l'on fait une languette à plomb par-devant pour recevoir un parquet de glace, et une

---

dits revêtemens, et la moitié de cette superficie se compte en *légers* ; chaque patte se compte en sus un demi-pied, et le solin au-dessus se compte à six pouces courans sur son pourtour. COMMENT.

fausse costière pour cacher le défaut du rampant, ce que les ouvriers nomment *coffre ;* la solive doit être placée dans le milieu du coffre qui doit être enduit dans l'intérieur ; mais les ouvriers, par négligence, ne font pas ces enduits, et il peut en résulter de très-grands dangers pour le feu, qui peut s'introduire par des crevasses.

On aura soin que les jambages ne soient point posés sur les solives d'enchevêtrure ; il doit y avoir le moins six pouces entre les solives et l'intérieur des jambages. La police des bâtimens a réglé cette distance entre le bois et les tuyaux, et il est expressément défendu de placer aucun bois dans les tuyaux de cheminée, ni d'en sceller auxdits tuyaux.

Les bandes de tremie doivent être cintrées en platras et plâtre, et soutenues par des barres de fer que l'on nomme aussi *bandes de tremie*, et d'autres barres en travers scellées dans le mur. Dans les endroits où l'on manque de plâtre pour faire les bandes de tremie, on se sert de mortier de chaux nouvellement éteinte qui durcit très-vite.

On ne doit jamais construire des âtres relevés que dans les pièces qui n'ont pas été destinées à être chauffées. L'architecte qui emploie ce moyen établit l'âtre relevé, de façon qu'il y ait entre l'âtre et le plancher sur lequel on l'asservit, un intervalle pour la circulation de l'air, et que pour cette raison il ne faut jamais laisser encombrer par les cendres.

*Causes de la fumée des cheminées, et remèdes.*

1°. *Défaut d'air.*

Remède. Essayez, si en ouvrant la porte ou la fenêtre, la fumée monte, fermez la porte par degré, ou la fenêtre, vous jugerez le degré nécessaire pour éviter la fumée : pratiquez alors une ouverture dans la fenêtre, près du plafond, avec une tablette mince au bas de cette ouverture pour la masquer : pratiquez-la encore dans la boiserie, dans la corniche ou dans le plafond au-dessus de la cheminée ; ou mieux encore, ayez un *vasistas* à l'un des carreaux de la fenêtre, ou un moulin de 5 pouces de diamètre de fer-blanc, tournant sur son axe, comme un moulin à vent.

2°. *Trop grande embouchure dans les chambres.*

Remède. Resserrez-les par des planches mobiles.

3°. *Tuyau trop court.*

Remède. Resserrez l'embouchure d'une cheminée, de manière à forcer l'air qui se rend dans le tuyau à passer au travers, tout près du feu.

4°. *Lorsque les cheminées se contrebalancent les unes les autres.*

Remède. Que chaque chambre tire elle-même du dehors, l'air que l'entretien du feu peut demander.

5°. *Tuyau dominé par une éminence quelconque.*

Remède. Tuyau coude mobile de 5 verges verticales, dont l'ouverture soit tournée vers le point où se dirige le vent; élever ou allonger le tuyau de la cheminée.

6°. *La situation peu convenable d'une porte.*

Remède. Changer les gonds de la porte, afin qu'elle s'ouvre dans un autre sens, ou un paravent intermédiaire pour détourner la direction du courant. ( Extrait de *Teyssèdre* ).

### Toisé des manteaux de cheminées.

On toise les manteaux de cheminées en prenant leur hauteur depuis le dessous du plancher supérieur jusqu'au-dessus de l'inférieur, et on les multiplie par le pourtour du manteau et son corps seulement. Le toiseur mesure la partie supérieure depuis le dessus de la tablette jusqu'au plafond, et l'on multiplie cette hauteur par le pourtour pris carrément sur les trois faces extérieures; ensuite on mesure la partie inférieure depuis le dessus de la tablette jusqu'à l'aire du plancher, et l'on multiplie cette hauteur par le pourtour des trois faces prises extérieurement, sans rabattre le vide, à cause de la difficulté des différentes cueillies, des arrêtes, etc. Mais lorsque le manteau est en brique ravalée de plâtre, le vide ne doit être compté qu'en *léger ouvrage* et non en brique.

On ne parle plus aujourd'hui des fausses hottes ni des enduits, parce qu'on toise la cheminée comme si elle était droite; et le rampant apparent seulement se toise à part, sans autre explication.

Outre le toisé du corps des manteaux de cheminées, on toise à part toutes les moulures dont ils sont ornés, comme corniches, architraves, cadres et autres. La manière de toiser les moulures sera expliquée à l'article *moulures*.

Aux manteaux de cheminées qui sont pris dans l'épaisseur du mur, on toise le haut jusqu'à la gorge, comme si c'était des languettes; si c'est un **vieux mur**, on ajoute les deux bouts qui font le parement du mur pour le bout des deux tuyaux que l'on multiplie par la hauteur (1). On toise ensuite le bas, en contournant le milieu de la gorge et le carré des jambages jusque dans l'enfoncement que l'on ajoute ensemble; on en prend la moitié, que l'on multiplie par la hauteur depuis le dessus du plancher jusqu'où finit la gorge.

Les manteaux de cheminées étant faits à hotte comme on les construit pour les cuisines et offices, on en prendra la hauteur avec une ligne droite, suivant la pente de la hotte. Cette hauteur sera multipliée par la moitié de deux pourtours pris carrément, savoir, sur le plancher et sur la pièce de bois qui porte la hotte. Si cette

---

(1) *Si c'est un vieux mur, on ajoute les deux bouts*, c'est-à-dire, les deux retours pris du dans-œuvre du mur de dossier et de la languette *qui font le parement du mur pour le bout des deux tuyaux* : c'est-à-dire, que ces deux retours sont comptés comme *légers ouvrages* à cause de la dégradation et rétablissement de la rupture faite au mur.

Mais si en construisant un mur neuf on y laissait un renfoncement pour la place du tuyau, ses deux retours ne se compteraient qu'à moitié de *légers* pour le remplacement des demi-faces qui ne se comptent point dans cette partie.

3.

pièce est recouverte de plâtre, on toisera cette recouverture à part, que l'on réduira à demi-légers.

En adossant un marteau de cheminée contre un vieux mur, on y doit faire des tranchées pour tenir les jambages et le tuyau, avec des trous de pied en pied pour y mettre des fantons de fer : les tranchées et scellemens de fantons doivent être comptés pour un quart de pied courant.

Les enduits faits contre les vieux tuyaux ou manteaux de cheminées sont comptés à quatre toises pour une.

Pour ce qui regarde les contre-cœurs des manteaux de cheminées faits de brique ou tuileau, ceux de brique sont comptés en brique, et ceux de tuileau sont comptés à demi-léger, leur longueur sur leur hauteur.

Les âtres des manteaux de cheminées faits de grands carreaux, se toisent pour ce qu'ils contiennent en superficie.

Les jambages des manteaux de cheminées fondés par bas jusque sur la terre-ferme, doivent être comptés à mur, depuis la fondation jusque sur le rez-de-chaussée, leur hauteur sur leur largeur (1).

---

(1) Les fondations des jambages de cheminées jusque sur la terre ferme se toisent au cube et sont payées comme telles, ainsi que leur fouille si l'objet est considérable : sinon elles sont comptées comme *légers*, toise pour toise, y compris la fouille et excavation des terres. COMMENT.

La pose, scellement et raccordement d'un chambranle de pierre, se comptent, tout compris, pour douze pieds de *légers*;

## Toisé des fourneaux et potagers.

Les fourneaux et potagers que l'on fait dans les cuisines ou offices doivent pour le mieux être construits de brique avec mortier de chaux et sable : mais on les fait le plus souvent de moëllon avec plâtre, et carrelés par-dessus, avec les réchaux dont on a besoin, selon la grandeur des fourneaux. Ces fourneaux sont faits par arcades ou plates-formes, posés sur de petits murs de 8 à 9 pouces d'épaisseur : s'il y a des caves au-dessous, ils sont posés sur les voûtes des caves, sinon il faut les fonder jusque sur le terrain solide. On donne ordinairement 2 pieds ou 2 pieds et demi de largeur aux fourneaux, selon l'endroit où on les établit, sur 2 pieds 9 pouces de hauteur. On ne donne guère que 2 pieds de largeur aux ouvertures ou arcades, et l'on en fait sur cette mesure

---

ceux de marbre sans foyer pour 15 pieds, et pour dix-huit pieds lorsqu'il y a un foyer. Chaque partie de chambranle déposée et reposée, comme tablette, console, etc., posée séparément, se compte pour quatre pieds en pierre et pour cinq pieds en marbre, y compris la dépose. Sèc.

On pose assez généralement, sur les têtes de cheminées, des sortes de couvertures en briques, ouvertes sur les côtés. Les ouvriers lui ont donné le nom de *mitre*, par analogie avec le bonnet d'un évêque. Ordinairement ces mitres ne se mesurent pas ; elles s'évaluent chacune pour 4 pieds 1 pouce 9 lignes, quand elles sont posées lors de l'érection du bâtiment ; dans le cas contraire, lorsqu'on les pose sur d'anciennes cheminées, comme il faut alors des échafaudages et diverses précautions, chaque mitre est comptée pour 6 pieds 2 pouces.

autant qu'il est besoin dans la longueur des fourneaux; on met une bande de fer sur-le-champ, recourbée d'équerre et scellée dans les murs pour tenir le carreau et les réchauds.

Pour toiser ces fourneaux, on prend la hauteur des petits murs qui portent les arcades depuis leur fondation jusque sous le carreau, que l'on multiplie par leur longueur depuis le devant des fourneaux jusqu'au mur contre lequel ils sont joints. Si c'est un vieux mur, dans lequel il ait fallu faire un arrachement, on compte trois pouces pour cet arrachement; et après que les murs sont comptés, on toise les arcades à part, leur contour sur leur longueur. Si c'est un vieux mur, on ajoute 3 pouces à la longueur; ces murs et voûtes vont toisés pour toises des *légers ouvrages*. On toise ensuite le carreau qui est par-dessus, la longueur sur la largeur. Ce carreau est compté à toise, et le scellement des réchauds à part, à 3 pieds pour chacun (1).

Il y en a qui, pour abréger, comptent autant de toises de *légers ouvrages* que les fourneaux ont de fois 3 pieds de longueur, c'est-à-dire que 3 pieds de longueur de fourneau, le tout compris, sont comptés pour une toise de *légers :* mais comme il peut y avoir plus ou moins d'ouvrage, selon que les fourneaux sont plus ou moins grands, je ne trouve pas cette méthode fort bonne.

---

(1) On ne diminue rien pour le vide des réchauds, en toisant le carreau qui se tire en ligne pour carreau.

(2) Cette méthode est fausse et abusive : car la hauteur

## Fours à cuire le pain et la pâtisserie.

Les fours pour cuire le pain, la pâtisserie, etc. sont construits avec tuileau et terre franche sur un plan circulaire et quelquefois ovale, mais rarement. La bouche du four doit être étroite, et la chapelle ou voûte le plus surbaissée qu'il sera possible. Quelque grand que soit le diamètre du four, il ne doit guère passer 15 pouces de haut. Les fours doivent être isolés des murs mitoyens. ( Code civ., art. 674).

A Paris, l'usage est de toiser d'abord les murs pour ce qu'ils sont et pour leur valeur, on prend ensuite le diamètre intérieur du four qu'on estime chaque pied courant pour une toise de *légers ouvrages*, y compris l'aire du four avec l'épaisseur et les reins de la voûte et l'endroit au-dessus; de sorte qu'un four qui aura 4 pieds de diamètre est tiré en ligne pour 4 toises de *légers ouvrages*, tout compris. Mais

et la largeur de tous les fourneaux ne sont pas les mêmes. Plusieurs vérificateurs en ayant reconnu l'abus, ont multiplié la longueur du fourneau par le pourtour fait de la hauteur et de la largeur, y compris la fondation, et 3 pouces d'arrachement, s'il y en a, et on compte chaque toise superficielle pour 6 toises de *légers ouvrages*, tout compris carreau et scellement des réchauds. Cette méthode, moins abusive, peut servir pour les petits fourneaux en plâtre, de 3 ou 4 pieds de long; mais le mieux est de suivre le détail dont il est parlé ci-dessus, dans lequel il n'y a personne de lésé. Comment.

On construit aussi les fourneaux sans arcades; on élève les jambages à plomb en brique et plâtre ou mortier, et l'on fait le dessus en plate-bande droite : chaque partie se toise séparément; le dessus se mesure de toute sa longueur et largeur, et les jambages se mesurent du dessous de la plate-bande jusqu'au carreau du plancher : on compte en sus les scellemens des réchauds et ceintures de fer, le carreau sans rien rabattre; et le faux plancher, non compris le carreau, se toise dans œuvre des jambages et se réduit à moitié en *légers*. Sec.

le carrelage en gros carreaux à four d'un pouce d'épaisseur se toise à part, et on l'estime selon sa valeur.

Dans les campagnes, aux environs de Paris où le plâtre est cher, et dont la cherté règle et fixe le prix des *légers ouvrages*, il ne faut pas évaluer le produit des fours comme *légers*, mais comme *fours* auxquels on met un prix relatif à celui des matériaux du lieu : car dans les campagnes la terre franche et le tuileau ne sont pas si chers qu'à Paris ; mais la main-d'œuvre devient plus chère en beaucoup d'occasions.

De même dans les lieux où le plâtre n'est pas si cher qu'à Paris, on n'évaluera point les fours en *légers* mais en *fours*, et on y mettra le prix qui convient à cette sorte d'ouvrage.

Cette manière de toiser les fours épargne beaucoup de temps, parce que presque partout ils sont construits dans la même proportion. Si elle n'a aucun rapport à la géométrie, elle en a un réel avec le prix ordinaire des *légers ouvrages*.

Les autres fours pour cuire la chaux, la tuile, la brique, les pots de terre, etc. étant d'une figure et d'une construction bien différentes, se toisent par développement ; leur contour sur leur hauteur en suivant les règles de la géométrie-pratique, et en comptant chaque nature d'ouvrage suivant son espèce et sa valeur.

## *Toisé géométrique des fours à cuire le pain et la pâtisserie.*

Ces fours se font de deux façons : en *cul de chapeau* et en *cul de four*.

On appelle fours en *cul de chapeau*, ceux dont le haut est presque parallèle à la base, comme X et Y, fig. 1, dont les extrémités sont arrondies en quart-de-cercle. Il y a cependant toujours un petit bombement dans le milieu, mais très-faible, duquel on ne fait aucun cas pour les mesurer.

On distingue deux sortes de fours en *cul de*

*chapeau.* Les uns sont seulement arrondis dans l'angle en quart-de-cercle, de la moitié de leur hauteur, fig. 1; et l'autre, qui est plus commune, est arrondie en quart-de-cercle dans toute sa hauteur, fig. 2.

1°. Pour avoir la superficie du four X dont le plan est supposé circulaire, et la hauteur de 14 pouces double du rayon de l'arc, il faut prendre 8 fois $\frac{1}{11}$ le diamètre BC qui est 5 pieds 10 pouces, et ajouter 6 fois $\frac{2}{7}$ la différence 14 pouces qui existe entre les diamètres 5 pieds 10 pouces et 7 pieds; multiplier la somme par la moitié 7 pouces de cette différence; ajouter à ce produit les $\frac{11}{14}$ du quarré de BC ou de 5 pieds 10 pouces; on aura par approximation la surface intérieure du four.

*Exemple.* Le diamètre BC étant de 5 pieds 10 pouces, multipliez-le par 8 $\frac{1}{11}$ . . . 47$^{pi}$ 1$^{po}$ 10$^{l}$

La différence des deux diamètres OH, BC, étant de 14 pouces, prenez ce nombre 6 fois $\frac{2}{7}$. . . . . 7  4  0

Ajoutez ces deux produits. . . 54  5  10

Multipliez par la moitié de la différence 14 pouces. . . . . . 0  7  0

Produit  31  9  4

Le carré de 5 pieds 10 pouces étant 34 p. 0 4 l., prenez-en la moitié, le quart et le septième du quart, ou bien les $\frac{11}{14}$. . . . . . . . 26  8  1

La surface intérieure sera juste. 58  6  2

2. L'autre espèce de voûte en *cul de chapeau*,

est ceintrée en quart-de-cercle sur toute sa hauteur, comme K. Le principe est le même, à l'exception que du diamètre du plan, il faut ôter deux fois la hauteur AO, pour avoir le diamètre du cercle DM.

*Exemple.* Soit le diamètre OH de 7 pieds et la hauteur 14 pouces rayon du quart-de-cercle OD, le diamètre supérieur DM sera de 4 pieds 8 pouces.

| | | | |
|---|---|---|---|
| Multipliez 4 pieds 8 pouces par 3 ½ | 14$^{pi}$ | 8$^p$ | 0$^l$ |
| Ajoutez 4 fois le rayon AD qui est de 14 pouces. | 4 | 8 | 0 |
| Somme. | 19 | 4 | 0 |
| Ecrivez à part le rayon. | | 1 | 2 |
| Ajoutez les ⅔ | | 0 | 8 |
| | | 1 | 10 |
| Multipliez 19 pieds 4 pouces par 1 pied 10 pouces, vous aurez. | 35 | 5 | 4 |
| Faites le carré du diamètre supérieur 4 pieds 8 pouces, et prenez-en la moitié, le quart et le septième du quart | 17 | 1 | 4 |
| La surface intérieure sera. | 52 | 6 | 8 |

Ainsi, chacune de ces superficies compose deux articles; l'un, pour le plafond que l'on suppose en plate-bande droite ou tant soit peu bombée, l'autre, pour le pourtour et la voussure du quart-de-cercle. Dans le cas où le plan serait elliptique ou ovale, on calculera le plafond comme une surface elliptique de la manière enseignée dans le

superficies, et la voussure avec la face du pourtour pourront être calculés sur le diamètre d'un cercle inscrit à l'ellipse comme on vient de l'enseigner; ensuite on mesurera la circonférence de l'ellipse ainsi que dans notre géométrie-pratique, et l'on fera cette proportion : *comme le pourtour du cercle inscrit est au pourtour de l'ellipse, ainsi la surface de la partie de voussure élevée sur le cercle est à celle élevée sur l'ellipse,* le quatrième terme donnera la surface requise.

Si le four est bombé de deux ou trois pouces, on prendra pour diamètre du plafond une ligne anguleuse prise entre les deux extrémités des arcs, dont l'angle touchera au milieu de la clef, et l'on calculera cette ligne comme le diamètre d'un cercle.

Lorsqu'on toise la surface intérieure d'un four, il faut que le mur de l'enceinte soit mesuré séparément, sans quoi l'entrepreneur perdrait la masse de maçonnerie dont la surface extérieure excède de beaucoup celle intérieure, ainsi que l'arrasement du dessus; si l'on craint de ne pas toiser juste en suivant ces méthodes, on toisera le cube du tout et on en rabattra le vide. Pour toiser le tout, on prendra la hauteur du dessus du carreau jusques compris l'épaisseur de la maçonnerie formant le dessus de la chapelle, et on en rabattra le vide; le reste sera compté en toise de four d'un pied d'épaisseur, chaque pied cube pour un pied superficiel.

*Exemple.* Au four X, fig. 1, supposé que tout porte 8 pieds ½ de diamètre et le plafond 10 pouces d'épaisseur, ajoutez les 14 pouces avec les 10 pouces d'épaisseur, vous aurez 2 pieds pour la hauteur. La surface du plan de 8 pieds ¼ de diamètre est 60ᵖ 1º 10¹ 6′, qui, multipliés par la hauteur 2 pieds, produit 120ᵖ 3º 9¹·

Le vide est en deux parties, dont l'une est cylindrique, ayant la distance BC ou 5 pieds 10 pouces pour diamètre et 14 pouces de hauteur, et suivant la géométrie-pratique, il produit

            31 2 3 8

La surface du cercle de 5 pieds 10 pouces de diamètre étant 26 pieds 8 pouces 10 lignes, et celle du cercle de 7 pieds de diamètre étant 38 pieds 6 pouces, la différence est 11 pieds 9 pouces 2 lig. qu'il faut multiplier par la hauteur du carré plus les ⅔ de la hauteur du quart de rond; ici la hauteur du carré est 7 pouces, et il reste 7 pouces dont les ⅔ valent 4 pouces 8 lignes; il faut donc multiplier 11 pieds 9 pouces 2 lignes par 11 pouces 8 lignes, et on aura . . . . . . . . . . 11 5 2 11

Ajoutez ces deux nombres, et le vide sera . . . . . . . . . 42 7 6 7

Il faut retrancher 42 pieds 7 pouces 6 lignes 7 points de 120 pieds 3 pouces 9 lignes, et le reste 77 pieds 8 pouces 2 lignes 5 points sera compté pour 2 toises 5 pieds 8 pouces, superficiel de four de 12 pouces d'épaisseur. ( On néglige les lignes.)

Au four K, fig. 2, après avoir séparé la superficie du plafond de celle du plan, le reste sera multiplié par toute la hauteur 14 pouces, à cause du quart du rond OD, qui prend naissance sur le carreau.

Il sera toujours plus facile d'établir le prix de la toise de four par cette dernière méthode que par la précédente qui ne donne que la surface intérieure qui n'a nul rapport avec le cube de la maçonnerie.

### Des planchers.

#### Première espèce de planchers.

On établit des planchers de différentes manières : les plus simples que l'on fait ordinairement pour les galetas, sont ceux dont les solives sont garnies sur le côté de rapointes ou clous de charrettes, et qui sont maçonnés de plâtre et plâtras entre les solives, et de leur épaisseur. On les enduit par-dessus et par-dessous à bois apparent ou à fleur de solives. Ces planchers sont comptés à *demi-légers*, c'est-à-dire, deux toises pour une (1).

Si un plancher de cette manière n'est que hourdé ou maçonné entre les solives, sans être

---

(1) Bullet ne parle point de la distinction qu'il convient de faire de l'enduit de dessus à celui de dessous ; l'enduit de dessus peut être compté pour un douzième, et celui de dessous serait compté pour un sixième ; je vais en faire un détail différent :

enduit ni dessus ni desous, il ne doit être compté qu'à quart de *légers*, c'est-à-dire, quatre toises pour une.

Deuxième espèce de planchers.

Une autre espèce de planchers fort simples, appelée *planchers enfoncés* ou *à entrevoux*, est celle dont les solives sont vues de trois côtés par-dessous. On ceintre ces planchers par-dessous avec des étresillons entre les solives, et l'on met des lattes par-dessus qui affleurent à un pouce près le dessus des solives. On fait ensuite une aire continue de plâtre et platras par-dessus de deux à trois pouces d'épaisseur : on enduit cette aire par-dessus de plâtre passé au panier, et l'on ôte ensuite les étresillons et les lattes par-dessous pour tirer les entrevoux que l'on fait ordinairement de plâtre fin. Ces planchers sont comptés à deux toises pour une de *légers;* on n'en fait plus guères qu'à la campagne : les solins, c'est-à-dire les espaces entre les solives qui sont posées sur des poutres ou pans de bois, sont comptés chacun pour un quart de pied sans être enduits,

---

Hourdis. . . . . . ⅓ ou 12 pieds.
Enduit dessu . . . 0    0
Enduit dessous. . ⅙ ou 6 pieds
Total. ½ ou 18 pieds.

Je ne ferai aucun cas des enduits de dessus, parce que le hourdis, pour valoir un tiers, doit être rempli à fleur des bois. COMMENT.

et pour demi-pied quand ils sont enduits des deux côtés.

Si ce même plancher n'est que hourdé sans être enduit ni dessus ni dessous, il ne doit être compté que pour quart de *légers*; s'il est enduit par-dessus ou par-dessous, on le compte pour quart et demi (1).

Si, au lieu de faire un enduit sur le même plancher, on y veut mettre du petit ou du grand carreau, ce plancher fait ainsi se toise superfi-

---

(1) Les enduits de dessous, qu'on appelle *entrevoux*, ne se font pas sans peine; il faut échafauder. Le plâtre qu'on y emploie doit être passé au sas. Il faut des soins pour les faire proprement, et près d'un sixième de plâtre perdu. Ces enduits d'entrevoux ne sont donc pas à comparer à ceux de dessus l'aire, qui se font avec le dos de la truelle, et avec le même plâtre de l'hourdis.

Développons notre usage journalier, unanimement reconnu et suivi, sur le fait des planchers les plus usités aujourd'hui. *Voyez* OBSERVATIONS à la fin du volume.

| | | |
|---|---|---|
| Aire ou fausse aire.... | $\frac{1}{4}$ de toise ou | 9 pieds. |
| Lattis jointif....... | $\frac{1}{4}$ .... ou | 9 pieds. |
| Cloué sur les solives... | $\frac{1}{6}$ .... ou | 6 pieds. |
| Entrevoux par-dessous.. | $\frac{1}{6}$ .... ou | 6 pieds. |
| Total. | $\frac{5}{6}$ de toise, ou | 30 pieds. |

Ceci posé, on détaillera cette nouvelle espèce de plancher comme il suit:

Aire au-dessus enduite ou non, comptée au quart, et la partie d'hourdis entre les solives faisant corps avec l'aire, pour $\frac{1}{12}$, et ensemble..... $\frac{1}{3}$ ou 12 pieds.

Entrevoux par-dessous .. $\frac{1}{6}$ ou 6 pieds.

Total.. $\frac{1}{2}$ ou 18 pieds.

COMMENT.

ciellement, et se compte pour carreau, faisant distinction du grand et du petit, du vieux et du neuf. Le prix de la toise de ces carreaux est différent de celui des *légers ouvrages*. Les maîtres maçons ont abandonné cette partie, à cause de la cherté des carreaux. Mais soit qu'ils s'en chargent ou non, le toisé du carrelage se distingue du toisé des *légers ouvrages*. Si au lieu du carreau l'on y met des lambournes, ce plancher sera compté *léger*.

Troisième espèce de planchers.

Si aux mêmes planchers enfoncés, au lieu de ceintrer par-dessous avec des étresillons et des lattes, on cloue par-dessus les solives des lattes jointives, et que l'on y fasse une aire de plâtre et plâtras, enduite par-dessus et par-dessous entre les solives, ces planchers doivent être comptés à trois quarts de toise (1).

Si, au lieu d'un enduit par-dessus, on pose du carreau sur une fausse aire, ces planchers doivent être comptés à toise et un tiers.

---

(1) Cette troisième espèce de plancher est fort en usage, surtout dans les maisons communes, et demande un détail :

| | | |
|---|---|---|
| Aire enduit . . . . . . . . . | ¼ ou | 9 pieds. |
| Lattif jointif. . . . . . . . | ¼ ou | 9 pieds. |
| Cloué sur les solives. . . . | ⅙ ou | 6 pieds. |
| Entrevoux par-dessous. . . | ⅙ ou | 6 pieds. |
| Total. . . . . | ⅚ ou | 30 pieds. |

COMMENT.

Quatrième espèce de planchers.

Les planchers dont les solives sont lattées par-dessous de trois en trois pouces, maçonnés de plâtre et platras entre les solives, enduits par-dessus à bois apparent, et plafonnés par-dessous, doivent être comptés à trois quarts de *légers*.

Les planchers dont les solives sont lattées de trois en trois pouces par-dessous, maçonnés de plâtre et platras entre les solives, avec une aire par-dessus de deux ou trois pouces, enduits de plâtre et plafonnés par-dessous, doivent être comptés toise pour toise de *légers*.

Les planchers dont les solives sont lattées tant plein que vide par-dessous, hourdés de plâtre et platras entre les solives, plafonnés par-dessous, doivent être comptés à $\frac{1}{4}$ de *légers*. On ne fait plus guère de ces sortes de planchers, parce qu'ils sont trop pesans sur les murs (1).

Si l'on pose des lambourdes sur les solives, et que ces lambourdes soient maçonnées à augets pour recevoir le parquet, ces planchers doivent être comptés pour légers et quart.

---

(1) Cette quatrième espèce de planchers est ici distinguée en deux sortes ; la première est la plus usitée pour les palliers des escaliers. C'est dans cette position que nous envisageons ces planchers.

La première sorte de ces planchers est de ceux qui sont lattés par-dessous de 3 pouces en 3 pouces, maçonnés ou hourdés en plâtre et platras entre les solives, et plafonnés par-dessous : cette espèce de planchers doit être comptée à 3 quarts de *légers* ou 27 pieds :

Cinquième espèce de planchers.

Les planchers creux lattés par-dessus et par-dessous à lattes jointives, avec une fausse aire faite sur le lattis d'environ deux pouces d'épaisseur, et plafonnés par-dessous à l'ordinaire, doivent être comptés à une toise deux tiers ; mais si les lattes ne sont point clouées par-dessus les solives, et que ce ne soit qu'un simple couchis, ces planchers ne sont comptés que pour une toise et demie de légers par toise superficielle ; la maçonnerie faite sur les poutres et pans de bois pour le scellement des solives, se compte séparément (1).

| | | |
|---|---|---|
| Hourdé plein. . . . . . . | $\frac{1}{3}$ ou | 12 pieds. |
| Latté par-dessous. . . . . | $\frac{1}{12}$ ou | 3 pieds. |
| Recouvert en plâtre. . . | $\frac{1}{4}$ ou | 9 pieds. |
| Pour échafaud, perte de clous et plâtre. . . . . | $\frac{1}{12}$ ou | 3 pieds. |
| Total. . . . | $\frac{3}{4}$ ou | 27 pieds. |

Dans la seconde sorte de planchers, on suppose une aire de 2 ou 3 pouces, que nous comptons pour 1 quart ou 9 pieds, qui, ajoutés aux 27 pieds ci-dessus, donneront les 36 pieds ou la toise requise en cet article. COMMENT.

(1) Cette cinquième espèce de planchers est celle qui est le plus en usage.

Ces planchers sont très-bien détaillés, et d'une manière fort claire. Le plafond seul se compte pour toise, et l'aire au-dessus sur un lattis jointif est comptée pour demi-toise ; et si ce lattis est cloué sur les solives, on ajoute 1 sixième de toise pour la valeur du clou, de son déchet et de son emploi.

Mais comme il se rencontre tous les jours des cas où ces

On doit rabattre tous les passages des tuyaux des cheminées qui passent dans les planchers, et

ouvrages ne sont point achevés, il convient d'en développer chaque partie. Nous commencerons par les aires.

| | | |
|---|---|---|
| Lattif jointif. . . . . . . . . . . | $\frac{1}{4}$ ou | 9 pieds. |
| Clou, déchet et façon. . . . . . | $\frac{1}{6}$ ou | 6 pieds. |
| Aire au-dessous de 2 ou 3 pouces. | $\frac{1}{4}$ ou | 9 pieds. |
| Total du plancher . . . . | $\frac{2}{3}$ ou | 24 pieds. |

*Plafond et cloisons creuses suivant Bullet.*

| | | |
|---|---|---|
| Lattis jointif cloué sur les solives. . | $\frac{1}{2}$ toise ou | 18 pieds. |
| Gobetage, crépi et enduit. . . . . | $\frac{1}{2}$ toise ou | 18 pieds. |
| Total du plafond. . . . . . . . . | 1 toise ou | 36 pieds. |
| Total général du plancher plafonné. | 1 toise $\frac{1}{2}$ | 6 pieds. |

*Détail d'un plafond suivant Goupil.*

Le premier objet qui se présente pour faire un plafond, est l'échafaudage et le déchafaudage, que nous évaluons pour chaque toise à un sixième de *légers ouvrages*, et qui doit être le premier payé dans le cas que le plafond ne fût point achevé, ci. . . . . . . . . . . . . . . . . $\frac{1}{6}$ ou 6 pieds.

| | | | |
|---|---|---|---|
| Lattis . . . . . . . . . | $\frac{1}{4}$ ou 9 pieds. | } | $\frac{5}{12}$ ou 15 pieds. |
| Clou, déchet ou emploi | $\frac{1}{6}$ ou 6 pieds. | | |
| Gobetage . . . . . . . | $\frac{1}{12}$ ou 3 pieds. | } | $\frac{5}{12}$ ou 15 pieds. |
| Crépi. . . . . . . . . | $\frac{1}{6}$ ou 6 pieds. | | |
| Enduits de sujétion. . | $\frac{1}{6}$ ou 6 pieds. | | (1) |

Il s'ensuit de là que si un plafond n'est point fini, il faut commencer à le toiser comme s'il l'était, et le tirer en ligne pour un sixième de *légers*. Ensuite on toisera ce qui sera fait, et on le comptera suivant nos développemens. Il n'en

---

(1) Il y a dans ces divers calculs contrariétés : voir à la fin du volume OBSERVATIONS.

l'on ne compte pas l'endroit des portes, ni les enfoncemens des croisées.

---

sera pas de même dans les cloisons creuses : il faudra suivre le système de Bullet, et son développement.

Si à un pareil plafond il y a une corniche en plâtre, le toisé s'en fera comme s'il n'y en avait pas ; les longueurs et largeurs se prendront de mur à mur.

Si la superficie d'une aire était plus grande que celle du plafond, on toiserait l'une et l'autre chacune en particulier, et on les compterait suivant leurs réductions.

Si au milieu d'un plafond il y a une poutre recouverte des trois côtés, lattée de 3 pouces en 3 pouces, quels que soient les retours, grands ou petits sans distinction, il ne sera rien diminué, par ce qu'il faut 3 toises de recouvrement pour faire une toise de *légers*. Si elle n'est pas recouverte, elle sera diminuée totalement dans ce que l'on comptera aire.

### *Plancher d'une nouvelle espèce, compté pour deux toises un quart.*

1°. On a commencé par échafauder et latter avec lattes de cœur de chêne à distance d'un pouce et demi l'une de l'autre, compté pour ce. . . . . 1 quart, ou 9 pieds.

2°. On a cloué et arraché entre chaque latte de longs et égers rapointis, qui se croisaient en tête ; puis on a ceintré avec des planches pour faire des augets, compté pour ce. . . . . . . . . . . . 1 sixième, ou 6 pieds.

3°. On a fait des augets avec plâtre pur entre les solives pour remplir l'entre-deux des lattis par-dessous, et avec soin, compté pour ce. . . . . 1 demie ou 18 pieds.

4°. On a bandé deux arcs en moëllon de Saint-Leu entre les solives en forme d'étresillon : la largeur du plancher divisée en trois parties, compté pour ce 1 sixième ou 6 pieds.

5°. On a fait l'aire à l'ordinaire sur un bardeau de chêne débité exprès, jointif, et cloué du rapointis sur les solives, pour empêcher les plâtres de bouffer. Ensuite en a décha-

Si l'on cloue des lambourdes sur les solives, et qu'entre ces lambourdes on fasse un lattis sur les solives à lattes jointives, pour faire les augets des lambourdes; ces planchers supposés plafonnés à lattes jointives par-dessous, doivent être comptés à légers et trois quarts.

Les lambourdes, scellées dans l'enfoncement des croisées et dans les passages des portes, sont comptées à deux toises pour une.

Quand on hache et recharge de plâtre un vieux plancher ou une aire, il est compté pour tiers de *légers*.

L'enduit simple sur un vieux plancher, est compté pour quart de *légers*.

### Sixième espèce de planchers.

Il est encore une manière de faire des planchers enfoncés. On fait deux feuillures dans l'arrête du dessus de chaque solive, et l'on y pose ensuite des ais bien dressés, que l'on cloue sur ces solives pour couvrir chaque entrevoux. On fait ensuite une fausse aire sur les ais et les solives, avec plâtre et platras de deux pouces d'épaisseur

---

faudé pour laisser essuyer les plâtres pendant un hiver et un été, compté pour ce. . . . . . 1 tiers ou 24 pieds.

6°. On a échafaudé de nouveau et fait des plafonds tels qu'ils existent, compté pour ce. . 1 demie ou 18 pieds.

Total, 2 toises ce. . . . . . 1 quart ou 81 pieds.

Ce plafond fait sous mes yeux et avec toute l'attention possible, a été réglé avec un de nos plus savans toiseurs à 2 toises 1 quart, tout vide rabattu. COMMENT.

ou environ, selon qu'il faut mettre de charge pour convenir à la plus haute solive. Si l'aire est enduite de gros plâtre par-dessus, ces planchers doivent être comptés pour un tiers de toise, c'est-à-dire, trois toises pour une.

A ces sortes de planchers on remplit ordinairement de lambourdes de bois avec moulure, les espaces des solives posées sur des poutres ou pans de bois : c'est pourquoi l'on n'y compte point de maçonnerie pour les solins, quoique l'on scelle les solives au derrière des lambourdes (1).

*Autres détails donnés par Bullet.*

Les lambourdes posées sur une fausse aire déjà

---

(1) On faisait autrefois les planchers à bois apparens, et l'on n'enduisait que les entrevoux : cela ne se pratique guère plus, peut-être à tort, l'élégance a nui à la solidité ; la charpente d'un plancher achevée, on latte par-dessus et par-dessous : il faut que le lattis ne soit pas tout-à-fait jointif sur le lattis supérieur; on fait une aire de plâtre de 3 pouces sur laquelle on pose les carreaux, et on plafonne par dessous.

Pour augmenter la solidité de ces plafonds, on fait quelquefois des augets entre les solives. Après avoir latté par-dessous plein et vide, on garnit de clous les côtés des solives; on applique une planche sous le lattis, et on pratique une espèce de canal demi-rond entre les solives.

Si au lieu de carreaux on emploie du parquet, alors on fixe sur l'aire du plafond des lambourdes scellées à augets ou sans augets; on pose ces lambourdes sur une latte jointe, et quand les solives sont bien dressées, on place le parquet dessous.

Les planchers ordinaires, carrelés, ont 1 pied; parquetés, 15 pouces. Durand.

faite, étant scellées et faites à augets, sont comptées à *demi-légers*.

Si l'on est obligé de faire une tranchée dans un vieux mur pour poser les solives d'un plancher, cette tranchée et le scellement des solives doivent être comptés à pied courant.

Si la même chose arrive après coup dans un mur neuf, on doit compter la tranchée et le scellement comme ci-devant.

Si dans les planchers il y a des poutres ou autres bois qu'il faille recouvrir, et que ces bois soient lattés tant plein que vide, les bois recouverts doivent être comptés trois toises pour une de *légers ouvrages*.

## Des aires.

Les aires que l'on fait sur des voûtes, sont, ou pour être enduites simplement de plâtre, ou pour être pavées ou carrelées, ou pour poser des lambourdes (1).

---

(1) L'aire doit être faite de plâtre à l'ordinaire et bien dressée de niveau ; on fait fondre ensuite 5 à 6 livres de colleforte, et on y jette 2 pierres de chaux vive ordinaire, avec une demi-livre ou environ de gomme arabique. Lorsque le tout est bien fondu et dissous, jetez-le dans un tonneau d'eau ordinaire. Remuez bien le tout, et de cette eau gâchez le plâtre qui sera passé au sas : faites cet enduit d'un bon pouce d'épaisseur. Il faut que l'aire ait été auparavant rustiquée et mouillée avec l'eau du tonneau.

Si l'on veut figurer les parquets ou autres compartimens sur le même plancher, on peut le faire légèrement. Ensuite on fait tremper pendant quelques jours de la suie sèche dans de l'urine : on en applique une couche qu'on laisse sécher, après quoi on le frotte et on le cire à l'ordinaire.

Si les voûtes sont faites à neuf, et que l'on ne veuille faire qu'une simple aire de plâtre par dessus, leurs reins doivent être assez élevés et arrasés de niveau, pour n'avoir plus que le gros plâtre à mettre et à enduire par-dessus : dans ce cas, l'aire ne doit être comptée qu'à demi-toise de *légers* pour toise.

Si l'on met du carreau sur cette aire, en supposant qu'elle soit arrasée et qu'il n'y ait plus à faire que la forme sur laquelle doit poser le carreau, l'aire ne doit être comptée qu'à deux toises pour une. Mais s'il y a une fausse aire sous le carreau, le tout doit être compté à toise pour toise.

Supposant toujours les voûtes arrasées, si l'on pose des lambourdes par-dessus maçonnées à augets, les lambourdes doivent être comptées à deux toises pour une.

Si au lieu de faire les aires sur des voûtes, on est obligé de les faire sur la terre, il faudra faire un corps de maçonnerie de 5 à 6 pouces d'épaisseur, avec des pierrailles bien battues, garnies et maçonnées avec mortier ou gros plâtre, et endui-

---

Bullet a distingué les aires qui se font sur les planchers, de celles qui se font au rez-de-chaussée, sur terre ou sur des voûtes. Ce qu'il appelle purement *aire*, est celle de la seconde espèce : celles qui se font sur des planchers pour recevoir du carreau ou du parquet, se nomment *fausses aires*. Dans l'usage actuel cependant on retranche le mot de *fausse*, parce qu'il est de droit et naturellement sous-entendu ; et quand on parle d'une *aire* sur un plancher, il est très-inutile de lui appliquer le mot *fausse*. COMMENT.

tes par-dessus simplement : ces aires doivent être comptées à demi-toise de *légers* par toise.

Si l'on met des lambourdes engagées dans le corps de l'aire, et enduites à augets, le tout est compté pour trois quarts de toise de *légers ouvrages*.

Si au lieu de mettre du carreau ou des lambourdes sur les aires, on y met du pavé ou du marbre, l'aire doit être faite avec de moyennes pierres bien battues dans la terre, et ensuite maçonnées de mortier (car le plâtre pourrit dans la terre), et il faut mettre seulement un peu de gros plâtre par-dessus pour lier les pierres.

Cette aire ainsi faite, doit être comptée pour un tiers de toise à mur, sans comprendre le pavé : car c'est un autre marché.

### *Des cloisons et pans de bois.*

Il y a diverses espèces de cloisons, en maçonnerie comme en menuiserie. Les plus simples sont celles dont les poteaux sont cloués en rappointis ou clous de charrette, maçonnées entre les poteaux de plâtre et platras, et enduites à bois apparent : ces cloisons sont comptées à demi-mur. On rabat toutes les baies des portes et des croisées entre les bois, et l'on compte la hauteur des poteaux auxquels on ajoute l'épaisseur d'une sablière.

Si ces cloisons ne sont que hourdées simplement sans être enduites d'un côté ni de l'autre, elles ne se comptent que pour un quart de toise ; si elles sont enduites d'un côté, elles se comptent pour moitié de légers ouvrages. Cette cloison est nommée *cloison simple* (1).

Les cloisons lattées de 3 en 3 pouces des deux côtés, maçonnées de plâtre et platras entre les poteaux, et enduites aussi des deux côtés, que l'on appelle *cloisons pleines*, sont comptées toise pour toise de *légers* : on n'a point d'égard si les poteaux ont plus ou moins de 3 ou 4 pouces d'épaisseur.

Il en est de même des pans de bois faits de cette manière pour les faces des maisons, et on compte les moulures à part (2).

Si les baies des portes et des croisées qui se trouvent dans ces cloisons sont feuillées, et que

---

(1) Bullet avait dit que le hourdis était compté à 1 quart. Ce hourdis est le même que celui des cloisons recouvertes qui est compté à 1 tiers. On compte ensuite l'enduit de chaque côté à fleur des bois pour 1 huitième, de même qu'aux planchers. Notre détail partant d'un même principe, servira pour les différentes natures d'ouvrages en plâtre.

Hourdis. . . . . . . . . . . . . . . $\frac{1}{3}$ ou 12 pieds.
Enduit d'un côté d'après les bois. . $\frac{1}{12}$ ou 3 pieds.
Enduit de l'autre, *idem* . . . . . $\frac{1}{12}$ ou 3 pieds.
Total. . . . . . . . . . . $\frac{1}{2}$ ou 18 pieds.

Nous n'avons que 2 sortes de cloisons pleines en charpente. C'est de la plus composée qu'il faut partir. En toisant ces cloisons, on doit en prendre la hauteur entre les milieux des deux sablières, et la largeur entre les murs. Le vide des baies se rabat en dans-œuvre desdites baies, comprenant une largeur de poteau d'huisserie. COMMENT.

(2) La cloison pleine, recouverte des deux côtés, est comptée chaque toise superficielle pour toise de *légers ouvrages :*

les bois des baies soient recouverts de plâtre en leur épaisseur, on ne rabat point ces baies; mais si les portes et croisées ne sont ni feuillées ni rerecouvertes de plâtre, on rabat les baies entièrement : on ne rabat rien des sablières des cloisons, pourvu qu'elles soient recouvertes. Les saillies faites contre les portes et croisées, outre le nu des pans de bois ou cloisons, sont comptées à part, ainsi que les arrêtes saillantes des sablières; et lorsque lesdites baies sont comptées pleines, les scellemens de pattes et solemens de bâtis ne doivent pas être comptés.

Les cloisons n'étant que maçonnées entre les poteaux, et lattées comme ci-dessus des deux côtés, sans enduit de côté ni d'autre, elles sont comptées à deux toises pour une ; et si l'enduit n'est fait que d'un côté, elles sont comptées à $\frac{7}{4}$ de toise (1).

Les cloisons ou pans de bois, qui sont maçon-

| | | |
|---|---|---|
| Hourdis. . . . . . . . . . . . . . . | $\frac{1}{3}$ ou | 12 pieds. |
| Lattée et clouée d'un côté. . . . . | $\frac{1}{12}$ ou | 3 pieds. |
| *Idem*, de l'autre côté. . . . . . . | $\frac{1}{12}$ ou | 3 pieds. |
| Crépis et enduit d'un côté. . . . . | $\frac{1}{4}$ ou | 9 pieds. |
| *Idem*, de l'autre côté. . . . . . . | $\frac{1}{4}$ ou | 9 pieds. |
| Total. . . . | 1 toise ou | 36 pieds. |

(1) Dans les cloisons ou pans de bois, si les portes ou croisées sont recouvertes, et qu'il y ait feuillures et appuis de plâtre, ou aire par bas, on rabat la moitié du vide de la baie, parce qu'il n'y a point de scellement : mais on compte seulement le scellement des croisées de menuiserie, s'il y en a, et non les feuillures. COMMNET.

nées entre les poteaux, lattées d'un côté de 5 pouces en 5 pouces, enduites d'un côté sur le lattis, et enduites de l'autre côté à bois apparent, sont comptées à trois quarts de *légers ouvrages*, sans rabattre aucune sablière. Si les baies qui sont dans ces cloisons, ne sont ni feuillées ni recouvertes de plâtre, elles sont entièrement rabattues (1).

Les cloisons appelées *creuses*, lattées à lattes jointives des deux côtés, crépies et enduites avec du plâtre dessus le lattis, sont comptées toise pour toise de chaque côté, c'est-à-dire, qu'une toise en superficie en vaut deux, parce que les deux côtés sont lattés à lattes jointives. On compte aussi toutes les sablières recouvertes en leurs faces et pourtours, comme les cloisons, pourvu qu'elles soient lattées à lattes jointives; sinon le recouvrement n'est compté qu'à un tiers de toise de *légers* (2).

Si les baies qui sont dans ces cloisons ne sont

---

(1) La cloison hourdée pleine, lattée et recouverte d'un côté, et à bois apparent de l'autre, est comptée pour trois quarts de *légers*.

Hourdis. . . . . . . . . . . . . . $\frac{1}{3}$ ou 12 pieds.
Recouverte d'un côté. . . . . . $\frac{1}{3}$ ou 12 pieds.
Enduit d'après les bois. . . . . $\frac{1}{12}$ ou 3 pieds.
Total . . . . . . . $\frac{3}{4}$ ou 27 pieds.

(2) La troisième espèce de cloison, *cloison creuse* ou *cloison sourde*, est lattée à lattes jointives des deux côtés, recouvertes par dessus. Il est d'usage de compter ces cloisons creuses, chaque toise superficielle pour deux toises de *légers*.

ni feuillées ni recouvertes dans les tableaux, elles sont entièrement rabattues; si elles sont feuillées et recouvertes dans les tableaux, on les compte à toise simple seulement, c'est-à-dire, que l'on déduit le vide sur une face seulement.

Les cloisons faites de membrures ou d'ais de bateau pour décharger les planchers, lattées tant plein que vide, crépies et enduites de plâtre des deux côtés, nommées *cloisons et planches ou planches légères*, doivent être comptées à un tiers de toise à mur de chaque côté, c'est-à-dire, deux tiers pour toute la cloison; et s'il y a quelque distance entre les ais, on doit compter le tout pour trois quarts à mur. On rabat aussi les baies, si les tableaux ne sont ni feuillés ni recouverts (1).

---

Bullet a donné le développement de ces cloisons creuses.

Lattis jointif cloué sur les poteaux. ½ ou 18 pieds.
Gobetage, crépis et enduits. . . ½ ou 18 pieds.
Total. . . . . 1 toise ou 36 pieds.

Il ne faut pas confondre ce développement avec celui que nous avons fait des plafonds. Quoique l'un et l'autre soient comptés pour toise, leur développement s'en fait différemment. COMMENT.

(1) Si les planches sont jointes les unes contre les autres, ce qui est rare, et recouvertes des deux côtés, elles sont comptées chaque côté pour *un tiers de légers ouvrages*, et les deux côtés pour *deux tiers* ou 24 pieds.

Mais il est plus commun de faire ces cloisons à claire-voie sur des coulisses haut et bas, et des traverses ou entre-toises. Alors ces cloisons se comptent toise pour toise de *légers*, sans rien rabattre pour les traverses ou entre-toises apparentes, quand elles sont recouvertes sur une face; mais

Les cloisons *creuses* lattées à lattes jointives des deux côtés, et recouvertes de plâtre ; si elles ne sont lattées que d'un côté simplement sans être recouvertes, on les compte à *mi-légers* ; si elles sont lattées des deux côtés sans être recouvertes, on les compte toise pour toise de *légers* ; si elles sont enduites d'un côté, on les compte à *légers* et demi ; et enfin si elles sont enduites deux côtés, à deux toises de *légers* pour une.

On doit estimer à proportion les cloisons faites de membrures ou d'ais de bateau.

Toutes les saillies qui sont sur ces cloisons ou pans de bois doivent être toisées à part outre les cloisons (1).

---

tout bois apparent des deux côtés doit être déduit, ainsi que les baies dont les poteaux ne sont pas recouverts dans les tableaux. COMMENT.

(1) Dans toutes cloisons dont les poteaux d'huisserie sont recouverts sur deux faces, on déduit tout le vide des portes et croisées dans œuvre des poteaux, s'il n'y a qu'une face de recouverte, la déduction se fera en prenant la largeur du milieu d'un poteau apparent au milieu de l'autre, et la hauteur du milieu du linteau jusqu'au carreau. Si les poteaux sont ravalés sur trois faces et sans feuillures, tout le vide doit être rabattu ; mais le recouvrement des tableaux se compte dans son pourtour intérieur sur un pied courant de *légers*.

En thèse générale, l'on doit voir si le pourtour des tableaux et feuillures compté à un pied et demi de développement, remplit le vide ; s'il ne le remplit pas, l'excédant sera rabattu. SEG.

## Des lambris.

Comme les lambris que l'on fait dans les galetas ou ailleurs, sont proprement des demi-cloisons, ces lambris, étant lattés à lattes jointives contre les chevrons ou autres bois, sont comptés toise pour toise de *légers*, comme les cloisons. Tous les autres bois recouverts au-dedans des combles ou ailleurs, s'ils sont lattés à lattes jointives, sont toisés comme des lambris, leur pourtour sur leur largeur, et sont comptés toise pour toise de *légers*; mais si les bois sont lattés de quatre pouces en quatre pouces, ils ne sont comptés que pour un tiers de toise. Quand il y a des lucarnes dans les galetas, on rabat la place des lucarnes ou autres vides; mais l'on compte les jouées et plafonds des lucarnes à part. Les jouées sont ordinairement lattées de quatre en quatre pouces, maçonnées et recouvertes de plâtre, comme les cloisons pleines; c'est pourquoi elles sont comptées toise pour toise de *légers*.

Si les jouées ne sont maçonnées entre les poteaux qu'à bois apparent, elles ne sont comptées qu'à deux toises pour une.

## Des lucarnes.

Les lucarnes sont, ou de pierre de taille, ou de moëllon et plâtre, ou de charpenterie recouverte de plâtre.

On ne toise plus les lucarnes depuis le sommet jusqu'en bas, comme du temps de Bullet; le fronton se réduit comme un triangle ou un segment;

s'il est de pierre de taille, on compte les évuidemens des angles avec le déchet de la pierre, et l'on toise à part la taille ou l'enduit du dessus; on expliquera plus loin la manière de toiser ces parties.

Après avoir toisé le corps des lucarnes, on ajoute leurs saillies qui sont les corniches ou plinthes de leurs frontons ou autres ornemens d'architecture, comme il sera expliqué à l'article *moulures*.

Les exhaussemens ou piédroits que l'on fait dans les galetas, depuis le dessus du dernier plancher jusques sous la rampe des chevrons, à la rencontre des lambris, sont faits de platras et plâtre, enduits de côté; ces exhaussemens sont comptés à demi *légers ouvrages*, leur longueur sur leur hauteur (1).

### Des escaliers et perrons.

Les escaliers de charpente et plâtre se font de deux manières : la plus ancienne, qui n'est guère en usage, consiste à ceintrer avec des lattes postiches sous les rampes ou coquilles, et à maçonner de plâtre ou platras ces lattes.

---

(1) Ces exhaussemens sous le pied des chevrons s'élèvent en triangle rectangle du dessus de l'entablement jusqu'à la rencontre des chevrons, et à plomb du gros mur. Ces exhaussemens doivent être remplis par derrière; leur forme triangulaire les font réduire à moitié de *légers ouvrages*. Cependant s'ils sont en moëllons, l'on doit les toiser comme mur ravalé d'un côté, et prendre leur épaisseur au milieu de la hauteur. COMMENT.

L'autre manière, qui est la meilleure pour les escaliers de charpenterie, est de latter le dessous des rampes ou coquilles à lattes jointives ; de maçonner ensuite ces lattes avec plâtre et platras entre les marches; d'enduire de plâtre fin le dessous de ces rampes ou coquilles, et de carreler le dessus à fleur des marches. Ces escaliers sont comptés toise pour toise, et l'on toise le carreau à part (1).

Pour toiser les rampes et coquilles d'escaliers, on prend la hauteur de l'étage du dessous d'un pallier au-dessus de l'autre; à cette hauteur on ajoute le pourtour pris au milieu des girons, excepté la marche du haut, comme si les marches étaient sur un même plan, et l'on multiplie la somme de ces dimensions par la largeur de la rampe prise aux marches droites, sans avoir égard à celles d'angle, et il faut pour cela que les colets soient faits en plâtre.

Si les palliers des escaliers sont lattés par-dessus et par-dessous à lattes jointives, plafonnés par-dessous, on les toise comme les planchers de cette espèce (2).

On mesure, comme il a été dit, les escaliers

---

(1) Cependant, comme toutes les marches ne sont pas carrelées, qu'il n'y a que celles d'angles qui le sont; pour éviter toute équivoque, l'on toise les parties carrelées en carreau neuf pour toise de *légers*, à cause de la sujétion des coupes droites et anguleuses. Ség.

(2) On fait peu de ces palliers creux. Les plus ordinaires sont hourdés plein, et recouverts par-dessous, et se comptent pour 3 quarts de *légers*, ou 27 pieds. Comment.

dont les marches sont de pierre de taille ; et s'il y a des moulures au devant, elles sont comptées à part, à moins qu'on ne les ait exceptées dans le marché.

Le scellement des marches de pierre ou de bois fait après coup, est compté à chaque marche pour demi-pied de mur dans les cloisons, et pour un pied dans les murs.

Les marches des perrons sont encore contournées ou singlées de même que ci-devant ; ce contour est multiplié par leur longueur qui est prise à la marche du milieu de ces perrons, pour avoir des toises superficielles : s'il y a des moulures, on les toise à part (1).

Les massifs de maçonnerie que l'on fait sous les perrons, sont faits de moëllon, avec mortier de chaux et sable, jusque sur la terre ferme ; les

---

(1) Dans les marches en pierre on considère les droites et les circulaires qui ne peuvent être toisées de même aux droites toisées comme on l'a dit, on ajoute 2 pouces à chaque marche pour la partie recouverte ; à leur longueur ce qui entre dans les murs pour 3 pouces, 1 pouce pour ce qui entre dans les limons. Les marches d'angle sont toisées séparément à leur plus grande longueur, leur largeur mesurée au plus large sur un trait tiré d'équerre au parement de devant. Quand aux marches circulaires, chaque morceau est toisé à part carrément, sans rien rabattre de ce qui a été élégi, la taille circulaire du devant est toisée séparément. Les noyaux à jours se toisent chaque morceau à part carrément suivant les lits, on les réduit au pied cube en ajoutant 1 quart pour le déchet, et on toise séparément les paremens vus pour taille ou taille et demie. Ség.

massifs sont toisés au cube, et la fouille se toise à part.

Quand les escaliers sont en vis à noyau tout de pierre de taille, et que les marches sont dégauchies ou taillées par-dessous, on les toise comme ci-devant; mais on ajoute à la longueur des marches la moitié du pourtour du noyau, et outre cela le dégauchisement des marches par-dessous est toisé le pourtour sur la longueur; mais on fait ordinairement des prix à part pour ces sortes d'ouvrages.

Si, au lieu d'un noyau, c'est une vis à jour, c'est-à-dire, un noyau creux, on compte la moitié de la hauteur du contour du vide, et le reste se toise comme ci-devant. Si les appuis des escaliers sont de pierre avec des balustres, des entrelas, ou des pilastres avec un appui et un socle, ce qui ne se pratique plus guère qu'aux grands escaliers où on les fait de marbre, on toise les appuis leur longueur seulement sans distinction de socles, de balustres ni de pilastres, mais on fait un prix pour chacune des toises courantes des balustrades (1). S'il n'y a point de prix de fait pour les appuis, et qu'il faille les réduire à toise en détail, parce qu'ils pourraient être compris dans un prix de toise commune, alors on toise les appuis de cette manière : on prend la

---

(1) Ces escaliers se toisent à toise courante sur le rampant de l'appui, ou plate-bande, et non à plomb ni de niveau. C'est de cet ancien usage qu'est venu celui de toiser de même les rampes de fer. COMMENT.

hauteur de l'appui qui est ordinairement 2 pieds 8 pouces ; à cette hauteur on ajoute la moitié de la largeur du dessus de l'appui : on multiplie cette mesure par la longueur des rampes et palliers pris par le milieu, et le produit vaut toise à mur ; on ajoute ensuite toutes les moulures des socles, appuis, pilastres et balustres. Les balustres sont contournés au droit de chaque moulure, comme il sera expliqué ci-après. Les toises qui en proviennent sont comptées toises pour toises (1).

Si, au lieu de balustres, on fait des entre-las où il y ait de la sculpture, on compte ce qui peut être toisé en moulures, et on estime ce qui est de sculpture.

Nous parlerons des voûtes des escaliers à l'article *voûtes*.

### Des chausses d'aisances.

Les chausses d'aisances étant souvent placées dans les angles des escaliers, il est à propos de décrire leur construction.

Ces chausses d'aisances se font de deux manières ; les unes avec de la poterie appelée *boisseau de terre cuite* ; les autres avec des tuyaux

---

(1) Depuis long-temps on a abandonné l'usage de compter les appuis comme Bullet. On toise à part les appuis et socles que l'on compte à la toise courante en désignant les moulures et paremens ; les balustres ou entre-las s'estiment séparément. Ség.

de plomb, que l'on enferme dans de la pierre de taille.

Pour les chausses qui sont faites de poterie, les boisseaux doivent être bien vernissés en dedans, sans aucune fente ou cassure, parce qu'il n'y a rien de si subtil que la vapeur qui vient des matières des urines. Les boisseaux doivent être bien joints les uns sur les autres, et ensuite mastiqués dans les joints avec bon mastic; et s'ils ne peuvent être isolés, c'est-à-dire, dégagés à l'entour, il les faut maçonner avec mortier et sable, parce que le mortier n'est pas si aisé à pénétrer que le plâtre. On peut enduire de plâtre par-dessus cette maçonnerie de mortier en ce qui sera vu; les chausses ainsi faites sont comptées une toise de long pour toise de *légers*.

Si les chausses sont contre un mur voisin, il faut les isoler, c'est-à-dire laisser une distance au moins de trois pouces entre le mur et les chausses, afin que le mur ne soit point endommagé, et il faut que cet isolement soit enduit du côté du mur.

*Observations*. Au temps de Bullet, on ne faisait de chausses que d'une sorte : il s'en fait de plusieurs aujourd'hui. Nous ne parlerons pas ici des fosses inodores d'aisance, auxquelles on a appliqué le zinc, le bois bitumineux, etc., pour lesquelles MM. Dufour et compagnie, rue Beauregard, n° 11, ont obtenu un brevet d'invention en 1822. On ne fait presque plus de chausses dont les boisseaux soient vernissés du haut en bas : les boisseaux sont vernissés au tiers de leur hauteur et se vendent au pouce de diamètre. Ces boisseaux se vendent à 9 pieds de haut et 7 de diamètre 45 cent. Ces chausses en tuyaux de grès ont 2 pieds de long sans l'emboîture qui doit avoir 3 pouces ; il y en a depuis 3 pouces jusqu'à 8 pouces de diamètre ; ceux de 3 pouces ne s'emploient qu'aux ventouses et descentes.

On fait des chausses et descentes en plomb ou en fonte ; elles coûtent beaucoup plus que les précédentes, et ne font pas un meilleur usage que celles en tuyaux de grès.

Dans une chausse en grès ou en fonte, on doit laisser un pouce de jeu dans le joint au-dessous du bourlet, pour la dévêtir en cas d'engorgement sans la casser et sans la démolir depuis le haut jusqu'en bas : on fait dans chaque joint un solin en mastic chaud, nommé *mastic de fontainier*. Voici la préparation de ce mastic : on le fait bouillir, et on en prend avec une spatule de bois pour enduire d'abord les joints ; ensuite on les remplit avec du mastic moins chaud, et on enduit ce solement avec le plat de la truelle. Au défaut de ce mastic, on prend du plâtre au tamis, puis on fait la chemise, ou plutôt on cache les chausses au moyen d'une languette de plâtre scellée dans deux feuillures, parce que s'il arrive de la filtration, l'on voit plus facilement d'où elle provient en descellant la languette.

Quand une semblable poterie s'engorge, on la sonde, et on remarque jusqu'à quelle hauteur descend la sonde : c'est là qu'il faut dévêtir les tuyaux : on prend alors un fer chaud, en forme de coin avec un manche ; on le passe sur le joint pour fondre le mastic, et l'on dévêtit les tuyaux très-aisément.

Les chausses d'aisances se placent ordinairement dans les angles des escaliers; l'on doit éviter de les placer dans des épaisseurs de mur, surtout dans des encoignures ou piédroits, et si l'on ne peut faire autrement, on fait l'entaille éloignée au moins de 2 pieds de l'encoignure ou pied-droit sur un côté seulement en forme de gargouille avec feuillure sur chaque arrête, et on y met des planches ou dalles de pierre d'un pouce d'épaisseur, retenues avec des pattes et garnies de plâtre dans les joints. Dans cette partie de mur qui se trouve retranchée, l'on doit mettre des fantons en fer de carillon de 3 pieds en 3 pieds pour lier le mur, et des carcans de 6 pieds en 6 pieds pour maintenir la chausse dans le milieu, en observant un isolement d'un pouce et demi ou de deux pouces au pourtour : par là on répare les accidens qui dans la suite proviennent des engorgemens ou des filtrations.

On pratique encore des ventouses qui prennent depuis la fosse jusque sur le comble, pour faire évaporer le mauvais air, ventouses de 4 pouces de diamètre au moins dans œuvre.

### *Détail des chausses d'aisances en poterie de terre cuite.*

| Chausse de 7 pouces de diamètre dans œuvre. | Boisseaux. . . . 18 pi. Pose . . . . . . 3 Chem. de pl. . 18 | 36 pi. |
|---|---|---|

| | | |
|---|---|---|
| *Idem*, de 6 pouces. | Boisseaux.... 18 pi.<br>Pose...... 3<br>Chemise.... 12 | 33 pi. |
| De 7 pouces de diamètre dans œuvre. | Tuyaux .... 42 pi.<br>Pose...... 3<br>Chemise.... 15 | 60 pi. |
| *Idem*, de 6 pouces. | Tuyaux .... 36 pi.<br>Pose...... 3<br>Chemise.... 12 | 51 pi. |
| *Idem*, de 5 pouces. | Tuyaux .... 30 pi.<br>Pose...... 3<br>Chemise.... 9 | 42 pi. |
| *Idem*, de 4 pouces. | Tuyaux..... 24 pi.<br>Pose...... 6<br>Chemise.... 3 | 33 pi. |

Ces détails indiquent la valeur des chausses, les quantités hors des accolades, la valeur d'une toise de chausse ou descente. Comme ce sont les maçons qui font la pose des tuyaux de fonte, elle doit leur être comptée à 6 pieds de *légers* pour une toise de longueur, parce qu'ils sont plus pesans et plus difficiles à transporter et à poser que ceux de grès ou de terre.

Si une chausse est placée dans un angle et cachée au moyen d'une languette ou maçonnerie de plâtras et plâtre en forme de tour creuse, cette maçonnerie se toise à part et se compte pour moitié de *légers ouvrages*; on compte indépendamment tous les scellemens de carreaux ou supports.

Si l'on fait une entaille de pierre en forme de gargouille parementée, on doit toiser superficiellement sa hauteur sur son pourtour, et chaque toise superficielle doit être comptée à deux toises de taille y compris le refouillement; les feuillures se toisent à part. Si le parement n'est que rustiqué, on ne le compte que pour une toise de taille.

Les entailles dans le moëllon sont toisées superficiellement et comptées *légers et demi*, y compris l'enduit; mais si la reprise a lieu dans un vieux mur, la reprise se toise à part, indépendamment de l'entaille.

Si l'on perce les pierres d'outre en outre sur les lits avec un poinçon ou autre instrument pour y placer une chausse, ce percement, lorsqu'il est parementé à la petite boucharde, est toisé superficiellement, sa hauteur sur son pourtour, et évalué à trois toises de taille pour une toise superficielle tout compris : s'il n'est pas bouchardé, il n'est compté qu'à 2 toises de taille pour une.

Les siéges d'aisances se comptent une demi-toise lorsque la culotte est de terre cuite, trois quarts en tuyau de grès, tout compris la maçonnerie du pourtour et le scellement de la lunette. Si le premier pot est de fayence avec bonde de cuivre ou sans bonde, il est estimé en plus de valeur. Les siéges dits à *l'anglaise* se comptent pour une demi-toise de *légers*, la pose de la cuvette et les scellemens qui en dépendent, compris.

Les solins qu'on fait aux deux côtés d'une descente en tuyaux apparens, se comptent à six pouces courans de chaque côté.

## Des lieux à l'anglaise.

Les lieux à l'anglaise sont très-commodes, et ne donnent point de mauvaise odeur. Il ne faut point leur donner de communication avec les fosses d'aisance communes et publiques. On doit construire une fosse exprès, ou plutôt un puits, et lui donner 3 ou 4 pieds d'eau vive. On sait par expérience que la matière fécale tombant dans l'eau, perd son odeur. Le petit cabinet destiné à cet usage, est ordinairement enjolivé de peintures, de marbreries, de marqueteries, etc. On y pratique une niche pour faire le siége.

Au-dessus du puits, au rez-de-chaussée, qu'on a ramené en voussure par le haut, on pose une pierre dure, d'un pied ou 15 pouces d'épaisseur, dans laquelle on perce un trou d'environ 4 pouces de diamètre, en entonnoir renversé. Cette pierre reçoit une cuvette de marbre.

La cuvette doit être de marbre poli. Sa mesure ordinaire est de 3 pieds de long, 16 pouces de large et 15 pouces de haut, creusée en pente dans la longueur de 2 pieds 8 pouces sur un pied de large, et les angles extérieurs arrondis. Dans le profond de la pente est un trou d'environ 3 pouces de diamètre, et aux côtés opposés deux entailles pour la place des jets d'eau.

Le dessus de cette cuvette est de menuiserie double, avec un siége et un couvercle à charnière. A droite sont deux poignées, l'une desquelles fait tourner un robinet qui lâche une petite nappe d'eau qui entre dans la cuvette ; l'autre est un jet d'eau dont on fait usage pour la propreté. A gauche est une autre poignée qui lève à plomb une soupape de cuivre qui tombe juste dans le trou de la cuvette : lorsque cette soupape est levée, l'eau et les matières passent par le trou ;

après quoi on laisse tomber cette soupape ou tampon qui bouche ce trou, et il ne reste ni matière ni eau dans la cuvette. On pratique quelque part un réservoir d'eau pour donner, par le moyen de tuyaux de plomb, de l'eau à ces robinets et à cette cuvette.

Dans les maisons bourgeoises, on se sert de cuvettes de faïence pour cet usage, et on pratique à une certaine hauteur du cabinet une petite cuvette de plomb, que l'on remplit d'eau, suivant le besoin, pour en former une nappe dans la cuvette. Mais comme ces cuvettes tendent vers la fosse commune, il faut un peu plus de précaution lorsqu'on lève le tampon, pour se garantir de la vapeur de cette fosse qui monte toujours : ce qu'on évite en ne levant le tampon que lorsque la cuvette est bien garnie d'eau, et la refermant au moment qu'il n'y en a plus.

Le marbre et la faïence sont les seules matières propres pour ces cuvettes, n'y ayant qu'elles qui refusent les odeurs. La pierre ni le plomb n'y sont point propres.

### Des scellemens.

On ne compte point le scellement des objets qui auraient pu être posés sans scellemens, c'est-à-dire, au fur et à mesure de la construction du mur qui les supporte, tels que poutres, solives d'enchevêtrures, tirans de bois ou de fer, etc.; et si par négligence du charpentier ou du serrurier, il fallait, après coup, avoir recours à des percemens et scellemens pour ces objets, ce serait à celui qui les aurait occasionés à en tenir compte. Tout scellement quelconque qui n'a pu être prévu, et où il y a destruction et rétablissement nécessaires, doit être compté, à l'exception de ceux faits dans les baies de portes, croisées ou autres, lorsqu'elles sont, suivant les usages, comptées pleines.

Les scellemens de poitrails et poutres dans les vieux murs ou murs neufs, après coup, maçonnés de moëllon avec mortier de chaux et sable, ou avec plâtre, sont comptés à demi-toise, c'est-à-dire, un quart de toise pour chaque bout. Mais si l'on est obligé de poser une poutre par sous-œuvre entre deux murs, l'on doit compter l'un des bouts, celui où le mur a été percé à jour pour une toise de *légers*.

Les scellemens des solives sont comptés à pied courant, quand ils sont dans de vieux murs, ou murs neufs, et mis après coup, à cause de la tranchée qu'il faut faire dans ces murs.

Les barreaux en saillie scellés dans les jambages des croisées de pierre de taille sont comptés pour un pied chacun, étant scellés par les deux bouts, et dans la maçonnerie pour demi-pied seulement. Mais comme c'est presque toujours les maçons qui posent les grilles, on leur accorde un pied par scellement tout compris.

Les scellemens des corbeaux de fer, qui doivent porter les sablières sur lesquelles sont posés les planchers, sont comptés à un pied de toise.

Les scellemens des gonds des portes dans les

vieux murs, sont comptés pour pied, et les gâches pour demi-pied. On ne compte point les scellemens dans les murs neufs, parce que l'on a compté les baies.

Toutes les pattes dont on arrête les lambris d'appui et autres, sont comptées pour demi-pied.

Le scellement des croisées dans les murs faits à neuf n'est point compté ; mais quand c'est dans de vieux murs, ou quand la baie est rabattue, on compte le scellement de chaque patte pour 6 pouces chacune, et l'on mesure la longueur ou pourtour du scellement que l'on compte à 3 pouces courans.

Les scellemens au pourtour se comptent par 3 pieds courans sur 4 pouces de largeur.

Le scellement des chambranles de portes fait dans les murs neufs, n'est point compté non plus ; et si c'est dans des anciens murs, on compte chaque patte pour demi-pied.

Les scellemens des pannes, faîtes, liens et autres gros bois dans les vieux murs, sont comptés pour un pied chaque bout, et les scellemens de menus-bois, comme chevrons, sont comptés à demi-pied.

Les scellemens des sablières des cloisons, sont comptés pour pied chaque bout, le tout dans les vieux murs ou dans les murs neufs après coup.

Les scellemens des grosses chevilles de bois dans les murs sont comptés chacun pour pied, et des petites chevilles pour demi-pied.

Les scellemens des trapes sont comptés à 12 pieds de toise (1).

*Observations en partie prises de Séguin.*

Tous les scellemens dont Bullet vient de parler sont supposés en mur de moëllon ; mais lorsque les trous doivent être en pierre, c'est un tailleur de pierre qui les fait : on compte alors la plus value du trou en pierre suivant la profondeur, de manière qu'à 6 pouces en carré, 6 pouces de profondeur sont comptés pour un demi-pied de taille, 7 pouces de profondeur pour 3 quarts de pied, 8 pouces pour un pied, et ainsi de suite, augmentant de 3 pouces par pouce de profondeur. Ceux qui ont 9 pouces en carré doivent être comptés : 6 pouces de profondeur pour 9 pouces de taille, 7 pouces pour un pied, 8 pouces pour un pied et un quart, et à ceux qui ont 12 pouces en carré,

---

(1) Aux portes cochères et bâtardes qui ne sont pas comptées pour baies pleines, les trous et scellemens de gros gonds sont comptés 2 pieds d'aire en pierre dure, et pour 18 pouces seulement en pierre tendre ou moëllon.

Le scellement et massif sous un crapaudin de pierre ou de grès, qui est ordinairement un cube de 1 pied 2 pouces à 1 pied 4 pouces, se comptent pour un pied d'aire de *léger*, et le percement ou refouillement de la pierre pour loger la crapaudine de fer ou de cuivre, se compte pour autant.

La pose et scellement d'un seuil de pierre se comptent à demi-toise courante sur 2 pieds de large, si la pierre a de 9 à 12 pieds de longueur ; mais si elle n'a que de 3 à six pieds de longueur, on ne compte la pose que sur 18 pouces de largeur. Michel.

6 pouces de profondeur doivent être comptés un pied, 7 pouces, un pied et un quart, etc; de manière qu'un pied cube de refouillement en pierre, pour scellement ou incrustement, doit valoir 2 pieds et demi de taille, et même plus, suivant la difficulté. Enfin, tout ce qui est en pierre est généralement compté pour taille, et tout ce qui est scellé dans le moëllon ou plâtras, comme *léger ouvrage*. L'on peut se régler pour l'évaluation des scellemens sur celle des trous en pierre, c'est-à-dire que le trou, évalué à un pied de taille, le scellement dans la pierre sera évalué à un pied de *légers*; le même scellement, y compris le trou en moëllon, vaudra 2 pieds de *légers*. Ceux que l'on fait dans des murs en meulière se comptent le double.

Nous n'avons compris que trois sortes d'ouvertures pour les trous et scellemens : cela n'empêche pas d'évaluer les autres à proportion; ainsi, entre 6 pouces et 9 pouces en carré, l'on peut prendre des quantités moyennes, si l'entaille est plus longue que large; si elle avait 12 à 13 pouces sur 6 à 7 pouces, on prendrait celle de 9 pouces en carré.

Les entailles ou tranchées continues en pierre entre deux lignes de 3 à 4 pouces de large, rustiqués dans le fond, se comptent pour demi-pied courant de taille sur chaque pied, et si le fond et les côtés sont layés, ces entailles sont estimées à un pied de taille.

Tous scellemens en moëllon et plâtre ou mortier pour des bornes, poteaux et autres, se toisent au cube comme massifs, la fouille à part. On a perdu l'usage d'évaluer ces scellemens en *légers*; on déduit du cube la partie de pierre ou de bois placée dans le massif (1).

*Des solins, solemens ou calfeutremens et des rebouchemens de crevasses et trous.*

Beaucoup d'ouvriers confondent les solins et les solemens : leur destination est à peu près la même, avec cette différence que les premiers sont en saillie, et que les autres affleurent le bois ; ils servent à boucher les joints entre la menuiserie et le mur.

Les solemens se font autour des châssis de croisée, des parquets, des chambranles et lambris, des persiennes. Dans tous les cas, le bois doit être haché sur son épaisseur, sans quoi le plâtre ne tiendrait pas. Ces solemens se comptent à 3 pouces de large, quelque petits qu'ils soient, eu égard à la sujétion, de façon que 36 pieds de solement valent 9 pieds de *légers*.

Ceux qui n'ont aucune sujétion, tels que les joints que l'on bouche entre la maçonnerie et le bois apparens des vieilles cloisons ne doivent être comptés qu'à moitié, c'est-à-dire que 36 pieds de long doivent être comptés pour 4 pieds et demi de *légers* ; voici pourquoi : si les poteaux d'une

---

(1) En général on se rappellera qu'il faut compter une fois et demi toutes les parties courbes, à cause de la difficulté à les faire et du soin qu'elles exigent. Michu.

cloison sont espacés de manière que la maçonnerie ait le double de la largeur des bois, par exemple, si le bois n'a que 6 pouces de large et le plâtre un pied, il arrive souvent que par la vétusté le plâtre et le bois se séparent et laissent un vide de chaque côté, ce qui fait quatre jours à remplir; si l'on comptait chaque solement pour 3 pouces de large, on compterait autant que si l'on eût fait à neuf le hourdis et les enduits des entrevoux nommés dans ce cas *panneaux;* il serait donc injuste de compter un rétablissement autant qu'un ouvrage neuf.

On distingue 3 sortes de solins, les uns ont un filet ou arrête vive, comme ceux des auvents et arretiers; on les compte sur un pied de large, et 36 pieds valent une toise de *légers;* les seconds se font en amortissement sans filet, tels que ceux des mangeoires des écuries, des plaques de cheminées et autres; ils se comptent à 6 pouces de large, et il faut 72 pieds de long pour une toise de *légers,* le tout sans déduire l'enduit de la place où ils sont faits, parce que les solins se font d'ordinaire après coup; les troisièmes servent d'étresillons entre les bouts des solives ou entre des lambourdes de parquet; on les compte, s'ils ne sont pas enduits, à un demi-pied de *légers* chacun, et s'ils sont enduits des deux côtés, à un pied. L'on fait encore de forts solins sous des lambourdes à rez-de-chaussée, avec du moëllon et du plâtre; on les nomme *tasseaux,* et on les réduit en cube de massifs selon leur grosseur.

Les crevasses, gerçures, lézardes, sont la même

chose ; les plus petites se comptent à 3 pouces de large quand le vieux plâtre a été haché au vif jusqu'au moëllon ; celles des plafonds doivent être hachées jusqu'à la latte et dentées, élargies dans le fond en queue d'hironde ; les plus petites faites de cette façon se comptent à 4 pouces de large à cause de l'échafaudage, et celles qui ont plus de 4 pouces se comptent de leur largeur sans avoir égard à la vieille latte jusqu'à 1 pied, au-dessus de cette largeur, on ne les répute plus crevasses.

Les descellemens de bois ou fer et bouchement des trous se comptent à proportion de leur grandeur comme les scellemens. Le descellement d'une croisée et dessolement avec bouchement des trous se comptent autant de demi-pieds de *légers* qu'il y a de pattes ; la dépose, si le maçon la fait, se compte pour 3 pieds de *légers*, y compris le transport au magasin.

Les bouchemens des trous d'échafauds ne se comptent que dans le cas où l'ouvrage serait insuffisant pour compenser les frais d'échafaudage.

### *Des Renformis et Ravalemens.*

Les murs qui ne sont que hourdés, c'est-à-dire, sans être enduits d'un côté ni d'un autre, sont comptés à deux tiers de gros mur.

S'ils sont enduits seulement d'un côté, ils sont comptés à *deux tiers et un sixième*.

Les renformis faits contre les vieux murs, où

il y a plusieurs trous et moëllons de manque, sont comptés à trois toises pour une.

Les murs d'appui ou parapets, sont toisés leur longueur seulement, c'est-à-dire, toise courante ou bout-avant ; mais on fait ordinairement un prix particulier pour ces sortes de murs.

Les ravalemens faits contre les vieux murs de face par dehors, si l'on est obligé d'y faire des échafauds, sont comptés à trois toises pour une, et sans échafauds ils sont comptés à quatre toises pour une ; l'on rabat toutes les baies des croisées dont les tableaux ne sont point enduits ; mais quand ils sont enduits, on les compte comme pleines.

Si dans ces ravalemens on refait à neuf les plinthes, entablemens et autres moulures, elles sont comptées à part, outre les ravalemens ; mais on ne rabat point la place des entablemens, plinthes, etc.

Il est dit dans la coutume, que les crépis et enduits faits contre les vieux murs, sont comptés à six toises pour une ; mais comme il y a apparence que l'on a entendu que c'était de six toises l'une des mêmes murs, c'est-à-dire, de *gros ouvrages*, par l'usage on a mis ces crépis et enduits à quatre toises pour une de *légers ouvrages*.

Quand on joint un mur neuf contre un autre mur déjà fait, il faut faire des tranchées et arrachemens dans l'ancien mur pour lier les deux murs ; ces tranchées et arrachemens sont comptés à demi-pied pour chaque jonction sur la hauteur.

Cet article étant incomplet, les réductions de ravalement telles que les établit Bullet, n'étant plus usitées, nous ferons suivre cet article des observations d'un entrepreneur exercé.

*Additions extraites en partie de Miché* (1).

*Ravalement*, en terme de maçonnerie, signifie rabaissement ; ravaler ou rabaisser sont synonymes. On nomme ainsi tout ouvrage superficiel sur les murs en commençant par le haut, on dit qu'un mur est ravalé, quand il est fini et ragréé du haut en bas.

Les ravalemens sont de deux espèces, et à raison des matières sur lesquelles ils s'opèrent, c'est-à-dire, que les uns se font sur pierre de taille dure ou tendre, et se comptent comme taille superficielle et ragrément, et les autres se font en plâtre, et sont par conséquent compris dans les légers ouvrages. Les ravalemens en légers se distinguent aussi selon le plus ou le moins de travail qu'on est obligé d'y faire : les uns ayant lieu sur murs neufs, et les autres sur de vieux murs, dont on détruit les anciens recouvremens de plâtre, parce qu'ils sont tous fracturés et lézardés.

On sentira facilement que l'un et l'autre de ces

---

(1) Nous avons préféré l'article de ravalement donné par Miché à celui donné par Séguin, plus embarrassé, plus difficile à entendre, et dont notre pratique nous a fait reconnaître les imperfections.

ravalemens doit avoir une valeur différente, car celui qui se fait en mur neuf se faisant en même temps que le mur, et en profitant des mêmes échafauds qui ont servi pour la confection du mur, et n'exigeant pas non plus autant de plâtre pour recouvrir le mur, qui, s'il est bien fait, doit être bien aligné et bien d'à-plomb, ou à fruit uniforme, n'emploie ni autant de temps, ni autant de plâtre que celui qui se fait sur vieux murs, souvent un peu ondulé, ayant des crevasses, et exigeant, par place, des charges de plâtre plus considérables, et pour lequel il faut faire des échafauds exprès.

Par conséquent, on a varié la valeur de ces deux objets, qu'on appelle également ravalement, celui en mur neuf ne se compte, suivant l'usage ordinaire, qu'au quart, et l'on pense que ce peut-être aussi l'évaluation qu'on peut lui conserver, parce que si cela est un peu plus considérable que le gobtis et enduit, il y a en effet aussi quelques ragrémens à faire dans les joints, ce qui cependant n'équivaut pas, à beaucoup près, au crépis, qui n'a point lieu dans cette occasion.

Mais celui qui se fait sur vieux murs doit éprouver des variations dans son appréciation, et être évalué suivant l'état de vétusté du mur sur lequel il se fait, et sur la plus ou moins grande quantité d'étages d'échafauds nécessaires à sa confection. En effet, on conçoit que si le mur n'est pas en trop mauvais état, et qu'il ne faille qu'un ou deux étages d'échafaud, le mur n'ayant qu'environ 12 pieds de hauteur, et n'y étant question que de hacher la superficie et faire dessus un gobtis et enduit qui n'aurait qu'une médiocre épaisseur avec quelques portions de crépis pour de petites reprises de lézardes éparses çà et là, on peut n'estimer ce travail que pour tiers ; encore faut-il observer que lorsque les gobtis et enduits se font sur pans de bois, vieux murs ou languettes de cheminées dans les intérieurs, et qu'il n'y a que l'ancien enduit de haché, sans avoir besoin de crépis, ni sans beaucoup d'échafaudage, on ne compte ce ravalement qu'au quart.

Mais s'il était question de faire un semblable ravalement dans un mur aussi en assez bon état, mais ayant environ de 48 à 50 pieds de hauteur, pour la confection duquel il fallût dix étages d'échafaud, on commencerait par compter 5 fois et demie ; une fois pour le premier étage et une demi-fois pour chacun des autres ; ensuite évaluant tant pour le gobtis et l'enduit que pour une portion du crépis, 9 à 10 pouces, on aurait en tout ! par toise superficielle, et c'est aussi ce que l'usage accorde.

L'usage en accorde autant aussi, et avec raison, pour tous les ravalemens qui se font ainsi, quoiqu'ayant moins de hauteur, et par conséquent moins d'étages d'échafaud ; mais on peut se rappeler qu'il est ici question de ravalemens où il n'y a que très-peu de crépis à faire, de sorte que quand il y a moins d'échafaud et un peu plus de crépis, l'un compense l'autre ; mais aussi lorsqu'au lieu d'un simple crépis partiel, il est question d'un renformis, c'est-à-dire, d'un fort crépis total, et quelquefois d'un lancis de moëllon, c'est-à-dire, du placement de quelques moëllons ou fortes moëllonnailles dans différens endroits, alors on compte différemment, et la chose peut être telle qu'on compte chaque toise pour toise superficielle de légers ouvrages; mais si c'est réellement une reprise faite en moëllon, crépis de plâtre et ravalée, on compte la construction comme mur de son épaisseur, et le ravalement au quart.

Il est facile d'évaluer, d'après ce qui vient d'être dit, la valeur estimative de chaque genre de travail.

Pour les ravalemens, on ne rabat aucun vide, ainsi que pour la construction des murs, lorsque les tableaux, arrêtes et feuillures, s'il en existe, se trouvent faits.

Car si en faisant un ravalement on conservait toutes les saillies, plinthes, moulures, arrêtes de baies de portes ou croisées, etc., alors on ne mesurerait que les parties refaites dans leurs largeur et hauteur; mais à cause de la sujétion et du peu de superficie qu'on obtiendrait de ce produit, tandis que l'échafaud serait aussi considérable que si l'on eût tout fait, on compte toise pour toise, avec déduction de ce qui n'est pas fait.

Le bouchement des lézardes et crevasses ne peut aussi s'évaluer que d'une manière variable et relative à la difficulté du travail, puisqu'en effet il n'est pas difficile de juger que ce qui se fait sur un mur, pan de bois ou cloison, et à la portée de la main, sans avoir besoin d'échafaud, tient beaucoup moins de temps que ce qui, dans la même position, exigerait des échafaudages, ou que ce qui devrait se faire sur un plafond où il faut avoir la tête renversée, même sans échafaudage, si ce plafond n'est pas élevé, et à plus forte raison si ce plafond étant élevé, on est obligé d'employer des échafauds, ou même de simples échafaudages, formés par une planche dont chaque extrémité porterait sur des échelles, comme cela se fait quelquefois, mais ce qui ne demande pas moins de précautions de la part de l'ouvrier, pour qu'il ne fasse point de chute, et ce qui par conséquent emploie plus de temps. C'est pourquoi ces évaluations tiennent nécessairement toujours de l'arbitraire, et l'on a la latitude de les évaluer chaque toise de longueur, ou pour 2 pieds, ou pour 8, 6, 3 ou 2 pouces de largeur, et que par conséquent, si on les évalue à raison de 1 pied, il faut environ une toise et ½ de longueur pour faire 9 pieds superficiels; si c'est à raison de 6 pouces, il faut environ 3 toises de longueur pour 9 pieds superficiels.

Lorsque pour le rétablissement d'un plafond, on n'a jeté bas que le plâtre, et qu'il se trouve que le lattis est en bon état, alors chaque toise superficielle doit être évaluée pour ⅔ de toise superficielle: et s'il y a des portions de lattis à refaire, on doit évaluer en conséquence.

Dans tous ces ravalemens, indépendamment de la manière dont ils sont appréciés, on évalue les moulures ou les arrêts.

Quand on joint un mur neuf contre un autre mur déjà fait, et que pour cela on fait dans l'ancien mur une tranchée avec des arrachemens de distance en distance, on évalue cette tranchée dans toute sa longueur pour mur de l'épaisseur du mur neuf, et sur 16 pouces de profondeur. Il en est de même des harpes en moëllon, qu'on laisse en attente, pour liaisonner le mur qu'on a fait avec celui qu'on pourrait faire par suite ; on compte ces harpes dans toute la hauteur sur l'épaisseur du mur, et pour 6 pouces de saillie.

Les crépis qu'on fait à l'extérieur d'un mur au fur et à mesure qu'on monte ledit mur, et qu'on laisse ainsi sans aucun enduit ultérieur, doit s'évaluer pour $\frac{1}{2}$ de toise superficielle.

## Des murs.

Les murs se construisent de trois manières, tant à l'égard de la pierre que du mortier ou du plâtre. La meilleure est celle en pierre de taille, avec mortier de chaux et sable. La moyenne est celle en partie de pierre de taille et en partie de moëllon avec mortier de chaux et sable. La moindre est celle en moëllon simplement avec mortier et plâtre. Il y en a encore une avec moëllon et terre grasse pour les murs de clôture.

Des murs faits tout de pierre de taille sont pour les faces des grands bâtimens. On met celle qui est dure par bas aux premières assises, au moins jusqu'à la hauteur de six pieds, suivant que les murs ont plus ou moins d'élévation ou de charge à supporter. On met de la pierre dure aux appuis, aux chaînes sous les poutres, aux jambes boutisses ; le reste est de pierre St.-Leu pour la meilleure. Ceux qui ne peuvent pas en avoir, emploient de la pierre de lambourde : cette pierre n'approche ni en bonté ni en beauté celle de St.-Leu.

Ces murs doivent être construits avec bon mortier et point du tout de plâtre, par la raison qui sera dite : pour faire ce mortier (1), on met un

---

(1) Le mortier exige des préparations différentes suivant ses divers emplois : pour réunir des pierres de taille, le mortier doit être très-fin et très-liquide. Assez généralement on pose les pierres à sec, on les met de niveau avec des cales de bois, on les approche les unes des autres jusqu'à ce que les angles se touchent, et à l'aide d'une scie à main on forme les joints montans de manière à ne leur donner que la largeur propre à laisser couler le mortier ; alors on introduit de la filasse entre les joints, pour retenir le mortier ; on verse dans ces joints de l'eau délayée de chaux, pour imbiber les paremens ; on laisse couler cette eau et l'on verse le mortier très-liquide dans ces joints, et pour que l'espace entre chaque joint horizontal soit rempli, on passe dans ces joints une espèce de scie à main taillée des deux côtés, de façon qu'elle pousse le mortier en dedans.

On donne cette liquidité au mortier avec de l'eau, ce qui rend le mortier trop aqueux : on peut remédier à cet inconvénient, comme l'indique Rondelet, en préparant le mortier très-fin, soit avec des recoupes, de la pouzzolane, du sable, en posant une couche très-mince de ce mortier et la battant ensuite avec une dame ou billot de bois de

tiers de bonne chaux, et deux tiers de sable de rivière ou de sable équivalent : quand la chaux est éteinte, il faut mettre dans ce mortier le moins d'eau qu'on pourra. On fait les joints de la pierre dure avec mortier de chaux et grès, et ceux de la pierre tendre avec mortier de badigeon, fait de la même pierre cassée et d'un peu de plâtre (1).

Les murs de face des maisons que l'on veut solides, doivent avoir au moins deux pieds d'épaisseur par bas, sur la retraite des premières assises : on leur donne quelquefois moins d'épaisseur pour épargner la dépense, mais ils ne sont pas si bons ; il faut qu'un mur ait une épaisseur proportionnée à sa portée : il est nécessaire de donner un peu de talus, ou fruit par-dehors en élevant les murs ; ce fruit doit être au moins de 3 lignes par

---

moyenne grosseur, afin de l'asseoir sur son lit et de faire affluer le mortier superflu. HASSENFRATZ.

(1) *Mortier.*

Morisot, sur 1 partie de chaux. . . . . . . . . . .
{ 4 de sable de plaine,
2 ⅔ de sable de rivière,
5 de ciment.

Rondelet, sur 1 de chaux. . . . . . . . . . .
{ 2 de sable de rivière,
⅓ de sable de rivière, quand la chaux est moins bonne.

Desmaretz. . . . . . . . . .
{ 1 de pouzolène de la 2$^{me}$ espèce.

Le plus simple, celui qu'on emploie le plus souvent, se compose de chaux éteinte délayée dans de l'eau, à laquelle on ajoute de l'alun ou du lait de beurre ; on l'étend sur la

toise. Il faut, outre cela, faire une retraite par dehors sur chaque plinthe, d'un pouce pour chaque étage, en sorte qu'un mur qui aura deux pieds par bas sur la retraite, s'il a trois étages qui fassent ensemble, par exemple, 7 toises, il se trouvera à peu près 20 pouces sous l'entablement, car il faut que les murs de face soient élevés à plomb par-dedans et même un peu en sur-plomb, à cause des plâtres de plafond ou aire qui poussent ordinairement les murs.

Les murs de moyenne construction dont on se sert pour les faces des maisons bourgeoises, et pour les murs de refend et mitoyens des bâtimens considérables, sont faits partie de pierre de taille et partie de moëllon : les meilleurs sont construits

---

surface des murs avec un pinceau; on mêle à cette eau de chaux et d'alun diverses substances, selon la couleur qu'on veut lui donner; on y ajoute un demi-sceau de sciure de pierre avec une quantité plus ou moins grande d'ocre de rue, lorsqu'on veut peindre en couleur de pierre ; on y ajoute du noir de charbon lorsqu'on veut donner aux murs la couleur de la vétusté : la dose pour la couleur de pierre est un sceau de chaux éteinte, un demi-sceau de sciure de pierre, une livre d'alun. HASSENFRATZ.

*Badigeon Bachelier.* Éteignez la chaux avec la plus petite quantité d'eau possible, broyez-la avec du fromage blanc en consistance de pâte molle, égale et bien liée; ajoutez-y le plâtre cuit et la céruse, et, par un broyement plus exact avec de l'eau, réduisez le tout en une bouillie plutôt épaisse que liquide, délayez le enfin avec de l'eau commune au moment de la pose qui se fait ordinairement à la brosse ou au pinceau vernisseur. *Annales des arts et métiers*, tom. LVI, pag. 284.

avec mortier de chaux et sable; ceux qui sont construits avec plâtre ne sont pas aussi bons, parce que le plâtre reçoit l'impression de l'air, et qu'il s'enfle ou diminue à proportion que l'air est humide ou sec, ce qui corrompt les murs.

Aux murs de face de cette manière, on fait deux assises de pierre de taille dure par bas, et on met de la même pierre aux encoignures et pieds-droits jusqu'au premier étage; on en met aussi aux jambes sous poutre en toute leur hauteur: on en fait aussi les appuis des croisées et les seuils des portes; le reste des encoignures, pieds-droits, et les plate-bandes des croisées, sont de pierre de taille tendre, comme aussi les plinthes et entablemens: le reste est du moëllon piqué, par assises; il faut au moins qu'il soit esséminé, c'est-à-dire, équarri, et que le bouzin en soit ôté; on crépit ces murs par dehors entre les chaînes, piédroits et encoignures, avec mortier de chaux et sable de rivière, et on les enduit par-dedans avec plâtre. On donne à ces murs deux pieds d'épaisseur au-dessus de la retraite; ils sont élevés avec fruit et retraite. Cependant ce n'est pas la plus forte épaisseur qui donne le plus de solidité aux murs de moëllon, parce que le moëllon n'a pas plus de 12 à 15 pouces de queue, et que dans un mur de 2 pieds les moëllons ne peuvent former liaisons et laissent un vide que l'on remplit avec des garnis et du mortier, ce qui fait périr le plus souvent les murs. Pour qu'un mur de 2 pieds soit préférable, il faudra que les moëllons puissent porter au moins 18 pouces de queue, et qu'il y en ait de 2 pieds de distance à autre, hors ce cas, le mur se partage dans le milieu de son épaisseur.

Aux murs de refend de cette construction, on met une assise de pierre dure au rez-de-chaussée, et l'on fait de pierre de taille les pieds-droits et plate-bandes des portes et autres ouvertures ; le reste est de moëllon maçonné de mortier comme ci-devant. Ces murs sont enduits de plâtre des deux côtés, et l'on donne au moins 20 pouces d'épaisseur aux murs de refend dans les grands bâtimens, et 18 pouces dans les moindres (1). Je sais bien qu'il s'en fait beaucoup auxquels on ne donne qu'un pied d'épaisseur ; mais ils sont unanimement désapprouvés à cause de leur peu de solidité, à moins qu'ils ne soient faits de parpins de pierre de taille, car c'est une très-mauvaise méthode que de construire ces murs de faible épaisseur avec du plâtre, et c'est ce qui cause presque toujours la ruine des maisons. On élève ordinairement les murs de refend à plomb sur chaque étage; mais on peut laisser un demi-pouce de retraite de chaque côté sur chacun des planchers : cela diminuera un pouce d'épaisseur à chaque étage, et l'ouvrage en sera meilleur. On ne saurait approuver les linteaux de bois que l'on met au-dessus des portes et des croisées, au lieu

---

(1) L'épaisseur des murs est relative, dit M. Durand, *Leçons d'Architecture*, tom. I<sup>re</sup>, pag. 41, à leur longueur et à leur hauteur. Aux murs de refend, on donne 18 pouces ordinairement, et jusqu'à 3 pieds s'il s'agit d'une église.

de plate-bandes de pierre ; car l'expérience fait assez connaître que la perte des maisons vient de cette erreur, le bois pourrit, et ce qui est dessus tombe. Du reste, l'un n'est pas plus coûteux que l'autre (1).

Les fondemens des murs de face, de refend, etc. doivent être assis et posés sur la terre ferme ; il faut prendre garde qu'elle n'ait point été remuée ; l'aire sur laquelle les murs seront assis, doit être bien dressée de niveau, et l'on met à sec les premières asises ; ces assises seront des libages ou de plus gros moëllons, pour faire de bon ouvrage. On doit mettre une assise de pierre de taille dure au rez-de-chaussée des caves, et des chaînes de pierre de taille sous la naissance des arcs que l'on fait pour les voûtes des caves ; les jambages et les plate-bandes des portes, et les soupiraux doivent aussi être de pierre de taille, et le reste de moëllon piqué, le tout ma-

---

(1) Dans les murs construits en moëllon, on peut mettre des linteaux de bois sans danger ; mais il faut observer de poser de champ et en décharger le premier rang de moëllon, et qu'il porte à sec sur le bois sans plâtre ni mortier, et lui donner un peu de bombement.

Si un bâtiment est isolé, et qu'on appréhende que la poussée de toutes les plate-bandes de croisées d'un mur de face ne fasse trop d'effet, il faut faire les clavaux en crossettes intérieures d'un pouce seulement. Quel que soit le vide d'une croisée, il en dédommagera bien l'entrepreneur. Si le mur est de faible épaisseur, il faut faire traverser une plate-bande de fer à moufles romaines entaillée dans les assises, et la retenir par les deux bouts avec deux ancres aussi de fer. COMMENT.

çonné avec mortier de chaux et sable, et point du tout de plâtre. Tous les murs de fondemens doivent avoir plus d'épaisseur que ceux du rez-de-chaussée, pour avoir des empatemens convenables, principalement les murs de face, auxquels il faut au moins 4 pouces d'empatement par dehors, et 2 pouces par dedans, en sorte qu'un mur de face doit avoir au moins 6 pouces de plus dans le fondement qu'au rez-de-chaussée, sans compter le talus qui est en terre. Pour les murs de refend, il faut seulement qu'ils aient 2 pouces de retraite de chaque côté, et ainsi 4 pouces de plus dans la fondation qu'au rez-de-chaussée.

Quant aux murs de face, à la construction desquels on emploie de la brique; lorsqu'on veut faire de bons ouvrages, on n'y en met que comme remplissage, et pour ainsi dire avec encadrement. En effet, toutes les encoignures et tous les entourages de baies, de portes ou croisées, doivent être en pierre de taille, et l'on ne forme en briques que les panneaux des trumeaux et les soubassemens des croisées. Dans les murs de refend, qu'on fait dans les pays où la brique est à un prix élevé, on n'emploie ces briques qu'à la confection des cheminées qu'on place dans l'épaisseur des murs, et l'on y fait de même les jambages des portes ou les écoinçons en pierre de taille ou en moëllons bien liaisonnés. Mais dans les pays où la brique est moins chère, et par conséquent plus en usage, on confectionne souvent la totalité de ces murs en briques : mais il est toujours prudent de faire de pierre de taille les pieds-droits des baies et les diverses encoignures.

Il n'est que trop vrai, cependant, que pour des bâtimens d'une médiocre importance, où l'on croit devoir économiser sur la pierre, on ne fait point les jambages en entier de cette pierre, mais au moins met-on au haut, au bas et au milieu de ces jambages, des morceaux de pierre de taille, qu'on appelle *battées*, et qui servent à recevoir et sceller, ou les gonds et gâches de serrures de portes, ou les pattes qui doivent retenir les châssis ou chambranles des portes qui en sont munies.

On détermine communément l'épaisseur de ces murs par la quantité de briques ou de parties de briques qui constituent cette épaisseur, et l'on dit d'un mur dont l'épaisseur est formée par la pose de deux briques mises bout-à-bout, *qu'il est de deux briques d'épaisseur.* Si l'on y ajoute une brique en travers, on le dit de deux briques et demie, et si l'on n'y met qu'une brique dans le sens de sa longueur, au bout de laquelle on en place une dans le sens de sa largeur, on dit que le mur est d'une brique et demie, enfin on en fait d'une simple brique dans le sens de sa longueur, qu'on appelle mur d'une brique, ou dans le sens de sa largeur, qui n'est censée que d'une demi-brique; d'où l'on voit que celui qui est fait d'une brique mise de champ, n'est que d'un quart de brique, ce qui n'a lieu que pour des séparations qui ne demandent pas une grande solidité. Encore doit-on, pour maintenir ces briques, qu'on a soin d'enduire de mortier ou plâtre, placer, de distance en distance, des poteaux de bois, et au besoin des traverses.

En général, dans les pays où l'usage des briques est commun, on se fie trop sur l'avantage qu'elles ont d'être de bonne assiette et de bonne liaison, quand on les place convenablement, et sur le peu de hauteur des bâtimens; et l'on donne trop peu d'épaisseur aux murs dans la confection desquels elles entrent; il n'est pas rare de voir des murs de refend et même mitoyens d'une seule, ou d'une brique et demie au plus. De sorte qu'il n'est pas rare non plus, qu'un voisin entende ce qui se passe chez son voisin. Il serait sans doute prudent que le règlement qui fixe, pour Paris, l'épaisseur des murs mitoyens à 18 pouces environ d'épaisseur, fût exécutoire dans tout le royaume, ou qu'au moins on obligeât à donner à ces murs mitoyens deux briques d'épaisseur au moins.

C'est à tort qu'on place quelquefois des cheminées dans l'intérieur ou épaisseur des murs mitoyens, qui sont susceptibles de le devenir, parce que le voisin est autorisé à en exiger la démolition, ce qui est très-raisonnable; car il peut se faire que par la disposition de ses planchers, il y ait des bois à placer dans le vide d'une cheminée. Il faut donc absolument que ces sortes de murs soient construits en plein, tant en hauteur qu'en largeur. Il faut aussi y mettre des chaînes de pierre de taille pour supporter les poutres, poitreaux ou sommiers (1).

De quelques matériaux que soient construits tous les murs, il faut toujours avoir soin de les bien lier entre eux, à différentes hauteurs, et si ce n'est à tous les planchers, au moins de deux en deux, avec de bonnes chaînes ou tirans de fer avec leurs ancres ou harpons.

### *Toisé des murs de face.*

Tous les murs de face sont toisés leur longueur sur leur hauteur, sans rabattre aucunes baies quand elles sont garnies d'appuis et de seuils, à moins que ce ne soit dans des cas dont il sera parlé. Quand les murs ont des retours, on compte la moitié de leur épaisseur à chaque retour, et on rabat l'épaisseur entière des murs en toisant les retours. Comme si la longueur du mur est AB, on ajoute à la longueur AB la moitié de l'épaisseur BC, et quand on toise le retour BE, on rabat l'épaisseur entière BD, fig. 3.

---

(1) Ordinairement les différentes espèces de chaînes n'ont que quelques pouces de saillie ; mais si elles doivent s'opposer à de grands efforts, on leur donne une saillie égale à leur largeur, et au lieu de faire leurs faces perpendiculaires, on la fait quelquefois en talus, alors on les nomme contreforts. On fait encore usage, pour consolider un mur, de chaînes horizontales qu'on place à l'endroit des murs où les principales pièces des planchers viennent se loger, à la naissance des voûtes, aux endroits où les murs cessent d'être continus, comme au bas des croisées et sur la partie supérieure des murs. On nomme les premières plinthes, et les autres corniches. DURAND, *Leçons d'Architecture*.

Les fondemens des murs sont comptés jusqu'au fond des caves, c'est-à-dire, jusques sur la terre où ils sont fondés, qui doit être un pied plus bas que l'aire de ces caves, et l'on ne rabat rien pour l'endroit de la naissance des voûtes, quoique ces voûtes mêmes soient comptées en toute leur circonférence.

Les moulures des entablemens, plinthes, refends et autres, sont toisées à part, s'il n'est dit exprès dans les marchés qu'elles ne seront point toisées, et que l'on toisera seulement les murs, leur longueur sur leur hauteur (dans lequel cas toutes les moulures seront comprises et confondues).

Si l'on fait dans les murs de face de grandes arcades, comme pour les remises et autres choses, et qu'il n'y ait point de seuil par bas ni de marches, on rabat la baie depuis le dessus de l'imposte jusqu'en bas, sur la largeur qui reste après avoir pris le développement des deux pieds-droits ou tableaux avec les feuillures dans l'épaisseur du mur. Comme, si l'arcade A a 8 pieds de largeur, on ôte de ces 8 pieds le contour des tableaux et feuillures des deux pieds-droits BB, que je suppose chacun de deux pieds de contour. On aura pour les deux 4 pieds qu'il faut ôter de 8 pieds; il restera 4 pieds qu'il faut multiplier par la hauteur depuis le dessus de l'imposte jusqu'en bas; si ladite hauteur est 9 pieds, on aura 36 pieds pour la diminution de l'arcade. fig. 4.

Aux ouvertures de boutiques, où il y a un poitrail non recouvert, et seulement par bas une sablière ou coulisse de bois posée sur le mur, on rabat toute la hauteur de la baie sur la largeur qui restera après avoir pris le développement des épaisseurs des deux tableaux de cette baie : si le poitrail est recouvert, on compte à part ce recouvrement que l'on réduit à *légers* au tiers, à cause des arrêtes.

S'il y a un mur d'appui par bas sur lequel il y ait une coulisse, on rabat la hauteur du vide jusques sur le mur d'appui, et on compte ce mur d'appui à part; si, dans l'ouverture de la même boutique, il y a une porte avec un seuil, on ne rabat point de hauteur en cet endroit.

Aux baies des portes et des croisées où il y a des linteaux non recouverts, et où il n'y a point de seuil, on rabat tout le vide après avoir pris le développement des deux tableaux et du contour des feuillures dans l'épaisseur du mur.

Aux portes et croisées ceintrées de pierre de taille, où il n'y a point de seuil ou d'appui, on rabat la moitié de la hauteur du vide, depuis le bas jusqu'où commence le ceintre, sur la largeur qui reste, après avoir pris le développement des tableaux et feuillures; si ces portes ou croisées sont en plate-bande de pierre, et qu'il n'y ait point de seuil ou d'appui, on rabat la moitié du vide depuis le dessous des plate-bandes jusqu'en bas, sur la largeur qui reste, après avoir pris le développement des pieds-droits.

Aux baies des portes et autres ouvertures, où il a un pied-droit d'un côté, et un poteau à bois apparent de l'autre, avec des linteaux à bois apparent, et où il n'y a point de seuil, d'appui ou de marche par bas, on rabat toute la hauteur de la baie, sur la largeur qui reste, après avoir pris le développement du tableau et contour de la feuillure qui fait l'épaisseur du mur.

### *Observations de Miché.*

La multitude des détails dans lesquels il faut entrer pour connaître et apprécier la valeur de cette sorte d'ouvrage, relativement au travail et au déchet occasioné par les ouvertures, saillies ou renfoncemens qui se rencontrent dans ces murs, a occasioné le parti qu'on a pris de mesurer avec usage; mais les usages variant, il en est résulté que l'objet dont il est question n'a pas toujours été considéré de la même manière, l'appréciation a subi des variations depuis Bullet; il existe même diverses opinions sur la manière d'estimer la mesure et la valeur de certaines parties de ces travaux.

Par exemple : on compte un mur selon l'épaisseur qu'il a réellement, et l'on dit un mur de tant de pouces, de tant de pieds d'épaisseur, au lieu que du temps de Bullet, on appelait *gros mur*, celui qui avait 2 pieds 1 pouce d'épaisseur; celui qui avait 1 pied à un pied 2 pouces, *demi-mur*; celui qui avait de 1 pied 6 pouces à 1 pied 9 pouces, *mur de trois quarts*; il est vrai qu'alors la main d'œuvre était beaucoup moins chère qu'aujourd'hui.

Ce qui occasione le plus d'embarras et d'inexactitude dans l'évaluation de ces murs, c'est l'estimation qu'on doit faire en raison des vides. L'usage est de les mesurer pleins, et comme s'il n'y avait aucun vide, quoique cependant ils puissent être criblés de portes et de croisées, dont le haut serait ceintré, bombé ou formé en platebande ; le temps employé à tailler et disposer les matériaux pour qu'ils se rapportent justement aux dimensions exigées, le déchet qui résulte de ces dispositions, quoique moins précieux que le temps, ont décidé à faire cette estimation ainsi, et à considérer les murs comme s'ils étaient pleins ; et cette coutume est suivie en province quoi qu'en dise Morisot. Il est vrai que, pour qu'ils soient comptés ainsi, il faut qu'il y ait à ces ouvertures ou plate-bandes en pierre, ou linteaux recouverts par le haut, et le seuil ou appui par le bas, sans quoi l'on déduit portion du vide.

Lorsqu'il est question de mesurer des murs de face ou de refend, on en prend la hauteur, qu'on multiplie par la largeur, et l'on en désigne l'épaisseur, en distinguant ce qui est en pierre dure, pierre tendre, moëllons piqués, essemillés ou bruts, meulières, briques, plâtras, le tout coulé, fiché, hourdé, crépis ou enduit en plâtre, terre ou mortiers de chaux et sable ou chaux et ciment.

Les murs en moëllons ou meulières, où il y a des pieds-droits, chaînes, jambes sous poutre, jambes étrières, encoignures, etc., se mesurent dans toute leur longueur et hauteur, en y comprenant les parties en pierre, qu'on porte à leur valeur, en les défalquant de la totalité du mur, qu'on compte ensuite pour valeur de moëllon ou meulière, suivant les épaisseurs.

Lorsqu'on mesure extérieurement les murs en retour d'équerre, on rabat une épaisseur à chaque retour, et si au contraire on les mesure intérieurement, on ajoute une épaisseur à chaque angle. Mais si l'angle est aigu ou obtus, il faut ajouter ou retrancher la différence du parement de l'intérieur sur l'extérieur, selon qu'on aura mesuré intérieurement ou extérieurement.

Si l'on mesure un mur circulaire, ovale ou polygonique, et dont l'épaisseur offre une zone ou bande, on mesure le dehors et le dedans, on additionne ensemble les deux longueurs, et l'on prend moitié de la somme pour avoir une mesure proportionnelle qu'on multiplie ensuite par la hauteur.

Il suit de ce qui a été dit, que, si l'on mesure un mur de face ou de refend, dans lesquels se trouvent des portes ou des croisées, on prend la hauteur et la largeur de ces murs, pour les multiplier l'un par l'autre, afin d'en avoir la superficie sur laquelle on ne déduit rien quand ces ouvertures ne sont pas très-considérables, et qu'elles sont ceintrées par le haut, ou garnies de plate-bandes en pierre ou linteaux recouverts, et garnies par le bas d'un seuil en pierre, toutefois en ajoutant la plus value de la pierre sur le moëllon ou autres matériaux qui composent le mur, quand il n'est pas tout de pierre.

En général, quand on croit que le vide étant

trop considérable, doit être défalqué, on s'en rend compte en calculant la face des pourtours des tableaux et embrasemens, des dessous de linteaux, et enfin du seuil, et si l'addition de toutes ces faces n'équivaut pas le vide, on retranche l'excédent de ce vide, ainsi : si l'on suppose une ouverture de 9 pieds de hauteur sur 2 pieds de largeur dans un mur de 18 pouces d'épaisseur, mais dont le développement des tableaux et embrasures, offrirait 20 pouces, on voit que la surface du vide serait de 24 pieds, et que celles réunies du dessous du linteau des embrasures et du seuil, ayant l'épaisseur du mur, seraient de 16 pieds 1 pouce environ ; il y aurait donc par conséquent 22 pouces à soustraire pour l'excédent du vide, au lieu que, si le mur eût eu 3 pieds d'épaisseur, ces développemens l'eussent emporté sur la superficie du vide, et il n'y aurait rien eu à déduire, ou si dans le même mur le vide n'était que de 6 pieds de hauteur sur 3 pieds de largeur, les développemens produisant 6 pieds 9 pouces, tandis que le vide ne serait que de 6 pieds, il n'y aurait rien à déduire, si ce n'est dans le cas où il manquerait un seuil ou appui, car c'est une des conditions pour que le vide passe pour plein ; c'est pourquoi, en cas d'absence de ce seuil ou appui, on déduit comme vide la superficie qu'il aurait dû avoir (1).

(1) Séguin établit dans ses observations sur Bullet, la doctrine que les vides doivent être comptés comme pleins, conformément aux *us et coutumes de Paris* : il y a beau-

De même, quand dans un mur en moëllon ou en pierre tendre, on trouve un seuil, ou appui, ou balcon en pierre dure, on estime la plus valeur de la pierre dure sur l'espèce de maçonnerie qui constitue le mur, ou bien, l'on déduit le vide de ce seuil ou appui, puis on le compte lui-même pour sa valeur.

Dans toutes les ouvertures qu'on compte ainsi pleines, on ne doit plus compter les feuillures ou embrasures, ni les scellemens de pattes et croisées de gonds, gâches, crampons, ni scellemens de grilles ou barreaux de fer, à moins qu'il n'y ait double emploi, c'est-à-dire, que s'il y a double feuillure à l'extérieur, pour recevoir ou double porte, ou contre-vent, ou persiennes, ces doubles feuillures sont comptées à part. Si dans une croisée où il y a déjà des châssis de scellés, on met en outre des grilles ou barreaux, leurs scellemens sont aussi comptés à part.

Aux grandes baies de portes cochères, arcades, remises, ouvertures de boutiques ou magasins, etc. quoiqu'il y ait des seuils et appuis en pierre de taille, on rabat le vide au-dessous de la naissance des ceintres, sur la largeur qui reste après le développement des pieds-droits. On compte les seuils ou appuis à leur valeur, ainsi que les divers scellemens, s'il y en a.

---

coup d'entrepreneurs qui suivent aujourd'hui encore cet usage ; la doctrine contraire de Morisot s'accorde beaucoup plus avec la raison et la justice, et pourtant est moins suivie. MORISOT.

Aux baies de portes ou croisées ceintrées ou bombées, sans seuil ni appui, on compte plein, le vide du centre, depuis le dessous de l'imposte ou arrête supérieure des pieds-droits.

Si dans un mur en moëllon, il y a portes ou croisées, toutes en pierre de taille, on toise cette partie dans toute l'étendue qu'occupe cette pierre, comme si l'ouverture était pleine, avec les conditions ci-dessus indiquées, relativement aux développemens, et l'on déduit de la somme générale du mur, la totalité de l'étendue qu'occupe cette pierre. Et si c'est dans un mur en pierre tendre, que se trouve cette porte, ou portion de cette porte, tel qu'un pied-droit, un seuil, etc., en pierre dure, on tient compte de cette plus valeur.

Si, dans un mur en moëllons, il se trouvait des baies de portes ou croisées, dont un des pieds-droits fût en pierre de taille, tandis que l'autre serait un poteau en bois apparent, ou recouvert de plâtre, de même que le linteau, et qu'il n'y eût ni seuil ni appui, on rabattrait le vide dans toute sa hauteur et largeur, non compris le développement du tableau et feuillure en pierre, on compterait à part les recouvremens et enduits sur le bois.

Si les pieds-droits des portes ou des fenêtres, les encoignures; jambes sous poutres, jambes étrières ou boutisses, chaînes, etc., sont de différentes qualités, c'est-à-dire, en pierre dure, de Vergelé, de St. Leu, etc., neuves ou vieilles, on en fait distinction dans le mémoire, en en indiquant les diverses dimensions.

Aux ouvertures de baies de portes ou croisées percées en vieux murs, on toise la largeur du dehors de la face, y compris liaison des pieds-droits, sur la hauteur, en prenant 3 pouces plus bas que le dessous du seuil ou appui, et 7 pouces au-dessus des claveaux ou linteaux; on déduit ensuite ce qu'il y a à rabattre du vide, suivant ce qui a été dit.

Quand il y a des essorts ou soupireaux de cave, faits en pleine pierre, non seulement on ne rabat rien pour le vide, mais on compte aussi en plus valeur le refouillement fait dans cette pierre.

Les murs des souterrains ou caves se mesurent aussi de la même manière qu'il vient d'être dit, en différenciant les baies qui sont en pierre de taille, dans les murs en moëllons ou meulières; leur hauteur se prend du dessus du mur en basse fondation jusqu'au-dessus de l'épaisseur de la voûte des caves, sur leur longueur et épaisseur, sans rien déduire pour la place du premier rang de claveaux de retombée. La différence qui se trouve seulement dans l'estimation des deux parties de ces murs, dont l'une est apparente dans les caves, tandis que l'autre se trouve ensevelie dans les reins de la voûte, c'est qu'on compte au plus le parement de ce qui est vu pour ce qu'il est, tandis qu'il n'y a point de parement pour ce qui se trouve dans le massif des reins.

Si, dans ces murs ou dans ceux de clôture, on fait des arcs en décharge, on compte double le remplissage de ces arcs, parce que l'on aurait mesuré comme plein, quoiqu'ils fussent restés vides, et cet usage s'est établi en raison de la difficulté et du temps qu'il faut de plus pour mettre les claveaux en coupe et bien disposer ce travail.

Les murs qui, isolés de trois côtés, tiennent du quatrième à un autre mur, avec lequel ils se rencontrent, soit comme contre-forts, soit pour tout autre objet, se mesurent de leur longueur sur leur hauteur, en ajoutant à leur longueur la moitié de leur épaisseur, ce qu'on appelle demi-face.

Ainsi, soit supposé qu'un mur qui tient un autre en plan et un autre en élévation, ait 6 pieds de longueur sur 9 pieds de hauteur et 3 pieds d'épaisseur, on le comptera à cause de la demi-face, comme ayant 7 pieds 6 pouces de longueur s'il s'élève carrément, et comme 6 pieds, s'il s'élève en talus, ce qui, dans le premier cas, ferait pour le mur une surface de 375 toises, et dans le deuxième cas, une surface de 25 toises de mur de 3 pieds d'épaisseur.

Et de plus, si, à la jonction de ces deux murs, il y avait de la pierre qui fût refouillée, on compterait encore les évidemens d'angle de ces pierres comme taille et évidement.

Si l'on avait à mesurer des piliers, dez de pierre ou autres, carrés ou rectangulaires, on prendrait la moitié de leur pourtour, à cause des demi-faces, et on la multiplierait par la hauteur, puis on en désignerait la valeur, en indiquant l'épaisseur.

Les piliers ronds, c'est-à-dire les colonnes, se

mesurent ou s'apprécient le plus généralement, comme piliers carrés, ayant 1 diamètre sur chaque face, et par conséquent, on prend 1 diamètre pour une face qu'on y ajoute avec 1 diamètre pour deux demi-faces, et considérant ces 2 diamètres ensemble, comme la largeur, on les compte sur la hauteur totale de la colonne, prenant pour épaisseur le diamètre. On compte la superficie de la taille comme mur à deux paremens droits, et l'on ajoute une demi-taille pour le circulaire; on prend ensuite la valeur des moulures des chapiteaux et bases. s'il y en a.

Si la partie supérieure d'un mur de face est décorée d'une corniche ou entablement, on compte d'abord la saillie masse au cube pour ce qu'elle est, soit en pierre, en moëllon, etc.; puis ensuite on compte les moulures. Il en est de même pour les impostes, archivoltes, plinthes, architraves ou toute autres saillies quelconques.

Si au bas des murs en moëllons, meulières, etc., il existe une ou plusieurs assises en pierre de taille, faisant retraite ou autrement, on mesure cette pierre à part, sans la comprendre dans la hauteur du mur, et l'on y pratique les mêmes usages, pour les retours d'angle ou les baies de portes ou croisées; et si le bas de ces murs n'est revêtu qu'extérieurement de dalles de pierre, on compte ces dalles à part et pour leur valeur.

Lorsqu'on construit un mur neuf aboutissant à un vieux, la tranchée qu'il faut faire dans le vieux mur pour former les liaisons du mur neuf, se compte pour 6 pouces de longueur sur la hauteur de la susdite tranchée et l'épaisseur du mur neuf, y compris arrachemens, raccordemens et enduits faits aux vieux murs. On compte pareillement 6 pouces de long pour la liaison des assises parpaignes en pierre de taille, et des voûtes neuves faites en vieux murs.

On mesure les murs de clôture sur leur longueur ou hauteur prise du dessus de la bordure, chaperon ou larmier, jusque sur l'empatement; si la bordure ou larmier existe des deux côtés, on ajoute 2 pieds à la hauteur, si elle est de mêmes matériaux que le mur au-dessous, et si cette bordure ou larmier n'existe que d'un côté, le chaperon étant en une seule pente, on ne compte que 1 pied de plus pour la hauteur. Si le mur est de moëllons, meulière, platras, briques, etc., et que le chaperon, balcon, ou dalles de dessus, soient en pierre de taille, on les porte en plus valeur, de même que les chaînes de pierre ou pierres éparses, qu'on met quelquefois dans ces murs, lesquelles sont mesurées sur leur longueur réduite et selon l'épaisseur desdits murs.

Les marches de pierre de taille se mesurent en prenant le pourtour de leur giron et de leur face, sur leur longueur et épaisseur, compris scellement et recouvrement. On compte à part les massifs ou arceaux qui se font au-dessous de ces marches.

*Baies percées en vieux mur. Extrait de Séguin* (1).

Les baies percées en vieux mur de moëllon se toisent comme celles en mur neuf; la seule différence est, que quand la baie n'a point d'embrasement, on prend la hauteur sous le linteau à laquelle on ajoute 15 pouces, savoir: 1 pied pour les linteaux et ceintre au-dessus, et 3 pouces en contre-bas du seuil ou carreau, et la largeur se prend entre les tableaux, en ajoutant 6 pouces de chaque côté pour les reprises des jambages ou pieds-droits : et quand la baie a des feuillures et embrasemens, ces dimensions se prennent dans le fond des feuillures. Le vide de ces baies se compte comme aux baies en mur neuf, et l'on compte les scellemens et feuillures de celles qui n'ont point d'embrasement, et dont le développement ne se prend que des deux tiers de l'épaisseur du mur. L'usage est de les compter comme *mur en percement;* mais comme l'on compte à part l'enlèvement des gravois qui ne se comptait pas anciennement, et que cette expression, *mur en percement,* renferme la démolition, l'enlèvement des gravois et la reconstruction, il serait beaucoup mieux de compter ces parties comme *mur en reprise,* et de tenir compte du moëllon

---

(1) Cette partie importante en architecture ayant des développemens dans Séguin, que nous n'avons pas trouvés ailleurs, nous les donnons ici, bien que les doctrines de cet entrepreneur aient subi quelques modifications.

qui en provient. Ces dimensions pour les baies percées se prennent seulement dans le cas où le vieux mur est de bonne construction; mais lorsqu'il est de mauvaise construction, et que l'on est obligé de faire une ouverture plus que suffisante, l'on toise toute la largeur et la hauteur de ce qui a été reconstruit.

Si l'on perce un mur plein en pierre, il faut, avant de le percer, préparer les claveaux de la plate-bande ou du cointre; ensuite tracer sur le mur de la place des claveaux et des joints; l'on commence à percer la place d'un sommier et à faire le joint dans la vieille pierre, puis on pose ce sommier et on le fiche; l'on fait la même chose pour l'autre sommier; ensuite on fait la place d'un claveau et on le pose, et de suite le claveau opposé; l'on continue de faire la même opération pour chaque claveau jusqu'à la clef : quand tous les claveaux sont bien fichés et coulés, l'on peut, sans danger, percer la baie au-dessous.

On toise le cointre ou plate-bande, et l'on demande une plus valeur des joints faits dans le vieux mur; cette plus valeur se compte pour taille suivant la superficie des deux joints qui reçoivent les sommiers seulement : le reste de la baie, ainsi que la place de la plate-bande ou cointre, se toisent et se réduisent au pied cube, sous la dénomination de *cube percement en pierre*; l'on toise ensuite les paremens neufs, feuillures et embrasemens des pieds-droits, en diminuant les parties où il y a des morceaux de pierre rapportés que l'on toise à part. Dans ce cas les scellemens et trous se comptent.

Si, dans une baie en percement, il se trouve un côté en moëllon et l'autre en pierre ( ce qui arrive lorsqu'il y a une chaîne) et que cette baie ait des feuillures et embrasemens, l'on prend la hauteur dans la feuillure à laquelle on ajoute 15 pouces, et la largeur se prend depuis le tableau de pierre jusque dans la feuillure du moëllon ; et on ajoute à cette largeur 6 pouces pour la reprise d'un pied-droit, ensuite l'on déduit le vide qui reste d'après le développement fait du pourtour en deux sens multiplié par l'épaisseur du mur, et le pied-droit en pierre se compte à part pour taille et demie, y compris le recoupement des harpes et non compris la feuillure et l'embrasement qui se toisent à part. Dans ce cas il est dû les trous en pierre et non les scellemens. Si cette baie n'a point d'embrasement, mais seulement une feuillure sur l'arrête, l'on rabat le vide qui reste après le développement fait du pied-droit de moëllon et des linteaux multipliés par les deux tiers de l'épaisseur du mur. Dans ce cas, les scellemens sont dus du côté du pied-droit de pierre.

*Par exemple*, dans le cas où il y a des embrasemens, je suppose que la hauteur du vide soit 8 pieds et demi compris l'appui, la largeur 4 pieds, le tout pris dans les tableaux et compris le seuil ou appui, la surface du vide sera 34 pieds. Je suppose l'appui de 6 pouces de haut et le mur de 18 pouces d'épaisseur, la hauteur d'un pied-droit sera 8 pouces au-dessus de l'appui ; et la largeur entre les tableaux étant 4 pouces, cela fait 12 pieds de pourtour, qui étant multipliés par 1 pied 6 pouces, donnent 18 pieds de développement ; l'excédent du vide 34 pieds sur le développement, 18 pieds, sera 16 pieds que l'on doit déduire.

Supposons une baie de même grandeur sans embrasement, la surface du vide sera 34 pieds, son développement 12 pieds de pourtour sur 1 pied, qui vaut les deux tiers de l'épaisseur du mur, sera 12 pieds, qui étant ôtés de 34 pieds, reste 22 pieds que l'on doit déduire sur le toisé.

Si dans une vieille baie en moëllon, l'on fait des feuillures et embrasemens à neuf, et qu'on soit obligé de retondre et recouper de 3 à 4 pouces le parement du moëllon sans rien démolir, ensuite de faire les renformis et enduits, feuillures, embrasemens et arrêtes, l'on prend le pourtour sur trois côtés dans le fond des feuillures, et on le multiplie par l'épaisseur du mur, le produit se réduit à toise de légers ; ensuite l'on compte les feuillures et scellemens.

Si l'on ne fait que hacher, renformir et enduire d'anciennes feuillures et les embrasemens, ce même produit ne se compte que pour moitié, et l'on compte de même les feuillures et scellemens.

Si sur un tableau de porte ou croisées en pierre, l'on fait un embrasement et une feuillure, en refouillant la pierre de 3 pouces environ, l'on toise le pourtour et on le compte à toise de taille,

7

et la feuillure se toise à part : et si c'est un ancien embrasement que l'on ne fait que retondre et ragréer, cette surface se compte à demi-toise de taille et la feuillure et scellement à part, le tout compris rejointoiement.

Une feuillure simple, *fig.* 5-1, faite sur l'arrête d'un tableau ou dosseret, se compte à 6 pouces sur sa longueur, soit en pierre ou en plâtre ; par exemple, une feuillure de 6 pieds de hauteur vaut 3 pieds de *légers* si elle est en plâtre, et 3 pieds de taille si elle est en pierre. Une feuillure avec arrête d'embrasement, *fig.* 5-2, se compte à 1 pied courant, et 6 pieds de longueur font 6 p. de taille ou de *légers* selon la nature du mur, et indépendamment des tableaux et embrasemens dont on a parlé ci-devant : il faut que ces feuillures soient ragréées ou rejointoiées.

Une feuillure de plâtre en bossage que l'on fait sur le nud d'un mur où il n'y a point de dosseret, comme on en fait souvent aux portes de caves, se compte à un pied courant de *légers*.

Si l'on fait des avant-corps, outre l'épaisseur des murs, comme quand on veut faire un frontispice qui marque le milieu d'une face de maison ; outre des corps avancés pour former des pavillons, comme il s'en fait qui n'ont qu'un pied ou pied et demi de saillie, plus ou moins ; outre le nud du mur de face ou autre, suivant le dessin que l'on en a fait, ces avant-corps doivent être comptés, non compris les murs auxquels ils sont joints, leur longueur, en y ajoutant l'un des retours, sur leur hauteur ; mais ils doivent être réduits sur leur épaisseur ou saillie hors le nud des murs, par rapport à l'épaisseur desdits murs; si, par exemple, un avant-corps a la moitié de l'épaisseur du mur auquel il est joint, cet avant-corps ne doit être compté que pour la moitié dudit mur; s'il en a les trois quarts, il sera compté pour les trois quarts, et plus ou moins à proportion.

Si, outre ces avant-corps, il y a un ordre d'architecture, de pilastres ou colonnes, ces pilastres ou colonnes doivent être comptées à part.

Les piliers isolés que l'on fait pour porter les voûtes d'arrêtes ou quelque autre chose, se toisent d'ordinaire en contournant deux faces desdits piliers, et en multipliant ce contour par la hauteur, jusque même dans la fondation. Pour les dosserets que l'on fait opposés auxdits piliers ou ailleurs, on prend la moitié de leur contour, que l'on multiplie par leur hauteur, y comprenant leur fondation.

### Des demi-faces de tête, extrait de Séguin.

L'expression *face de mur* se dit en architecture de la surface d'un mur ou de l'étendue de son parement, *tête de mur* de l'extrémité d'un mur isolé, *face de tête*, de la surface de l'extrémité d'un mur représentée par son épaisseur ou le parement de sa tête; *demi-face* de la moitié d'une face; si c'est de la face de tête que l'on parle, on dit *demi-face de tête* et *demi-face*, en parlant de la moitié de la face de tête.

On n'avait presque pas égard aux épaisseurs du temps de Bullet. Un gros mur était un mur de 2 pieds d'épaisseur, et un mur d'un pied d'épaisseur était compté à demi-mur, un d'un pied et demi à trois quarts de mur; 2 ou 3 pouces en plus ou en moins ne faisaient point faire de distinction. Tout était compté pour gros mur, pour mur et demi, pour trois quarts de mur, et se réduisait en gros mur : on distinguait seulement ce qui était en pierre ou en moëllon.

Il n'en est pas aujourd'hui comme du temps de Bullet; on n'admet plus que les demi-faces aux murs isolés sur leur tête; la suppression des retours d'encoignure et avant-corps a été remplacée par les évidemens des angles; l'on distingue les épaisseurs des murs et on n'admet les demi-faces que sur les plus petits retours, et on ne compte ces épaisseurs que sur la plus faible dimension. Nous allons expliquer ceci en détail.

1°. Si l'on accorde des demi-faces aux têtes, c'est pour compenser le déchet considérable qu'exige une pierre équarrie à vive arrête sur trois ou quatre paremens.

2°. Les demi-faces sont proportionnelles aux carrés des épaisseurs des murs; car en prenant deux murs d'une toise de haut, si l'un a 18 pouces d'épaisseur, sa demi-face sera 9 pouces sur 18 pouces dont le produit est 162 pouces; si l'autre a 24 pouces d'épaisseur, sa demi-face sera 12 pouces sur 24 pouces dont le produit est 288 pouces; donc, $18 \times 18$ sont à 162 comme $24 \times 24$ sont à 288. Cela provient de ce que les prismes de même hauteur sont entre eux comme leurs bases et que le produit d'une demi-face par l'épaisseur et la hauteur du mur représente réellement un prisme quadrangulaire, dans lequel la matière et le parement de tête se trouvent compris.

3°. Une demi-face ne doit être comptée sur un mur en pierre que lorsqu'il n'y a pas de joints en tête et que les assises sont d'un seul morceau, dont la partie qui entre dans le mur fait au moins autant de longueur que la moitié de la largeur de la tête. Hors ce cas la demi-face n'est pas due, et l'on ne compte que le parement de tête.

4°. L'on prend pour demi-face la moitié de la plus faible épaisseur du mur en pilier, non compris les avant-corps de pilastres ou autres ; et l'on prend pour épaisseur du mur ou pilier la dimension la plus faible, excepté la hauteur.

5°. L'on ne compte plus de demi-face au-dessus des murs d'appui ou appuis de boutique, comme on faisait autrefois ; mais l'on compte pour taille le parement du dessus lorsqu'il a un peu de pente, et non pour demi-taille, par la raison que tous paremens vus doivent être comptés, et qu'ayant supprimé la plus valeur de la demi-face, il est dû au moins le parement en entier.

6°. Les demi-faces des piliers isolés sur quatre côtés se comptent sur la plus faible épaisseur, c'est-à-dire en ajoutant à la plus grande face un des retours, ou en prenant la moitié du pourtour sur les quatre faces, et en comptant pour épaisseur la face la plus faible.

7°. Si le plan d'un pilier est un trapèze ou un

quadrilataire, comme A, fig. 6, on prend la moitié du pourtour des paremens vus en contournant la feuillure et l'épaisseur suivant une ligne BC, qui le partage dans son milieu à la partie la moins épaisse.

8°. Les demi-faces des piliers isolés sur les quatre côtés ne sont dues en pierre que lorsqu'il n'y a pas de joints dans les paremens, et que chaque assise est d'un seul morceau : car si le privilége des demi-faces était accordé dans les deux cas, l'on se contenterait de faire des piliers en carreaux et boutisses pour épargner de la pierre, et l'usage deviendrait un abus pour les piliers de grosseur extraordinaire, ce qui ne peut avoir lieu quand chaque assise est d'un seul morceau.

9°. S'il se trouve plusieurs feuillures sur les arrêtes d'un pilier, comme B, fig. 7, et que le cube de ces feuillures ou angles n'excède point le cube de la moitié des parties en avant-corps, les demi-faces sont dues de toute l'épaisseur du mur, comme s'il n'y avait pas de feuillures (excepté le cas où ces feuillures seraient faites pour former des pilastres en avant-corps sur les nuds du mur), et les feuillures se comptent à part.

10°. Si le même pilier forme quatre dosserets de porte, comme l'on voit souvent dans les caves, de quelque profondeur que soient les angles, la demi-face ne doit point être prise suivant la moitié de toute l'épaisseur du pilier, mais seulement suivant la moitié du mur de l'épaisseur où se trouve le dosseret.

11°. Si un pilier, isolé sur les quatre faces, est

évidé d'angles comme C, fig. 8, et que ces angles, pris ensemble, fassent plus de volume que la moitié des quatre avant-corps, ce pilier doit être toisé en deux parties, savoir : la première, suivant la longueur $ab$, à laquelle on ajoute un retour $bd$ pour les deux demi-faces, en distinguant la partie du milieu qui n'a point de paremens ; les deux autres parties saillantes se comptent chacune, en ajoutant à la saillie $ef$ la moitié de l'épaisseur $fg$. Les épaisseurs se prennent suivant les lignes $bd$, $fg$, et l'on compte à part les évidemens des angles.

12°. Si un pilastre, pilier butant ou autre avant-corps adapté à un mur, a plus de saillie que la moitié de la face de tête, comme D, fig. 9, l'on ajoute à la saillie la moitié de la face de la tête, et la largeur de cette face est prise pour l'épaisseur du mur ; et, si le pilier est en talus, l'on prend sa saillie au milieu, ou l'on ajoute la saillie supérieure avec celle du bas, et on prend la moitié de la somme à laquelle on ajoute la demi-face ; ensuite on compte les évidemens des angles. Dans ce cas, la partie du mur occupée par l'avant-corps ne se compte qu'à un parement. Ce pilier ayant 18° de saillie, et 24° de tête, doit être compté 30° de long et 24° d'épaisseur.

13°. Si un pilastre ou pilier, en avant-corps sur le nud d'un mur, a moins de saillie que la moitié de la largeur de la tête, comme E figure 10, l'on ne compte ni demi-face, ni retours ; cette saillie se comprend dans l'épaisseur du mur auquel elle est jointe, ou, si l'on en fait un article à part, on la compte comme saillie en pierre ou moëllon, et on compte à part les évidemens des angles; la taille ou parement des retours se compte lorsqu'il y a plus de trois pouces de large et de saillie. Ici l'on suppose un pilastre de 2ᵖ 6ᵒ de 6ᵒ de saillie sur un mur de 20ᵒ d'épaisseur, et cette partie du mur dans la largeur de 3o° doit être comptée de 26° d'épaisseur, ou bien l'on prend la saillie séparément.

14°. Lorsqu'un pilier sert de pied-droit de porte charretière ou de grille, et qu'il jette harpes dans un mur de clôture ou autre de moindre épaisseur, comme figure 11, F, la longueur se prend d'une arrête à l'autre sans y comprendre les harpes, et l'on ajoute à cette longueur la moitié de l'épaisseur. Ici la longueur de la face étant 3 pieds et l'épaisseur du pied-droit 2 pieds ½ dont la moitié est 1 pied ¼; la longueur du pied-droit sera 4 pieds ¼ y compris la demi-face. L'on compte les harpes avec le mur où elles se trouvent suivant l'épaisseur de ce mur, ensuite l'on toise à part les évidemens des angles et la taille des retours du côté du mur, en déduisant 3 pouces qui doivent être compris dans les 6 pouces que l'on compte aux arrêtes en saillie. Ainsi, par exemple, suivant la figure 11, F, le retour étant d'un pied de large, l'évidement doit être compté pour 1 pied de profondeur, mais la taille du retour ne doit être comptée que pour 9 pouces sans y comprendre l'arrête, et pour 15 pouces tout compris. Les feuillures et refouillemens d'embrasement se comptent à part pour un pied courant de taille. S'il y a des chapiteaux, l'on compte les demi-faces des têtes seulement, et le dessus ne se compte que pour taille compris les pentes.

15°. L'on ne compte plus aucune demi-face aux murs de fondation enterrés, quand même il y aurait des dosserets en avant-corps qui seraient équarris ou rustiqués à la pioche ; mais, si dans une fondation, l'on bande un arc en décharge pour soulager le mur sur une partie de mauvaise terre, cet arc, soit en moëllon ou en pierre, se toise séparément du mur en prenant son pourtour au milieu de la largeur des claveaux, et pour sa largeur, l'on prend une hauteur réduite de claveau à laquelle on ajoute moitié de cette même hauteur. Par exemple, si l'arc a 15 pieds de pourtour réduit sur 1 pied 6 pouces de large, l'on compte 15 pieds sur 2 pieds $\frac{1}{4}$, et le produit 33 pieds $\frac{3}{4}$ est ce qu'il faut compter en mur, désignant sa construction. Il faut toiser de même les arcs de brique ou autres.

16°. Lorsqu'il y a un seuil dans une porte de rez-de-chaussée en pierre de même qualité de celle des parpains ou assises portant retraite, l'on ne rabat point de vide, mais il faut que le seuil porte la même largeur que le mur a d'épaisseur en cet endroit, sinon le vide sera rabattu d'après les développemens comme au toisé des baies, et le seuil sera estimé à part. Un appui de boutique se trouve presque toujours dans ce cas ; on toise sa longueur en y comprenant celle du seuil, et sa hauteur se prend du dessus de l'appui jusqu'au bas de la première assise : si l'appui a plus de deux assises, la baie où est le seuil ne doit passer pleine qu'à la hauteur des deux premières assises, et le surplus doit être réduit d'après les développemens, comme il est dit ci-devant. Le dessus de l'appui se compte pour taille seulement : il n'est plus d'usage de compter des demi-faces sur les lits de la pierre ni du moëllon. S'il y a plusieurs marches dans la baie, l'on contourne les paremens vus des marches, en y ajoutant 2 pouces à chaque recouvrement; et si ce développement donne plus de largeur que l'épaisseur du mur, l'excédent se compte à part.

17°. Lorsqu'on toise un mur de face au derrière duquel il se trouve des murs de refend, l'on ne compte qu'à un parement les parties de mur qui se trouvent au droit de ceux de refend, et l'on compte à part les évidemens d'angles s'il y en a.

18°. A l'égard des seuils ou appuis de pierre dans les baies de portes ou croisées, l'on ne suit plus l'usage du temps de Bullet. Si l'appui ou seuil se trouve dans un mur de moëllon dont les baies ont été comptées pleines ou non, suivant les développemens que nous en avons faits, on l'estime à part pour toute sa valeur, et l'on ne compte pas sa pose qui tient lieu d'un appui de moëllon et plâtre.

19°. S'il se fait des arrières-voussures au derrières des plate-bandes des baies, elles se comptent en plus valeur des embrasemens desdites plate-bandes qui ont fait partie des baies, soit en pierre ou moëllon. L'on toise la superficie de l'arrière-voussure, et on la compte une fois et demie si elle n'est ceintrée qu'en élévation, et deux fois si elle est ceintrée en élévation et sur son plan ; et l'on déduit de ce toisé celui de l'embrasement droit qui est d'obligation dans le toisé des baies. Si cette voussure est en pierre, l'excédent est compté pour taille ; si elle est en moëllon et plâtre, l'excédent est compté pour gobetage, crépis et enduit que l'on déduit au quart de *légers ouvrages*.

20°. Si l'on fait des élégissemens au-dessus de 3 pouces aux soubassemens de croisée, la partie de mur élégie ne doit être comptée que de l'épaisseur qu'elle a ; on compte à part les évidemens des angles, et la taille des retours d'embrasemens se toise en ajoutant 3 pouces à chacun, ou pour mieux dire, en diminuant 3 pouces du retour et en ajoutant 6 pouces pour l'arrête en avant-corps. Ces embrasemens se comptent pour taille lorsqu'ils sont en pierre, et pour gobetage, crépis et enduits, lorsqu'ils sont en moëllon enduit de plâtre. Mais si l'élégissement ne surpasse point 3 pouces, le soubassement se toise de la même épaisseur que le mur, et l'on ne compte point de plus valeur d'arrête ni d'évidement. L'on observera les mêmes principes aux baies de croisées feintes qui auront plus de 3 pouces de renfoncement. (S).

Les murs d'échiffres qui servent à porter les rampes des escaliers et descentes de caves ou vis potoyers, sont comptés toise pour toise leur longueur sur leur hauteur, quoique ces murs n'aient pas ordinairement tant d'épaisseur que les autres ; et s'il y a des saillies contre lesdits murs, elles doivent être comptées séparément.

Les murs de parpain de 9 à 10 pouces d'épaisseur que l'on fait ordinairement de pierre de taille au-dessus du rez-de-chaussée pour porter les cloisons, sont comptés toise pour toise, comme les autres murs, tant en leur fondation qu'au-dessus, en faisant distinction de ceux en fondation ; mais l'on fait des prix à part pour ces sortes de murs.

Les murs de refend sont toisés leur longueur entre les murs de face sur leur hauteur : l'on toise le vide des portes, quand il y a des pieds-droits ou dosserets, plate-bandes recouvertes, ou de pierre de taille et des seuils par bas ; mais quand il n'y a point de seuil, l'on rabat la moitié de la hauteur du vide.

Tout le reste desdits murs est toisé jusque sur la terre, sans rien rabattre de la naissance des voûtes, qui sont aussi comptées à part, quoiqu'elles soient prises en partie dans lesdits murs.

Aux autres ouvertures qui sont dans lesdits murs, comme corridors sans dosserets, et où il y a seulement un pied-droit d'un côté et une plate-bande ou des linteaux, recouverts par le haut sans seuils par bas, parce que l'aire passe tout droit, l'on rabat toute la baie, après avoir compté la moitié de l'épaisseur dudit mur, tant au pied-droit que par-dessous les linteaux.

Les ouvertures qui sont faites en arcade dans lesdits murs, soit dans les caves ou aux étages au-dessus, s'il y a des seuils, doivent être comptées pleines; et s'il n'y a point de seuil, l'on doit rabattre la moitié du vide depuis le dessus de l'imposte.

Aux murs qui servent de piliers butans, l'on toise leur longueur, à laquelle on ajoute la moitié de leur épaisseur par le bout, aussi bien dans le fondement qu'au rez-de-chaussée; comme si le pilier butant B *fig.* 12, a 8 pieds de long ou de saillie hors le mur, il faut ajouter à ces 8 pieds la moitié de son épaisseur que je suppose 2 pieds; et l'on aura 10 pieds, qu'il faut multiplier par sa hauteur.

Si l'on fait passer des tuyaux de cheminée dans l'épaisseur des murs de refend, l'on rabat le vide des tuyaux, mais l'on compte les languettes de plâtre, de brique, et autres qui servent de dossier auxdites cheminées, comme il a été dit dans l'article des cheminées.

Les pignons qui sont élevés sur les murs de refend ou mitoyens, jusque sous les combles, quand ils sont en triangle, sont comptés leur longueur entre les murs de face, sur la moitié de leur hauteur, depuis le dessus de l'entablement jusqu'à leur pointe : si, par exemple, la longueur entre les murs de face est de 6 toises et la hauteur, depuis le dessus de l'entablement jusqu'à la pointe, de 4 toises, il faut multiplier 6 par 2 moitié de 4; et l'on aura 12 toises pour ledit pignon, *fig.* 13.

Mais si c'est un pignon d'un comble brisé, appelé *à la Mansarde*, comme la figure 14 le représente : premièrement, la partie supérieure, comme A, 8, sera toisée comme le pignon ci-devant ; et pour la partie B, il faut ajouter ensemble la longueur EF, d'entre les deux murs de face, et la longueur CD ; il en faut prendre la moitié qu'on multipliera par la hauteur perpendiculaire entre CD et EF. Si, par exemple, EF est de 6 toises, et CD de 4, leur somme sera 10, dont la moitié est 5, qu'il faut multiplier par $2\frac{1}{2}$ hauteur perpendiculaire, et l'on aura 12 toises $\frac{1}{2}$ pour la partie B. On toise à part les ailes qui sont faites pour tenir les souches de cheminées : si le dessus de ces ailes est à découvert, on toise une demi-face (1).

---

(1) *On toise à part les ailes qui sont faites pour tenir les souches de cheminées.* Ces ailes sont une élévation sur un mur de pignon ou de refend, *dosseret* ou *dossier*, qui monte jusqu'à 2 pieds et demi ou 3 pieds au-dessous de la fermeture d'une souche de cheminée, et dont la largeur excède ladite souche d'un pied ou environ de chaque côté. C'est cet excédent qui, dans son vrai sens, s'appelle *aile de mur*. Ces murs de dossier sont presque toujours isolés sur les côtés, et par conséquent ont le privilège des demi-faces, lesquelles demi-faces ou retours sont ajoutées à la longueur.

*Si le dessus des ailes est découvert, on toise une demi-face à mur.* Ces dosserets finissent ordinairement en glacis ou chanfrein : leur hauteur se prend à la plus grande hauteur A, fig. 15, et on ne compte point de demi-face, parce qu'on sous-entend qu'elle est comprise dans la réduction qu'il conviendrait de faire de la hauteur du mur qui n'est pas remplie. Comment.

Les murs mitoyens entre voisins, sont toisés depuis le devant du mur de face sur la rue ou cour, jusqu'où ils se terminent, sur leur hauteur, et chaque propriétaire en doit payer la moitié de ce qu'il occupe, qu'on appelle *moitié de son héberge* (1).

Les contre-murs faits dans les caves qui servent pour les voûtes ou pour les fosses d'aisances ou pour les puits, sont comptés généralement toise pour toise, quoiqu'ils n'aient qu'un pied d'épaisseur, pour lesdites caves et fosses; et même s'ils ont des retours qui fassent tête par leurs bouts (2), ils sont comptés à demi-mur, c'est-à-dire, que l'on ajoute la moitié d'une épaisseur pour chaque bout que l'on compte sur la hauteur : l'on fait ordinairement des prix à part pour ces sortes de murs.

Les contre-murs faits sous les mangeoires des écuries, et contre les cheminées ou les murs mitoyens pour les terres jettisses, sont comptés à mur (3).

---

(1) On appelle *héberge*, en terme de bâtiment, ce qu'un propriétaire occupe de la portion d'un mur mitoyen, tant en largeur qu'en hauteur. Pour le droit d'exhaussement de mur mitoyen, voir *l'art.* 658 et suiv. du *Code civil*; sur le droit de réparation, construction des murs mitoyens, voir les *art*. 655 et suivans, *id.*

(2) On veut dire par-là, que si un contre-mur appuyé ou adossé, ou lié à un autre mur, a deux retours visibles avec parement, on ajoute à sa longueur prise d'angle en angle les deux demi-faces, ou retour. Comment.

(3) **Les contre-murs sous mangeoires des écuries, doivent**

Les dés faits de pierre de taille ou de maçonnerie recouverte d'un enduit, sont toisés de toute la hauteur par la moitié de leur pourtour; et s'il y a des assises par bas qui aient plus de saillie que le corps de ces dés, l'on toise leur pourtour au droit de ces assises, sur leur hauteur à part, et l'on compte le reste séparément.

Les ouvertures des portes, croisées ou autres baies faites après coup, ou dans de vieux murs, sont comptées leur largeur sur leur hauteur, jusqu'où ces murs ont été rompus pour ces ouvertures.

Quand on met des jambes sous poutre de pierre de taille dans un ancien mur de refend ou mitoyen, ou dans un mur neuf après coup, elles sont comptées à mur de 3 pieds de largeur, à moins qu'il n'en fallût démolir davantage, à cause que le mur serait corrompu : cette largeur est toisée sur la hauteur desdites jambes sous poutre, depuis l'endroit où elles sont fondées jusqu'à un pied au-dessus de ces poutres (1).

---

être construits en moëllon, et comptés de même et de leur épaisseur, ainsi que ceux que l'on fait contre les murs mitoyens pour terre jettisse. Ceux faits contre les cheminées, se construisent avec tuileau ou brique : ceux faits en tuileau, se comptent à moitié de *légers*, et ceux en brique pour brique. COMMENT.

(1) Tout se toise tel qu'il a été démoli et rétabli, et même au-dessus de la poutre s'il y a eu démolition. On ne déduit point la place de la poutre dans le toisé : les attentions qu'il faut avoir pour garnir et remplir cette poutre, le demandent en moëllon seulement.

*Murs de clôture, extrait de Miché.*

Les murs de clôture font ordinairement partie des murs en élévation ; il est cependant convenable d'en parler plus en particulier.

Les murs de clôture se font de diverses manières ; rarement en fait-on en pierre de taille, et les meilleurs sont ceux auxquels on met de 24 à 24 pieds, ou à peu près, de chaînes de pierre dont on remplit l'intervalle en moëllon piqué ou essemillé avec mortier de chaux et sable. Il en est qui pensent qu'au lieu de mettre des chaînes de pierre, ou même que tout en y en mettant, il est bon de disséminer soit régulièrement, soit arbitrairement, des pierres dans le moëllon, lesquelles, faisant ainsi parpain, lient mieux le mur, qu'on couvre ordinairement d'un chaperon ou de dalles de pierre de taille. Après cette construction, celle qu'on doit préférer est celle où l'on maçonne le moëllon ou les briques, avec le mortier de chaux et sable, en faisant les premières assises du bas, ou d'un cours de parpain, ou ce qui est moins bon, en moëllon piqué ; ou y em-

---

Au surplus, tout se toise tel qu'il a été démoli et reconstruit, hauteur sur leur largeur, en distinguant la pierre dure et le moëllon. La mesure de la pierre dure se prend, savoir, la hauteur du dessous de la première assise par bas jusques sous la poutre ; et la largeur se réduit en prenant la largeur ou longueur de toutes les assises l'une après l'autre, et divisant leur somme par le nombre des assises : le quotient donnera la largeur réduite de cette jambe sous poutre en pierre dure. Comment.

7.

ploie quelquefois du plâtre, mais le mortier est toujours préférable. Le chaperon s'y fait ou en pierre de taille ou simplement en mortier ou plâtre, ou en briques ou en tuiles. La construction qui suit celle-ci, dans l'ordre de la préférence, est celle où l'on fait de 18 en 18 pieds, ou quelquefois de 9 en 9 pieds, des chaînes de moëllon maçonnées avec mortier de chaux et sable, ou avec plâtre, dont on remplit les intervalles en moëllons maçonnés avec mortier de terre, et dont le chaperon est fait de la même manière que les chaînes. Celle qui vient ensuite est celle où l'on n'emploie que du mortier de terre pour lier ensemble les moëllons, auxquels même quelquefois on substitue des plâtras : mais on sent facilement combien cette construction est défectueuse, puisque les plâtras étant susceptibles de se pénétrer d'humidité, occasionnent promptement la destruction du mur. On fait encore pour le mieux à ces murs le chaperon en plâtre.

La plus simple enfin, et qui étant bien faite, a cependant une certaine solidité, c'est celle qui est faite en pizai, c'est-à-dire, en terre battue; et quand on veut lui donner plus de solidité, on met par le bas quelques assises de moëllons maçonnés en mortier de terre, ou mieux en mortier de chaux et sable. Il est inutile de parler ici des murs faits en terre, sans aucune précaution, et tels que les font les jardiniers eux-mêmes ; la différence ne consiste que dans le choix des matériaux et les soins dans leur emploi.

On donne assez généralement à ces murs de

15 à 18 pouces d'épaisseur par le bas, réduits à 12 pouces dans le haut. Et leur hauteur varie depuis 6 jusqu'à 9 et 12 pieds, et quelquefois davantage, mais alors il faut leur donner plus d'épaisseur. Ils doivent être établis sur un fond solide ou consolidé par des plate-formes et racinaux.

Quand ils sont d'une grande longueur et qu'on craint quelques dégâts de la part du vent, on y adapte des *éperons* ou *contre-forts*, pour faciliter leur résistance d'une manière plus efficace et moins dispendieuse qu'en leur donnant une plus grande épaisseur.

Quand ces murs sont placés dans des endroits dont le terrain est élevé d'un côté plus que de l'autre, il faut y avoir égard pour déterminer les épaisseurs, et quand enfin un des terrains est assez élevé pour devoir faire considérer ce mur comme mur de terrasse, il faut en outre des épaisseurs relatives, avoir soin aussi d'y disposer des *évens* ou espèce de barbacanes, pour faciliter l'écoulement des eaux, qui parfois sont contenues dans les terres, et qui, y étant retenues, tendent à les délayer ou à les gonfler, et à exciter quelques poussées; ou enfin à détruire la liaison des mortiers, lorsqu'ils ne sont pas faits de la manière la plus convenable, ou qu'ils n'ont point eu le temps de prendre consistance. (M).

Les fondations des murs de clôture devraient être faites sur un bon fonds; mais il est rare que cela soit observé; on se contente de les faire de 2 ou 3 pieds de profondeur, et même de moins. En toisant, il faut les faire fouiller de distance en distance, pour avoir les hauteurs et les réduire à une hauteur moyenne.

Il ne sera point parlé de ces murs de clôture construits en salpêtre et platras, qu'on appelle à Paris *clôture de jardinier*. Ce sont le plus souvent les jardiniers eux-mêmes qui les construisent.

Comme l'a dit plus haut M. Miché, il n'y a aucune règle à donner pour cette sorte de construction, qui dépend de la volonté du propriétaire ou de son caprice.

On toise les murs en longueur sur leur hauteur, depuis la fondation jusque sous le chaperon.

« Les chaperons des murs, dit Séguin, se font à deux égoûts sur les murs mitoyens ; mais sur ceux non mitoyens, ils ne doivent être qu'à un égoût ou larmier, parce qu'un propriétaire doit retirer de son côté les eaux de pluie, et non les rejeter sur le terrain de son voisin.

« 1°. Lorsqu'un mur de clôture est couvert d'un chaperon à un ou deux larmiers en moëllon apparent esmillé de 5 pouces environ de saillie sur deux pouces et demi à 3 pouces de hauteur, la hauteur du mur se prend depuis la pointe du chaperon jusque sur l'empatement du mur en fondation ; on ajoute à cette hauteur 6 pouces pour chaque bordure. Et si les bordures ont plus de 3 pouces de saillie, le surplus est estimé en plus valeur, chaque pouce excédant pour 3 pouces courans, de *légers ouvrages*.

2°. Si les bordures sont en moëllon piqué et le dessus du chaperon enduit en plâtre au sas et dressé à la règle, et que le mur au-dessous ne soit que crépis, il est dû la plus valeur du moëllon piqué que l'on toise en contournant les paremens vus sans rien ajouter pour les arrètes, l'enduit se toise en plus valeur et se réduit au sixième de *légers ouvrages*, compris la crête.

« 3°. S'il n'y a point de bordure et que les larmiers soient de plâtre, on ne les compte pas avec le mur, chaque larmier se compte pour 6 pouces courans de *légers*, indépendamment du mur que l'on toise depuis son sommet d'angle ou sa crête jusqu'au bas.

« 4°. Quelquefois, au lieu de chaperon, l'on fait le dessus des murs de clôture ou de terrasse en moëllon posé de champ faisant parpain : l'on toise la hauteur de ces murs en ajoutant la demi-face du dessus, ensuite l'on compte la plus valeur du moëllon de champ en contournant ses trois paremens vus; et cette plus valeur se réduit au quart de *légers ouvrages*.

« 5°. Aux murs de clôture ou d'appui sur lesquels on pose des tablettes de pierre, la hauteur se prend du dessous de la tablette jusqu'à la retraite sans ajouter de demi-face, le dessus n'étant pas apparent; mais les tablettes se toisent à part.

« 6°. Dans des maisons considérables, l'on couvre les murs de clôture avec un **cours d'assises** de pierres taillées en bahut par-dessus, comme on le voit A et B, fig. 16; anciennement l'on comptait des demi-faces au-dessus, mais ce n'est plus d'usage; l'on toise ces assises carrément leur hauteur, depuis le sommet du bahut jusqu'au lit de dessous, sur leur longueur, et on les compte de leur épaisseur à deux paremens, ensuite l'on mesure le dessus en contournant la partie circulaire que l'on multiplie par la longueur, et le produit se compte à taille et demie, c'est-à-dire que deux toises de parement valent trois toises de taille : si lesdits bahuts sont refeuillés au-dessous, le refeuillement se compte pour chaque côté à 6 pouces courans de taille ; il en faut 72 pieds de long pour faire une toise carrée. Si lesdits bahuts sont sur un mur circulaire, le dessus sera compté à deux toises de taille pour une toise carrée, et les feuillures à taille et demie.

« 7°. Si ces couronnemens, soit sur des murs, soit sur des pilastres, ne sont point en bahuts, mais qu'il y ait seulement pente et contre-pente avec arrêtiers s'il est nécessaire, le dessus se toise pour taille sans plus valeur pour les arrêtiers ; et, s'il n'y a ni pente ni contre-pente, et que le dessus soit taillé et layé, il se compte seulement pour demi-taille. (S).

S'il y a des baies de portes et autres ouvertures dans les murs qui soient couvertes de linteaux de bois, et qu'il n'y ait point de seuil par bas, on rabat le vide de ces baies, d'après le développement des tableaux et embrasemens ; mais s'il y a des linteaux recouverts et des seuils aux baies, on les toise comme pleines.

Si, au lieu de linteaux, l'on fait des ceintres de pierre pour les portes qui seront dans ces murs, et qu'il y ait un seuil par bas, on les compte comme pleines; mais s'il n'y a point de seuil, on rabat la moitié de la hauteur depuis le dessus de l'imposte, en bas, sur la largeur qui reste après le développement des tableaux et feuillures; mais on fait ordinairement des prix particuliers pour les portes de pierre qui se font dans ces murs.

On crépit les murs de clôture des jardins, contre lesquels on met des espaliers; dans ce cas, on fait un larmier de plâtre au chaperon, et le chaperon est formé en bahut : chaque côté du larmier est compté pour un demi-pied courant, et l'on contourne la moitié du chaperon, que l'on compte outre le larmier : si l'on compte les crépis à part, il en faut six toises pour une.

Les gros crochets que l'on scelle dans ces murs, pour tenir les arbres, sont comptés à trois quarts de pied.

Les petits crochets sont comptés à demi-pied.

### Des puits, des citernes, glacières.

Les puits sont construits de pierre de taille, ou de libages ou de moëllon piqué par assises, dans leur face intérieure, et le reste est de moëllon esmillé. On donne l'épaisseur aux murs de puits, suivant le diamètre et la profondeur qu'ils ont : ces murs doivent être posés sur un rouet de charpenterie que l'on fait descendre jusqu'au fond de l'eau. Bullet veut que l'on emploie à la construction des puits du mortier de chaux et de sable ; d'autres entrepreneurs conseillent des mortiers de chaux et cimens, pouzzolane ou cendrée, avec plus de raison : Belidor ne parle que des cendrées de Tournay ; les cendrées du pays où se fait la houille sont aussi bonnes.

De quelques matériaux que soit construit un puits, il faut que l'appui ou la portion hors terre, soit d'environ 2 pieds 5 pouces de hauteur, en pierre de taille, ou au moins en moëllon piqué ou briques, recouverts d'une assise de pierre de taille dure, et à laquelle on donne le nom de *mardelle* ou *margelle*.

Si l'on veut que la glacière soit de bonne construction et de longue durée, il faut en faire les murs en bonne maçonnerie, avec mortier de chaux et ciment, ou cendrée, et établir par le bas un puisard d'environ 30 centimètres de diamètre environ, et de 60 à 70 centimètres de profondeur au-dessus duquel on établira une grille pour l'écoulement de l'eau, provenant de quelques portions de glace fondue.

Les citernes, bassins et réservoirs d'eau demandent plus de soin dans la confection de la maçonnerie, et particulièrement dans la partie de mur, continuellement en contact avec l'eau ; c'est là qu'on doit apporter les plus grands soins, pour que les matériaux soient de bonne qualité et imperméables à l'eau, et que les joints en soient bien faits et avec mortiers de chaux et ciment, ou pouzzolane ou cendrée. La face du mur qui touche à l'eau, doit être recouverte d'un enduit de ce mortier, dans une épaisseur d'environ 1 pouce.

Quand on toise les puits circulaires, l'usage est

de prendre trois fois et un septième de fois le diamètre pour avoir la circonférence intérieure ; on en fait autant pour la circonférence extérieure : on ajoute ensemble ces deux circonférences, et l'on prend la moitié de leur somme, ce qui donne la circonférence moyenne, qu'on multiplie par la hauteur prise de dessus le rouet jusqu'au-dessous de la mardelle.

Si elle est en pierre, on la mesure d'abord carrément, en désignant son épaisseur, pour connaître la cubature ; on mesure ensuite son parement de dessus en entier, et l'on compte les paremens des pans circulaires une fois et demie pour le pourtour, sur l'épaisseur. Si la mardelle est d'un seul morceau, on compte le refouillement ; si elle est de plusieurs morceaux, on ne compte le refouillement qu'à ceux dont l'arc recreusé a au moins 6 pouces de flèche.

Ayant à mesurer un puits dont le diamètre intérieur serait de 4 pieds 8 pouces, et le diamètre extérieur de 7 pieds 7 pouces, on aurait pour circonférence intérieure 14 pieds 8 pouces, et pour circonférence extérieure 24 pieds 10 pouces. La moitié de la somme de ces deux nombres est 19 pieds 9 pouces, quantité qui, multipliée par sa hauteur, donnera le total du mur sans en rien défalquer pour les ouvertures qui y auraient été réservées.

On mesure ensuite le parement intérieur pour ce qu'il est, soit en pierre de taille, en moëllon piqué ou essemillé, en comptant la hauteur totale sur la circonférence intérieure prise une fois et demie. Ainsi, pour le puits dont on vient d'indiquer les dimensions, la circonférence intérieure de 14 pieds 8 pouces étant augmentée de la demie 7 pieds 4 pouces, il résulte la quantité totale de 22 pieds, qui doit être multipliée par la hauteur. L'augmentation d'une demi-circonférence a pour cause la difficulté des travaux de main d'œuvre pour les portions circulaires.

Pour mesurer les puits ovales, on ajoute ensemble le grand et le petit diamètre, on met avec une épaisseur de mur, et l'on multiplie la longueur résultante par 3 et $\frac{1}{7}^e$, pour avoir la circonférence moyenne qu'on multiplie ensuite par la hauteur ; tout le reste se faisant de même qu'il a été dit pour les puits circulaires. Ainsi, supposant qu'un puits ovale ait 4 pieds de petit diamètre sur 6 de grand diamètre, et 2 pieds 7 pouces d'épaisseur de mur, on ajoute d'abord 4 à 6, dont la demi-somme est 5 ; ajoutant à 5 pieds les 2 pieds 7 pouces d'épaisseur de mur, il résulte un total de 7 pieds 7 pouces, qu'on prendra pour diamètre total, et qu'on multipliera par 3 et $\frac{1}{7}^e$, ce qui donne ici 23 pieds 10 pouces, que l'on multipliera par la hauteur.

Quant au parement intérieur, on l'évalue d'une manière analogue au cas du puits circulaire. Dans l'exemple qui précède, le diamètre moyen entre les deux diamètres intérieurs est 5 pieds, lesquels, multipliés par 3 et $\frac{1}{7}^e$, donnent 15 pieds 8 pouces 7 lignes. On augmente cette quantité de sa demie, dans 23 pieds 6 pouces 10 lignes, que l'on multiplie enfin par la hauteur. Ce dernier produit exprime la grandeur du parement intérieur.

*Des voûtes et de leurs toisés, extrait de Miché.*

S'il était possible d'appliquer la toise ou toute autre mesure sur la surface des voûtes, on éviterait bien des calculs, au moins dans l'estimation des surfaces de ces voûtes ; mais comme ordinairement elles sont trop élevées pour qu'on puisse y atteindre sans employer des échafaudages, on prend le parti de s'en rapporter aux usages fondés en partie sur les principes de géométrie.

Pour mesurer les voûtes de caves et autres en berceau ou plein ceintre, l'usage est d'ajouter la largeur ou diamètre intérieur de la voûte avec le demi-diamètre ou rayon de montée de cette même voûte, avec le septième de cette réunion pour former la circonférence de cette voûte, qu'on multiplie ensuite par sa longueur, pour avoir la surface totale, sans rien ajouter ni diminuer, soit en raison de ce que la circonférence de l'extrados ou extérieur est plus grande, soit en raison de ce que déjà on a mesuré les murs qui les supportent tout dans leur entier, sans rien diminuer de ce qui forme la naissance de la voûte et de son épaisseur.

Ainsi, si une voûte a 18 pieds de diamètre et 9 de rayon montant, ce qui fait 27 pieds ; on ajoute le 7e pour la circonférence, à multiplier par la longueur de ce berceau, qu'on compte ensuite sur son épaisseur.

Pour mesurer les voûtes surhaussées, fig 18,

ou surbaissées, fig. 19, qu'on nomme aussi *anse de panier*, l'usage le plus ordinaire est d'ajouter ensemble le diamètre et rayon montée, et le septième pour former la circonférence ; on multiplie ensuite par la longueur totale, pour avoir la superficie entière.

Ensuite, l'usage est d'ajouter pour valeur des reins, un tiers du produit de la voûte. Mais il faut quelquefois différencier le produit de ces reins, parce que les matériaux qui les constituent ne sont pas toujours de la même qualité ; souvent, mais à tort, on ne les maçonne pas avec d'aussi bons mortiers, ou du plâtre pur, y mêlant des recoupes de pierres et de la poussière, ou même des gravois.

D'ailleurs, cette estimation au tiers pour valeur des reins, n'est pas toujours juste, car pour les voûtes d'un grand diamètre, il y a perte, et souvent assez forte, pour l'entrepreneur, les reins produisant beaucoup plus que le tiers, tandis que, pour les voûtes d'un petit diamètre, il y a trop de bénéfice pour les reins n'atteignant pas le tiers de la construction.

On a donc proposé de procéder d'une autre manière, pour trouver, avec plus de justesse et de précision, la véritable mesure de ces objets, celle de cuber la totalité de la voûte, comme si elle était pleine, et de déduire ensuite le vide qu'elle laisse, comme si l'on avait ôté un noyau sur lequel on l'aurait construite. Ainsi, pour mesurer les voûtes représentées à leur extrémité par les fig. 17, 18 et 19, il suffit d'obtenir d'abord la surface comprise entre ABCD, et d'en soustraire celle indiquée par EGF, le restant sera la surface d'une extrémité de la maçonnerie réelle de ces voûtes, qu'il ne s'agira plus que de multiplier par la longueur de la voûte pour avoir le cube total. Ensuite on mesure la superficie à une fois et demie, à cause du circulaire pour leur ragrément, jointoiement ou enduit, suivant ce qui est fait; l'enduit en plâtre ne convient pas dans des endroits sujets à l'humidité, comme les caves.

*Toisé, évaluation des voûtes en berceau.*

On suppose que, dans la fig. 17, le diamètre EF soit de 5 pieds, l'épaisseur FC d'un pied, et la hauteur GH de 2 pieds 6 pouces, et celle AD de 3 pieds 6 pouces, on aura, pour valeur de la superficie ABCD 7 pieds multipliés par 3 pieds 6 pouces, ce qui fait 24 pieds $\frac{1}{2}$, retranchant 9 pieds $\frac{3}{4}$, quantité approchante de EGF, il reste 14 pieds $\frac{3}{4}$ pour la surface mixtiligne EDABCFGE: on voit aussi que dans ce cas, il faut ne mesurer le mur que supporte la voûte, que jusqu'à la naissance de cette même voûte, puisque si l'on en prenait la mesure dans la hauteur totale, on mesurerait deux fois ce qui est compris dans la hauteur de la voûte, ou bien, il faudrait soustraire du cube trouvé les deux parties MFCB, LEDA, ou au moins, suivant l'usage, en ne rabattant rien pour la naissance de la voûte, les parties mixtes MKCB, LIDA, qu'on peut obtenir sachant que la surface du secteur DIH, est à la surface du demi-cercle DINKC, comme la portion DI est à la circonférence entière de ce demi-cercle, et retranchant ensuite de ce secteur le triangle EIH, on obtient le segment DIE qu'on peut retrancher du parallélogramme ADEL, pour avoir la partie restante ADIL.

Si l'on veut demander la voûte à raison de son épaisseur, plutôt qu'à raison du cube, et connaître au juste la valeur des reins, il n'y a qu'à ajouter pour les reins, au lieu du tiers, leur valeur réelle, qu'on peut obtenir en soustrayant des trapèzes HILN le secteur HIN, et doubler le restant pour avoir l'autre portion NKM, dans le cas où cette voûte serait régulière; car si la voûte était inclinée, que l'un des côtés des reins fût différent de l'autre, il faudrait faire une opération séparée pour chacun.

L'usage est de ne point compter les reins pour des voûtes au-dessus de 6 pieds de diamètre; mais on peut les mesurer si l'on veut, ainsi qu'il vient d'être dit.

Si une voûte est construite en moëllon ou meulière, et qu'il s'y trouve des chaînes de pierre, on compte à part la chaîne de pierre pour ce qu'elle vaut, et l'on déduit l'emplacement du total de la voûte; l'excédent est compté pour ce qu'il est.

Les arrêtes de lunettes dans les voûtes, se mesurent sur leur longueur, et à raison de 1 pied, de largeur, pour superficie de parement de pierre, de moëllon, ou légers ouvrages, selon sa nature.

S'il se trouve dans les voûtes en moëllon quelques pierres de taille tenant au mur, ou ce qu'on appelle en terme de l'art une pierre *rachetant berceau*, on en mesure la superficie apparente dans la voûte, c'est-à-dire, sa longueur sur son pourtour, et on lui donne pour épaisseur la hauteur de sa retombée, ainsi que l'indique la fig. 20, par laquelle on voit qu'après avoir pris le pourtour de la portion du cercle AC, qu'on multiplie par sa longueur dans le sens de la voûte, on lui compte pour épaisseur la hauteur de retombée AB.

Si l'espace qui est voûté n'est pas d'équerre ou à angles droits, c'est-à-dire, que la place voûtée est biaise, mais que les murs opposés sont parallèles entre eux, comme le plan de la voûte ABCD, fig. 21, il ne faut pas prendre le diamètre ou la largeur de la voûte, suivant les lignes AB ou CD, mais sur une ligne menée d'équerre sur les murs AC ou BD, comme la ligne AE, et prendre la hauteur de la voûte, pour être mesurée comme ci-devant.

Si une voûte en berceau est plus large à un bout qu'à l'autre, et que les deux bouts soient parallèles, ce qu'on peut appeler *voûte en canonnière*, comme la voûte fig. 22, contenue entre les murs GI, HK ; il faut ajouter ensemble les circonférences des arcs des deux bouts de la voûte, comme GLH, INK, et prendre la moitié de leur somme, qu'il faut multiplier par la ligne du milieu OP, pour avoir la superficie de ladite voûte.

quand la place est irrégulière, que les murs ne sont ni égaux en longueur, ni parallèles entre eux, comme on le voit fig. 23, voici comme l'on doit procéder : on divise en deux parties égales chacun des quatre côtés aux points H, I, K, P; l'on prend sur le diamètre HI, la circonférence du ceintre de la voûte, puis on multiplie cette circonférence par la longueur K, P, milieu de la voûte, et l'on a la superficie requise.

### Voûtes d'arrête, et en arc de cloître.

Les voûtes d'arrête se composent de deux berceaux croisés, qui s'enlèvent mutuellement l'un à l'autre deux portions de cylindre, ce qui forme quatre lunettes, comme fig. 24 en B, qui est le plan, et A l'élévation ou coupe, sur la ligne XY.

Les voûtes de cloître, ou en arc de cloître, sont formées des mêmes portions de cylindres qui se trouvent enlevées aux voûtes d'arrête de semblables dimensions, c'est-à-dire de quatre portions de cylindres formant triangles mixtilignes, qu'on appelle *arcs de cloître*, et dont la réunion forme la voûte de cloître, comme fig. 25 D, qui est le plan, et C, qui est la coupe faite sur la ligne XY. D'où il suit que l'une des voûtes est nécessairement le complément de l'autre, admettant toujours qu'elles sont l'une et l'autre de semblables dimensions, et que ces deux voûtes réunies formeraient un berceau de double longueur et de semblable diamètre.

L'usage de mesurer ces voûtes est de les considérer comme si elles ne formaient qu'un seul berceau, sans égard pour le vide que laissent les lunettes de la voûte d'arrête, ou la troncature opérée aux arcs de la voûte de cloître; on ajoute aussi comme aux voûtes en berceau, pour valeur des reins, un tiers aux voûtes en arcs de cloître, et seulement un quart aux voûtes d'arrête. On compte ensuite la superficie des paremens pour ce qu'ils sont, soit ragrément de pierre de taille, de moëllon piqué ou essemillé, ou simple jointoiement, etc. On ajoute de plus la longueur développée, selon leur pourtour, des angles rentrans EF, GH, fig. 25, ou saillans, appelés arrêtes, IK, LM, fig. 24, qu'on estime sur 1 pied de largeur.

Enfin si ces voûtes sont composées de matériaux de différentes natures, comme pierre et moëllon, ou briques, ou meulières, pierre tendre et pierre dure, soit parce qu'il y aurait des arcs ou arrête de lunette de ces diverses substances, soit qu'il ne s'en trouve que quelques portions, on défalque du produit total les objets de différentes natures pour les demander à leur valeur, et on compte le reste à part pour sa valeur aussi.

Il n'y a pas de doute que cet usage ne soit erronné, et que même pour les voûtes en simple berceau, en comptant les reins pour un tiers, pour peu qu'une voûte s'écarte des mesures les plus communes, telles que de 2 toises à 2 toises et demie de diamètre, il ne doive y avoir préjudice ou avantage trop fort pour l'entrepreneur, dans l'une ou l'autre espèce de ces deux voûtes; préjudice, quand le diamètre est plus petit que la proportion indiquée. Mais si l'on fait attention que pour une simple arcade de porte ou autre, ayant égard à la sujétion occasionée par le genre de travail, on compte le vide pour plein, on verra qu'ici comme aux voûtes en berceaux, les entrepreneurs auraient plutôt crainte d'être lésés, et droit de réclamation, puisque les sujétions sont encore plus grandes, et surtout pour les voûtes ou arcs de cloître, où l'on emploie nécessairement plus de matériaux qu'aux berceaux, dans la proportion de 7 à 22 : on a plus de difficultés à surmonter, et par conséquent réellement une véritable perte à encourir pour l'entrepreneur, tandis que pour les voûtes d'arrête il a un certain avantage.

Mais ces voûtes en arc de cloître ne se font pas communément dans les maisons ordinaires et dans les édifices ; on doit avoir égard s'il s'en trouve plus ou à peu près à égal nombre que les voûtes d'arrête, pour faire une compensation. D'ailleurs il est rare que ces voûtes ne soient pas percées de lunettes, ce qui peut établir un peu l'équilibre, au moins pour les matériaux.

Au surplus on a proposé différentes manières de mesurer la superficie de ces voûtes de cloître et celles qui y sont analogues, comme celles fig. 26, 27 et 28, représentant la sphère creuse, que les ouvriers appellent *cul - de - four ;* le moyen le plus simple est de mesurer le pourtour, et de le multiplier par la longueur de la flèche ou demi-diamètre montant.

On a trouvé aussi que la voûte d'arrête était à

celle de cloître, comme 4 est à 7, et puisqu'on sait que la voûte d'arrête et celle de cloître sont complément l'une de l'autre, pour former deux voûtes de berceau semblables, il suit que si l'on connaît l'une d'elles on connaîtra bientôt l'autre.

Or donc si l'on a une voûte en arc de cloître de 15 pieds de diamètre ou largeur des deux côtés, et qu'on en compte la surface ainsi qu'il vient d'être dit, on trouvera 60 pieds de pourtour, qui, multipliés par 7 pieds 6 pouces donnent 450 pieds de superficie ; et si l'on compte géométriquement de même la voûte en berceau, qui sur même longueur de 15 pieds, aurait aussi 15 pieds de diamètre, on trouverait pour surface 353 pieds $\frac{1}{4}$ qui, doublés, donneraient 707 pieds $\frac{1}{2}$, dont soustrayant 450 pieds pour superficie de la voûte de cloître, il resterait 257 pieds $\frac{1}{2}$ de pied pour valeur de la voûte d'arrête.

Aux voûtes d'arrête, après avoir ainsi compté leur valeur entre les soutiens, soit murs, soit piliers, on compte aussi les soutiens eux-mêmes, c'est-à-dire les arcades avec les piliers ONIM, LK, y comprenant le mur, s'il n'est pas déjà pris autrement, en les mesurant sur leur longueur totale, les multipliant par leur hauteur RS, sans aucune déduction de vide, et les comptant à raison de leur épaisseur. L'on ne rabat aucun vide à cause des faux-cintres et échafaudages que nécessitent ces sortes d'ouvrages. Cette manière de compter devient fortement avantageuse pour l'entrepreneur.

Si l'on tolère cet usage pour les arcs intermédiaires, à plus forte raison, peut-on laisser subsister celui de mesurer les voûtes d'arrête de la même manière que celles en berceau; mais le mieux serait toujours de cuber tout ce qui est mur, soit en voûte ou autrement, de le compter pour ce qu'il est, et ensuite les surfaces pour parement, à raison aussi de leurs valeurs, ayant égard dans les prix au plus ou moins de difficultés qu'on a éprouvées pour confectionner l'ouvrage.

*Voûtes en arc de cloître à plusieurs pans, voûtes ou portions de voûtes sphériques ou sphéroïdales, voussures, trompes, etc.*

Ces voûtes doivent se mesurer ainsi qu'il a été dit, en multipliant le pourtour par la flèche montante, ou ce qu'on appelle *montée de la voûte*, et cela, soit qu'elles soient surmontées ou surbaissées en anse de panier, etc. On y compte aussi les reins au tiers, pour les voûtes en plein-ceintre ou surhaussées, et au quart seulement pour les voûtes surbaissées.

On peut se servir de cette même règle pour mesurer les voûtes en culs-de-fours, ovales ou rondes, tronquées ou déprimées; c'est-à-dire, quand il y a une partie coupée par haut, comme il arrive quand on fait de doubles voûtes dans les églises, ou ailleurs dans les appartemens où l'on fait de doubles ceintres ou calottes, comme fig. 29; ce qui peut être mesuré aussi : il faut premièrement avoir la mesure de la voûte, comme si elle était entière par les règles précédentes, et ensuite mesurer la circonférence de la base de la partie tronquée, comme la base AB, laquelle circonférence il faut multiplier par la hauteur CD; le nombre qui en proviendra doit être diminué de la superficie totale de l'intérieur de la voûte.

Il en serait de même si la voûte était circulaire dans son plan, et si sa hauteur excédait le demi-diamètre, comme fig. 30. Ainsi l'on peut mesurer par cette règle, non seulement toutes les voûtes circulaires ou ovales de toutes les espèces, mais aussi tous les dômes par dehors, soit de pierre, ou de couverture de plomb ou d'ardoises.

Si sur des plans carrés ou carrés-longs, ou à pans de différentes manières, l'on fait des voûtes en pendentifs, ces voûtes sont dans l'espèce des voûtes sphériques tronquées, dont les sections sont les murs sur lesquels elles sont posées. Elles ne sont entières que dans les angles ou diagonales, c'est-à-dire, que le plan de la voûte est inscrit dans un cercle sur lequel on fait une voûte sphérique, laquelle est coupée par des faces de murs; comme si c'est un plan carré ABCD, fig. 31, où l'on ait fait passer un cercle qui y est ponctué par chacun des angles A, B, C et D, les faces de murs AB, BD, DC et CA forment autant de segmens de cercle dans cette voûte, et il ne reste contre chacune de ces faces de murs qu'un ceintre EFG, appelé *formeret*. Ces segmens doivent être considérés comme segmens de sphère ou de sphéroïde, selon que la voûte est en plein ceintre, ou surhaussée ou surbaissée. Ainsi, pour mesurer ces voûtes, il faut premièrement les compter comme si elles étaient voûtes sphériques ou sphéroïdales complètes, et ensuite soustraire les segmens de sphère formés par la rencontre de ces murs.

Observons que les reins de ces voûtes sont comptés au quart.

Les mêmes espèces de ces voûtes faites sur des plans hexagones, comme fig. 32, ou autres polygones, sont mesurées de même qu'il vient d'être dit, et la seule différence qu'il y a, est qu'au lieu de diminuer quatre côtés aux sections, on en diminue six à l'hexagone, ou enfin autant qu'il se trouve de pans formés par la rencontre des murs.

Si à la voûte fig. 31, on faisait une cinquième troncature, ainsi que l'indique KLM, il y aurait encore à supprimer cette calotte.

Enfin, on peut voir par la figure 33, qu'il n'y aurait de même aucune difficulté à mesurer les espèces de trompes circulaires qui remplaceraient ces pendentifs, puisque ces trompes ne sont autre chose que des espèces de triangles sphériques tronqués, indiqués par les lettres A, B, C, D, et formant voûtes sur les quatre angles ou piliers O, O, O, O.

Pour mesurer ces voûtes ou voussures-trompes, il faut avoir la circonférence du plan indiqué par le cercle FFFF, qu'on peut supposer avoir 76 de circonférence, laquelle il faut multiplier par 15, hauteur totale de la voûte supposée, et l'on aura 1140 pour la superficie totale de la voûte, comme si elle était entière; puis il faut ôter la partie ou calotte tronquée GHYX, qu'on peut supposer 300, et ôter encore les quatre segmens enlevés par les quatre entrées, comme l'arc LMK, en multipliant la moitié de leur circonférence par la hauteur du rayon en L, pour avoir la superficie d'un des quatre arcs qui, réunis ensemble, peuvent être supposés valoir 270 qu'il faut ajouter à 300, qui représentent la calotte, pour avoir 570, qu'on doit soustraire de 1140, et l'on aura 570 pour les quatre voussures-trompes, ce qui, pour chacune, donnera 142 et demi en superficie.

On ne peut disconvenir cependant que ces usages, dans la manière de mesurer, n'offrent une grande bizarrerie, puisqu'ici on soustrait avec une rigueur presque mathématique tout ce qui ne fait pas partie de la construction existante, tandis que dans des murs percés d'arcades on compte tout comme si c'était pleins murs. Cependant ici la formation des arrêtes par les diverses rencontres, pénétrations ou troncatures quelconques, demande au moins autant de soin que celles qu'occasionent les arcades, etc., et occasione un déchet même plus fort. Aussi est-il bien permis de demander et d'allouer la valeur et double valeur des arrêtes et tailles circulaires, etc.

Aux trompes en niche, dont le plan et le ceintre sont en demi-cercle, la partie élevée à plomb jusqu'à la naissance du ceintre est un demi-cylindre creux debout; laquelle partie peut être mesurée comme les voûtes en plein ceintre, c'est-à-dire multipliant la circonférence ACB par la hauteur AD, fig. 34. Et pour le ceintre, soit en trompe ou autrement, on multiplie la moitié DEF par CD ou EC, moitié du diamètre DEF, et l'on aura par ces deux opérations toute la surface concave de la niche.

Si la même niche est comptée seule sans être comprise dans une face de mur, il faut, outre la surface concave de ladite niche, compter les faces du pied-droit et du ceintre; mais si cette niche est comprise dans une surface de mur, et qu'il y ait une bande en avant-corps, il faut compter la saillie comme saillie-masse si c'est en pierre, et les arrêtes chacune pour 6 pouces courans de taille sur leur longueur; si c'est en plâtre, on ne comptera que les arrêtes sur leur largeur et sur 6 pouces de léger; et s'il y a des moulures à l'imposte et à l'archivolte, elles seront comptées séparément, et évaluées ainsi qu'il sera dit à l'article des moulures.

Les niches dont le plan et le ceintre sont ovales, sont mesurées pour la partie à plomb, depuis le bas jusqu'au-dessus de l'imposte, comme les berceaux de caves surbaissés ou surmontés, et le ceintre soit en niche ou autrement, doit être mesuré comme une demi-voûte de four ovale en son plan et en son élévation.

Les voûtes en trompe dans l'angle peuvent être mesurées ainsi que l'indique la connaissance de la mesure de la surface des cônes.

Cependant on ne croit pas inutile d'en citer ici quelques exemples, pour familiariser avec cette opération.

Si l'on suppose premièrement qu'il faille mesurer une trempe droite par-devant, ce sera la moitié d'un cône droit, dont la voûte aura le même angle, comme si le diamètre AB, fig. 35, est 7, la circonférence sera 22, dont le demi-cercle ADB ne représente que la moitié 11, qu'il faudra multiplier par la moitié de l'apothème indiqué par la ligne AC ou CB du plan dans cette figure, et si l'on suppose cet apothème valoir 6, on aura 33 pour la surface de la trompe. Il faut ajouter à cette surface la moitié de la tête des pierres, épaisseur du ceintre, pour une demi-face, ce qui se fait en ajoutant ensemble le ceintre extérieur GHF de l'élévation de cette même figure, avec le ceintre intérieur ADB, en prenant la moitié de leur somme pour avoir le ceintre moyen. Si le ceintre intérieur était 22, et le ceintre extérieur 24, ces deux nombres faisant 46, la moitié 23 devrait être multipliée pour la demi-épaisseur de la tête de la voûte, qui, ici étant un, donnerait 23 à ajouter à la surface du cône, qui aurait été précédemment trouvé. Puis il faudrait, dans l'hypothèse que la largeur d'un pied règne dans les longueurs, encore ajouter la longueur de l'arrête intérieur ADB.

Les reins, quand il y en a à ces voûtes, sont comptés au quart.

Les trompes sur le coin peuvent être aussi mesurées par la même méthode, puisque comme on peut le voir par la fig. 36, on peut supposer le demi-cône avoir sa base à l'extrémité de l'angle saillant, et retrancher ensuite de la surface totale obtenue les portions de cône qui se trouvent enlevées par la troncature que forme le prolongement des faces des murs qui supportent cette trompe.

Enfin, on peut voir aussi par la figure 57, que pour mesurer la trompe en niche sur le coin, il n'est question que de l'évaluer comme une portion de sphère ou de sphéroïde.

*Voûtes en berceaux sur noyaux carrés, circulaires ou ovoïdes, droites ou rampantes.*

Les voûtes en berceaux sur noyaux peuvent être établies, ou carrément, comme figure 39, ou circulairement, comme fig. 38. Elles peuvent être droites ou rampantes, quand elles couvrent une partie inclinée, comme un escalier ou descente de cave, fig. 40.

Toutes ces voûtes se mesurent en ajoutant ensemble le pourtour des murs et le pourtour du noyau, et prenant la moitié de leur somme pour avoir le pourtour moyen proportionnel, qu'on multiplie par la circonférence du berceau; si cette voûte est inclinée, on prend les mesures sur la ligne de pente, on compte les reins pour un tiers, tant aux voûtes carrées ou carrées-longues qu'aux voûtes circulaires, soit sur pilier rond ou sur pilier ovale.

Si à la voûte fig. 38, on avait pour le pourtour du mur dans son intérieur 90, et que le pourtour du noyau fût de 10, on ajouterait 10 à 90, pour avoir 100, dont la moitié 50 serait le pourtour moyen, qui servirait à multiplier la circonférence du berceau qui, étant ici supposé 15, donnerait un produit de 650 pour la superficie de cette voûte, à laquelle, si l'on ajoute 250, qui est le tiers, pour les reins, l'on obtient 1000 pour totalité de la valeur de cette voûte.

On donne le nom de *vis St.-Gilles* carrées ou rondes à ces voûtes sur noyau, quand elles sont inclinées ou rampantes; ainsi la fig. 40 représente une vis St.-Gilles ronde, et celle qui serait sur un noyau carré, comme fig. 39, s'appellerait vis St.-Gilles carrée.

On voit par la fig. 39, que les quatre portions de voûte qui forment la voûte totale opèrent par leurs rencontres des angles rentrans et sortans, ou si l'on veut des demi-voûtes d'arrêtes et demi-voûtes en arc de cloître; on mesure ces arrêtes et angles rentrans dans tout leur pourtour, et on les compte pour ce qu'ils ont de longueur sur 1 pied de large. (M).

*Terres massives pour le vide des caves.*

On toise carrément tout le cube des terres, quel qu'il soit, y compris les murs et leur hauteur jusqu'où l'on a commencé à fouiller : les murs se comptent à un ou deux paremens comme ils sont, et c'est la meilleure méthode, la plus aisée et la moins sujette à erreur. L'on toise aussi la fouille pour les parties de mur en fondation au-dessous du sol. La fouille sera comptée 3 pouces plus large de chaque côté que l'épaisseur du mur de fondation, même 6 pouces suivant le cas, et le mur en fondation est toisé pour sa valeur.

Si, dans une fouille de terre, il se trouve des sables bons à être employés, ils appartiennent de temps immémorial à l'entrepreneur qui s'en sert dans la construction, et la fouille ne lui en est pas moins payée ; mais il ne les peut vendre à autrui ; car s'il les vend, la fouille ne lui en est pas due. S'il se trouve dans sa fouille des terres glaises, terres à potier, terres à four, elles ne lui appartiennent qu'autant que ces terres seront employées dans la construction et pour le propriétaire. Si le maçon n'entreprend pas les fouilles, que le propriétaire les fasse faire par un terrassier, les sables et autres terres n'appartiennent pas à ce terrassier ; il ne peut pas en disposer à son profit sans le consentement du propriétaire.

L'excavation des terres se compte de trois façons.

1°. En fouille simple jetée sur la berge, ou transportée aux environs de la brouette.

2°. En déblai et remblai, c'est lorsqu'après la fouille des terres et la construction, on rejette ces terres dans lieux vides.

3°. En fouille et enlèvement des terres aux champs.

On fait un prix particulier pour chacune de ces sortes d'excavations à la toise cube de 216 pieds.

Du temps de Bullet, on comptait encore la fouille des terres en *légers ouvrages*, ainsi que du temps de Charondas et de Ferrière. Au commencement du xviiiᵉ siècle, les *légers ouvrages* valaient 7 liv. 10 s., et les fouilles 8 liv. Aujourd'hui cet usage est réformé. On compte les fouilles de terres pour *fouille de terres*, et les *légers* pour *légers*.

On ne tient plus compte aujourd'hui aux entrepreneurs de la fouille occupée par le sable ou autres parties qui peuvent être mises en usage dans le même bâtiment. Le sable, la pierre, la glaise ou autres doivent être déduits du toisé de la fouille, si l'entrepreneur l'emploie à son profit ; mais le propriétaire a toujours le droit de propriété sur tout ce qui provient de son sol ; si l'entrepreneur tire du sable, de la pierre, de la meulière ou du moëllon, la fouille doit lui être payée plus ou moins, selon les difficultés, et il doit tenir compte au propriétaire de ce qui provient de son sol.

Pour les remblais des deux côtés des murs en fondation, on peut établir cette proportion, que le remblai, jusqu'à 5 pieds de profondeur, sera compté pour 5 pouces de chaque côté, celui qui aura 6 pieds de profondeur pour 6 pouces, celui qui aura 12 pieds de profondeur et même plus à 12 pouces, toute réduction faite des talus.

Comme la terre provenant des fouilles ne peut jamais rentrer dans la même cavité dont elle est sortie, l'on doit tenir compte de l'enlèvement de ce qui est excédant, évalué ordinairement au sixième ; c'est-à-dire, que sur 6 toises de fouille dans la partie qui doit être remblayée, il est dû à l'entrepreneur une toise de fouille avec enlèvement et cinq toises de fouille avec remblai.

Si dans les fouilles il se trouve des vides d'anciennes caves ou puisards ou autres, ces vides, y compris l'ancienne maçonnerie, doivent être déduits de la fouille, et le moëllon appartient au propriétaire, sauf à lui de tenir compte à l'entrepreneur du temps de la démolition.

### Des saillies et moulures.

On appelle *saillies* en construction tous les corps qui sortent au-delà du nu des murs ; les saillies se reproduisent toujours lorsqu'on emploie des colonnes et des pilastres avec toutes les parties qui les composent ; ou si l'on fait simplement des corniches, architraves, chambranles, archivoltes, cadres et autres ornemens d'architecture, que l'on peut employer sans faire des ordres complets avec colonnes ou pilastres. Les membres qui composent ces saillies s'appellent *moulures* ; ces moulures peuvent être considérées séparément par leurs noms particuliers et par leurs figures ; et pour en bien entendre le toisé et l'évaluation il faut en faire une espèce d'analyse, en sorte qu'on puisse savoir ce que peut valoir chaque membre simple en particulier, et ensuite le même membre couronné de filets, et enfin comment ils doivent être comptés dans la composition entière des corps qu'ils doivent former.

*Moulures simples*, fig. 41.

La *doucine* A est comptée pour un demi-pied.

Le *talon* B est compté pour un demi-pied.

L'*ove* C, ou *quart de rond* ou *eschine*, est compté pour un demi-pied.

Le *tore* D ou *demi-rond*, est compté pour un demi-pied.

La *scottie*, ou *trochille*, ou *rond creux*, E est comptée pour un demi-pied.

L'*astragale* F ou *tondin* est compté pour un demi-pied.

Le *filet* G, qui sert à couronner et séparer les autres moulures, est compté pour un demi-pied.

Le même filet H, avec une portion d'arc au-dessous, appelé *congé*, est compté pour un demi-pied.

La *gorge* I, est comptée pour un demi-pied.

La *couronne* K, est comptée pour un demi-pied, sans la mouchette *g*.

La *brayette* L, est comptée pour un demi-pied.

Il faut 72 pieds de longueur de ces moulures simples sans filets pour faire une toise à mur.

Voilà les principales moulures dont on se sert; mais on les emploie rarement sans être couronnées ou séparées d'un filet ou mouchette. C'est pourquoi il faut les représenter plus composées pour en connaître la valeur.

*Moulures couronnées de filets*, fig. 42.

La *doucine* A, couronnée d'un filet, est comptée pour un pied.

Le *talon* B, couronné d'un filet, est compté pour un pied.

L'*ove* ou le *quart de rond* C, avec un filet, est compté pour un pied.

La *gorge* D, couronnée d'un filet, est comptée pour un pied.

La *couronne* E, avec un filet, est comptée pour un pied, quand le *soffite* g est tout carré ; mais quand il y a une *mouchette* pendante c, l'on compte un pied et demi.

Le *tore* F, avec un filet, est compté pour un pied.

La *scotie* G, avec un filet, se compte à un pied.

L'*astragale* H, avec son filet et congé, est comptée pour un pied.

La *brayette* I, avec un filet, est comptée pour un pied.

En général, tous les membres ou moulures couronnés d'un filet, sont comptés pour un pied, et il faut 36 pieds de longueur pour faire une toise à mur ; mais afin de faire connaître comment tous ces membres doivent être comptés, quand ils sont rassemblés pour la composition des corniches, bases, chapiteaux, cadres, etc., il est nécessaire d'en rapporter quelques exemples ; et j'ai cru même qu'il serait bon de donner pour exemple les ordres d'architecture, comme le Toscan, le dorique, l'ionique et le corinthien : car, pour le composé, il est presque de même que le corinthien. Je donnerai encore quelques autres exemples pour des façades de maisons et de cheminées, afin qu'on puisse connaître tout ce qui est nécessaire pour le toisé des moulures.

## SECTION PREMIÈRE.

*Manière de compter les profils comme taille ou comme légers ouvrages, extrait de Séguin.*

1°. On compte les profils simples ou couronnés d'un filet, chaque membre couronné pour un pied ; le dessus de ces moulures n'étant ni parement ni refouillé dans la pierre, comme le dessus d'une corniche, ni taillé ni enduit, et seulement dressé pour recevoir la couverture.

2°. La moulure simple, pour être comptée à 6 pouces, doit avoir un angle et une arrête, ainsi que les filets d'avant-corps des profils $i$ et $j$, fig. 43, il y a deux angles comme les tores et baguettes suivant les profils D et F, fig. 41.

3°. La moulure à deux angles et deux arrêtes, est comptée pour un pied, profils $a$, $b$, $c$, $d$, $e$, $f$, $g$, $h$, fig. 43, ou deux angles et une arrête, s'il y a un tore ou une baguette, profils H, I, fig. 42. Si le dessus des moulures forme angle avec pente ou adoucissement, profils $c$ et $d$, fig. 43, ou est dégagé d'un plafond, profils $g$ et $h$, il est compté 6 pouces de plus ; ainsi les quatre profils $c$, $d$, $g$ et $h$ seront comptés à un pied et demi, le dessus ou le dégagement compris.

4°. Les profils $b$, $d$, $h$, fig. 43, de niveau, représentant trois faces, non compris le dessus, ne seront comptés qu'à un pied, parce que ces trois faces ne forment que deux angles et deux arrêtes; l'angle dépendant du plafond, ne devant pas être compris : ces profils tirés à plomb suivant les lignes ponctuées, ne présentent que deux faces par le dessous et seront également comptés à un pied.

5°. Les profils $a$, $c$, $e$, $g$, fig. 43, tirés de niveau, représentent la même chose que les précédans tirés à plomb, et se comptent à un pied; ces mêmes profils tirés à plomb représentent les précédens tirés de niveau et ont 3 faces apparentes par-dessous, lesquelles 3 faces ne valent également qu'un pied, sans y comprendre la pente ni le dégagement du filet.

Un talon est la même chose qu'une doucine renversée de côté, un talon renversé de côté la même chose qu'une doucine, et ne peuvent se former ni l'un ni l'autre sans avoir un listel ou plate-bande au retour de la partie concave; ces deux moulures étant les mêmes, doivent être comptées également pour 6 pouces sans le filet, ou pour un pied avec le filet.

6°. Les arrêtes en avant-corps ou en arrière-corps, $i$, $j$, $k$, $l$, fig. 43, formant bandeaux, pilastres, tables saillantes ou renfoncées, refends, etc., se comptent pour 6 pouces de profil; elles ont un angle et une arrête vive ou arrondie, sinon on ne compte rien, parce que tout avant-corps est composé d'un angle et une arrête.

7°. Lorsqu'il se trouve des doubles filets, profil *x*, ou un filet et un bouement, profil *y*, ils doivent être comptés pour un pied, à cause des deux angles et des deux arrêtes, mais si le filet qui couronne la moulure est en saillie sur le nu du mur, profil *z*, la moulure, le filet et le dégagement valent un pied et demi parce que ce corps de moulures est composé de trois angles et de trois arrêtes.

8°. Un bandeau simple, *i*, fig. 43 saillant le nud du mur et tiré à plomb ou de niveau, se compte pour un pied de *légers* en plâtre, ou pour un pied de taille en pierre; mais dans ce dernier cas, il faut que la pierre soit refouillée par dessus et par-dessous; car si l'une des saillies est prise au lit du dessus ou au lit du dessous de la pierre, il n'est dû qu'une saillie pour 6 pouces et l'autre saillie prise au droit du lit, ne doit être comptée que pour ce qu'elle contient de superficie seulement, lorsqu'elle est abattue en pente; et lorsqu'elle est de niveau au lit, il n'est rien dû, parce que l'entrepreneur doit former l'arrête du lit; même observation pour les assises de retraite, plinthes couvertes de dalles ou d'ardoises, corps à plomb dont la saillie se trouve au droit du joint.

9°. Il n'est dû de refouillement ni au-dessus ni au-dessous ni sur les côtes des plinthes, bandeaux ou pilastres qui n'excèdent pas 3 pouces de saillie, ni de double taille, quand le parement renfoncé aurait plus de 6 pouces de large, parce que tous ces avant-corps se tracent au chantier, sur les lits ou sur les joints, et qu'il n'y a pas de double parement à former. Il n'est même pas dû de taille de parement ou d'enduit sur des retours d'avant-corps qui n'excèdent pas 3 pouces. Mais au-dessus de 3 pouces de saillie, les refouillemens sont dus à quelque saillie que ce soit, et la taille des retours ou l'enduit est dû, en rabattant 3 pouces compris dans les 6 pouces que l'on compte pour l'arrête et l'angle. Si l'avant-corps a plus de 6 pieds de saillie d'après le nu mur, on doit compter en entier le parement de retour depuis l'arrête jusqu'à l'angle; au-dessus de cette saillie n'est plus dû d'arrête ni d'angle; les refouillemens sont dus s'il en existe.

10°. Aux tables saillantes ou renfoncées, *k*, *l*, les quatre arrêtes ne sont dues dans la pierre que lorsqu'il y a refouillement; mais lorsqu'une de ces arrêtes se trouve au droit d'un lit, il n'est dû que la taille du parement suivant sa superficie; par exemple, si la saillie est de 2 pouces et que l'arrête du haut ou du bas se trouve au droit du lit, elle ne doit être comptée que pour 2 pouces; mais s'il y a refouillement, elle sera comptée pour 6 pouces. Ces refouillemens ne seront point comptés jusqu'à 3 pouces de profondeur, mais au-dessus de 3 pouces ils seront comptés entièrement, et la taille des retours ne sera comptée qu'à 3 pouces de distance de l'arrête.

11°. Si le joint du lit ou autre est à peu près dans le milieu d'une table renfoncée, ou que le renfoncement soit pris dans une seule assise *l*, le parement du fond que l'on nomme *parement ravalé*, doit être compté pour double taille, parce qu'on ne peut faire ce parement ravalé en trois ou quatre avant-corps, sans faire en entier le parement de la face du devant ; indépendamment de ce parement, l'on compte le refouillement et la taille des retours et arrêtes.

12°. Quand on mesure la hauteur des pilastres ou arrêtes en avant-corps, l'on ne doit pas comprendre dans cette hauteur celle des corniches ou plinthes qui y croisent, parce que les saillies de moulures couronnant les avant-corps se comptent à part.

13°. Les refends simples A, B, C, fig 50, se comptent, comme le dit Bullet, chacun pour un pied ; mais le refend triangulaire D avec un dégagement carré dans le fond se compte pour un pied et demi, soit en taille ou en *légers*. Les petits refends de 4 à 5 lignes de large pour figurer des joints d'appareil, se comptent pour 3 pouces, et il faut 144 pieds de long pour une toise superficielle.

14°. Les refends composés se comptent plus ou moins suivant leurs profils ; ceux E, F, G, fig 50 et autres qui ont une gorge ou un carré dans le fond entre deux filets, ou un filet renfoncé entre deux quarts de ronds valent 2 pieds, en taille ou en *légers*, à cause des quatre arrêtes et des quatre angles carrés ou arrondis.

15°. Les cannelures des pilastres ou colonnes sont dans le cas des refends, parce que c'est la même chose de pousser des moulures à plomb ou de niveau ; ainsi les cannelures de K, fig 49, valent 6 pouces, celles L valent aussi 6 pouces, parce que la face des côtes a été toisée sur le pourtour de la colonne ou du pilastre; celles Z valent un pied et demi, à cause du rond creux pris entre deux filets, le devant de la côte ne se compte point. Si l'on fait des canons ou gaudrons dans les cannelures jusqu'au tiers de la colonne on les compte pour 6 pouces en plus valeur des cannelures.

16°. Les bossages de pilastres ou encoignures formant harpes ou non, se contournent sur les quatre faces et dans leurs plus grands contours, et se comptent comme des demi-refends; ainsi le bossage I, fig. 50, formant clef d'un ceintre, vaut 6 pouces courans sur le pourtour des arrêtes en saillie; le bossage H, un pied courant : s'il y a des saillies en pointe de diamant, l'on compte les arrêtes à 6 pouces courans suivant leur longueur,

17°. Les bâtons rompus, $u$, fig. 43, se comptent à un pied courant, compris les deux arrêtes ; l'on mesure le pourtour d'une travée et l'on multiplie ce pourtour par le nombre de travées. Les postes courantes, $v$ se mesurent de même et se comptent une fois et demie; le tout compris fond sablé ou brettelé.

18°. Les rosaces, $q$, que l'on fait aux plafonds pour la place d'un lustre, et celles dans les caissons entre les modillons, se mesurent sur leur plus grande circonférence, multipliée par la moitié du profil, et que l'on compte une fois et demie.

19°. Les caissons carrés des entre-modillons

se mesurent sur leur plus grand pourtour, auquel on ajoute 1 pied pour les quatre angles qui se comptent suivant leurs profils.

20°. Les corniches avec modillons se comptent d'abord comme s'il n'y avait pas de modillons suivant leur profil ; ainsi *m*, la corniche, non compris les modillons, vaut 4 pieds de profil s'il n'y a pas de mouchette pendante, et 4 pieds et demi s'il y en a une ; le renfoncement qui sépare le carré d'avec le tore ne se compte point : si le dessus de la corniche est taillé ou enduit avec pente, la taille ou l'enduit se compte suivant sa superficie, et il n'est point dû de refouillement par-dessus ni par-dessous, ni de double taille.

21°. Les modillons couronnés, galbés ou droits ou à mouchette, se comptent chacun 4 pieds et demi de taille ou de *légers*, soit qu'ils se trouvent dans une corniche droite ou dans une corniche rampante de fronton.

22°. Les denticules, *n*, *o*, *p*, se comprennent d'abord dans le profil de la corniche, ensuite l'on compte leurs refouillemens ; au profil *n*, où il n'y a qu'un simple refouillement carré, chaque denticule est comptée pour un demi-pied de taille ou de *légers*, au profil *o*, où il y a un filet observé au travers des denticules, chacune se compte pour un pied ; au profil *p*, où les denticules sont refouillées en bâton rompu, chacune se compte pour 5 pieds, parce qu'en outre du dégagement de la denticule, il y a quatre autres refouillemens très-difficiles à faire, dont un par-devant, un par-dessous et un de chaque côté.

23°. Les consoles droites, M, fig. 50, couronnées avec cannelures rondes, moulures au-dessous et pomme de pain en masse ou autres ornemens de 15 à 18 pouces de long, se comptent tout compris pour 15 pieds de taille ou de *légers;* si elles sont plus longues, on les compte à proportion.

24°. Les consoles ceintrées N, de 15 à 18 pouces de long avec couronnement, rouleaux et fleuron en masse, se comptent pour 24 pieds de taille ou de *légers* plus ou moins, à proportion de leur longueur; le tout non compris les ornemens de sculpture.

25°. Lorsque le développement d'une corniche ou autres moulures, en comptant une fois et demie les parties ceintrées et une fois les parties droites, et en ajoutant 3 pouces par arrête, fait plus que le profil compté à un pied pour chaque membre couronné, l'excédent doit être compté pour taille ou pour *légers* selon l'espèce de matériaux. Cela arrive quand on fait un membron ou cordon dans l'angle obtus d'un mur en talus, ou une console d'encorbellement ou autres de cette espèce.

26°. Les balustres ronds ou carrés se comptent chaque membre couronné pour un pied, et l'on prend le pourtour au plus gros de la pente: s'ils sont ronds, on les compte à taille et demie.

## SECTION II.

*Des longueurs et pourtours des corniches, plinthes ou autres.*

1°. Les longueurs et pourtours des corniches, couronnemens, chapiteaux, bases ou autres, se mesurent au nu du mur sans compter l'excédent des angles saillans, toutes les fois que les demi-faces ont été comptées.

2°. Lorsqu'il n'y a point eu de demi-faces de comptées comme aux encoignures de murs, le pourtour doit être pris au milieu de la saillie : si l'on mesure au nu, l'on ajoute une saillie à chaque encoignure et on diminue une saillie à chaque angle, ce qui revient au même.

3°. Lorsqu'une corniche de couronnement de croisée, porte, ou autre avant-corps, se retourne sur les côtés et se termine au nu du mur, de même que les refends de pilastres, plinthes et autres, la mesure se prend par le milieu du pourtour, et l'on ne compte point de plus-valeur d'angle.

4°. Les corniches ou autres moulures qui retournent sur les côtés des avant-corps et ensuite sur le nu des murs, se mesurent de même, et l'on ajoute 6 pouces au pourtour pour chaque ressaut qui doit comprendre un angle rentrant et un angle saillant.

5°. Les corniches de fronton triangulaires ou ceintrées se mesurent sur la moulure la plus saillante, à cause de la difficulté des angles du bas qui joignent la corniche : celles ceintrées se comptent une fois et demie.

6°. Les moulures des archivoltes se mesurent dans le milieu de leur pourtour, et se comptent une fois et demie.

7°. Les moulures des panneaux, pilastres, chambranles de croisées ou portes, se mesurent au milieu de leur largeur; par exemple, si l'on mesure un cadre, l'on prend extérieurement les deux montans et intérieurement les deux traverses. S'il y a des crossettes, l'on ajoute au pourtour 6 pouces pour chacune.

8°. Toutes les corniches, ou autres moulures dont on vient de parler, se comptent une fois lorsqu'elles sont droites, et une fois et demie lorsqu'elles sont circulaires sur leur plan; mais les ressauts ne se comptent qu'une fois dans tous les cas.

## SECTION III.

### Des saillies d'architecture et des évidemens d'angles.

#### PARAGRAPHE PREMIER.

1°. Les saillies d'avant-corps, pilastres ou autres qui n'excèdent pas 3 pouces, se comprennent dans le corps du mur ainsi que les harpes évidées, et l'on ne compte point de refouillement pour les angles : l'on fait des articles séparés pour les parties de mur où se trouvent les saillies.

2°. Les saillies qui ont plus de 3 pouces, se comptent à part : l'on toise d'abord le mur à son nu comme s'il n'y avait point de saillie, ensuite on mesure les saillies suivant leur hauteur, largeur et épaisseur, et on les réduit au pied cube, sous cette dénomination, *cube saillie bossage;* l'on ne compte point les paremens de face qui tiennent lieu des paremens qui manquent au mur où elles sont adaptées, mais l'on toise les paremens de retour jusqu'à 3 pouces de profondeur pour 6 pouces, compris l'arrête, et s'il y a plus de 3 pouces, l'excédent se compte à part.

3°. Les avant-corps qui ont plus de 3 pouces étant comptés, comme il vient d'être dit, l'on compte les évidemens des angles formés par les harpes, de toute leur profondeur; et dans le toisé des évidemens, l'on comprend la pierre qui se trouve en perte.

4°. Il faut faire attention de ne pas se méprendre lorsque l'on compte des évidemens et des refouillemens dont l'expression est synonyme; il doit être sous-entendu en termes d'architecture, que les évidemens d'angles renferment deux objets, la main-d'œuvre et la matière, et que les refouillemens d'angles ne comprennent que la main-d'œuvre seulement.

5°. Lorsque l'on toise un mur où il se trouve des chambranles, archivolte, clef pendante ou autres bossages au droit des baies, le vide des baies doit être déduit sur la saillie et non sur le mur; et si ces avant-corps n'ont pas plus de 3 pouces, l'on comprend ces saillies dans l'épaisseur du mur, suivant ce qu'elles contiennent avec leurs harpes, et non au droit du vide qui ne doit être compté que de l'épaisseur du mur. Si la saillie de la traverse du chambranle est prise sur une plate-bande droite ou ceintrée, elle doit être comptée une fois et demie, à cause du déchet formé par les coupes.

6°. On ne comprend plus la pierre dans le profil des moulures, les colonnes doivent être toisées différemment que du temps de Bullet. L'usage le plus généralement suivi, est de prendre pour longueur le double du diamètre, comme si la colonne était un pilier carré auquel l'on ajoute un retour pour les demi-faces, et de prendre le diamètre pour épaisseur; l'on compte ces colonnes en mur à deux paremens droits, et l'on prend à part la superficie de la taille circulaire que l'on compte pour demi-taille en plus valeur des paremens droits. Les chapiteaux et les bases se toisent à part en y comptant des demi-faces.

7°. Les colonnes isolées se toisent actuellement comme un pilastre isolé; par conséquent, une colonne engagée doit être comptée comme un pilastre engagé : or, suivant $s$, fig. 43, où la colonne est engagée dans un mur droit, l'on ajoutera à la saillie $a\,b$ la moitié du diamètre $b\,c$, et l'on multiplie cette somme par la hauteur du fust; l'épaisseur est le même diamètre $b\,c$ pris aux deux tiers de la colonne.

8°. Une colonne engagée au quart dans une encoignure $r$, se mesure en deux parties; l'on imagine un diamètre $a\,d$ à l'alignement d'une des faces de l'encoignure, puis l'on prend la saillie $a\,b$ à laquelle on ajoute une demi-épaisseur $b\,c$ qui tient lieu d'une demi-face; l'autre partie $f\,e\,d\,o$

se compte pour moitié de la précédente, et l'on prend le diamètre pour l'épaisseur.

9°. Si la colonne n'est engagée qu'au tiers ou au cinquième, comme $t$, l'on ajoutera à une des saillies $a\,b$ la moitié du diamètre $b\,c$, et le même diamètre sera pris pour épaisseur; ensuite pour la partie $c\,d$ qui excède la moitié, l'on fera cette proportion : le pourtour de la demi-circonférence est au pourtour de l'arc $e\,d$, comme le produit de la partie saillante que l'on a comptée est à la valeur de la partie qui excède la moitié; ce que donnera le quatrième terme sera ajouté à la longueur que l'on aura trouvée d'abord, et l'on multipliera le tout par la hauteur du fust. Il faut faire la même opération pour un pilastre engagé dans un angle dont le sommet se trouve au centre. L'on compte à part la plus value de la taille circulaire pour demi-taille.

10°. Lorsqu'on a compté ainsi les colonnes ou pilastres engagés dans des angles ou encoignures, l'on toise à part l'encoignure qui se trouve engagée; ainsi fig. 45 $r$, l'on comptera le carré $g\,h\,o\,i$ suivant son cube comme *saillie bossage*, et l'on comptera à part les paremens vus des angles. Les évidemens, s'il y en a, ne seront comptés que suivant les largeurs $h\,f$, $a\,i$, qui restent d'après la colonne ou pilastre.

11°. Les piédestaux se toisent de toute leur hauteur compris bases et chapiteaux, et de leur longueur en ajoutant un retour pour les demi-faces : l'épaisseur doit être prise au corps du piédestal. L'on compte ensuite les saillies au pied cube en réduisant leur longueur, et leur hauteur se prend de toute la hauteur de l'assise qui porte ces saillies; l'on ne compte point les refouillemens du dessus ni du dessous, ni de double taille. La plupart toisent séparément la corniche, le fust et la base, et comptent un retour à chaque partie; ce principe sort totalement de l'usage, et est d'autant plus faux que les demi-faces prises sur ces parties saillantes augmentent prodigieusement le toisé sur des matières de grand prix. La taille de la pente du dessus des piédestaux doit être comptée pour taille suivant sa superficie, et si le dessus est de niveau et au droit d'un lit, il n'est dû qu'une demi-taille.

§ II.

Les saillies en plâtre et moëllon sont d'une nature différente de celles en pierre, et doivent être toisées différemment en certains cas. L'on comprend dans le toisé des moulures la main-d'œuvre et le plâtre, et l'on ne compte de saillie que dans certaines occasions.

Comme il y a des saillies d'avant-corps très-larges, et que les arêtes comptées à 6 pouces courans ne suffiraient pas pour compenser les surcharges que font ces saillies, il est à propos de faire l'analyse des réductions selon les différens cas, en admettant que le profil doit emporter avec lui une partie de la maçonnerie pour être compté en *léger ouvrage*, dans le cas où cette maçonnerie serait plus considérable que le profil.

1°. A toute corniche ou autres moulures, dont

le produit de la plus grande largeur, multipliée par la plus grande saillie, est égal ou plus petit que le développement du profil toisé suivant l'usage multiplié par un quart, il n'est dû aucune plus value de saillie.

2°. A toutes corniches, bandeaux, cadres ou autres, dont le produit de la plus grande largeur, multipliée par la plus grande saillie, est plus grand que le quart du profil toisé suivant l'usage, l'excédent doit être compté en cube de massif de moëllon.

3°. L'on peut encore mettre au nombre des saillies, les bourgeottes de colombier qui servent de nids aux pigeons, ces bourgeottes s'arrangent à peu près de la même manière que les cases des ruches à miel, excepté qu'elles sont carrées et à plomb l'une de l'autre et arrondies dans les angles. Chacune de ces bourgeottes se compte à trois pieds de *légers*, y compris le plafond du haut, les faces des côtés et l'entrée formant baie.

4°. Les modillons, les denticules, les consoles, les bâtons rompus, les postes et les refends se comptent comme à la pierre de taille, ainsi que tous les profils renfoncés.

*Des frontons triangulaires ou ceintrés, et des couronnemens de cheminées.*

Les frontons se construisent de plusieurs façons; les moindres sont de moëllon et plâtre; les autres sont en moëllon couvert d'une cimaise en pierre dure, et les plus considérables en pierre de St.-Leu ou autre équivalente, couverts d'une cimaise en pierre de liais.

Pour tracer un fronton par la méthode la plus généralement suivie, l'on tire une droite $ab$, 1, II, fig. 44, qui fait ici la moitié de la largeur du fronton prise à l'angle du filet de la doucine; puis portant cette moitié $ab$ perpendiculairement de $b$ en $c$, l'on tire un rayon $ac$ qui sert à décrire l'arc $acd$ qui doit passer par la pointe du fronton. Les deux côtés $ab$, $bc$ du triangle $abc$ sont égaux, la droite $ac$, vu que le triangle $abc$ est rectangle, donnera : carré d'$ac$ égale le carré d'$ab$, augmenté du carré de $bc$; et comme $ab$ égale $bc$, l'on a : carré de $ac$ égale 2 fois le carré de $ab$. Or, *la racine d'un produit étant égale au produit des racines des facteurs du premier produit*, nous poserons que : $ac$ égale $ab$, multiplié par la racine de 2 : cette racine est approchant $\frac{17}{12}$. Donc, $ac$ égale les $\frac{17}{12}$ d'$ab$. — $ac$ égale $db$ augmenté de $bc$, égale $db$ augmenté de $ab$ : par conséquent, $db$ augmenté de $ab$ égale $\frac{17}{12}$ de $ab$ : par conséquent, $db$ égale les $\frac{5}{12}$ de $ab$. Ainsi l'on divisera la demi-largeur $ab$ en 12 parties égales, et l'on portera 5 de ces parties perpendiculairement de $b$ en $d$, et le point $d$ sera la pointe du fronton. Sur un fronton de 40 pieds de largeur, le sommet sera de 8 lignes plus haut que le point $d$, ce qui fait une erreur insensible.

La plus grande difficulté qui se rencontre aux frontons se trouve à l'onglet qui forme l'avant-corps; car si l'on emploie le même calibre pour former la partie droite de la cimaise et pour former la partie rampante, il en résulte que l'onglet n'a presque pas de saillie, et qu'il est défigurable à la vue, et à cause de l'angle à plomb du filet supérieur, ce filet se trouve plus large à sa partie droite qu'à sa partie rampante; et quand même l'on emploierait le même calibre, il en faudrait un autre pour le retour de l'onglet. Or, pour ne pas mettre trop de disproportion aux largeurs de la cimaise, il faut médioner la doucine et le filet, ce que l'on pourra faire par ce moyen : de l'angle supérieur du filet qui est sous la doucine, I, tirez une ligne $af$ d'équerre au rampant $ad$, et du point $a$ abaissez l'à-plomb du filet supérieur; faites partir le contour de la doucine, depuis le bas du filet supérieur jusqu'au haut du filet inférieur, et vous aurez un onglet agréable à la vue. Si le fronton est circulaire, II, vous prolongerez la ligne $ca$ vers $f$, et vous ferez un angle $fag$ de 11 degrés; le côté $ga$ de cet angle étant prolongé, déterminera le haut de l'aplomb du filet du bas; profilant le contour de la doucine entre les deux onglets des filets, l'on aura une figure agréable.

Quoique nous ayons parlé du toisé des frontons dans le chapitre des murs, nous allons le répéter ici, à cause des saillies que nous supposons en pierre.

1°. L'on aura la superficie du fronton triangulaire $abd$ II, fig. 44, en multipliant la moitié $ab$ de sa longueur totale par les $\frac{4}{7}$ de cette même longueur; par exemple, si la longueur totale est 42 pieds, la moitié sera 21 pieds dont les $\frac{4}{7}$ va-

9.

lent 8 pieds 9 pouces, et multipliant 21 pieds par 8 pieds 9 pouces, l'on aura 183 pieds 9 pouces superficiels, qui sera plus forte de 1 pied 1 pouce que la quantité réelle.

2°. Pour le fronton ceintré II, le rayon $d\,c$ étant égal aux $\frac{17}{12}$ de la demi-longueur $b\,a =$ 21 pieds, l'on a $d\,c =$ 21 pieds plus 8 pieds 9 p. ou 29 pieds 9 pouces, et l'arc $d\,a$ étant de 45 degrés est la 8ᵉ partie de la circonférence du cercle, et l'on aura $d\,c\,a = \frac{11}{14} d\,c$; prenant les $\frac{11}{14}$ de 29 pieds 9 pouces, l'on a 23 pieds 4 pouces 6 lig. qui étant multipliés par le rayon $d\,c =$ 29 pieds 9 pouces, le produit est 695 pieds 4 pouces 10 l.; ôtant de ce nombre le carré de 21 pieds ou 441 p., reste 254 pieds 4 pouces 10 lignes pour la surface du fronton ceintré.

Les frontons étant d'abord toisés, comme on vient de voir, et comptés en mur suivant son épaisseur prise au nu sans y comprendre les saillies, l'on prendra le cube des saillies sans y comprendre les évidemens, et l'on tirera l'article en marge dans la classe *des cubes de saillie bossage en pierre*; il restera donc à toiser les évidemens, ce qui se pratique ainsi :

L'on toise le cube de chaque morceau de pierre par équarrissement et suivant son épaisseur, y compris la saillie, tels qu'on voit les morceaux de III, enveloppés par des lignes ponctuées; et lorsqu'on a fait la somme de tous les produits, l'on en déduit le cube de ce qu'on a compté en mur et de ce qu'on a compté en cube de saillie; le reste se tire en marge pour *évidement d'angle*.

L'on aura soin de distinguer dans les développemens ce qui est en pierre dure de ce qui est en pierre tendre.

Le toisé cube des saillies en pierre comprenant et la pose et la pierre de même que le mur, les évidemens se trouvent comptés sans pose, ce qui est naturel, car il n'est point dû d'évidement lorsque la pierre est comptée en mur tout compris, et il n'est point dû de pose dans ce qui est évidé.

S'il y a un socle sur la corniche, comme III, fig. 44, il doit être compris dans le toisé du mur et déduit du cube pris par équarrissement.

Quand on a toisé le fronton suivant le détail précédent, l'on compte ensuite la taille des moulures, la taille du parement de dessus s'il a été fait et ragréé pour être apparent et en pente; ce parement se compte pour taille entière et non pour demi-taille, parce que le dessus d'une cimaise se prend toujours au cœur de la pierre et non à son lit : l'on compte ensuite les trous de crampons suivant leur grandeur, et les entailles en façon de refend suivant leur longueur au pied courant de taille, et l'on compte les scellemens et solemens des fers encastrés. Les trous que l'on fait en battant le beurre se comptent à deux pieds courans de taille pour chaque pied de profondeur.

Bullet parle à la fin du détail des saillies et corps d'architecture, des têtes de cheminées en pierre avec couronnement; l'on ne pratique presque plus de ces cheminées; on fait les tuyaux en brique et les couronnemens en pierre de S. Leu ou autre équivalente.

Ces couronnemens se toisent comme les murs isolés à leurs têtes en ajoutant à la longueur les demi-faces, et la hauteur se prend depuis le dessus de la fermeture jusqu'au lit de dessous sans compter de demi-face au-dessus, parce que ces demi-faces sur les lits ne sont plus d'usage.

Mais comme ces couronnemens se font de plusieurs morceaux, la demi-face n'est due que dans le cas où la distance $cb$ du joint à la tête IV, fig. 44, est égale ou plus grande que la moitié de la distance $ab$, sans cela il n'est point dû de demi-face. S'il se trouve deux tuyaux adossés, l'on observe la même chose à l'égard de la tête AB qui doit avoir le double ou moins que le double de BC pour que la demi-face ait lieu ; mais si BC est plus petit que la moitié de AB, il n'est point dû de demi-face.

La demi-face de tête n'est due que quand la tête $ab$ ou AB est d'un seul morceau ; mais s'il y a un joint en tête, il n'est point dû de demi-face, quand même $cb$ ou CB serait plus grand que la moitié $ab$ ou AB.

S'il se trouve des carreaux de remplissage dans la longueur des couronnemens, on les toise à part, et l'on réduit l'épaisseur $ab$ ou AB en déduisant le vide de la fermeture, comme si deux carreaux se joignaient l'un devant l'autre ; car il ne serait pas juste de compter la distance $dc$ ou DC de la même épaisseur que les morceaux des têtes.

Quand le couronnement n'est pas dans le cas d'être compté avec demi-face, l'on mesure le pourtour extérieur et on en déduit quatre épaisseurs, puis on multiplie le reste de la hauteur EF, V, et l'épaisseur se prend depuis l'arrête intérieure de la fermeture jusqu'au parement extérieur. Les fermetures qui sont au-dessus des languettes de refend se toisent à part.

Si le couronnement a été compté de toute son épaisseur, il est dû la taille intérieure que l'on mesure suivant le pourtour du dedans des tuyaux et de la hauteur de la pierre à laquelle on ajoute 6 pouces pour la saillie de la fermeture : mais si l'on a mesuré le couronnement suivant son pourtour réduit et que l'on ait compté la pierre à deux paremens, il ne reste dû que la saillie de la fermeture pour 6 pouces suivant le pourtour intérieur. Dans le premier cas, le profil des moulures n'est dû que suivant le pourtour pris au nu de la cheminée, et dans le second cas, l'on ajoute à ce pourtour quatre saillies de moulures. L'on compte au surplus la taille du dessus pour taille compris les pentes et en rabattant le vide ; l'on compte les trous, entailles et scellemens des crampons.

Pour faire mieux comprendre les détails précédens, nous allons donner un exemple pour chaque cas particulier en supposant la face BG de 4 pieds, la face $gb$ de 3 pieds, l'épaisseu AB de 3 pieds, la face $ab$ de 1 pied 10 pouces, et le vide de la fermeture de 4 pouces de large ; supposons aussi la hauteur EF de 1 pied.

*Exemple* 1.$^{er}$ Supposons que BC soit un 1 pied

8 pouces et CD soit un pied ; supposons aussi $cb$ de 1 pied et $dc$ de 1 pied 3 pouces.

Le morceau en tête du couronnement des deux tuyaux contient 1 p. de haut sur 3 p. 2 po. de long compris une demi-face, et de 36 po. d'épaisseur à deux paremens.

Les trois closoirs suivans contiennent 1 p. de haut sur 1 p. de long, et ensemble 28 po. d'épaisseur à deux paremens.

Le morceau suivant de 1 pied de haut sur 1 p. 4 po. de long et de 36 po. d'épaisseur à deux paremens.

La taille du retour contient 1 p. de haut sur 1 p. 8 po. de long compris 6 po. pour l'angle et l'arrête.

L'évidement de l'angle de 1 p. de haut sur 1 p. 2 po. de long et de 9 po. de large.

Les deux closoirs du tuyau simple de 1 p. 3 po. de long sur 1 p. de haut, et ensemble 18 po. d'épaisseur à deux paremens.

Le morceau en tête $cba$ de 1 p. de haut sur 1 p. 11 po. de long compris une demi-face, et de 22 po. d'épaisseur à deux paremens.

La taille de l'intérieur des trois tuyaux de 1 p. et demi de haut compris 6 po. pour la fermeture sur 22 p. 4 po. de pourtour.

La taille des moulures extérieures de 19 p. 2 po. de pourtour pris au nu du tuyau et compris 6 po. pour l'avant-corps $gG$ sur 1 p. de profil.

*Exemple* 2. Supposons que BC soit 1 p. 3 po. et $bc$ soit 10 p.

Le couronnement des languettes extérieures

contient 1 p. de haut sur 17 p. de pourtour réduit et de 9 po. d'épaisseur à deux paremens.

Les couronnemens des languettes de refend de 1 p. de haut sur ensemble 2 p. 10 po. de long et de 10 po. d'épaisseur à deux paremens.

La taille de la saillie de la fermeture de 22 p. 4 pouces de pourtour sur 6 po. de profil.

La taille des moulures extérieures de 19 p. 10 po. réduits de pourtour compris 6 po. pour le ressaut $g$ G sur 1 p. de profil.

S'il y a des angles évidés, on les compte en sus.

Le couronnement étant toisé, ou comme le premier exemple, ou comme le second, l'on comptera la taille du dessus que l'on suppose ici de 4 p. sur 3 p. et ensuite 3 p. sur 1 p. 10 po., à déduire pour les vides des fermetures 7 p. 2 po. sur 4 po. le reste produit.

Les entailles des 10 crampons contenant chacune 9 po. de long valent 7 p. 6 po. de taille, les 20 trous valent 10 p. de taille, les 20 scellemens valent 10 p. de *légers* Tous ces objets et la taille du dessus se comptent dans les deux cas, ainsi que les évidemens d'angles. (S.)

*De l'ordre toscan*, fig. 45.

A l'entablement de l'ordre toscan, l'ove ou quart de rond $a$, qui sert de cimaise, est compté pour 1 demi-pied; l'astragale $b$, avec son filet au-dessous, pour 1 pied; la couronne $c$, avec la mouchette pendante, pour 1 pied; le talon $d$, avec son filet, 1 pied : en conséquence, la corniche seule vaut 3 pieds et demi.

La frise *f*, est comprise dans la hauteur du mur.

L'architrave *g* est comptée pour 1 pied. Tout cet entablement toscan vaut 4 pieds et demi, c'est-à-dire qu'une toise courante ne fera que trois quarts de toise.

Au chapiteau de l'ordre toscan, l'abaque *h*, avec son filet, se compte 1 pied ; l'ove *i*, avec le filet au-dessous, 1 pied ; la frise n'est point comptée ; l'astragale *l*, avec son filet et congé, vaut 1 pied : le chapiteau vaut donc 3 pieds.

A la base de l'ordre toscan, le congé, le filet, avec le tore *m*, valent 1 pied ; la plinthe *n*, 1 demi-pied : la base vaut en tout 1 pied et demi.

Au piédestal de l'ordre toscan, la plinthe *o*, avec le talon *p*, vaut 1 pied ; le socle *q*, avec le filet et le congé, 1 pied. Voilà ce qui regarde l'ordre toscan.

### De l'ordre dorique, fig. 46.

A l'entablement de l'ordre dorique, la cimaise *a*, avec son filet, est comptée 1 pied ; le talon *b*, avec son filet, 1 pied ; la couronne *c*, avec la double mouchette *g*, 2 pieds ; la petite gorge *d*, avec son filet, 1 pied.

Les denticules *f*, sans être refendues, se comptent pour 1 demi-pied, et quand elles sont refendues, pour 1 pied et demi : le talon *h*, avec son filet, vaut 1 pied. Toute la corniche vaut 6 pieds et demi, supposé que les denticules ne soient pas refendus; mais s'ils sont refendus, elle vaut 7 pieds et demi.

Le filet $i$, qui couronne les triglyphes, est compté 1 demi-pied : les canaux angulaires des triglyphes, 1 demi-pied chacun; les 2 demi-pieds des deux angles vont pour 1.

Les goûtes $m$ se comptent pour 1 demi-pied chacun; la face $n$, avec son filet, pour 1 pied.

Si, au lieu des denticules, on met des modillons couronnés d'un talon, comme le modillon $y$ vu de profil, ou le modillon $a$ vu par-dessous, ce modillon, avec son couronnement, doit être compté pour 1 pied, outre le corps de la corniche, en le contournant des deux côtés. Dans les entre-modillons, qui est la partie que l'on appelle *soffite*, l'on fait des rosaces $z$, qui sont enfermées d'un petit cadre $t$, qui doit être contourné et compté suivant les moulures qui le composent. On compte 1 demi-pied pour chaque membre couronné d'un filet, et la masse de la rose doit être comptée pour 1 demi-pied : la rose est faite par un sculpteur, et est comptée à part.

Au chapiteau de l'ordre dorique, le talon $a$, couronné d'un filet, est compté 1 pied : l'abaque $b$, 1 demi-pied; l'ove $c$, 1 demi-pied; l'astragale $d$, avec le filet et congé, 1 pied : l'astragale $e$ du collarin, avec son filet et congé, 1 pied : le chapiteau vaut 4 pieds en total, y compris l'astragale du collarin, qui fait partie de la colonne.

A la base de l'ordre dorique, la plinthe $f$ est

comptée 1 demi-pied ; le tore *g* , 1 demi-pied ; l'astragale *l*, avec son filet et congé, 1 pied : la base vaut donc 2 pieds ; le filet et le congé en escarpe font partie de la colonne.

A la corniche du piédestal de l'ordre dorique, la cimaise faite du quart-de-rond *a*, avec son filet, est comptée 1 pied : la couronne *b*, avec son filet et la mouchette pendante, 1 pied et demi ; le talon *c*, avec son filet, 1 pied : la corniche vaut 3 pieds et demi.

A la base du piédestal de l'ordre dorique, la gorge *d*, avec son filet, est comptée 1 pied : la doucine renversée, avec son filet, 1 pied ; le socle *g*, 1 demi-pied : la base du piédestal vaut 2 pieds et demi.

*De l'ordre ionique, fig. 47.*

A la corniche de l'ordre ionique, la doucine *a*, avec son filet, est comptée pour 1 pied ; le talon *b*, avec son filet, 1 pied : la couronne *c*, avec la mouchette pendante et le soffite, 1 pied : l'ove *d*, avec son filet, 1 pied ; l'astragale *e*, avec son filet et congé, 1 pied ; les denticules *g* refendues, 1 pied et demi ; la gorge *h*, avec son filet, 1 pied : la corniche vaut 7 pieds et demi.

A l'architrave, le talon *i*, couronné d'un filet, vaut 1 pied : les deux faces *ll*, 1 demi-pied chacune : la troisième n'est point comptée non plus que la frise, parce qu'elles représentent le nu du mur ou de la colonne.

Les moulures du chapiteau ionique sont à peu

près les mêmes que celles du dorique : le talon *a*, couronné d'un filet, vaut 1 pied ; la face *b*, qui fait le corps de la volute, couronnée de son listel, 1 pied ; l'ove *c*, 1 demi-pied : l'astragale *d*, avec le filet et le congé, 1 pied : le chapiteau vaut 3 pieds et demi ; les volutes sont laissées en bossage pour le sculpteur.

La base ionique est ordinairement celle que l'on appelle *attique ;* elle n'est comptée que depuis le dessus du tore supérieur jusqu'en bas, car le filet au-dessus, que l'on appelle *escarpe*, appartient à la colonne ou au pilastre : ainsi à la base seule, le tore *f*, avec son filet au-dessous, vaut 1 pied : la scotie *g*, avec son filet, 1 pied ; le tore *h*, 1 demi-pied, la plinthe, 1 demi-pied : la base vaut 3 pieds.

A la corniche du piédestal ionique, le talon *a*, avec son filet, vaut 1 pied : la couronne *b*, avec la mouchette pendante, 1 pied ; l'ove *c*, avec son filet, 1 pied ; l'astragale *d*, avec son filet et congé, 1 pied : toute la corniche vaut 4 pieds.

A la base du piédestal ionique, l'astragale *e*, avec son filet et congé, vaut 1 pied : la doucine renversée *f*, avec son filet, 1 pied ; la plinthe *g*, 1 demi-pied.

La base vaut 2 pieds et demi ; la table dans le corps du piédestal, étant contournée, est comptée 1 demi-pied.

### De l'ordre corinthien, fig. 48.

A la corniche de l'ordre corinthien, la doucine *a*, avec son filet, est comptée 1 pied ; le talon *b*, avec son filet, 1 pied ; la couronne *c*, avec le petit talon au-dessous, 1 pied ; la face *e*, avec l'ove *f* au-dessous, 1 pied ; l'astragale *g*, avec son filet, 1 pied ; le carré des denticules *h*, sans être refendues, 1 demi-pied ; le talon *i*, avec son filet, 1 pied : la corniche vaut 6 pieds et demi, sans les modillons et les denticules refendues ; les modillons sont comptés à part, en contournant leurs moulures. Les petits cadres sous le soffite pour les rosaces, sont comptés sur leur pourtour chaque membre couronné 1 pied et demi : les denticules refendus valent 1 pied et demi, comme il a été ci-devant expliqué.

A l'architrave, le talon *a*, avec son filet, vaut 1 pied ; l'astragale *b*, 1 demi-pied ; la face *c*, avec le talon au-dessous, 1 pied ; la face *d*, avec l'astragale au-dessous, 1 pied : la troisième face n'est point comptée, par la raison qui a été dite ci-devant.

Au chapiteau corinthien, l'abaque est comptée 1 pied et demi en la contournant, et la campane *g*, 1 demi-pied ; l'astragale *h*, 1 pied : le chapiteau va pour 3 pieds de moulures, y compris l'astragale qui est de la colonne. Il faut estimer l'ébauche des feuilles à part : elle peut être comptée 3 pieds.

A la base, le filet et escarpe se compte 1 demi-pied : (il appartient à la colonne) le tore supérieur *a*, avec son filet, 1 pied; la scotie *b*, avec le filet au-dessous, 1 pied; le petit tore du milieu *c*, avec le filet au-dessous, 1 pied; la seconde scotie *d*, avec son filet, 1 pied; le tore inférieur *e*, avec le filet au-dessus, 1 pied; la plinthe *f*, 1 demi-pied : la base vaut 6 pieds.

A la corniche du piédestal, le talon *g*, avec son filet, se compte 1 pied; la couronne *h*, avec la mouchette, 1 pied; la doucine *i*, couronnée d'un filet, 1 pied; l'astragale *l*, avec son filet et congé, 1 pied : le tout vaut 4 pieds.

Il sera parlé ci-après du corps des piédestaux et de leurs moulures.

A la base du piédestal, l'astragale *a*, avec son filet et congé, vaut 1 pied; la doucine *b*, avec le filet au-dessous, 1 pied; le tore *c*, avec la plinthe *d*, 1 pied : le tout vaut 3 pieds.

Le corps des colonnes étant toisé à part, on toise le pourtour sur la hauteur, y compris la base et le chapiteau : par exemple, si la colonne a 9 pieds de pourtour à son premier tiers, et 27 pieds de hauteur, y compris la base et le chapiteau, il faut multiplier 27 par 9, on aura 6 toises ¾ pour le corps de la colonne. Il faut ajouter les moulures du chapiteau et de la base suivant le pourtour de la colonne, comme il a été expliqué.

Il est encore utile de connaître par règles les hauteurs des ordres et des parties qui les composent. La difficulté de pouvoir prendre les mesures, occasione quelquefois des erreurs qu'on peut éviter en les étudiant, et les retenant de mémoire. Chaque ordre en général se divise en trois parties, savoir : *piédestal, colonne, entablement*. Chacune se sous-divise en trois autres, savoir : le *piédestal* en socle, dez et corniche ; la *colonne* en base, fust et chapiteau ; l'*entablement* en architrave, frise et corniche. Dans tous les ordres, le module est formé du demi-diamètre du bas de la colonne, et est égal à la hauteur de sa base. La colonne toscane porte sept fois la grosseur, y compris la base et le chapiteau ; la colonne dorique huit fois ; l'ionique neuf fois ; enfin le corinthien et le composite dix fois.

En général, les entablemens ont pour hauteur le quart de la colonne, et les piédestaux le tiers.

### Toscan sans piédestal.

La hauteur de la *colonne* est de 14 modules, savoir :

| | | | |
|---|---|---|---|
| Base . . . . . . . . | 1 mod. | 0 part. | |
| Fust de la colonne. | 12 | 0 | 14 mod. |
| Chapiteau . . . . . | 1 | 0 | |

L'*Entablement*, quart de la colonne, est de trois modules $\frac{1}{4}$, savoir :

| | | | |
|---|---|---|---|
| Architrave . . . . | 1 mod. | 0 part. | |
| Frise . . . . . . . | 1 | 2 | 3 mod. $\frac{1}{4}$ |
| Corniche . . . . | 1 | 4 | |

Total de la hauteur sans piédestal . . .  17 mod. $\frac{1}{4}$

Le *piédestal*, tiers de la colonne, est de 4 modules ⅔, savoir :

| | | | |
|---|---|---|---|
| Corniche. | 0 mod. | 6 part. | |
| Dez. | 3 | 8 | } 4 mod. ⅔. |
| Socle. | 0 | 6 | |

Total général de l'ordre toscan. 22 mod. ⅙ ou 2 part.

Afin donc de connaître les différentes proportions d'un ordre en général, il faut mesurer quelque chose par le bas, comme la base, dont la hauteur est toujours égale au demi-diamètre de la colonne, ce qui est plus sûr que de s'en rapporter à la hauteur du piédestal, parce que quelquefois on donne plus de hauteur à son dez, pour plus d'élégance, suivant le goût de l'architecte.

Soit donc la base ou le demi-diamètre connu, que nous supposons être de 18 pouces ; la colonne pour lors aura 21 pieds : le piédestal, suivant ce que nous avons dit ci-dessus, aura 7 pieds de haut, et l'entablement 5 pieds ¼, le reste à proportion.

Le module de cet ordre et du suivant se divise en 12 parties, suivant Vignole.

## *Le dorique sans piédestal est de 20 modules, et de 25 modules ⅓ avec piédestal.*

La hauteur de la colonne a huit fois sa grosseur, et est par conséquent de 16 modules, savoir :

| | | | |
|---|---|---|---|
| Base. | 1 mod. | 0 part. | |
| Fust. | 14 | 0 | } 16 mod. |
| Chapiteau | 1 | 0 | |

L'*entablement*, quart de la colonne, est de 4 modules, savoir :

| | | | |
|---|---|---|---|
| Architrave. . . . | 1 mod. | 0 part. | |
| Frise. . . . . . . | 1 | 6 | } 4 mod. |
| Corniche. . . . . | 1 | 6 | |

Le *piédestal*, tiers de la colonne, est de 5 modules ¼, savoir :

| | | | |
|---|---|---|---|
| Corniche. . . . . | 0 mod. | 6 part. | |
| Dez. . . . . . . | 4 | 0 | } 5 mod. ¼. |
| Socle. . . . . . | 0 | 10 | |

Total de l'ordre dorique. . . . . . . 25 mod. ¼.

Pour connaître et réaliser ces mesures, il faut se servir de la méthode ci-dessus de l'ordre toscan.

### *L'ionique sans piédestal est de 22 modules ¼, et avec piédestal de 28 modules ¼.*

La hauteur de la *colonne* a neuf fois sa grosseur, et est par conséquent de 18 modules, savoir :

| | | | |
|---|---|---|---|
| Base. . . . . . . | 1 mod. | 0 part. | |
| Fust. . . . . . . | 16 | 6 | } 18 mod. |
| Chapiteau. . . . | 0 | 12 | |

L'*entablement*, quart de la colonne, est de 4 modules ¼, savoir :

| | | | |
|---|---|---|---|
| Architrave. . . . | 1 mod. | 4 part ¼. | |
| Frise. . . . . . . | 1 | 9 | } 4 mod. ¼. |
| Corniche. . . . . | 1 | 13 ¼ | |

Le *piédestal*, tiers de la colonne, est de 6 modules, savoir :

| | | | |
|---|---|---|---|
| Corniche. . . . . | 0 mod. | 9 part. | |
| Dez. . . . . . . | 5 | 0 | } 6 mod. |
| Socle. . . . . . | 0 | 9 | |

Total. . . . . . . . . . 28 mod. ¼ ou 9 part.

Le module de cet ordre et des suivans se divise en 18 parties. On opérera, comme il est dit au toscan, en prenant garde de confondre la différente division du module.

*Le corinthien et composé sans piédestal est de 25 modules, et avec piédestal de 31 modules ⅔ ou 12 parties.*

La hauteur de la *colonne* a dix fois sa grosseur, et est de 20 modules, y compris la base et le chapiteau, savoir :

    Base. . . . . . . . 1 mod.  0 part. ⎫
    Fust. . . . . . . . 16      12     ⎬ 20 mod.
    Chapiteau. . . . 2       6      ⎭

*L'entablement*, quart de la colonne, est de 5 modules, savoir :

    Architrave. . . . 1 mod.  9 part. ⎫
    Frise. . . . . . . . 1       9     ⎬ 5 mod.
    Corniche. . . . . 2       0      ⎭

Le *piédestal*, tiers de la colonne, est de 6 modules ⅔, savoir :

    Corniche. . . . . 0 mod. 14 part. ⎫
    Dez. . . . . . . . 5       4     ⎬ 6 mod. ⅔.
    Socle. . . . . . . 0      12     ⎭

    Total. . . . . . . 31 mod. ⅔ ou 12 part.

Le plus souvent le piédestal a 7 modules.

Si les colonnes sont engagées dans le mur, l'on ne compte que ce qui est dégagé.

Si les colonnes sont cannelées, il faut compter à part leurs cannelures. Lorsque ces cannelures, sont, comme aux colonnes doriques, de quelques antiques, des portions de cercle jointes les unes contre les autres, où il n'y a qu'une arrête vive entre deux, ainsi que le représente K, figure 49., elles ne sont comptées que pour un quart de pied chacune sur leur hauteur, c'est-à-dire qu'il faut 24 toises de long de ces cannelures pour faire une toise à mur.

Si ces cannelures sont des demi-cercles, et qu'il y ait entre deux des côtés qui ont ordinairement le quart des demi-cercles, comme L, chaque cannelure avec la côte est comptée 1 demi-pied, c'est-à-dire que 12 toises de long valent une toise à mur.

Si ces cannelures sont des demi-cercles avec un filet outre les côtes, comme Z, elles sont comptées pour 1 pied ; les 6 toises de long valent une toise à mur. Il y a encore d'autres sortes de cannelures que l'on peut toiser par le même principe.

Pour toiser le corps des piédestaux, l'on prend toute la hauteur, y compris la base et la corniche ; on multiplie cette hauteur par deux faces du même piédestal prises au nu, soit carré ou oblong ; et le produit donne des toises à mur.

Mais pour les moulures de la corniche et de la base, elles sont contournées à l'entour des quatre faces du nu du piédestal, s'il est isolé, et sont comptées comme il a été dit ci-devant.

S'il y a des tables simples dans le dez ou le nu du piédestal, elles sont contournées et comptées à demi-pied.

Si, au lieu de table, l'on y fait des cadres, chaque membre couronné ne doit être compté que pour demi-pied, parce qu'ils sont pris dans l'épaisseur du corps du piédestal.

Si le piédestal n'est pas isolé, c'est-à-dire qu'il soit engagé dans l'épaisseur du mur, on ne compte que ce qui est dégagé suivant son pourtour.

Les corps des entablemens portés sur ces colonnes ou sur des pilastres, qui saillent hors les faces des murs, doivent être comptés à part outre les moulures. Ces corps d'entablemens sont mesurés comme les avant-corps simples, c'est-à-dire, que l'on prend toute la longueur de la face avec l'un des retours, qu'on multiplie par la hauteur de l'entablement; et les toises qui en résultent sont comptées sur la proportion que la saillie de l'entablement a avec le mur auquel il est joint. Si, par exemple, le corps d'entablement n'a de saillie que la moitié de l'épaisseur du mur, l'on ne comptera les toises superficielles qu'à demi-mur, et plus ou moins à proportion.

On compte, outre cela, les moulures de ces entablemens, et l'on en prend le contour au nu de la frise, quoique les saillies excèdent ledit nu.

Quand il y a des frontons au-dessus d'un ordre d'architecture ou d'un avant-corps simple, l'on compte comme mur le corps de ces frontons, soit triangulaires, soit cintrés; on compte ensuite les moulures à part, suivant la pente ou le contour des frontons.

Les acrotères que l'on fait au-dessus des frontons, sont comptés comme les piédestaux ci-devant expliqués.

Quand au lieu de colonnes l'on met les pilastres pour faire un avant-corps, on contourne ces pilastres, et l'on prend la moitié de leur contour, que l'on multiplie par toute leur hauteur, pour en avoir des toises à mur.

On toise les chapiteaux, les bases, les cannelures, etc., des pilastres comme les colonnes, et l'on en prend le contour au nu des colonnes.

Les tables d'attente qui saillent hors le nu des murs, sont mesurées comme les pilastres, c'est-à-dire, que l'on prend la moitié de leur contour, que l'on multiplie par leur hauteur; et le produit donne des toises à mur.

Il faut ajouter les moulures des corniches et cadres, dont ces tables d'attente sont ornées : le contour des corniches est pris au nu des tables; et si les moulures des cadres de ces tables sont prises dans leur épaisseur, chaque membre couronné ne doit être compté que pour 1 demi-pied.

Le corps des bossages qu'on laisse aux encoignures, aux chaînes de murs de faces, n'est point compté à part outre les murs; mais les joints refendus que l'on fait dans ces bossages sont comptés pour 1 pied de toise courante, soit que les joints soient carrés à deux angles comme fig. 50 A, ou triangulaires comme B, ou enfin à deux angles arrondis en leurs arrêtes, comme C. On prend tout leur contour, c'est-à-dire, la face et leurs retours; et chaque pied de long vaut 1 pied à mur, dont 36 font une toise.

Les plinthes que l'on fait aux faces des bâtimens pour marquer les étages, sont simples ou composées; les simples n'ont qu'une seule bande sans moulures; elles ne sont comptées que pour 1 demi-pied courant; celles qui ont un membre sous les bandes sont comptées pour 1 pied courant; s'il y a plus de moulures, les plinthes se comptent à proportion.

Les plinthes des appuis des croisées ou autres endroits doivent être comptées de même que ci-dessus.

Quand on fait un bandeau simple au pourtour du dehors d'une croisée, ce bandeau doit être compté pour 1 demi-pied de toise. Les croisées qui ont un double bandeau sont comptées pour 1 pied sur leur contour.

Si au lieu d'un bandeau, l'on fait une archivolte au pourtour du dehors de ces croisées, les moulures de cette archivolte doivent être comptées chaque membre couronné pour 1 pied de toise à mur.

Dans les croisées et les portes qui sont plus composées, comme dans celles qui ont un avant-corps couronné d'un fronton, on doit compter pour 1 pied toutes les moulures saillantes couronnées d'un filet, ainsi qu'il a été dit : celles qui sont enfoncées dans les avant-corps se comptent pour 1 demi-pied. S'il y a des consoles, l'on compte les membres qui les couronnent, et l'on estime les consoles à part.

L'on doit faire peu de moulures au haut des cheminées quand elles sont de plâtre; car quand on y en fait beaucoup, elles tombent en peu de temps; les plus simples sont d'une plinthe et d'un larmier, avec un amortissement au-dessus, pour égoutter l'eau; la plinthe simple, le larmier et l'amortissement au-dessus, sont comptés pour 1 pied et demi courant; s'il y a une plinthe au-dessous, elle est comptée à part, suivant ce qui a été dit.

Aux grandes maisons, l'on fait ordinairement le haut des cheminées de pierre de taille de St.-Leu, ou de pierre équivalente; dans ce cas, on peut orner un peu plus le haut des cheminées, selon la qualité de la maison : on y fait une corniche de 3 ou 4 pieds de moulures, avec un architrave au-dessous.

Dans les endroits où la pierre n'est pas commune, le haut des cheminées se fait de brique avec mortier de chaux et sable. Cette construction est incomparablement meilleure que celle en plâtre.

On fait à présent peu de moulures de plâtre aux manteaux de cheminées des grandes maisons, parce qu'elles sont la plupart revêtues de marbre jusqu'à la première corniche; on en fait au moins le chambranle avec la tablette, et le reste est de menuiserie; il n'y a ordinairement que la corniche d'en haut qui soit de plâtre. Pour les maisons ordinaires, on les fait toutes de plâtre, excepté le chambranle qui est de menuiserie. Les entrepreneurs prennent soin d'orner les manteaux de cheminées d'un grand nombre de moulures, qui sont très-souvent mal ordonnées et mal exécutées. Il ne doit y avoir au plus que quatre ou cinq toises de moulures dans les plus grands manteaux de cheminées.

Quand on fait des corniches sous les plafonds ou ceintres des appartemens, on mesure la longueur de chaque côté, et de cette longueur on rabat une saillie de la corniche; car on ne doit compter que du milieu de la saillie d'une corniche à l'autre. Si, par exemple, une chambre a 19 pieds en carré, et que la corniche que l'on y a faite ait 1 pied de saillie, l'on ne comptera que 18 pieds pour chaque face de mur, ce qui fait 12 toises de pourtour pour toute la corniche, au lieu que les murs ont 12 toises 4 pieds de pourtour.

S'il y a des avant-corps aux corniches, l'on en doit compter les retours, car le devant tient lieu de celle qui serait à l'alignement qui fait arrière-corps.

*De la manière dont on doit toiser les tailleurs de pierres qui travaillent à leur tâche.*

Quand les entrepreneurs font tailler les pierres de leurs bâtimens à la tâche des tailleurs de pierre, si ce sont des moulures, chaque membre couronné de son filet est compté pour un pied de toise, dont 6 font la toise, soit en pierre dure, soit en pierre tendre; c'est-à-dire, que six membres couronnés sur une toise de long, qui ne sont comptés que pour une toise à l'entrepreneur, sont comptés pour six toises au tailleur de pierre qui travaille à sa tâche. Il n'en est pas de même des moulures de plâtre que les maçons font à leur tâche; car il faut six membres couronnés pour en faire une toise, comme elles sont comptées par les entrepreneurs.

Quand les tailleurs de pierre font des ouvrages ordinaires à leur tâche, où il n'y a point de moulures, comme des premières assises, de pieds-droits, des encoignures, des parpins, etc., on toise tous les paremens qui sont vus; quand c'est de la pierre dure, elle est ordinairement comptée sur sa hauteur, c'est-à-dire qu'une toise de pourtour de paremens d'une assise, sur la hauteur de ladite assise, fait une toise pour l'ouvrier; on en fait le prix à proportion.

L'usage n'est pas le même pour la pierre tendre; car l'on réduit chaque assise sur 1 pied de hauteur. Si, par exemple, une pierre a 15 pouces de hauteur, elle est comptée pour 1 pied et 1 quart; si elle a 18 pouces, elle est comptée pour 1 pied et demi; si elle a 21 pouces, elle est comptée pour 1 pied et 3 quarts, et ainsi du reste, en n'augmentant néanmoins que de 3 en 3 pouces, pourvu que les pierres n'aient pas plus d'un pouce de moins que cette progression arithmétique; car si l'assise n'a que 14 pouces, elle n'est comptée que pour 1 pied; si elle n'a que 17 pouces, elle n'est comptée que pour 15 pouces, et ainsi du reste à proportion.

Les pierres qui ont plusieurs paremens sont contournées suivant ces paremens, soit de pierre dure ou de pierre tendre, et une toise en longueur doit faire une toise pour l'ouvrier, comme il a été dit (1).

---

(1) Les tailleurs de pierre ou piqueurs de grès, sont toisés à toise courante, tout parement vu, et tout vide rabattu : cette toise courante se réduit à ce qu'on appelle *toise de taille*, qui est de 6 pieds de long sur 1 pied de haut, en pierre dure comme en pierre tendre, et sans égard à la hauteur de la pierre.

Le vide des portes et croisées étant rabattu, on leur toise le pourtour des embrasemens, en pourtournant l'épaisseur du mur et la feuillure. Mais les plate-bandes droites ou bombées leur sont comptées doubles pour la face du dessous. Si elles sont cintrées en plein cintre, surmontées ou surbaissées, on en compte le pourtour une fois et demie toujours en dans-œuvre de la baie, et ce, à cause de l'appareil et de la sujétion de la taille.

Les paremens qui sont du sciage leur sont également comptés.

S'il y a un avant-corps sur un mur, on le compte pour 6 pouces.

On ne leur compte aucun parement aux endroits où l'on compte des moulures ou profils d'architecture.

Plus le parpin du mur est épais, plus la taille est chère, à cause des lits et des joints; car tous ces paremens sont égaux.

Quand un entrepreneur marchande à un tâcheron la taille de la pierre, il doit le faire par écrit, et bien expliquer que son ouvrage sera ragréé sur le tas, sans aucune balèvre, redans, ressauts ou autres défectuosités.

On marchande encore la pierre à tout parement vu, quel qu'il soit, tout vide rabattu sans aucune plus valeur, mais il faut que le prix soit supérieur au prix courant.
Comment.

*De la construction en pierre de grès, vulgairement nommée* Gresserie.

Dans les environs de Paris, et autres lieux où la pierre de la taille est rare, ou trop coûteuse, et où le pays fournit des masses de grès, comme dans les environs de Fontainebleau et d'Arpajon, on débite le grès par carreaux de telle grandeur et grosseur que l'ouvrage le demande ; mais le plus ordinaire est de débiter des carreaux d'environ 2 pieds de long sur 1 pied de hauteur et d'épaisseur. Les grès n'ayant point de lit, se débitent sur tout sens, et de telle longueur que l'on veut.

On appareille le grès comme la pierre : on fait et on bande des portes, des croisées, des claveaux, des sommiers, des arcs simples et doubleaux, des encoignures, des chaînes, des cours d'assises, des tablettes de murs d'appui, des dalles, des gargouilles, des marches d'escalier, des pierres d'évier, des bornes rondes et à pans, des seuils de grandes et petites portes, des auges, et toutes sortes d'ouvrages solides et de durée.

La construction en grès est fort bonne, quand elle est faite avec mortier de chaux et sable, et elle est encore meilleure en chaux et ciment, et résiste entièrement à l'injure du temps.

Le pont du Pont-sur-Yonne en est une preuve. Les arches ont 12 toises de diamètre; le cintre est surbaissé, et les claveaux ont plus de 4 pieds de long. On voit qu'ils ont été fichés avec mortier de chaux et ciment, et non de sable.

La taille ou pic de grès est dangereuse pour les ouvriers novices, à cause de la subtilité de la vapeur sulfureuse qui en sort, et qu'un ouvrier consommé évite en travaillant à contre-vent, toujours en plein air et non enfermé. Cette vapeur est si subtile, qu'elle passe à travers les pores d'une bouteille de gros verre; expérience qui peut se faire aisément.

Le travail ou la pose de grès est encore très-sujet. Lorsqu'on pose, par exemple, des dalles, un caniveau, ou un seuil, il faut avoir soin de bien garnir par-dessous; car ce fossile se gauchit aisément. C'est une expérience connue et qu'on peut faire à tout moment. Qu'on calle le soir sous trois de ses angles une dalle de grès bien dégauchie, le lendemain matin elle sera gauche, et il sera impossible de la faire revenir sans la retailler.

A Paris, le grès est proscrit dans les bâtimens; en voici les raisons : 1° le grès ne vaut rien en cailloutage et forme de moëllon; sa liaison avec le mortier n'est pas de durée, encore moins avec le plâtre.

2°. La pierre étant assez abondante à Paris, on laisse le grès aux paveurs pour les usages des particuliers, et pour paver les rues et les chemins publics.

3°. Enfin les carreaux de grès reviendraient trop cher à Paris, tant pour la matière que pour la main-d'œuvre. De plus, les moulures d'architecture ne sont jamais si propres que dans la pierre de taille.

La construction en grès se fait pour l'ordinaire différemment qu'à Paris. Il est rare de voir des encoignures faire parpin : elles ne font au plus que la moitié de l'épaisseur du mur, et sont posées en besace, une tête entre deux carreaux ; les embrasemens de portes et croisées sont posés en boutisse, un carreau sur deux têtes, et font parpin : les claveaux de portes et croisées n'ont qu'un pied d'épaisseur. Les cours d'assises sont de deux façons ; dans les gros murs, par exemple, de 24 pouces d'épaisseur, ils n'ont qu'un pied, et dans les murs de moindre épaisseur, comme de 12 et 15 pouces ; s'ils font parpin, ils sont posés en liaison par carreaux et boutisses : les tablettes au-dessus des murs de terrasse et d'appui sont taillées circulairement, et saillent de 2 pouces de l'épaisseur du mur, c'est-à-dire, d'un pouce de chaque côté.

Le pied cube de grès est plus ou moins cher, suivant l'éloignement de la roche, et tout parement vu est payé et toisé à toise d'appareil, c'est-à-dire, 6 pieds de long sur 1 pied de haut.

Les entrepreneurs de gresserie marchandent différemment cet ouvrage : les uns entreprennent le débitage sur la roche, le transport au bâtiment, et l'appareil. Leurs marchés se font ordinairement à tant la toise d'appareil, tout parement vu.

Quelques bâtisseurs économes ayant sur leurs terres des rochers de grès, les font débiter par eux-mêmes, en marchandant aux uns le débitage, aux autres le transport au bâtiment, et alors l'entrepreneur n'est chargé que de l'appareil et des paremens, à raison de tant la toise d'appareil, tout parement vu.

Il y a du grès de différentes espèces : l'un est très-tendre, l'autre est entre le tendre et le dur, et le troisième est très-dur; celui qui tient le milieu peut s'équarrir au ciseau, et l'on en fait des modillons et autres ornemens d'architecture aussi unis que sur la pierre. Le dur est bon pour les chaînes et encoignures, et pour tous les gros ouvrages. Pour faire des saillies d'architecture, on choisit celui de couleur égale; car il y en a du jaune, du roux et du très-blanc; celui-ci y convient le mieux.

### Toisé de la gresserie pour appareil.

Tout parement vu et droit, quel qu'il soit, sera toisé et tiré en ligne à toise d'appareil, c'est-à-dire, 6 pieds de long sur 1 pied de haut.

Les parties piutrées sur le plan seront contournées, toisées et tirées en ligne pour une toise et demie, c'est-à-dire, que 4 pieds seront tirés en ligne pour une toise d'appareil, à cause de l'évidement cintré du parement.

S'il est à deux paremens, l'un concave, l'autre convexe, deux toises seront tirées en ligne pour 3 toises d'appareil.

Les parties cintrées en élévation, comme arcs de caves, ou autres grandes parties, seront contournées et tirées en ligne pour une toise et un quart, c'est-à-dire, que 4 toises seront tirées en ligne pour 5 toises d'appareil, à cause des deux lits et du démaigrissement.

Tous bandeaux cintrés de portes et croisées pris en dans-œuvre des feuillures des embrasemens, et non des tableaux, seront contournés, toisés et comptés pour toise et demie, à cause des deux lits, du démaigrissement du parement contourné, et de la sujétion des arrêtes.

Toute feuillure de porte, croisée et autres, d'un pouce ou d'un pouce et demi, sera toisé suivant le contour de la croisée, portes ou autres, et comptée chaque pied courant pour 6 pouces, s'il n'y a point d'embrasement, c'est-à-dire, que 12 pieds courant de feuillure seront tirés en ligne pour une toise d'appareil.

Mais s'il y a embrasement démaigri en grès de toute l'épaisseur du mur, chaque pied courant de feuillure sera compté pour 1 pied, c'est-à-dire, que 6 pieds seront tirés en ligne pour une toise d'appareil, à cause de l'évidement de la feuillure et du démaigrissement de l'embrasement.

Chaque trou ordinaire de 3 ou 4 pouces en carré et de profondeur pour scellement de pattes ou gonds, sera compté pour 1 pied et demi, c'est-à-dire que quatre trous seront comptés pour une toise d'appareil, à cause de la difficulté de ces trous, qui ne se peuvent faire qu'avec une espèce de poinçon qu'ils appellent *burin*.

Mais si ces trous sont destinés pour scellement de gros gonds, passages d'ancres ou autres gros fers qui sont ordinairement de 6 pouces en carré et de 8 à 9 pouces de profondeur, alors ils seront comptés chaque trou pour 2 pieds, c'est-à-dire, trois trous pour une toise d'appareil.

Chaque tranchée en grès pour l'encastrement d'un tiran ou d'autres fers d'un pouce ou environ de profondeur et de largeur, sera comptée chaque pied courant pour 1 pied d'appareil; s'il est plus large et plus profond, chaque tranchée sera comptée à proportion.

Si dans une tête de mur en gresserie, on fait une tranchée de 6, 7 ou 8 pouces carrés pour encastrer quelque pièce de bois, comme, par exemple, un poteau de vanne à la tête d'un coursier de moulin, chaque pied courant sera compté pour 3 pieds d'appareil.

Chaque appui de croisée qui aura feuillure et jet d'eau, sera pourtourné, toisé et compté pour 1 toise ½; c'est-à-dire que 4 pieds superficiels seront tirés en ligne pour une toise d'appareil, et chaque pied courant de feuillure sera tiré en ligne pour 1 pied d'appareil, s'il y a parpin; et s'il n'y en a pas, pour 6 pouces.

Les entablemens et plinthes seront d'abord toisés d'angle en angle, de l'extrémité de la cimaise sur leur hauteur naturelle, sans égard au profil; ensuite les moulures seront prises du nu du mur de face, d'angle en angle, sur le profil que la quantité de moulures donnera : chaque membre d'architecture couronné de son filet sera compté sur 1 pied de profil.

*Exemple.* Soit un mur de face de 6 toises de long d'angle en angle, couronné d'un entablement saillant d'un pied de chaque côté; que cet enta-

blement ait un pied de hauteur et soit profilé de
6 membres d'architecture; le parement de l'assise
d'entablement contenant 6 toises 2 pieds de long
sur 1 pied de haut, vaut. . . . . . . 6 *tois.* 2 *pieds.*

Les moulures d'entablement
contenant 6 toises de long sur
3 pieds de profil, valent. . . . . 6 *tois.* 0 *pieds.*

Il en sera de même des plinthes et autres corps
saillans, parce qu'il est censé qu'il y avait parement ou qu'il devait y être, et surtout dans cette
qualité de matière, où les moulures ne sont pas
faciles à travailler, et ne se font qu'avec beaucoup
de temps.

Les tablettes au-dessus des murs de terrasse
seront contournées et comptées à double parement, s'il y a bahut comme *a*. Si elles ne sont
que circulaires comme *b*, elles seront comptées
et tirées en ligne pour une toise et demie ; c'est-
à-dire, que 4 pieds seront tirés en ligne pour une
toise d'appareil.

La saillie de ces tablettes hors le nu du mur
sera en outre comptée, chaque pied courant pour
6 pouces d'appareil, si la tablette est évidée au-
dessous de la saillie, comme le représente la
fig. 51 *a* et *b*. Mais il ne sera rien compté, s'il n'y
a point d'évidement, comme le représente *c*.

Les dalles taillées en caniveau seront comptées
à toise et demie à cause du refouillement ; et si
elles étaient à recouvrement, on ajouterait à la
longueur 1 pouce par chaque joint.

Les gargouilles recreusées circulairement se
pourtournent sur tous les paremens apparens,

sans égard au recreusement, et on ajoute à ce pourtour 2 pieds pour ce recreusement. Si ces gargouilles étaient à recouvrement l'une sur l'autre, on ajouterait à la longueur totale 1 pied pour chaque joint, c'est-à-dire, 6 pouces pour la feuillure de l'une, et 6 pouces pour l'évidement de l'autre.

Les pierres d'évier, les bornes et auges s'estiment à prix d'argent.

Il est à observer qu'un pied cube de grès pèse 185 liv. ou environ.

Ces prix sont plus ou moins forts, suivant les lieux; mais le détail est toujours le même.

### *De la construction des murs de rempart et de terrasse.*

Dans la construction des murs en général, il est trois choses à observer: la qualité des matériaux, leur arrangement ou leur disposition; la qualité du terrain pour bien asseoir leurs fondemens; l'épaisseur et le talus qu'on doit leur donner.

Pour la construction, on se sert ordinairement des matériaux que l'on trouve sur les lieux. La meilleure manière de construire, est celle de faire des murs tout de pierre de taille en leurs paremens. Ces pierres doivent être alternativement posées en carreau et en boutisse, c'est-à-dire, que les unes sont posées en sorte que leur longueur soit selon la face des murs, et les autres de façon que leur longueur soit dans l'épaisseur ou dans le corps des murs, et autant qu'on le peut, à lits et joints carrés. L'on se sert de moëllon et de libages pour le reste de leur épaisseur. Le tout doit être maçonné de mortier fait d'un tiers de bonne chaux, et de deux tiers de sable: cette règle est de Vitruve, et est confirmée par l'expérience des plus habiles architectes. A l'égard du sable, il est essentiel qu'il soit bon; parce que c'est principalement de la bonté du sable que dépend la bonne composition du mortier, et c'est la bonne qualité du mortier qui fait la bonne liaison des murs; l'on a toujours remarqué que dans les lieux où le sable n'est pas bon, la construction des bâtimens n'y est pas bonne. Le meilleur sable est celui qui est net, dégagé de terre, comme celui de rivière, et dont le grain est de médiocre grosseur et sec, afin que les pores n'étant pas remplis d'eau, la chaux s'attache mieux. Quand la chaux est éteinte, il faut mettre le moins d'eau qu'il est possible pour faire le mortier, par la raison que l'eau lavant le sable, entre dans les pores et ôte la chaleur et la graisse de la chaux, qui est toute sa bonté.

La moyenne construction est celle où l'on met la pierre de taille au pied des murs, aux encoignures, aux chaînes, aux cordons, le reste est de moëllon piqué par assises dans les paremens, et ce qui reste de leur épaisseur est de moëllon seulement essemillé, c'est-à-dire que le bouzin en doit être ôté.

Dans les pays où la brique est commune, l'on en met en parement entre les pierres de taille au lieu de moellon piqué : l'ouvrage en est fort bon ; ces briques doivent être aussi posées alternativement en carreau et en boutisse : quand on n'a point de pierre de taille, on fait tous les paremens de brique, ou au moins l'on en met aux endroits où il faudrait de la pierre de taille.

La moindre construction est celle où il n'y a ni pierre de taille ni brique, et où tout est de moellon. A ces sortes de mur il faut que le mortier soit parfaitement bon, pour bien lier toutes les petites pierres dont on est obligé de se servir. Quand c'est une pierre de meulière, les murs en sont meilleurs, le mortier s'y attache bien mieux qu'aux cailloux qui sont unis.

La deuxième chose à laquelle il faut bien prendre garde, c'est d'asseoir les murs sur un fond bon et solide ; ce fond peut être de diverses natures de terres, comme de tuf, de roc, de sable mêlé de terre, ou de sable un peu mouvant, d'argile, de terre grasse, noire, etc. Il faut savoir se servir à propos de toutes ces sortes de terrains pour fonder, quand on trouve le solide, ou pour y remédier par art, quand le terrein n'est pas solide.

Le meilleur fond pour bâtir est le tuf, quand il est d'une terre forte, bien serrée et liée avec de gros grains de sable : le terrein où il n'y a point de sable mêlé n'est pas si bon, comme la terre rouge que l'on appelle *terre à four*, et autre approchant de cette nature : les plus mauvais terreins pour fonder sont le sable doux, sans être mêlé de terre, les palus ou la vase et l'argile ;

car ils peuvent se mollifier et s'écarter sous le fardeau.

Pour fonder des murs d'une grande épaisseur, ou chargés d'un grand fardeau, il faut prendre bien des précautions pour connaître la nature du terrain, car il arrive quelquefois qu'il paraît bon, et que ce n'est qu'un lit de terre d'un demi-pied d'épaisseur, au-dessous duquel il y a de l'argile ou une terre sablonneuse, ou quelque autre terre, qui peut être comprimée sous le fardeau; c'est pourquoi, avant que de commencer à fonder, il faut faire des trous en plusieurs endroits en forme de puits, afin d'être sûr des différens lits de terre, parce qu'en fouillant trop bas, on pourrait trouver un mauvais terrain, et qu'il est bon de s'arrêter à celui qu'on trouve solide, pourvu qu'il ait assez d'épaisseur.

Il y a une autre manière de connaître si le terrain sur lequel on veut fonder a assez d'épaisseur, et s'il n'y a point de mauvaise terre au-dessous; il faut avoir une pièce de bois, comme une grosse solive de 6 ou 8 pieds, et battre la terre avec le bout; si elle résiste au coup, et que le son paraisse sec et un peu clair, on peut s'assurer que le terrain est ferme; mais si en frappant la terre, elle rend un son sourd et sans aucune résistance, on peut conclure que le fond n'en vaut rien.

On peut asseoir un bon fondement sur le roc, quand il est bien disposé, et qu'on le peut mettre de niveau; il s'en trouve de cette sorte au-dessus des carrières, quoique les pierres ne soient pas précisément jointes ; mais il y a une espèce de terre blanche, qui est comme la craie, qui en fait bien la liaison : ce fondement est bon, parce qu'ayant la carrière au-dessous, il ne se trouve point de fausse terre. Quand c'est un roc de pierre pleine, il n'est pas toujours de niveau à la hauteur dont on a besoin, il le faut couper de niveau, au moins dans chaque face du mur, car le roc étant de différentes hauteurs dans une même face, il arrive que le mur venant à prendre son faix par la charge qui est au-dessus, cette charge comprime la maçonnerie, et il y a moins d'affaissement où le roc est plus haut, parce qu'il résiste plus que la maçonnerie : cela fait des fractions aux murs. C'est pourquoi, dans les endroits où il serait trop difficile de mettre le roc de niveau, il faut faire la maçonnerie des parties les plus basses la meilleure qu'on pourra, et la laisser bien sécher, afin qu'elle prenne une consistance solide. Dans la longueur d'une face de mur, il faut couper le roc par parties de niveau et par retraites, et faire en sorte qu'il soit un peu en pente sur le derrière dans l'épaisseur du fondement, afin que le pied du mur, qui est en talus, soit posé sur un plan qui s'oppose à la poussée.

Les fondemens les plus difficiles, sont ceux qu'il faut faire dans les lieux marécageux, parce que le fond de la terre est toujours mauvais, et qu'on est indispensablement obligé de piloter pour fonder solidement. Dans ce cas, il faut commencer par détourner les eaux, ou les faire écouler par plusieurs saignées ou rigoles, pour les conduire en des lieux plus bas, s'il s'en trouve; sinon il les faut vider avec des pompes, moulins et autres inventions, et même faire des bâtardeaux, s'il en est besoin, en sorte qu'on puisse entrer assez bas dans la terre pour enterrer le pied des murs.

Une chose importante qu'il est bon d'expliquer, c'est la manière dont les bons pilotis doivent être faits.

Il faut que tous les bois qui sont employés en pilotis, soient de bois de chêne, comme le meilleur et celui qui se conserve mieux dans la terre et dans l'eau, quand il en est toujours environné. Pour savoir dans chaque endroit combien les pieux doivent avoir de grosseur, il faut en faire battre un qui soit bien ferré, jusqu'au refus du mouton; en sorte qu'on puisse connaître jusqu'à quelle profondeur le fond du terrain fait une assez grande résistance pour arrêter le bout des pieux; on saura de combien le pieu battu est entré dans la terre, si on l'a mesuré avant que de le battre. Quand on est sûr de la longueur que doivent avoir les pieux, il faut, sur cette mesure, régler leur grosseur, en sorte qu'ils aient le diamètre à peu près d'une douzième partie de leur longueur. Cette règle est selon les bons auteurs; ainsi les pieux qui doivent avoir 9 pieds de long, auront 9 pouces de diamètre; ceux de 12 pieds auront 12 pouces, etc. Cette proportion me paraît bonne depuis 6 pieds jusqu'à

12 ; mais si les pieux avaient 16 ou 18 pieds de long, il suffirait qu'ils eussent 13 à 14 pouces de diamètre; parce qu'il faudrait un mouton d'un trop grand poids pour les enfoncer; cela dépend de la prudence de l'architecte qui doit connaître la qualité du terrein où est fixé le pilotis. Il ne faut pas que les pieux soient appointés de trop court, car ils n'enfoncent pas si aisément. Ce qui est taillé en pointe doit avoir au moins deux fois et demie, et au plus trois fois le diamètre du pieu; si le pieu a 9 pouces de diamètre, il faut que la longueur de la pointe ait 27 pouces, ainsi des autres. Dans les ouvrages qui ne sont pas importans, on se contente de brûler la pointe des pieux pour les durcir : il est bon aussi de brûler le haut, afin qu'il résiste mieux aux coups du mouton; mais dans les grands ouvrages, il faut ferrer le bout des pieux avec un fer au moins à trois branches, et qui pèse à proportion de la grosseur du pieu : l'ordinaire est à 20 à 25 livres pour les pieux de 12 à 15 pieds de long, et le reste à proportion. Il faut aussi mettre une ceinture de fer par le haut des pieux, pour les tenir fermes contre le coup du mouton. Ces ceintures ou cercles de fer, s'appellent *frètes*, et l'on dit que les pieux sont frètés quand on a mis de ces cercles par le bout d'en haut.

Les pieux doivent être disposés et battus, en sorte qu'il y ait autant de vide entre eux qu'ils ont de diamètre, afin qu'il y ait assez de terre pour les entretenir. Il faut qu'ils soient un peu plus longs que la profondeur des terres, pour les battre plus aisément jusqu'au refus du mouton ; c'est-à-dire, quand on s'aperçoit que le pieu résiste. L'on est sûr que cette résistance ne se peut faire que par une terre ferme qui est sous la pointe du pieu ; ainsi, l'on peut s'y arrêter après plusieurs reprises réitérées.

Il y a bien des manières de battre les pieux, selon les espèces de terre où l'on veut les enfoncer : il est impossible de donner des règles certaines sur cela ; il faut que l'architecte en sache juger. Quelquefois les pieux s'arrêtent sur une terre qui n'a pas assez d'épaisseur, qui peut se rompre dans la suite, et sous laquelle il y a une mauvaise terre ; ou au contraire, on perce quelquefois une terre sur laquelle les pieux eussent bien pu être arrêtés. Il est encore d'autres incidens qu'on ne saurait connaître qu'en travaillant.

Après que les pieux sont battus partout au refus du mouton, il faut les receper, c'est-à-dire, les recouper tous de niveau par le haut, à la hauteur que l'on aura prise pour le bas du fondement. Quand tous les pieux sont recepés, l'on ôte un peu de terre autour d'eux, pour mettre du moellon dur dans leurs intervalles ; il faut battre ce moellon jusqu'à un peu au-dessus des pieux. On met ensuite par-dessus ces pieux des pièces de bois appelées *racinaux*, qui sont des espèces de tierces clouées sur la tête des pieux. Ces pièces de bois sont comme de gros madriers qui peuvent avoir 4, 5 ou 6 pouces d'épaisseur sur la largeur de 9, 10 ou 12 pouces, selon le diamètre des pieux : ces racinaux doivent être cloués avec de bonnes chevilles de fer poussées à tête perdue sur tous les pieux ; car ces pièces de bois doivent avoir des moulurets de 2 pouces par les bouts, pour arrêter les coulis ou plate-formes que l'on pose dessus. Ces plate-formes ont au moins 2 pouces d'épaisseur, et sont clouées sur des racinaux avec des chevilles de fer posées à tête perdue. Quand on veut maçonner sur ces plate-formes, on peut mettre dans leurs joints de la mousse enfoncée le plus qu'il est possible ; cela fait une espèce de liaison du bois avec la pierre, car on ne met point de mortier sur les plate-formes, parce que la chaux pourrit le bois.

Ceux qui veulent faire de bons ouvrages, font battre des pieux de garde au-devant du pilotis sur la face des murs, un peu plus élevés que le dessus des plate-formes, afin de mieux arrêter la maçonnerie.

Il y a des endroits où, au lieu de piloter, l'on met des grilles de charpenterie, comme sous les piles de ponts, parce qu'il est très-mal-aisé d'y piloter. On fait ces grilles de la figure que l'on veut donner aux piles, ou autres maçonneries, avec des bois au moins d'un pied de grosseur pour les chassis, et de dix pouces au-dedans, assemblés tant plein que vide à tenons et à mortaises, avec de bonnes équerres de fer. Après que ces grilles sont faites, on rend la place où elles doivent être posées bien de niveau, et quand elles sont posées, l'on met des pieux pour les entretenir.

Quand on fait des murs de talus pour des quais sur le bord des rivières où l'on est obligé de piloter, il faut aussi observer de faire battre des pieux assez avant sur le devant, pour qu'il se trouve du solide sur le prolongement de la ligne du talus, et outre ces pilotis, on met un rang de pieux de garde au-devant du mur, avec une pièce de bois par-dessus les pieux. On appelle cette pièce *chapeau*, et elle est entaillée avec mortaises pour entrer dans les tenons que l'on fait au haut des pieux; outre cela on a soin d'y mettre de bonnes chevilles de fer.

La troisième chose qu'il faut observer pour la construction des murs de rempart et de terrasse est de savoir leur donner une épaisseur convenable et proportionnée à la hauteur des terres qu'ils ont à soutenir.

Il est vrai que la bonne construction doit faire partie de la résistance; mais outre cela, il faut avoir un principe pour en régler l'épaisseur. Jusqu'à présent on a laissé cela à la prudence de ceux qui ont la conduite des ouvrages, et qui règlent souvent l'épaisseur des murs qu'ils ont à faire sur ceux qu'ils ont vu faire ou qu'ils ont faits, et selon les lieux et la qualité des matériaux qu'ils y emploient. Les plus sages leur donnent toujours plus d'épaisseur que moins, afin de prévenir les inconvéniens qui en peuvent arriver; ce qui est très-sage, mais m'empêche pas de désirer que l'on agisse avec connaissance de cause. Après avoir donné quelques notions préliminaires, nous traiterons le point en question.

M. Miché ayant à cet égard la théorie la plus sûre, c'est lui que nous prendrons pour guide.

### Du centre de gravité.

On appelle centre de gravité d'un corps, un point où l'on suppose réuni tout le poids d'un corps, et par où passerait nécessairement la direction de l'action d'un autre corps, soit stylet, ou aiguille, sur la pointe duquel le premier corps serait en équilibre. Si l'on suppose un corps parfaitement homogène, le centre de gravité est au centre de figure de ce corps ; mais si ce corps est plus dense dans quelques-unes de ses parties que dans d'autres, le centre de gravité ne peut plus être au centre de figure, puisque si ce corps était suspendu par un fil, ou plutôt superposé sur une pointe, dont la direction traversât le centre de figure, sans traverser en même temps également toutes les parties de semblables densités, l'équilibre serait rompu, et le corps penchant plus d'un côté que de l'autre, finirait par tomber.

### De l'équilibre.

On appelle équilibre l'état d'un corps qui, abandonné librement à lui-même, sur une pointe ou un angle aigu, comme le tranchant d'un côté comme d'un couteau, pèse également d'un côté comme de l'autre de cette pointe ou angle, et reste, par conséquent, dans cet état, jusqu'à ce que quelque cause étrangère le trouble. Pour qu'un corps souen équilibre, il faut que le centre de gravité de ce corps soit dans la verticale élevée sur le centre de suspension de ce même corps.

## Du levier.

Le levier est un corps rigide et solide, dont on se sert pour vaincre la résistance d'un autre corps. On considère trois choses dans l'effet d'un levier, la force agissante, la force résistante et le point d'appui, qui est aussi une force résistante, mais immuable. Un levier peut être ou droit comme AE, fig. 52, ou coudé comme ACE, fig. 53, ou sinueux comme ACBDE, fig. 54.

Or, en mécanique, pour qu'une puissance agissante comme P ou Q, fig. 52, 53, 54, soit en équilibre avec une puissance résistante ou poids M, il faut que cette puissance P ou Q, multipliée par la distance du *point d'appui*, c'est-à-dire, le point sur lequel se fait à la fois l'action de la puissance et de la résistance, laquelle distance est considérée comme son bras de levier, soit égale au produit du poids résistant M, multiplié par son bras de levier, ou de même la distance du point d'appui au point où il agit par sa résistance; ainsi, si le poids M était de 36 livres et que la distance AC fût d'un pied et la distance CD de trois pieds, il faudrait que la puissance fût de 12 livres, car le produit de 12, multiplié par trois, égale le produit de 36 par le nombre 1.

Si la puissance P était appliquée en B fig. 53, distant de C de 2 pieds, l'équilibre n'aurait lieu qu'autant que la résistance qu'elle ferait serait égale à 18 livres, car 2 fois 18 font une somme égale au produit de 36 par 1.

Il est indifférent que le levier soit droit, coudé ou sinueux, parce qu'en considérant le point d'appui comme immobile, le levier comme inflexible et le point de centre entre le levier et le point d'appui comme invariable, on n'estime toujours la distance au point d'appui que par la ligne droite qui, partant du point d'appui, est perpendiculaire sur la direction de la force agissante, ainsi qu'on le voit par la ligne ponctuée, allant du point A au point E, fig. 54.

Autre principe : l'effort de trois puissances, agissant en sens différens autour d'un point, peut être évalué pour chacune d'elles, par le côté d'un triangle qui coupe à angle droit la direction de cet effort de chacune d'elles. Ainsi, si l'on a trois puissances P, Q, R, fig. 55, agissant soit en poussant, soit en tirant, autour du point C, immobile, la puissance P pourrait être exprimée par AB, la puissance Q par AD et la puissance R par BD.

D'où il suit que si l'on fait attention aux effets résultans de l'effort d'un corps Q, 56, sur un plan incliné ACB, et sur un corps résistant AD, on s'apercevra que ce corps Q est soumis à l'action de trois puissances agissantes, 1° sa pesanteur absolue, qui le fait tendre au centre de la terre, suivant une direction EH; 2° la résistance du plan incliné AC, qui se fait dans la direction IE, et la résistance du corps AD, qu'on appellera puissance P, qui se fait dans la direction EG. Or, en géométrie, on prouve que les triangles EIH et ACB sont semblables, parce que leurs côtés homologues se coupent à angles droits un à un ; par conséquent, le côté CB, perpendiculaire à la direction de l'effort qu'oppose le corps AD, ou puissance P, peut représenter cet effort, et par la même raison, le côté AC représenter l'effort de résistance du plan ACB, et enfin le côté AB l'effort de tendance du corps Q, pour arriver au centre de la terre, ou sa pesanteur absolue. On pourrait en dire autant du corps Q', fig. 57.

Plusieurs auteurs n'ont considéré des terres que comme tendant à pousser horizontalement le mur qui les soutient, et non à le renverser, et n'ont point eu égard à la différence des pesanteurs spécifiques des terres et des pierres. Bélidor a considéré la chose sous son vrai jour, mais ce n'est qu'après des suppositions qu'il donne pour certain un résultat un peu hypothétique, puisqu'il s'appuie sur l'accord qui se trouve entre ce résultat et la meilleure manière ordinaire d'opérer.

En effet, après avoir dit que le terrain ordinaire prend une inclinaison naturelle suivant un angle demi-droit, et estimé en conséquence la valeur du triangle des terres, qui agirait pour pousser un mur, il réduit la force de cette action à moitié, se fondant sur ce que les terres supérieures, s'appuyant sur les inférieures, en augmentent le poids et les empêchent de couler aussi vite, et sur ce qu'on a soin de battre les terres à mesure qu'on les place derrière les murs de revêtement, et que souvent on y mêle des fascines, de sorte qu'on leur fait contracter une sorte de ténacité qui les empêche de tendre à s'éboular, et par conséquent, de pousser aussi fortement.

En effet, que les terres aient un peu d'adhésion mutuelle, on ne les voit point s'écrouler d'abord sous l'angle qu'elles prennent par la suite; il en tombe une partie comme ABC, 58, ensuite une autre comme BCDE, et successivement jusqu'à ce que, formant avec la *verticale*, un angle comme AKL, elles se tiennent à peu près dans cet état.

Mais entrons dans un plus grand détail : supposons que les terres qui doivent agir derrière un mur de terrasse ou de revêtement de rempart, soient composées de grains de sable absolument sphérique, n'ayant aucune liaison entre eux, et pouvant céder à l'effort de leur propre pesanteur, on imaginera d'abord que ces grains de sable se maintiendront après qu'il s'en sera écroulé une certaine quantité, savoir : tous ceux dont le centre de gravité se trouve au-delà de la direction verticale d'une ligne partant du point de suspension, comme A, fig. 59, où le centre de gravité est éloigné de la verticale CD, s'élevant sur le point de suspension D. Il en sera de même de ceux B et E, et de ceux qui reposent en partie sur A et B, etc. On pense bien que ce qui est dit pour ce côté de la figure, peut se dire également pour l'autre côté, c'est-à-dire que s'il y en avait en F et au-dessus, ils partiraient de même ; d'où il suit qu'il ne resterait que ceux qui composent le triangle équilatéral représenté par cette figure, et dont par conséquent, chacun des côtés montant, forme avec la verticale un angle qui est le tiers de l'angle droit. On sait que l'angle le plus ordinaire que forment les terres abandonnées à elles-mêmes, équivaut à un demi-angle droit. Comment cela a-t-il lieu, puisque rien ne fait imaginer que les petites sphères qui composent la ligne DH, puissent être déplacées, leur centre de gravité étant dans la même ligne verticale que leur centre de suspension, entre les deux points de contact d'une sphère supérieure sur les deux inférieures ? Pour peu qu'on veuille faire attention, on s'apercevra que l'expérience est d'accord avec l'imagination, et que dans le moment où la chute a lieu, toutes les petites sphères des lignes DH et HG restent en place, et que c'est faute d'avoir observé convenablement, qu'on n'a pas vu que l'angle demi-droit existant après la chute, d'où provenait l'amas des petites sphères, dont était composé le triangle IEA, qui, en s'écroulant, formait un autre triangle, ayant même base et même hauteur, tel qu'on le voit en FDA, fig. 6, qu'on n'a pas vu que le compact H ne se dérange pas, que c'est la base AF qui devient double de GD, que l'angle formé par l'inclinaison du plan nouvellement formé avec la verticale est de demi-droit, et que, si cette inclinaison est quelquefois un peu forte, cela provient de ce que dans le mouvement occasioné par la chute, la commotion donne des secousses qui font perdre l'équilibre à plusieurs des sphères supérieures.

Il suit donc que s'il y a un corps qui s'oppose à la chute des petites sphères, ce corps n'a réellement à soutenir que d'effort fait par celles comprises dans le triangle ACD, fig. 61, ayant pour hauteur la hauteur du même mur, qui fait ici l'office de corps résistant ou s'opposant à la chute, et pour base, la moitié de cette hauteur, et qu'enfin l'angle ACD est la tiers de l'angle droit.

Maintenant qu'on connaît la quantité de terre que doit soutenir le mur M, ce que Bélidor n'avait fait que soupçonner, il s'agit de trouver le moyen de mettre ce mur en état de résister à l'effort que font ces terres. On peut considérer cet effort sous deux points de vue différens, ou comme tendant à pousser M, fig. 62, de manière à le faire glisser de C en O, ou comme tendant à le renverser de B en E, en le regardant comme fixement arrêté au point D.

Or, suivant la première hypothèse, il est tout simple de dire : le mur restera à sa place tant que sa masse pesante, multipliée par sa force de résistance, exprimée par BC, sera égale ou peu supérieure à la masse pesante des terres comprises dans le triangle ACD, multipliée par leur force de pression exprimée par AD ; si l'on suppose que la pesanteur spécifique des deux substances soit la même, et que la hauteur CD soit de 10 mètres, on aura pour valeur des terres du triangle, 10 multiplié par la moitié de AD, soit 25, qui, multiplié par 5, représentant la force avec laquelle elles agissent, donnerait 125 pour l'effort total des terres contre le mur ; et comme la hauteur du mur est la même que celle des terres, et par conséquent 10 ; si, après avoir multiplié cette hauteur par sa force de résistance, de la même valeur, puisque cette force, indiquée par la perpendiculaire à sa direction, est cette même hauteur; si donc, après avoir multiplié ce par ce point avoir 100, on divise par ce produit la masse agissante, ou plutôt l'effort total de cette masse agissante, qui est été 125, on obtiendra l'épaisseur qui doit avoir le mur, au plan AC, on pourra regarder comme. Mais comme il arrive souvent que les murs se déversent plutôt qu'ils ne glissent, ainsi qu'on l'a supposé, il faut aussi les examiner sous ce point de vue.

D'abord, si l'on veut se rappeler la manière la plus ordinaire dont se fait la chute des murs qui ne peuvent plus se soutenir, on conviendra qu'elle se fait à peu près comme l'indique la fig. 63, c'est-à-dire, en commençant environ entre la moitié et le tiers de sa hauteur, à partir du haut, on pourra, par conséquent, imaginer que la poussée des terres se fait comme si leur effort était appliqué à l'extrémité A d'un levier coudé ABC, fig. 64, dont on suppose la ligne AB confondue avec la surface extérieure du mur, dont elle ferait partie, tandis que l'autre extrémité vers C recevrait l'effort de résistance du mur M, rassemblé dans un seul poids P, au-dessous de son centre de gravité. Mais comme il ne serait peut-être pas facile de déterminer au juste l'endroit où doit être placée l'extrémité A, et que d'ailleurs les puissances supérieures à ce point agissent aussi avec leurs leviers, il est plus commode de faire comme Bélidor, et d'imaginer que de mur est d'une seule pièce, et que sa hauteur se divisant qu'un certain nombre de parties, chacune des faces agissantes opère à l'un des points de division avec le levier qui lui correspond.

Ainsi, en divisant en dix parties égales la hauteur BC, fig. 65, et menant de chacune de ces divisions, autant de lignes parallèles à l'inclinaison du plan AC, on pourra regarder chacune des surfaces comprises entre ces lignes, comme des puissances agissantes, et le point qui, de l'autre côté du mur, correspond à celui avec lequel elles sont en contact comme l'extrémité d'un levier qui, d'autre part, s'appuierait sur le point D, pour soulever le mur M par sa branche EF. Il est vrai qu'ainsi que le fait voir la figure, le contact de ces trapèzes n'a pas lieu dans un seul point, mais bien dans une ligne ; aussi pour donner plus d'avantage à cette puissance agissante, et afin d'exiger plus de force de la part de la résistance, ce qui n'en sera que plus prudent, on regardera cette extrémité de levier comme étant au point le plus élevé de cette ligne de contact. Ainsi, le triangle KBI aurait pour levier la distance BG, ou DE, augmentée en quelque sorte de la longueur BI ou DG, et le trapèze KIOL aurait pour levier la longueur GE ou IO, qu'on pourrait regarder comme augmentée de la distance GII, etc. Si l'on veut porter son attention sur cette fig. 65, on supposera bientôt que chacun des trapèzes considérés en partant du triangle pour aller joindre le plan incliné, augmente de deux triangles semblables du premier, KBI, et que par conséquent, ces figures sont entre elles une progression arithmétique, dont la raison est 2 et que les bras de levier correspondant à chacune de ces puissances décroissent dans une semblable progression, dont la raison est 1, et en sens inverse de leur puissance; on peut, appelant $b$ la valeur du premier triangle CBE, former un tableau ainsi qu'il suit, afin que voyant la valeur de chaque puissance, au-dessus de la valeur de son bras de levier, on opère facilement la multiplication des uns par les autres, et que divisant ensuite la somme de tous les produits par le bras de levier qui deviendra commun à toutes ces puissances, on puisse les considérer toutes comme n'en faisant plus qu'une seule, agissant avec le bras de levier commun. Ainsi on aura $b$, $3b$, $5b$, $7b$, $9b$, $11b$, $13b$, $15b$, $17b$, $19b$; 10, 9, 8, 7, 6, 5, 4, 3, 2, 1, c'est-à-dire, $385\,b$, qui, divisé par 10, donne $38,\frac{1}{2}$ de $b$. Et si l'on veut savoir ce que c'est que $b$, il suffit de se reporter sur la fig. pour s'apercevoir que c'est le quart d'une superficie, qui aurait pour chacun de ses côtés une des divisions faites sur la ligne BC, *puisque l'on sait que la ligne AB est la moitié de celle BC*. Or, si l'on voulait nommer cette superficie, on aurait $58\frac{1}{2}\,b$, également $\frac{385}{1800}$ de $c$, pour expression de l'effort total des terres agissantes contre le mur M, à l'extrémité D du levier DEF, si la surface ABC agissait directement et en totalité contre le mur M; mais comme il n'y agit que dans la proportion de la ligne AB à la ligne BC, il s'ensuit qu'il n'opère qu'avec la moitié de l'effort, 9 $\frac{7}{12}$ de C, c'est-à-dire, comme 4 $\frac{19}{24}$ de C, et si nous multiplions cette puissance par son bras de levier, il viendra 48 $\frac{3}{4}$ de C, avec quoi il faudra que le mur, multiplié par son bras de levier, soit en équilibre.

Or, nous connaissons bien la hauteur du mur, puisqu'elle est la même que la longueur du bras de levier DE; par conséquent, si l'on divise 48 $\frac{3}{4}$ de C par 10, il viendra 4 $\frac{7}{8}$ de C, qu'on peut regarder comme le produit de la base par sa moitié, qui en est le bras de levier correspondant à la puissance P, représentant la masse du mur; et qu'est-ce que c'est que le produit d'un nombre par la moitié de lui-même, sinon la moitié du carré de ce nombre? Donc en doublant 4 $\frac{7}{8}$ de C, et prenant la racine carrée du produit, on aura l'épaisseur du mur M, qui, par conséquent, serait de 3 $\frac{8}{100}$; mais comme la pesanteur spécifique de la pierre est à celle des terres ordinaires, à peu près comme 150 est à 100, il s'ensuit qu'on pourrait réduire les 3 $\frac{8}{100}$ à 2 $\frac{8}{100}$, et qu'il y aurait équilibre; mais aussi comme il faut encore observer qu'il ne faut pas seulement obtenir l'équilibre, et qu'au contraire il est prudent de donner quelque force de plus à la résistance, afin qu'en cas de plus de charge accidentelle, telle que passage de voitures, dépôt de terres, ou enfin même gonflement de terre argileuse, le mur fût en état de se soutenir, il n'y aurait pas d'inconvénient d'augmenter cette épaisseur d'environ deux dixièmes.

Je ne quitterai pas cet article sans rappeler

que si sur la terrasse dont le mur serait ainsi calculé d'après la poussée des terres, on en plaçait de nouvelles, il faudrait faire un calcul relatif à ces nouvelles terres, pour évaluer la résistance à opposer à leur effort, ce qui pourrait se faire en prolongeant les lignes de division tracées fig. 65, et, après les avoir tracées, ainsi qu'on les voit fig. 66, estimer la valeur des nouveaux triangles provenus.

Je dois faire connaître aussi que je pense qu'un talus modéré est fort avantageux pour épargner les matériaux d'un mur qui, par ce moyen, a plus de force d'opposition à la puissance agissante, et que des contreforts de distance en distance, procurent aussi de l'avantage et de l'économie ; mais un plus grand détail sur cela nous conduirait trop loin, et ne peut convenir à l'étendue que doit avoir cet ouvrage. (M.)

### Toisé des pilotis.

L'usage est de toiser les pilotis au cube, comme la maçonnerie, suivant le prix que l'on en fait. C'est pourquoi l'on a soin de mesurer la longueur des pieux ; et s'ils ne peuvent entrer dans la terre que de différentes longueurs, l'on compte toutes les hauteurs des pieux que l'on ajoute ensemble, et l'on divise la somme par le nombre des pieux : cela donne une hauteur commune pour tout le pilotis, ou bien l'on prend les profondeurs parties à parties, que l'on mesure séparément.

Quand on trouve un si mauvais fond de terre

pour les fondemens des murs ; que la dépense est excessive, on se contente de faire des piliers de maçonnerie, comme l'enseigne Léon-Baptiste Albery, Philippe de Lorme et Scamozzi. Ils donnent jusqu'à 7 ou 8 toises de distance à ces piliers, et font des arcades par-dessus. Je trouve que c'est beaucoup, et qu'elles sont bien larges à 6 toises, à moins que les murs ne soient d'une forte épaisseur, et que les pierres que l'on emploie pour ces arcades ne soient très-grandes et de bonne qualité. Je voudrais encore que ces piliers eussent au moins en largeur la moitié du vide des arcades ; si elles étaient 6 toises, les piliers en auraient 3 : j'entends quand c'est pour des ouvrages considérables ; car pour les fondemens d'un mur qui n'a pas beaucoup d'épaisseur, et qui n'est pas d'une grande hauteur, l'on peut donner moins de largeur aux piliers, par rapport au vide des arcades, et l'on s'accommode selon que le terrain le permet.

Quand on est obligé de faire ces sortes d'ouvrages, pour éviter ou les difficultés du terrain, ou la trop grande dépense, il faut en faire la construction de si bonne maçonnerie, qu'il n'y ait rien à redire. Il faut aussi observer, pour une plus grande solidité, de faire les arcades ou surcharges surhaussées, c'est-à-dire, plus haut que le plein cintre ou demi-cercle, et même les faire de deux portions d'arc, comme l'enseigne Philibert de Lorme.

Il serait bon que les arcades fussent d'un triangle équilatéral, c'est-à-dire, que supposant la largeur de l'arcade AB, l'on fit de cette largeur et des points A et B, les deux portions d'arc AC et BC, fig. 67. Cette élévation donne une grande force aux arcades pour résister au fardeau qu'elles ont à porter. Mais une des choses qu'il faut le plus observer, c'est de bien laisser sécher la maçonnerie qui est dans la terre, afin qu'elle ait le temps de prendre consistance avant de la charger, autrement la charge détruit toute la maçonnerie, quand le mortier n'a pas eu le temps de durcir ; mais l'on ne prend presque jamais ces précautions, par l'impatience que l'on a de faire tout en peu de temps.

» Comme le terrain dans lequel on fonde pour faire des piliers, peut être d'inégale résistance sous les mêmes piliers, Léon-Baptiste Albert a donné l'invention de faire des arcades renversées, et prétend par ce moyen empêcher qu'un pilier ne s'affaisse plus qu'un autre, quand la terre qui est dessous ne serait pas résistable, ou qu'il serait plus chargé. Voici comme il entend que la chose soit faite :

Ayant élevé ses piliers assez au-dessus du fondement, il fait sur ces piliers des ceintres renversés comme ABC, dont les joints tendent au centre D. Par cette construction, il prétend, par exemple, que si le pilier F est fondé sur un plus mauvais terrain, ou est plus chargé que les autres piliers, cette charge sera arrêtée par la résistance des arcades renversées ABC et IHK, parce que la terre qui est sous l'extrados de ces ceintres, entretiendra les piliers dans une même hauteur, mais, il faudrait encore supposer que cette terre fût aussi ferme que celle des fondemens. Quoiqu'on ne s'avise guère de mettre cette règle en usage, elle a néanmoins son mérite, et l'on peut s'en servir utilement, quand on craint que le fond du terrain, sur lequel on doit fonder ne soit d'inégale résistance, fig. 69. On a fait usage de ces cintres renversés pour arrêter et fixer les gros murs qui forment les caveaux du Panthéon. Cette invention a été trouvée très-utile pour les terrains inégaux; et l'expérience démontre chaque jour la nécessité de les employer. Lorsqu'un terrain est mauvais, comme ceux où l'on tire de la tourbe, dont la masse a quelquefois plus de 40 pieds de profondeur, et que le bâtiment n'est pas considérable, l'on met des plate-formes de charpente de niveau avec des pautins ou radinaux en travers à 5 pieds de distance l'un de l'autre, et l'on bâtit la fondation carrément dessus, afin que le tassement se fasse partout également. Cela évite les dépenses excessives que l'on ferait en fondant des pilotis de maçonnerie ou de charpente.

*Du toisé cube des murs de rempart et de terrasse, appliqué à un bastion et à une courtine, ce qui peut servir à toutes les parties d'une fortification.*

La manière de toiser les ouvrages de fortification diffère de celle de toiser les bâtimens, en ce que les bâtimens sont mesurés à la toise superficielle, et les ouvrages de fortification à la toise cube, pour laquelle il faut 216 pieds.

Toute la difficulté de la mesure des fortifications ne consiste presque que dans les angles saillans et rentrans, qui sont formés par la rencontre des flancs et des faces des bastions, et autres ouvrages de cette nature. Par la connaissance des angles solides, l'on aura celle de tous les autres ouvrages de fortification.

Soit à mesurer le mur de rempart ABCDE, fig. 68, I, qui forme une courtine, un flanc et les deux faces d'un bastion.

Pour mesurer la courtine AB, il faut de l'angle B mener sur AB la perpendiculaire BF, et du point A, pris pour l'autre angle, mener la perpendiculaire AG : la ligne HK fera le talus, c'est-à-dire, que HG ou KF représentera l'épaisseur du mur par le haut. Supposons que le mur par le bas ait 16 pieds d'épaisseur entre AG ou BF, et 10 pieds par le haut entre HG ou KF, ce sera 6 pieds pour le talus AH ou BK. Supposons de plus que AB, la longueur du mur, soit de 60 toises, et que la hauteur perpendiculaire soit de 6 toises ; pour avoir la solidité de cette courtine, il faut ajouter ensemble l'épaisseur inférieure 16 pieds, et l'épaisseur supérieure 10 pieds ; la somme est de 26 pieds, dont la moitié 13 pieds ou 2 toises 1 pied est l'épaisseur moyenne arithmétique entre l'épaisseur inférieure, et l'épaisseur supérieure du mur. Il faut ensuite multiplier cette épaisseur moyenne arithmétique par AB la longueur du mur qui est de 60 toises, le produit est

130, qui, multiplié par la hauteur perpendiculaire supposée de 6 toises, donne 780 toises cubes pour la solidité de la courtine.

Il faut mesurer à présent l'angle solide rentrant, formé par les lignes BF et BL, 68, I, II, ( cette dernière perpendiculaire sur BC, comme BF sur AB ). Pour cela on doit d'abord observer que dans cette partie, comme dans tout ce qui sera mesuré ci-après, l'épaisseur, le talus et la hauteur du mur, sont de même que dans la courtine précédente. Il s'agit en second lieu, de connaître l'angle rentrant ABC ; je suppose que dans cette occasion il est de 108 degrés. Il faut ajouter à cet angle les deux angles droits ABF et CBL, qui font ensemble 180 degrés; la somme sera 288 degrés. Or, suivant les principes de la géométrie, tous ces angles, plus l'angle FBL, qui sont autour du point B, sont égaux à quatre angles droits, ou bien valent 360 degrés; donc l'on connaîtra l'angle FBL, en retranchant 288, valeur des autres angles, du cercle 360; il reste 72 degrés pour cet angle FBL. Nous avons de plus le quadrilatère BLMF. Or, tous les angles d'un quadrilatère quelconque sont égaux à quatre angles droits ; donc, connaissant la somme des deux angles droits BFM et BLM, et du troisième angle FBL, que nous avons trouvé être de 72 degrés, on a 108 degrés pour l'angle FML. Il faut trouver la superficie et la solidité de ce quadrilatère. Pour cela, je mène la diagonale BM qui divise le quadrilatère en deux triangles rectangles égaux ; donc, si je connais la superficie de l'un de ces triangles, en la doublant, je connaîtrai la superficie totale du quadrilatère. Or, je connaîtrai la superficie du triangle BLM en cette manière. Je connais l'angle M qui est de 54 degrés, puisqu'il est la moitié de l'angle FML qui est de 108 ; je connais BL, côté opposé à cet angle, puisque c'est l'épaisseur du mur que nous avons supposée de 16 pieds ; de plus, l'angle LBM est de 36 degrés, puisque c'est la moitié de l'angle FBL qui est de 72 : donc, si je connais le côté ML, j'aurai facilement la superficie du triangle. Or, dans tout triangle les sinus des angles sont proportionnels aux côtés opposés à ces angles ; donc, je connaîtrai le côté ML en faisant cette proportion : le sinus de l'angle M est au côté BL, comme le sinus de l'angle B est au côté ML. Or, l'angle M étant de 54 degrés, son sinus est 80902 ; le côté BL est de 16 pieds ; l'angle B étant de 36 degrés, son sinus est 58779 : ainsi l'on peut faire cette règle de trois :

$80902 : 16 :: 58779 : a.=x$ égale à peu près 11 ¼.

L'opération faite, on trouvera que le quatrième terme $x$ est 11 pieds ¼ ou environ : ainsi la valeur du côté ML peut être de 11 pieds ¼. Je multiplie donc le côté ML, qui est regardé comme la base du triangle, par 8 pieds, moitié de sa hauteur BL ; et le produit 93 ¼ est la superficie du triangle. Je double ensuite cette superficie, et j'ai 186 ½ pour la superficie entière du trapézoïde. Présentement, pour en avoir la solidité, il faut multiplier 186 ½ par la hauteur du mur qui est 36 pieds ; et le produit donne 6720 pieds cubes pour la solidité du quadrilatère BFML.

Mais comme le mur est en talus, son épaisseur est moindre par le haut que par le bas, et conséquemment la solidité du quadrilatère BFML est plus grande que celle de l'angle solide rentrant, formé par les lignes BF et BL d'une pyramide oblique, dont la base est BKIO, fig. 68, II, et la hauteur perpendiculaire 36 pieds, ou celle du mur; c'est-à-dire, que le sommet de cette pyramide est dans le point de l'épaisseur du mur où le talus commence. Donc, pour avoir exactement la solidité de l'angle solide rentrant, il faut soustraire la solidité de la pyramide de celle du quadrilatère BFML, qui est de 6720 pieds cubes. Or, pour avoir la solidité d'une pyramide, nous avons dit qu'il fallait multiplier la surface de sa base par le tiers de sa hauteur perpendiculaire; donc, pour avoir la solidité de la pyramide proposée, il faut multiplier la superficie du petit quadrilatère BKIO par 12 pieds, tiers de la hauteur perpendiculaire. Or, il s'agit d'abord de connaître la superficie de ce petit quadrilatère. Pour cela, j'observe que ce petit trapézoïde BKIO est semblable au grand BFML; car l'angle B est commun à tous les deux : l'angle K est égal à l'angle F, puisque KI est parallèle à FM ; l'angle O est égal à l'angle L, parce que OI est parallèle à LM ; et l'angle I est de nécessité égal à l'angle M : donc le triangle rectangle BOI, qui est la moitié du petit trapézoïde, est semblable au triangle rectangle BLM, qui est pareillement la moitié du grand trapézoïde. Or, quand deux triangles sont semblables, les côtés homologues sont proportionnels; donc, j'ai cette proportion, BL : BO :: LM : OI. Or, BL est de 16 pieds, puisque c'est l'épaisseur inférieure du mur; BO est de 6 pieds, puisque c'est l'épaisseur inférieure du talus; LM est de 11 pieds $\frac{2}{3}$; donc, pour connaître OI, je fais cette règle de trois :

$$16 : 6 :: 11\tfrac{2}{3} : x = 4\tfrac{3}{8}.$$

L'opération me donne 4 pieds $\frac{3}{8}$ pour le côté inconnu OI. Or, si l'on regarde OI comme la base du triangle, et BO comme sa hauteur, on en aura la superficie en multipliant OI ou 4 pieds $\frac{3}{8}$ par 3, moitié de la hauteur BO; le produit est 13 pieds $\frac{1}{8}$; et en doublant cette superficie du triangle BOI, j'ai 26 pieds $\frac{1}{4}$ pour la surface entière du petit trapézoïde BKIO. Mais ce petit trapézoïde est la base de la pyramide; donc, pour en avoir la solidité, il faut multiplier 26 $\frac{1}{4}$ par 12, tiers de 36, qui est la hauteur perpendiculaire; le produit est 315. Je soustrais maintenant 315, solidité de la pyramide, de 6720, solidité de BFML, et il me reste pour l'angle solide rentrant formé par les lignes BF et BL, 6405 pieds cubes, qui, réduits en toises cubes, me donnent 29 toises cubes $\frac{1}{2}$ et 33 pieds cubes.

Maintenant nous passons au flanc du bastion, qui est cette partie du mur comprise entre la ligne BL et la ligne SY, fig. 68, I, qui est menée de l'angle Y perpendiculairement sur BC, et est par conséquent égale à BL. Pour connaître la solidité de ce flanc, il faut avoir le produit de sa longueur par l'épaisseur moyenne arithmétique, et multiplier ce produit par la hauteur perpendiculaire. Je suppose que la longueur du flanc qui est BS ou bien LY son égal, soit de 15 toises, l'épaisseur moyenne arithmétique est donc 2 toises 1 pied : ainsi, le produit de 15 toises par 2 toises 1 pied est 32 toises ½. Je multiplie ensuite 32 toises ½ par 6 toises, hauteur perpendiculaire du mur; et j'ai 195 toises cubes pour la solidité du flanc du bastion.

Après avoir mesuré le flanc du bastion, on mesure l'angle solide saillant SCZY, appelé *l'angle de l'épaule*. Pour cela, je mène de l'angle Y, fig. 68 I et III, la ligne YZ perpendiculaire sur la ligne CD, en sorte que cet angle solide saillant présente une pyramide tronquée; la base inférieure est SCZY, la base supérieure est *s c z* Y, et la hauteur perpendiculaire est 36 pieds ou celle du mur. Or, pour avoir la solidité d'une pyramide tronquée, nous avons dit qu'il fallait multiplier la superficie de la base inférieure par celle de la base supérieure; extraire la racine carrée du produit, ce qui donne une superficie moyenne géométrique; ajouter ensemble les trois surfaces, et enfin multiplier la somme par le tiers de l'axe de la pyramide, c'est-à-dire, par le tiers de la hauteur perpendiculaire : donc nous aurons la solidité de l'angle proposé, en multipliant la surface du grand quadrilatère par celle du petit, en prenant la racine carrée du produit, pour avoir la surface moyenne géométrique; et en multipliant la somme de ces trois surfaces par le tiers de 36, qui est la hauteur perpendiculaire. Or, il s'agit de trouver la surface de SCZY, et celle de *s c z* Y. Commençons par le grand SCZY.

Je suppose que dans la figure, l'angle C, fig. 68, I et III, est de 125 degrés, l'angle S et l'angle Z sont droits : donc, pour connaître l'angle Y, il faut retrancher la valeur de ces trois angles ensemble, c'est-à-dire, 305 degrés, de 360 degrés il reste 55 degrés pour l'angle Y. Je mène ensuite la diagonale CY, qui divise le quadrilatère en deux triangles rectangles égaux : donc, si je connais la superficie de l'un de ces triangles, en la doublant, je connaîtrai celle du trapézoïde. Or, j'ai la superficie du triangle rectangle CZY en cette manière : je connais l'angle YCZ; il est de 62 degrés 30 minutes, puisqu'il est la moitié de l'angle LCZ, qui est de 125 degrés : je connais le côté ZY opposé à cet angle, c'est l'épaisseur inférieure du mur; l'angle CYZ est de 27 degrés 30 minutes ; il est la moitié de l'angle SYZ qui est de 55 degrés : donc, si je connais le côté CZ, j'aurai facilement la superficie du triangle. Or, les sinus des angles sont proportionnels aux côtés opposés à ces angles ; donc j'ai cette proportion : le sinus de l'angle C est au côté ZY, comme le sinus de l'angle Y est au côté CZ. Or, l'angle C étant de 63 degrés 30 minutes, son sinus est 88701 : le côté ZY est de 16 pieds; l'angle Y étant de 27 degrés 30 minutes, son sinus est 46175 : donc l'on peut faire cette règle de trois :

$$88701 : 16 :: 46175 : x.$$

L'opération me donne 8 ⅓ environ pour le quatrième terme $x$; ainsi le côté CZ est environ 8 pieds ⅓. Je multiplie ce côté CZ ou 8 pieds ⅓, que je regarde comme la base du triangle, par 8, moitié de la hauteur YZ, et le produit me donne 66 pieds ⅔ pour la surface du triangle rectangle CZY. Je double cette superficie, et j'ai 133 pieds ⅓ pour la surface de SCZY.

Présentement, pour avoir la surface du petit trapezoïde $s c z$ Y, fig. 68, III, j'observe qu'il est semblable au grand SCZY : donc, puisque la diagonale CY divise le grand quadrilatère en deux triangles rectangles égaux, la diagonale $\sigma$-Y divise le petit en deux triangles rectangles égaux. Donc, le triangle rectangle $c z$ Y du petit est semblable au triangle rectangle CZY du grand. Or, quand deux triangles sont semblables, les côtés homologues sont proportionnels : donc j'ai cette proportion :

$$ZY : zY :: CZ : cz.$$

Or, ZY est de 16 pieds; $z$Y est de 10 pieds; CZ est de 8 pieds ⅓ : donc, pour connaître $\sigma z$, je fais cette règle de trois.

$$16 : 10 :: 8\tfrac{1}{3} : x.$$

L'opération me donne pour le quatrième terme $x$ 5 pieds $\tfrac{5}{24}$; ainsi le côté $c z$ est de 5 pieds $\tfrac{5}{24}$. Je multiplie ensuite ce côté $c z$, ou 5 pieds $\tfrac{5}{24}$, qui est regardé comme la base du triangle, par 5 pieds, moitié de la hauteur $z$Y; et le produit me donne 26 pieds $\tfrac{1}{24}$ pour la superficie du triangle restangle $c\,z\,Y$. Je double cette superficie, et j'ai $52\frac{1}{17}$ pour la surface de $s\,c\,z\,Y$.

Il faut à présent trouver une surface moyenne géométrique entre les deux que nous avons. Pour cela, je multiplie la surface $s\,c\,z\,Y$ par celle de $s\,c\,z\,Y$, c'est-à-dire $133\frac{1}{3}$ par $52\frac{1}{17}$; le produit est $6944\frac{44}{48}$, ou, ce qui est à peu près la même chose, $6944\frac{4}{9}$. J'extrais la racine carrée de ce nombre, et il me revient $83\frac{1}{3}$, qui est la surface moyenne géométrique que je cherchais. J'additionne ensuite ces trois surfaces, c'est-à-dire $133\frac{1}{3}$, $83\frac{1}{3}$, et $52\frac{1}{17}$; la somme est $268\frac{3}{4}$, que je multiplie par 12, tiers de 36, qui est la hauteur perpendiculaire; et j'ai pour la solidité de l'angle solide saillant SCZY 3225 pieds cubes, qui, réduits en toises cubes, me donnent 14 toises cubes $\frac{3}{4}$ et 39 pieds cubes.

Je continue de mesurer la face du bastion, qui est cette partie du mur comprise entre les lignes YZ et VQ, fig. 68, I, qui sont menées perpendiculairement sur la ligne CD des angles Y et V. Je suppose que la longueur ZQ ou YV, son égal, soit de 30 toises; je multiplie ce nombre par 2 toises 1 pied qui est l'épaisseur moyenne arithmétique, comme nous l'avons vu, entre l'épaisseur inférieure et l'épaisseur supérieure du mur; le produit est 65 toises, que je multiplie par la hauteur perpendiculaire du mur qui est de 6 toises; et j'ai 390 toises cubes pour la solidité de la face du bastion.

Pour mesurer l'angle solide saillant, appelé *l'angle de la Pointe*, fig. 68 I et IV, la méthode est la même que celle dont nous nous sommes servis pour l'angle de l'épaule SCZ; néanmoins, pour la faire mieux entendre, je la répéterai encore ici.

Je mène de l'angle V la ligne VQ perpendiculaire sur la ligne CD, et la ligne VP perpendiculaire sur la ligne DE; en sorte que cet angle solide saillant peut être regardé comme une pyramide tronquée : la base inférieure est le grand quadrilatère QDPV; la base supérieure est le petit quadrilatère XTRV ; et la hauteur perpendiculaire est 36 pieds, ou celle du mur. Or, pour avoir la solidité d'une pyramide tronquée, il faut multiplier la surface de la base inférieure par celle de la base supérieure, extraire la racine carrée du produit, ce qui donne une surface moyenne géométrique, ajouter ensemble ces trois surfaces, et enfin multiplier la somme par le tiers de la hauteur perpendiculaire de la pyramide. Donc, pour la solidité de l'angle proposé, il faut multiplier la surface du grand quadrilatère par celle du petit, extraire la racine carrée du produit, pour avoir une surface moyenne géométrique, et multiplier la somme de ces trois surfaces par 12, tiers de 36, qui est la hauteur perpendiculaire. Or, il s'agit de connaître la surface de QDPV et celle de XTRV. Commençons par QDPV.

Je suppose dans la figure que l'angle D, fig. 68 I et IV, est de 86 degrés, l'angle Q et l'angle P sont droits : donc, pour connaître l'angle V, il faut retrancher la somme de ces trois angles ensemble, c'est-à-dire, 266 degrés, de 360 degrés :

il reste 94 degrés pour l'angle V. Je mène ensuite la diagonale DV, qui divise le trapézoïde en deux triangles rectangles égaux : donc, si je connais la superficie de l'un de ces triangles, en la doublant j'aurai celle du quadrilatère. Or, j'ai la superficie du triangle rectangle DPV en cette manière : je connais l'angle VDP; il est de 43 degrés, puisqu'il est la moitié de l'angle QDP qui est de 86 degrés; je connais aussi PV, côté opposé à cet angle, c'est l'épaisseur inférieure du mur; l'angle DVP est de 47 degrés, puisqu'il est la moitié de l'angle QVP qui est de 94 degrés : donc, si je connais le côté DP, j'aurai facilement la superficie du triangle. Or, dans tout triangle, les sinus des angles sont proportionnels aux côtés opposés à ces angles; donc j'ai cette proportion : le sinus de l'angle D est au côté PV, comme le sinus de l'angle V est au côté DP. Or, l'angle D étant de 43 degrés, son sinus est 68200, le côté PV est de 16 pieds; l'angle V étant de 47 degrés, son sinus est 73135 : donc, l'on peut faire cette règle de trois :

$$68{,}200 : 16 :: 73{,}135 : x.$$

L'opération me donne pour le quatrième terme $x$, 17 et la fraction $\frac{1345}{1705}$ que l'on peut négliger. Ainsi le côté DP est de 17 pieds. Je multiplie ce côté DP, que je regarde comme la base du triangle, par 8 pieds, moitié de la hauteur PV, et le produit me donne 136 pieds pour la surface du triangle DPV. Je double cette superficie, et j'ai 272 pieds pour la superficie de QDPV.

Présentement, pour avoir la solidité de XTRV, fig. 68, IV, j'observe qu'il est semblable au grand QDPV. Donc, puisque la diagonale DV divise le grand quadrilatère en deux triangles rectangles égaux, la diagonale TV divise aussi le petit quadrilatère en deux triangles rectangles égaux : donc, le triangle rectangle TRV du petit quadrilatère, est semblable au triangle rectangle DPV du grand quadrilatère. Or, quand deux triangles sont semblables, les côtés homologues sont proportionnels : donc, j'ai cette proportion :

$$PV : RV :: DP : TR.$$

Or, PV est de 16 pieds, RV est de 10 pieds, DP est de 17 pieds : donc, pour reconnaître TR, je fais cette règle de trois :

$$16 : 10 :: 17 : x = 10\tfrac{5}{8}.$$

L'opération me donne pour le quatrième terme $x$ 10 $\tfrac{5}{8}$; donc le côté TR est de 10 pieds $\tfrac{5}{8}$. Je multiplie ensuite ce côté TR, qui est regardé comme la base du triangle, par 5 pieds, moitié de la hauteur RV ; et le produit me donne 53 $\tfrac{1}{8}$ pour la superficie du triangle rectangle TRV : je double cette superficie, et j'ai 106 $\tfrac{1}{4}$ pour la surface de XTRV.

Il faut à présent trouver une surface moyenne géométrique entre les deux que nous avons. Pour cela, je multiplie la surface du grand trapézoïde par celle du petit, c'est-à-dire 272 pieds par 106 pieds $\tfrac{1}{4}$ ; le produit est de 28,900 : j'extrais la racine carrée de ce nombre, et il me vient 170 pieds pour la surface moyenne géométrique que je cherchais. J'additionne ensuite ces trois surfaces, c'est-à-dire 106 $\frac{1}{4}$, 170, 272; la somme est 548 pieds $\frac{1}{4}$, que je multiplie par 12 pieds, tiers de la hauteur perpendiculaire, et j'ai pour la solidité de l'angle de la pointe QDP, 6579 pieds cubes, qui, réduits en toises cubes, font 30 toises cubes $\frac{1}{3}$ et 27 pieds cubes.

Il reste à mesurer la dernière face du bastion exprimée entre les lignes PV, EN, fig. 68, I. Je la suppose de même longueur, épaisseur et hauteur que l'autre face VQYZ, ci-devant expliquée; donc, elle contiendra de même 390 toises cubes. J'additionne à présent les mesures de toutes les différentes parties du bastion ABCDE, et je vois qu'il contient 1830 toises cubes et 9 pieds cubes.

Comme ces exemples peuvent servir à mesurer toutes sortes de murs de rempart en talus, il n'est point nécessaire d'en dire davantage là-dessus; ce ne serait qu'une répétition inutile. Je donnerai seulement la manière de toiser quelques murs en talus des plus difficiles à mesurer.

*Mesurer un mur en talus et en rampe.*

Soit à mesurer le mur en talus ABCDE : ( je ne parle point de la partie qui est droite, je l'ai assez expliquée ci-devant; il n'est question que de la partie rampante et en talus. ) La figure 69 montre comment cela peut se faire.

Elle réduit le mur rampant en deux parties.

1°. En un triangle rectangle solide, ou bien en un prisme triangulaire qui a les deux plans EKD et ALO parallèles.

2°. En une pyramide oblique, dont la base est le parallélogramme BCOL, et la hauteur perpendiculaire LA.

Il faut toiser d'abord le triangle rectangle solide. Pour cela, je multiplie la surface de sa base LODK par la moitié de sa hauteur perpendiculaire LA. Or, pour avoir la surface de sa base, soit LO de 15 toises, et LK de 10 pieds, je multiplie 15 toises par 10 pieds; et le produit 25 toises est la superficie de la base. Je multiplie ensuite ce nombre 25 toises par 3 toises, moitié de LA; et j'ai 75 toises pour la solidité du triangle rectangle.

Il s'agit à présent de connaître la solidité de la pyramide ABCOL. Pour cela, je multiplie la surface de la base par le tiers de la hauteur perpendiculaire. Or, pour avoir la surface de la base, je multiplie BC, qui est de 15 toises, par BL, que je suppose de 6 pieds; le produit est 15 toises, qui, multipliées par 2 toises, tiers de l'axe LA, donnent 30 toises pour la solidité de la pyramide.

Ainsi, en ajoutant 30 toises, solidité de la pyramyde, à 75 toises, solidité du prisme triangulaire, j'ai 105 toises cubes pour la solidité de la partie rampante du mur en question.

*Mesurer un mur circulaire et en talus.*

Cette proposition sert pour mesurer les orillons des bastions qui sont faits en rond et en talus, comme la partie de mur ABECDG.

Il faut mesurer d'abord la partie AHLRD, comme séparée du talus HBECR, fig. 70. Je suppose que la portion HLR ait 15 toises de circonférence, et que la portion intérieure AGD ait 9 toises; il faut ajouter ensemble ces deux circonférences; la somme est 24 toises, dont la moitié 12 est la circonférence moyenne arithmétique. Je multiplie cette circonférence moyenne arithmétique par l'épaisseur supérieure du mur AH ou DR, que je suppose de 10 pieds; et j'ai 20 toises pour la superficie AHLRD. Je multiplie ensuite cette superficie par la hauteur perpendiculaire DO ou RI, que je suppose de 6 toises, et j'ai 120 toises cubes pour la solidité de la portion AHRD.

Il faut ensuite prendre la circonférence BEC, dehors du talus, que je suppose de 17 toises; je l'ajoute à la circonférence HLR de 15 toises; et j'ai 32 toises, dont la moitié 16 toises est la circonférence moyenne arithmétique, qu'il faut multiplier par 6 pieds, qui est le talus HB ou RC; le produit donne 16 toises en superficie pour la base du talus HBCR. Je multiplie ensuite cette superficie par 3 toises, moitié de la hauteur perpendiculaire RI, et j'ai 48 toises cubes pour la solidité du talus; je les ajoute à 120, et la somme est environ 168 toises cubes pour la solidité totale du mur proposé.

Les murs de parapet sont ordinairement toisés à toises courantes, c'est-à-dire, que l'on toise la longueur seulement, sans avoir égard à la hauteur ni à l'épaisseur; mais l'on fait un prix particulier pour ces sortes de murs : néanmoins l'on a pris la méthode, depuis quelques années, de réduire tous les ouvrages de fortification à la toise cube, même jusqu'aux saillies et moulures, s'il y en a. Toutes ces réductions peuvent être entendues par ce qui vient d'être expliqué pour les murs de rempart.

*Méthode pour toiser les terres cubes de hauteurs inégales, par rapport à un plan de niveau ou en pente.*

Quand on coupe des terres d'inégale hauteur, on suppose ordinairement un plan de niveau ou en pente, c'est-à-dire, une aire droite d'un angle à l'autre. Ce plan fait connaître l'inégalité de la hauteur des terres; et pour voir cette inégalité, on laisse des témoins ou masses de terre qu'on laisse de distance en distance, où la hauteur de la terre coupée est conservée; puis, quand on veut faire le toisé, on mesure toutes ces différentes hauteurs. On les ajoute ensemble, et on les divise ensuite par la quantité des témoins pour en faire une hauteur commune, que l'on multiplie par la superficie de l'aire contenue dans les terres coupées pour en avoir le cube.

Cette méthode serait bonne, si l'on observait de laisser des témoins à égale distance, et si le dessus de la terre était un plan droit ; alors on pourrait s'assurer que l'on a opéré aussi juste qu'il est possible ; mais le dessus des terres n'est pas toujours un plan bien droit ; il est souvent courbe et inégal, et il arrive que le toisé que l'on en fait est plus grand que la quantité des terres coupées, parce qu'on laisse plus de témoins dans les endroits les plus élevés que dans les endroits bas.

On appelle *coiffer* des témoins, lorsque les terrassiers veulent tromper le toiseur. Ils tranchent la motte d'herbe ou de gazon qui les couvre, rapportent de la terre à la place, et remettent cette motte par-dessus si bien ajustée, qu'on a peine à s'en apercevoir. Il n'y a pas d'autre moyen, pour éviter ces ruses, que de niveler le terrain avant d'en faire la fouille, et de marquer la place où l'on doit laisser des témoins, avec les distances depuis la superficie du terrain jusqu'aux lignes de niveau.

Pour opérer juste, on mesure les terres parties à parties, c'est-à-dire que, dans un grand toisé, quand on voit une partie de terre dont le dessus est à peu près d'égale pente ou de niveau, il faut toiser cette partie à part, et en faire autant pour le reste, à peu près en cette manière.

Supposé que dans l'espace RCDO, fig. 71, le dessus de la terre soit selon les courbes diagonales CGHLIKO et RmNLPSD, et que RCDO soit un plan de niveau ou en pente, selon lequel plan la terre doit être coupée ; il faut, avant que de rien couper, marquer les témoins à égale distance sur la pente des terres, selon deux diagonales, ou par d'autres lignes, en sorte qu'il s'en trouve autant dans les endroits hauts que dans les endroits bas. Quand les terres seront coupées, on mesurera la hauteur de tous les témoins par rapport au plan RCDO, et l'on ajoutera ensemble toutes ces différentes hauteurs : on divisera cette somme par le nombre des témoins, et le quotient sera la hauteur commune que l'on multipliera par la superficie RCDO, pour avoir la mesure des terres cubes.

*Exemple.* Après avoir disposé les témoins de la manière dont je viens de l'expliquer, on mesurera la superficie de l'espace RCDO. Je suppose cet espace carré, et chaque côté de 10 toises, ce sera 100 toises en superficie. Il faut ensuite mesurer la hauteur de tous les témoins, que je suppose être au nombre de 23, en comptant les extrémités, quoiqu'ils soient à rien; car ils doivent tenir lieu de trois témoins, c'est-à-dire, de trois termes où je suppose qu'aboutit le dessus des terres : je compte aussi les trois témoins à l'extrémité de la coupe des terres. Il faut mettre la quantité de pieds et parties de pieds ou pouces de chacun des témoins dans un ordre où l'on puisse en faire l'addition, et faire abattre ces témoins à mesure que l'on en prendra la hauteur. Afin de les mieux distinguer, je les ai marqués par lettres alphabétiques, et je les ai tous chiffrés comme on le voit dans les colonnes suivantes, où je rapporte les mêmes lettres et les mêmes hauteurs que dans la figure précédente.

| Témoins. | leur haut. | | Témoins. | leur haut. |
|---|---|---|---|---|
| 4 { R. | 4 pi. $\frac{1}{2}$ | 2 { | I. | 5 pi. $\frac{1}{2}$ |
| Q. | 4 pi. $\frac{3}{4}$ | | P. | 4 $\frac{1}{2}$ |
| d. | 3 pi. $\frac{1}{4}$ | { | K. | 4 pi. $\frac{1}{2}$ |
| C. | 0 pi. | | Y. | 4 |
| 3 { M. | 5 pi. $\frac{1}{2}$ | | S. | 3 |
| F. | 4 pi. $\frac{1}{4}$ | | O. | 4 pi. |
| G. | 4 | | Z. | 3 $\frac{1}{2}$ |
| 2 { N. | 5 pi. $\frac{1}{2}$ | | &. | 3 |
| H. | 5 | | D. | 0 |
| h. | 4 $\frac{1}{2}$ | | | 32 pi. |
| b. | 4 $\frac{1}{2}$ | Ci contre. | 56 $\frac{1}{4}$ |
| L. | 6 | | | |
| a. | 4 $\frac{1}{2}$ | Total. | 88 pi. $\frac{1}{4}$ |
| X. | 0 | | | |
| | 56 pi. $\frac{1}{4}$ | | | |

On trouvera que la somme de tous les témoins est 88 pieds $\frac{1}{4}$, qu'il faut diviser par 23, qui est le nombre des témoins, y compris les extrémités, comme je l'ai dit : le quotient donne 3 pieds 10 pouces pour la hauteur commune, qu'il faut multiplier par les 100 toises de superficie de la place proposée, et l'on a 63 toises $\frac{1}{2}$ 82 pieds cubes pour toutes les terres coupées dans l'espace RCDO.

Quand les terres sont coupées sur un plan en pente, il faut mesurer la hauteur des témoins par une ligne menée d'équerre sur ce plan. Si, par exemple, les terres sont coupées suivant le plan en pente représenté par la ligne AB, fig. 72, il faut mesurer le témoin C suivant la ligne DE, menée d'équerre sur AB, et non pas suivant la ligne EF, qui est plus longue que ED, et qui est à plomb sur un autre plan.

### Des pierres de taille, extrait de Morisot.

Elles se divisent en deux classes ; la première comprend les pierres dures que l'on ne peut débiter qu'avec une scie sans dents et au moyen de l'eau et du grès ; la seconde comprend les pierres tendres, qui se débitent à sec avec la scie à dents.

### Des pierres dures.

Les pierres dures, propres à être employées comme pierres de taille, sont de trois espèces : le *liais*, la *roche* et le *blanc franc*. Celle qui réunit toutes les qualités est le *liais* ; son grain est fin, sa texture compacte et uniforme ; il se taille bien, et si on a eu soin de l'exploiter dans un temps assez convenable pour qu'il ait pu évaporer son eau de carrière avant la gelée ou avant qu'on l'emploie, il résiste à toutes les intempéries de l'air. On fait ordinairement usage de cette pierre pour marches, cimaises, tablettes, dalles et autres ouvrages de petite épaisseur.

Le liais, relativement à ses qualités, se divise en trois espèces : le liais fin et dur, le faux liais, qui est d'un plus gros grain, et le liais tendre ou liais rose ; ce dernier se tire de la plaine des Maisons et de Creteil, et n'est en usage que pour les chambranles de cheminées et les carreaux.

Le plus beau liais dont on se servait autrefois se tirait des carrières qui étaient près la barrière des Chartreux; ces carrières étant épuisées, on a substitué à cette première espèce une autre d'un plus gros grain que l'on trouve dans les carrières des plaines de Bagneux et d'Arcueil; la hauteur de son banc, non taillé, est d'environ 11°, et son poids est d'environ 170 l. le pied cube.

Le faux liais porte brut de 14 à 15° de haut, et son poids est d'environ 166 l. le pied cube.

Le *liais rose* ne porte que 10 à 11° de hauteur, et son poids est d'environ 154 l. le pied cube.

La pierre à laquelle on donne le nom de *roche* est très-dure et coquilleuse; la plus belle est celle qui se tire des fonds de Bagneux. Presque toutes les carrières des environs en fournissent; elle est plus ou moins dure, plus ou moins coquilleuse; la hauteur de son banc est depuis 15° jusqu'à 24°; et le plus ordinairement de 20°; on trouve aussi un banc qu'on nomme *roche plaquette*, qui n'a que 8 à 9° d'épaisseur; le poids de toutes les roches est d'environ 150 l. le pied cube.

La pierre de *banc franc*, connue sous le nom de *pierre franche*, a le grain plus fin, plus égal que la roche, et sous ce rapport elle lui est préférable; mais elle est généralement plus tendre. On la trouve dans les mêmes cantons que la précédente; sa hauteur (étant brute) est d'environ 16° réduit; on trouve aussi une plaquette de cette espèce qui n'a que 8° d'épaisseur; le poids de la pierre franche est d'environ 140 l. le pied cube.

Toutes ces carrières sont situées dans des plaines, et c'est par des ouvertures perpendiculaires qu'on nomme puits, qu'on en extrait la pierre.

A Passy, Sèvres, et à la chaussée de Bougival, on tire également d'assez bonne roche que l'on trouve par bancs dans des carrières qui sont à bouche; la meilleure de ces roches est celle de la Chaussée; leur banc porte de 18 à 24° de hauteur.

L'île Adam, située à 8 lieues de Paris, a dans ses environs, sur les deux rives de l'Oise, quatre carrières qui fournissent toutes de la pierre d'aussi bonne qualité qu'elle est bonne, ces pierres sont de trois espèces; liais doux que l'on trouve à la carrière de Nogent, qui porte environ 16° de hauteur, brut; la roche que produit la carrière de Champagne, qui porte environ 24° de hauteur, et le banc franc que l'on tire des carrières de Butry et de celles de l'Abbaye de Val; la première qui porte de 20 à 21°, et l'autre jusqu'à 30° de hauteur; toutes ces pierres sont par bancs, à 20 ou 30 pieds de profondeur; les carrières sont à ciel découvert; on en transporte les pierres à Paris, par l'Oise et la Seine, et elles sont débarquées sur les ports en face du Louvre.

Les carrières à puits de Saint-Non, à deux lieues de Saint-Germain-en-Laye et à 3 lieues de Paris, produisent aussi une roche très-bonne et très-dure, mais plus coquilleuse, et ayant plus de moies que les précédentes; son banc porte 22° de hauteur réduite; le transport à Paris s'en fait par terre.

Saillancourt, entre Triel et Meulan, à 10 lieues de Paris, a une carrière d'une très-belle roche dont la masse a environ 30 pieds de hauteur à ciel découvert; on en tire des pierres de toutes dimensions et qui peuvent avoir jusqu'à 3 et 4 pieds d'épaisseur; cette roche, qui ne s'emploie ordinairement que pour les ponts et les quais, est embarquée sur la Seine, près de Meulan, et sa livraison s'en fait, comme pour les précédentes, sur les ports du Louvre.

### Des pierres tendres.

Les pierres tendres les plus communément employées, sont : la *Lambourde*, le *Conflans*, le *Vergelé* et le *Saint-Leu*.

La Lambourde est une pierre à gros grain que l'on trouve par bancs. La plus belle se tire des carrières à puits de Saint-Maur près Vincennes; c'est aussi celle qui est de la meilleure qualité et qui porte le plus haut appareil. Les carrières de Gentilly en produisent aussi une, dont la qualité est inférieure et l'appareil moins haut; on en trouve à Montesson, dans la forêt du Vésinet et à Nanterre; cette dernière est la plus inférieure en qualité. La hauteur du banc de Saint-Maur est d'environ 26°, et son poids est de 126 livres le pied cube.

Conflans-Sainte-Honorine, à 7 lieues ½ de Paris, sur les bords de l'Oise, a des carrières à bouches desquelles on tire de la pierre d'un blanc un peu roux, que l'on nomme Conflans, et qui est de trois espèces différentes.

La première est celle que l'on connaît sous le nom de *banc royal*, dont le grain est le plus fin, et que l'on tire d'une masse extrêmement haute ; on s'en procure des blocs de toutes grandeurs.

On trouve dans ce banc des parties très-dures que l'on nomme *Conflans ferrés*.

La masse inférieure forme la seconde espèce ; elle a le grain un peu plus gros et plus tendre. C'est de ce banc que l'on fait communément usage pour toutes les parties de la construction qui doivent recevoir de la sculpture.

La troisième espèce appelée lambourde, est d'un grain aussi fin que le banc royal, mais beaucoup plus tendre et par conséquent d'une qualité inférieure. Le Conflans dont on fait le plus d'usage, porte environ 2 pieds 6° de hauteur, et son poids est de 124 livres le pied cube.

Les carrières situées près le village de St.-Leu sur les bords de l'Oise, à onze lieues de Paris, sont, les unes à ciel découvert, et les autres à bouches. Elles ont une masse de 20 à 30 pieds de hauteur et produisent deux qualités de pierres : la première, qui est le banc supérieur, que l'on nomme *vergelé*, est de deux sortes : l'une plus dure et d bonne qualité, quoique d'un gros grain; et qu'on est obligé de débiter à la scie sans dents, l'autre d'un grain encore plus gros, mais plus tendre, et que l'on débite à la scie à dents. C'est de cette dernière qu'on fait habituellement usage à

Paris; on se sert de la première dans les autres lieux. La hauteur la plus commune du vergelé est de 18° brut, et son poids de 119 livres le pied cube.

La pierre qu'on nomme le *Saint-Leu*, est la seconde masse des mêmes carrières : de toutes les pierres elle est la plus tendre; son grain est plus fin que celui du vergelé, mais sa texture est assez inégale. Sa hauteur est la même que celle du vergelé, et son poids est de 115 livres le pied cube.

On fait usage depuis peu de temps d'une troisième espèce de pierre tendre que l'on nomme *parmin*; elle est le produit d'une cinquième carrière de l'île Adam, qui, au lieu d'être découverte comme les autres, est une carrière à bouche; cette pierre, qui n'est pas plus dure que le vergelé le plus tendre, a sur lui et sur le St.-Leu l'avantage d'avoir le grain plus fin et en outre un appareil régulier, parce qu'au lieu d'être extraite d'une masse, cette pierre se trouve par bancs, qui portent généralement 24° de hauteur. Elle arrive à Paris par l'Oise, comme celle des carrières du même canton, et sa livraison se fait de même sur le port, en face le Louvre.

On fait aussi usage, depuis quelque temps, pour des édifices publics, et comme pierre de taille, d'une sorte de marbre que l'on nomme pierre de *Château-Landon,* village situé dans le département de Seine-et-Marne, près de Nemours, à 22 lieues de distance. La hauteur de son banc est d'environ 18°, et son poids de 185 livres le pied cube.

Le sciage de ce marbre exige cinq 8ᵉ de plus de temps que celui de la roche dure, et sa taille non layée, mais piquée seulement, le double du temps de cette même roche.

En général, on ne fait point les paremens de ce marbre au marteau, mais avec la scie, et c'est le parti le plus avantageux que l'on puisse prendre.

Le prix du pied cube rendu au port Saint-Nicolas, pour les morceaux contenant un mètre cube et au-dessus, est de 2 fr. 74 c.; ceux au-dessous et jusqu'à 50 c. cube, de 2 fr. 05 c., et pour les carreaux, de 1 fr. 37 c.

A ces prix il faut ajouter, pour le lâchage des ponts, l'octroi, le transport à pied d'œuvre, etc., la somme de 35 c. par pied cube.

*Du prix des diverses espèces de pierres rendues à pieds d'œuvre, et tous frais de pourboire et autres compris* (1).

| | Prix rendus à pied d'œuvre, tous frais compris. | | Distances de la carrière au centre de Paris. | |
|---|---|---|---|---|
| | Le pied cube. | Le mètre cube. | Par terre. | Par eau. |
| | fr. c. | fr. c. | lieues. | lieues. |
| **PIERRE DE LIAIS.** | | | | |
| Liais fin et dur de Paris, en morceaux ordinaires (2). | 3 12 | 90 20 | 2 1/2 | » |
| Gros liais. | 4 44 | 71 20 | 2 1/2 | » |
| Liais de l'île Adam. | 3 32 | 98 00 | 8 | 28 |
| **ROCHE.** | | | | |
| Des plaines de Bagneux, etc. (3) | 1 75 | 51 20 | 2 | » |
| De la remise | 2 44 | 71 20 | 2 | » |
| De Saint-Non la Bretêche. | 2 54 | 75 00 | 8 | » |
| De la chaussée de Bougival | 2 00 | 58 00 | 4 | » |
| De Passy. | 1 45 | 42 50 | 1 | » |
| De Sèvres. | 1 54 | 45 00 | 3 | » |
| De l'île Adam, dite Champagne. | 2 85 | 83 00 | 8 | 28 |
| De Saillancourt. | 2 00 | 58 50 | 10 | 22 |
| **PIERRE FRANCHE.** | | | | |
| De Montrouge ou de Bagneux. | 1 41 | 41 20 | 2 | » |
| De l'Abbaye du Val. | 2 75 | 80 00 | 7 | 26 |
| De l'île Adam. | 2 85 | 83 00 | 8 | 26 |
| **PIERRE TENDRE.** | | | | |
| Lambourde de St.-Maur. | 1 15 | 33 50 | 3 | » |
| Conflans (4). | 2 14 | 62 50 | 8 | 20 |
| Vergelé. | 1 34 | 39 00 | 12 | 31 |
| Parmin. | 2 00 | 58 00 | 9 | 28 |
| Saint-Leu (5). | 1 34 | 39 00 | 12 | 31 |
| **LIBAGES.** | | | | |
| Libage de roche | 1 25 | 36 50 | 2 | » |
| Libage de banc franc (6). | 1 17 | 34 00 | 2 | » |

---

(1) Le pourboire de toutes les pierres qui s'exploitent des

Le moëllon se tire des mêmes carrières où se trouve la pierre de taille; il provient des bancs supérieurs ou intermédiaires, qui n'ont point en-

---

environs de Paris est de 4 c. par pied, et de 8 c. pour toutes celles qui viennent de 4 à 8 lieues de distance, et celui des ports aux bâtimens, de 2 c.

(2) Le prix des morceaux de liais d'échantillon, toutes les fois qu'on ne prend que de ces morceaux, varie selon leur longueur, et surtout selon leur largeur, de 9 pieds jusqu'à 15 pieds, sur 3 et 4 pieds de largeur, depuis un tiers jusqu'à moitié et 3 quarts en sus par pied cube.

(3) Cette pierre se vendait, en 1805, 1 fr. 25 c.; le prix en a été augmenté progressivement jusqu'en 1812, qu'il était de 2 fr. 25 le pied cube. Depuis 1814 elle est descendue au prix ci-dessus; l'augmentation a été la même proportionnellement pour toutes les autres pierres venant de deux lieues de circonférence; celles plus éloignées, ainsi que toutes les pierres tendres, n'ont éprouvé alors que peu d'augmentation.

Les marchands qui exploitent les carrières de la banlieue de Paris, n'ont, jusqu'à ce jour, fait aucune différence dans leur prix avec les entrepreneurs, entre les grands morceaux de pierre et les petits, excepté pour le liais, et encore pour celui-ci, c'est lorsqu'ils prennent en grands morceaux au-dessus d'un sur dix de petits. Il en est de même pour toutes les espèces de pierres tendres, excepté les morceaux de Conflans royal de grand échantillon, en tout sens, que ces carriers vendent un 6$^e$ de plus que les morceaux ordinaires; quelquefois ils exigent une augmentation de un 8$^e$ sur le vergelé et le Saint-Leu; sur le parmin un 10$^e$, et sur le liais de l'île Adam un 18$^e$; mais pour cela il faut que les entrepreneurs ne prennent que de ces morceaux, et qu'ils soient d'une très-grande dimension.

(4) Toutes les espèces de pierres qui précèdent se livrent ou au mètre, ou au pied cube, excepté le Conflans, le Vergelé et le Saint-Leu, que l'on vend encore quelquefois au

core acquis toute la pétrification nécessaire pour être propres à la taille.

On en distingue de deux qualités : le moëllon

---

tonneau, espèce de mesure contenant 14 pieds cubes. Le prix de toutes celles venant par terre, est fait rendu au bâtiment et compris toutes espèces de frais, excepté celui du pourboire du charretier; pour celles venant par eau, les frais de marine, d'octroi et de débarquement sont de même compris, ainsi que ceux de la livraison qui se fait sur le port Saint-Nicolas en face le Louvre. Le second transport de ce port à pied d'œuvre coûte, par mètre cube, 5 fr. et 60 c. de pourboire; en tout, 5 fr. 60 c.; c'est le pied 19 c.

(5) Le prix des pierres, tel que je le porte dans le tableau qui précède, comprend les droits d'octroi que l'on exige pour ces matériaux à l'entrée de la ville; ce droit, compris un 10ᵉ d'augmentation ajouté depuis 1815, est pour les pierres venant par terre, de 1 fr. 76 c. le mètre cube, et de 2 fr. 95 c. pour celles venant par eau.

(6) Le prix du mètre cube de toutes les pierres ci-dessus achetées sur la carrière même, est, pour le liais fin, de 79 fr.; le gros liais 59 fr.; le liais de l'île Adam 68 fr.; la roche de Bagneux 39 fr.; celle de Passy 30 fr.; celle de Sèvres, la Chaussée, Saint-Non, 33 fr.; celle de Saillancourt 22 fr.; la pierre franche de Bagneux 29 fr. 50 c.; celle de l'Abbaye du Val 50 fr.; celle de l'île Adam 53 fr.; les pierres tendres, la lambourde de Saint-Maur, 17 fr.; le Conflans, 30 fr.; le parmin 28 fr.; le Vergelé et le Saint-Leu, 12 fr.

Le prix le plus bas que l'on vende la pierre tendre provenant des carrières situées sur divers points de la France, est en général de 25 c., et le plus élevé de 80 c.; comme le prix minimum des pierres dures est de 60 c., et le maximum de 1 fr. 50 c., la livraison faite sur la carrière même.

Depuis quelque temps les entrepreneurs à Paris paraissent donner la préférence, à qualité égale, aux pierres dont le banc est le plus épais, quoiqu'il arrive quelquefois que le prix de celle-ci est un peu plus élevé que celui des

dur que l'on tire des carrières où se trouve la pierre de roche, et le moëllon tendre, qui provient, ou des mêmes carrières, ou de celles de Nanterre et autres.

On trouve encore dans quelques contrées des carrières qui renferment du moëllon et point de pierre. Ce sont de petites couches feuilletées de moëllon blanc qui tient de l'espèce du crayon.

Le moëllon se livre ou à la voie, ou à la toise ; à la voie, on en donne trois pour la toise, et ces trois charretées sont supposées contenir la mesure ; ce mode de livraison évite les frais de l'entoisage. Si on le livre à la toise, on ne le mesure que lorsqu'il est arrivé au bâtiment, et ces frais d'entoisage sont à la charge de l'entrepreneur.

Cette mesure de toise est de 12 pieds 6° de long sur 6 pieds 3° de largeur, et 3 pieds 3° de hauteur, ce qui fait 254 pieds cubes au lieu de 216 p., total de la toise. Cet usage a été introduit pour couvrir la perte que font éprouver les vides qui se forment nécessairement entre les moëllons, ainsi que pour compenser le déchet qui résulte de l'ébousinage ou de l'équarrissage de chaque pierre, lors de leur mise en œuvre ; il en résulte

---

pierres de même espèce, mais d'un appareil plus bas ; cette préférence paraît être un calcul fondé sur ce raisonnement, que plus le banc est haut, moins il y a de taille de lits à faire, et conséquemment moins de déchet à éprouver ; mais, d'après le système qu'on a adopté de compter la taille des lits séparément de la matière, ce raisonnement est dès à présent et en partie sans fondement.

qu'une toise brute, telle qu'on la livre, produit une toise cube en œuvre.

Le poids d'une toise cube de moëllon brut peut être d'environ 18,000 livres.

Le prix du moëllon d'Arcueil sur la carrière est de 35 fr.; et rendu au bâtiment, de 74 fr. 50 c., y compris 2 fr. 50 c. pourboire et 4 f. 90 de droits d'octroi; à cette somme il faut ajouter pour frais d'entoisage, lorsqu'il a lieu, 3 fr. 50 c., de sorte que la toise cube revient à 78 fr., et le mètre cube à 10 fr. 54 c.

Le moëllon commun de Vaugirard, compris l'entoisage, vaut la toise 68 fr.; c'est le mètre 9 fr. 20 c.

Le moëllon de Passy, du bois de Boulogne ou de Nanterre, compris idem 65 fr.; c'est le mètre 8 fr. 80 c.

Le prix du moëllon n'a pas beaucoup varié depuis 1800; il se vendait à cette époque 75 fr., tous frais compris comme ci-dessus.

Le moëllon taillé sur ses deux lits, ses joints et un de ses paremens, se nomme *moëllon piqué*; on l'emploie à la construction des murs de fosses, de caves, de terrasse, etc.; il se vend au cent de compte et vaut, rendu à pied d'œuvre, savoir :

Le moëllon dur d'Arcueil . . . . . 30 fr. 60 c.
Le moëllon tendre de Creteil ou de
    Nanterre. . . . . . . . . . . . . 25 00

Le droit d'octroi est le même que pour le moëllon bourru. Il faut environ 90 de ces moëllons pour une toise superficielle, et en conséquence 24 pour un mètre (1).

_____

(1) Souvent il arrive qu'on ne trouve pas de ce moëllon sur les carrières, et que les entrepreneurs sont obligés d'en faire tailler au bâtiment; cette taille fait éprouver environ un tiers de perte réelle, parce que d'une toise cube de moëllons choisis pour cela, on ne peut tirer qu'environ 450 moëllons qui peuvent produire 125 pieds cubes, et que le surplus, pour compléter les 144 pieds qui forment les 2 tiers de la toise, ne se compose que des petits moëllons non propres à la taille.

Pour tailler un cent de moëllons durs, les entrepreneurs paient 7 fr. pour pareil nombre en moëllons de banc franc, 5 fr., et pour le moëllon le plus tendre 4 fr.; pour essemiller proprement un cent de moëllons les plus durs, ils paient 4 fr.; pour le second 3 fr., et le plus tendre 2 fr. 50 c.; de sorte que le cent de moëllons taillés, tous frais faits, leur revient au moins aussi cher que s'ils l'achetaient tout préparé, et ce qui peut les dédommager est le rebut des moëllons qu'ils peuvent employer à des massifs.

On distingue diverses sortes de moëllons, dit le commentateur de Bullet, on appelle *moëllon gisant* ou *bien gisant*, celui qui est plat sur ses lits, où il n'y a presque rien à ôter que le bousin.

Le *moëllon piqué*, est celui qui étant taillé au vif de la pierre est d'échantillon, à vive arrête, à lits et joints carrés, piqué en tête avec la pointe du marteau, et démaigri des deux côtés en queue. On l'emploie dans les caves, et il y est très-propre quand il est posé de niveau et par arase.

Le *moëllon essemillé* ou *smillé*, est un moëllon grossièrement équarri à la hachette, ébousiné et destiné à faire parement dans les lieux de peu d'importance. On essemillait autrefois le moëllon avec un marteau à deux pointes, tels qu'en ont encore les piqueurs de grès. On nommait cet outil une *Smille*.

Le *moëllon bourru*, est un moëllon mal fait, qu'on em-

## De la meulière.

Cette pierre, souvent très-poreuse, et qui est un composé d'une concrétion quartzeuse et grossière, a, lorsqu'elle est de bonne qualité, le tissu criblé de trous : cette espèce est celle qu'on trouve le plus communément dans chaque département, et qui forme la construction la plus solide et presque partout la moins dispendieuse.

La meulière que l'on emploie à Paris, et qui arrive par bateaux, vient des bords de la Seine depuis Fontainebleau, Melun, Corbeil; on en tire aussi de Meudon, du fond de Bicêtre et des environs de Versailles; elle est amenée par des voitures.

Cette pierre se trouve le plus souvent à quelques pieds seulement de profondeur en terre, placée par lits ou isolément.

Celle qui se transporte par eau, est déposée sur le port de la Rapée, ou sur celui de la Grève; elle y est entoisée, non pas comme moëllon, mais mesurée juste, c'est-à-dire que chaque toise ne contient que 216 pieds cubes.

---

ploie tel qu'il est dans les fondations et dans l'intérieur des murs, et que l'on n'a nullement équarri ni travaillé.

Le *moëllon appareillé* est un moëllon d'élite, qui est proprement taillé comme la pierre, à lits et joints carrés et à vive arrête en tête. Avec ce moëllon posé en juste liaison, et démaigri en queue et de longueur suffisante pour faire le parpin d'un mur à 3 ou 4 pouces près du parement opposé, on élèvera en toute sûreté et avec beaucoup de solidité des murs de 13 et 15 pouces d'épaisseur.

Le poids d'une toise cube est d'environ 16,500 livres.

Son prix, tout entoisé sur le port, est de 60 fr.; la voiture pour son transport au bâtiment, est de 24 fr., le pourboire est de 2 fr.; la toise rendue à pied d'œuvre, tous frais compris, revient à 87 fr., et le mètre à 11 fr. 75 c.

Son prix n'a augmenté depuis 1800 que de 9 fr.; le droit pour l'octroi de la ville est le même que pour le moëllon (1).

*Du transport des pierres de taille et autres, à diverses distances par eau et par terre.*

La connaissance du prix des transports de matériaux n'est pas d'une nécessité absolue à Paris, puisqu'en général la vente s'en fait compris les frais d'amener à pied d'œuvre; mais il n'en est pas de même en province, où, en général, on vend la pierre sur la carrière, et qu'alors il faut traiter avec d'autres personnes qu'avec le carrier pour en opérer le transport.

L'évaluation des transports peut éprouver des modifications, même dans la province, pour laquelle ces transports sont établis; mais si, de

---

(1) La meulière, qui se tire d'Hyères, de Brunoy et dans les autres environs de Montgeron, se paie par toise cube, savoir : pour l'acquisition de la pierre 8 fr.; pour l'extraire 8 fr.; pour l'amener au bord de la Seine 16 fr.; la voiture d'eau 14 f. 50 c.; pour la charger dans le bateau et la débarder 5 fr.; l'entoiser 2 fr., et pour le droit d'octroi 4 fr. 90 c.; en tout 58 fr. 40 c.

plus, on veut en faire l'application pour Paris et sa banlieue, il faudra, quant à ceux par terre, les augmenter d'un tiers à moitié, à l'égard de ceux par eau, ils sont, dans tous les cas, beaucoup moins variables, et ceux que je présente peuvent servir pour tous les lieux comme pour la navigation de tous les fleuves.

### Table du transport des pierres, du moëllon, meulière, etc.

|  |  |  | Pour la première lieue de 2,000 toises comprise le chargement et le déchargement. | | Pour toutes les autres distances d'une lieue. | |
|---|---|---|---|---|---|---|
|  |  |  | la toise cube. | le mètre cube. | la toise cube. | le mètre cube. |
|  |  |  | fr. c. | fr. c. | fr. c. | fr. c. |
| Pierres dures. | par eau | en descendant | 7 56 | 1 02 | 3 25 | 0 44 |
|  |  | en montant | 13 60 | 1 84 | 5 85 | 0 79 |
|  | par terre | sur bonne route | 43 20 | 5 84 | 21 60 | 2 92 |
|  |  | sur mauvaise route | 45 00 | 6 08 | 23 50 | 3 18 |
|  |  | sur chemins vicinaux | 50 00 | 6 76 | 28 50 | 3 85 |
| Pierres tendres. | par eau | en descendant | 6 30 | 0 85 | 2 70 | 0 36 |
|  |  | en montant | 11 35 | 1 53 | 4 90 | 0 66 |
|  | par terre | sur bonne route | 36 00 | 4 86 | 18 00 | 2 43 |
|  |  | sur mauvaise route | 37 50 | 5 07 | 19 60 | 2 65 |
|  |  | sur chemins vicinaux | 41 50 | 5 61 | 24 00 | 3 24 |
| Moëllon ou meulière. | par eau | en descendant | 5 50 | 0 74 | 1 80 | 0 24 |
|  |  | en montant | 6 95 | 0 94 | 3 25 | 0 44 |
|  | par terre | sur bonne route | 16 00 | 2 16 | 10 00 | 1 35 |
|  |  | sur mauvaise route | 17 00 | 2 30 | 11 00 | 1 48 |
|  |  | sur chemins vicinaux | 18 00 | 2 43 | 12 00 | 1 62 |

## De la brique.

La brique que l'on emploie dans les bâtimens est de deux espèces : celle que l'on tire de la ci-devant Bourgogne, ou des environs de Montereau, et qui porte le nom de *brique de Bourgogne* et de *Salins*, et celle que l'on fabrique dans Paris ou dans ses environs, notamment à Sarcelle, et que l'on nomme *brique de pays*.

La brique de Bourgogne est, sans contredit, la meilleure de toutes ; celle de Montereau ou de Salins, dont on fait maintenant beaucoup plus d'usage, en approche de très-près : toutes deux doivent cette qualité supérieure à la nature des terres avec lesquelles elles sont fabriquées, et au degré de cuisson qu'on leur donne.

Il est facile de reconnaître la brique de Bourgogne de celle de Montereau, soit à la couleur, soit aux dimensions, soit au poids.

La brique de Bourgogne porte 8° 2 lignes de long sur 4° 1 ligne de large et 2° d'épaisseur, et celle de Montereau ne porte ordinairement que de 21 à 22 lignes d'épaisseur. La couleur des deux est d'un rouge très-pâle, mais la première est plus chargée que la seconde de taches brunes produites par plus de matières vitrifiables ; au surplus, le millier de celles de Bourgogne pèse 4500 livres, et celui de la brique de Montereau ne pèse que 4125 livres.

La brique fabriquée dans Paris est d'un rouge foncé ; elle approche en qualité de celle de Montereau ; mais elle est très-cassante ; de plus elle diffère en dimensions de largeur et d'épaisseur : sa largeur est de 3° $\frac{9}{?}$ à 3° 10 lignes, et son épaisseur, de 20 à 21 lignes au plus. Le millier pèse 3,870 livres.

Il s'en fabrique une seconde sorte, qui porte 8° $\frac{1}{4}$ sur 3° $\frac{1}{4}$ et 22 lignes d'épaisseur; elle est très-dure, et le millier pèse 5940 livres.

La brique de Sarcelle, à 3 lieues de Paris, est celle dont on fait le plus d'usage, elle ne porte que 7° $\frac{3}{4}$ de long, 3° $\frac{1}{4}$ de large et 22 lignes d'épaisseur. Elle est d'un rouge vif, égal, et sans vitrification, et est au surplus beaucoup plus fragile et plus légère que toutes les autres, puisque le millier ne pèse que 3500 livres.

Toutes ces briques se vendent au millier de compte.

La brique de Bourgogne et de Montereau se livre sur le port aux Tuiles, porte Saint-Bernard; le prix de celle de Bourgogne est de 75 fr.; la voiture, du port au bâtiment est de 5 fr.; le pourboire, de 50 c. Le millier revient à 80 fr. 50 cent.

Celle de Montereau se vent 72 fr.; les autres frais sont de même de 5 fr. 50 c.; elle revient à 77 fr. 50 c. le millier.

La brique de Paris se vend, prise à la fabrique, 52 fr. 50 c., la voiture est de 2 fr. 00 c., et 0 fr. 50 c. pourboire; elle revient, tous frais faits, à 55 fr. 00 c. le mille.

Celle de Sarcelle se vend, livrée au bâtiment, 44 fr. 90 c., et 1 fr. 10 c. pourboire; au total, 46 fr. 00 c.

Sarcelle fabrique, en outre, un modèle particulier de brique qui est peu propre aux ouvrages de maçonnerie, à cause de sa dimension, si ce n'est pour la construction de cloisons de distribution ; mais les poêliers en font une grande consommation pour l'intérieur de leurs poêles. Elle porte 8° de large sur 3°, carrés ; le millier pèse 4,500.

Cette brique coûte rendue, 53 fr. 90 c. le mille, compris 7 fr. de voiture ; de plus, 1 fr. 10 c. pour le charretier ; au total, 55 fr.

Les droits d'octroi, pour toutes ces briques, sont de 6 fr. 90 c. par millier (1).

*De la pierre à plâtre et des platras.*

La pierre à plâtre s'emploie aussi comme moëllon, mais seulement au-dehors de la ville ; elle

---

(1) On ne peut faire de bonnes briques avec une terre qui ne contient pas de sable ; mais, quand elle en renferme trop, elle donne un produit friable ; lorsqu'elle est d'une nature argileuse trop grasse, elle se fendille en séchant. Ce sont les particules de fer disséminées dans la terre qui font prendre aux briques cette couleur rouge qu'elles acquièrent par la cuisson. Les terres ne doivent pas contenir trop de matières calcaires, ni de substances ferrugineuses ; les premières rendent les briques vitrifiables, les empêchent de durcir par la cuisson, et les font déliter quand on les expose à l'air, tandis que les autres s'opposent à ce qu'elles prennent la consistance convenable ; on peut atténuer cet inconvénient en exposant les matières pendant un temps considérable à l'influence de l'atmosphère, en les faisant tremper dans des fosses, et les pétrissant bien. L'argile commune des potiers, avec laquelle on fait aussi des briques, est opaque, légèrement colorée, jaune, bleue ou verte, et

est prohibée pour l'intérieur, parce qu'on a reconnu qu'elle était d'un mauvais usage; en effet,

fréquemment sillonnée de veines grisâtres; pétrie elle devient douce et lustrée; elle est molle, grasse et douce au toucher, elle adhère légèrement à la langue; elle a une cassure terreuse, et prend facilement toutes les formes. Son poids influe peu sur sa qualité; l'analyse chimique a prouvé que la meilleure est composée de 37 parties d'argile, ou de terres argileuses, et 63 de silice, ou de terre sablonneuse.

Après qu'on a choisi la terre, il faut la tirer. C'est ordinairement dans l'été, entre le commencement de juillet et la fin d'octobre, avant les premiers froids, qu'on fait cette opération. On retourne souvent la masse pendant l'hiver, et on la met sous forme de brique au printemps. Si on la laissait exposée à l'air pendant deux ou trois ans, elle se bonifierait et donnerait de meilleurs résultats. Dans tous les cas, plus elle est retournée et pétrie avec soin, meilleures sont les briques qu'elle forme.

Avant de la mettre tremper dans les fosses, on la casse en morceaux aussi petits que possible, et on l'abandonne à elle-même au moins dix jours. On la divise par couche d'un pied d'épaisseur, et on la recouvre d'eau afin qu'elle mouille uniformément. Il faut au moins deux fosses dans chaque fabrique, afin que l'ouvrage n'éprouve pas d'interruption. On débarrasse la terre, autant que possible, de pierres et autres matières étrangères, et on la laisse mûrir et fermenter un temps suffisant; autrement elle ne se tremperait qu'avec difficulté. Pour bien la pétrir, il faudrait employer au moins le double de temps qu'on y consacre en général. La bonté de la brique dépend principalement du soin qu'on a apporté à sa première préparation.

On mêle ordinairement dans le voisinage de Londres, des cendres de charbon de terre, et, dans d'autres contrées, des terres légèrement sablonneuses avec l'argile, qui, par cette addition, se travaille plus aisément et plus vite. Elle exige moins de combustible pour la cuisson; mais si d'un

lorsqu'elle est exposée à l'air et à la pluie, elle se décompose promptement.

côté, on a quelques avantages sur les dépenses, de l'autre on les perd sur la qualité. Il ne faut pas employer trop d'eau pour tremper la terre, les briques se fendraient en séchant et seraient cassantes. Une brique bien faite exige autant de terre qu'une brique et demi-façonnée, à la manière ordinaire, avec une terre trop mouillée, qui se crevasse, devient spongieuse et légère. Comme celles qui sont faites avec soin sont plus compactes que les autres, elles exigent plus de temps pour être séchées; il ne faut pas les cuire avant qu'elles rendent un son creux par le choc. Mises au feu dans cet état, elles ne se cassent ni ne se déforment.

Lorsqu'on cuit à la fois six ou dix mille briques, le feu doit durer au moins vingt-quatre heures, et le double pour douze à quinze mille. L'augmentation uniforme de la chaleur exige des attentions particulières; sa durée doit être réglée suivant la saison; dans les temps froids le feu a plus d'activité. Il doit, pendant les dernières vingt-quatre heures, être entretenu de manière à donner de la flamme sans interruption; mais il ne faut pas le concentrer ensuite subitement; on serait en danger de fondre des briques.

Les expériences de Gallon, pour reconnaître la qualité des briques, méritent d'être connues. Il prit une certaine quantité de terre préparée; il l'humecta pendant sept heures, la battit pendant une demi-heure. Il répéta l'opération, le lendemain matin, pendant le même temps, la pétrit encore un quart d'heure dans l'après-dînée, ainsi elle avait été non-seulement pétrie pendant une heure et un quart de plus, mais à trois différentes reprises; sa densité était donc augmentée; car une brique faite avec cette terre pesait 5 livres 11 onces, tandis qu'une autre faite dans le même moule avec la terre qui n'avait pas reçu cette seconde préparation, ne pesait que 5 livres 7 onces. Elles furent l'une et l'autre séchées à l'air pendant treize jours, et cuites comme à l'ordinaire; lorsqu'elles furent retirées du four,

Elle se vend, de même que le moëllon, à la toise cube; son prix hors barrière, côté du nord, qui est celui où on en fait le plus d'usage, est de 40 fr. rendue à pied d'œuvre, et sur la carrière 28 fr. 00 c.; dans Paris, 60 fr. 00 c.; le droit d'octroi est de 4 fr. 90 c.

Les plâtras qui proviennent de diverses démolitions, tuyaux de cheminées, plafonds, etc., ne servent ordinairement que pour la sommité de certains murs, comme ceux de dossiers derrière les souches de cheminées; on les emploie encore à remplir les entrevous des pans de bois, des cloisons et des planchers; ils se vendent, soit au tom-

---

on trouva que celle qui avait été le plus pétrie pesait encore 4 onces de plus que l'autre; chacune en ayant perdu 5 par l'évaporation. Elles différaient beaucoup en force. On les plaça sur un appui aigu, où elles posaient par le centre, et on chargea les deux bouts : celle qui avait été le mieux travaillée ne se rompit que sous un poids de 65 livres de chaque côté, en tout 130 livres; tandis que l'autre cassa avec 35 livres de chaque bout ou 70 livres. On ne doit pas être surpris de ce qu'un travail bien entendu pour la préparation des terres améliore la brique; quoique cette amélioration soit fort remarquable, il est un autre mode de donner de la force à ces pierres artificielles, qui est plus extraordinaire encore, et dont il n'est pas aisé de se rendre compte; c'est que, comme l'observe Galdham, les briques qui sont trempées dans l'eau, étant recuites une seconde fois, acquièrent une force double.

Il est très-important d'examiner l'argile avant de l'employer, afin de voir si une addition de quelque terre n'améliorerait pas sa qualité. Selon Bergmann, la proportion de sable doit être d'autant plus grande que l'argile éprouve plus de retrait par la cuisson, mais les meilleures sont celles

bereau, soit à la toise, rendus ou non au bâtiment.

Le tombereau qui contient de 27 à 30 pieds cubes, se vend, rendu à pied d'œuvre, 3 fr. 50 c., et la toise cube mesurée juste, se vend 25 fr. 00 c.; le mètre cube revient alors à 3 fr. 45 c.

Une toise cube de plâtras pèse environ 10,500 livres.

## Du plâtre.

Si la pierre dont on vient de parler n'est pas estimée comme moëllon, elle l'est beaucoup comme matière prompte à durcir, après avoir été cuite, pulvérisée et imbibée d'eau, et sous ce rapport, elle est la plus avantageuse pour sceller tous les autres matériaux.

---

qui n'en demandent pas. Ce chimiste recommandable a indiqué aux fabricans le moyen suivant d'analyser leur terre. Versez de l'acide nitrique sur de l'argile crue ; elle montrera par son effervescence si elle contient de la chaux. Les argiles calcaires ou les marnes sont souvent les meilleurs matériaux qu'on puisse employer pour faire des briques. Pour reconnaître la quantité de sable, on délaie dans l'eau un poids donné d'argile ; l'un se précipite, et l'autre, qui reste en suspension, peut être enlevé par les lavages. L'acide nitrique, par son action sur l'argile dont on a noté le poids, dissout la chaux qu'on précipite par l'alcali volatil. On peut donc connaître en poids l'argile, le sable, et la chaux, et s'assurer de la quantité de sable ou d'autres matières qu'il faudrait ajouter pour former un composé propre à faire de bonnes tuiles et de bonnes briques. En examinant le sable au microscope, on verra s'il contient du feldspath ou d'autres pierres de figures connues. *Encyclopédie anglaise.*

Cette pierre se tire de différentes carrières près Paris; on en trouve sous Montmartre, à Pantin, Belleville, Ménil-Montant, Bagnolet, Charonne, etc.; tous ces bancs se trouvent à une grande profondeur; la pierre des carrières de Pantin et de Charonne est reconnue pour avoir une qualité supérieure aux autres, en ce que le plâtre qui en provient est plus gras et s'étend mieux.

Pour que le plâtre soit de bonne qualité, il faut qu'au toucher il ait de l'onctuosité; lorsqu'il est sec et aride, il est sujet à se détacher ou à se lézarder; ce défaut lui vient, ou de la mauvaise qualité de la pierre, ou d'un vice dans sa cuisson, ce qui arrive toutes les fois qu'on n'a pas porté cette cuisson à un assez haut degré, ou qu'on l'a dépassée. Le plâtre, bon en lui-même, peut encore devenir mauvais, lorsqu'on attend trop longtemps pour l'employer, parce qu'alors il s'évente, perd ses sels et ne prend pas promptement; il en résulte que par suite il tombe et se gerce.

Le plâtre se livre grossièrement pulvérisé, et se vend au muid, compris le transport à pied d'œuvre : le muid se compose de 36 sacs, ou de trois voies, de chacune 12 sacs; chaque sac contient deux boisseaux, qui, bien mesurés, doivent contenir ensemble 8° de pied cube, c'est-à-dire les deux tiers d'un pied, ce qui fait 24 pieds cubes pour le muid; mais d'après le mesurage actuel, le sac ne contient quelquefois que $7°\frac{1}{2}$, ce qui fait une diminution de 1 pied 6 pouces cubes par muid.

Ce même plâtre réduit en poudre très-fine, puis passé au tamis, augmente d'*un trentième*; et lorsqu'il est imbibé d'eau et prêt à être employé, il augmente d'*un douzième*.

Le pied cube de plâtre en poudre grossière pèse 90 livres, et le sac 60 livres; celui qui ne contient pas les deux boisseaux entiers ne pèse ordinairement que 56 livres; le sac ou 8° cubes gâché au degré nécessaire pour faire des enduits, pèse 87 livres ¼, et le pied cube 131 livres; c'est donc 27 livres ¼ d'eau qu'il faut pour détremper un sac de plâtre, ou 41 livres à peu près pour 1 pied cube. Il en résulte que la toise cube de plâtre en poudre pèse 19,440 livres; le mètre 2,628 livres, et que gâchée, elle pèse 28,296 livres, et le mètre 3,825 livres.

Le plâtre se vend le muid rendu à pied d'œuvre 15 fr. 00 c., et la valeur d'un sac pour le pourboire, ce qui le porte à 15 fr. 42 c.; la toise cube revient alors à 138 fr. 75 c., le mètre à 18 fr. 75 c., le pied 0 fr. 64 c. et le sac à 43 c.

Les droits d'octroi sont, par muid, de 3 fr. 25 c.; c'est la toise 29 fr. 25 c., et le mètre 3 fr. 96 c. (1).

---

(1) Le plâtre doit être employé très-promptement et tout chaud, s'il est possible. On ne doit point l'exposer au soleil, et encore moins à la pluie ni au grand air, le soleil le dessèche, l'humidité en amortit la force, et le grand air en dissipe les esprits : ce qu'on appelle l'*évent* du plâtre.

Dans les lieux où le plâtre est cher, il faut l'enfermer dans des tonneaux, dans un lieu sec, et le garder cependant le moins que l'on pourra.

Quand on veut faire des ouvrages importans en plâtre,

### De la chaux.

On trouve de la pierre calcaire propre à faire de la chaux dans tous les environs de Paris. Il y a des fours à Champigny, Sèvres, Meudon, Marly, Essonne, Melun, Senlis, Rambouillet, etc. Marly, Essonne, Melun, Senlis et Rambouillet fournissent la plus estimée; et celle qui maintenant est le plus en usage, tant à raison de la proximité que parce qu'elle est une des premières en qualité, c'est la chaux d'Essonne; celle dont on fait le plus d'usage après celle-ci, est la chaux de Champigny.

On se procure la chaux en pierre, soit aux fours mêmes, soit sur le port de la Grève où il s'en débarque, ou dans les dépôts que les chaufourniers ont dans la ville, et le prix en est fait, soit avec ou sans le transport à pied d'œuvre.

La mesure est le muid, ce muid se compose de 48 minots, et le minot est de 1 pied cube; le muid se divise aussi en 12 septiers, le septier en 2 mines, la mine en 2 minots, ce qui donne la même quantité de pieds cubes; on livre encore la chaux à la futaille ou poinçon; cette futaille contient 8 minots ou 8 pieds cubes; alors 6 futailles forment le muid, et pour que les 48 pieds que doit contenir cette mesure soient complets,

---

il faut aller soi-même à la carrière et prendre de la pierre du milieu du four, parce qu'elle est cuite plus à propos. COMMENT. de L'ullet.

3 des 6 futailles sont mesurées combles et les autres rases.

Le poids de 1 pied cube de chaux est d'environ 62 livres, la toise est donc de 13,392 livres, et le mètre cube de 1810 livres.

Le prix de la chaux d'Essonne, de Melun, qui sont celles de première qualité et qu'on livre au port de la Grève, est de 95 fr. 00 c. le muid, transporté au bâtiment 3 fr. 00 c., le pourboire 0. 50 c. Total, 98 fr. 50 c.

Celle de Champigny qui arrive par terre, revient, rendue au bâtiment, à 95 fr. 00 c. le muid; pourboire 1 fr. 00 c. Total, 96 fr. 00 c.

Le prix moyen de ces deux qualités de chaux est de 97 fr. 25 c.; c'est le mètre 59 fr. 15 c.

Les droits d'octroi de la ville sont compris dans les prix ci-dessus pour 21 fr. 70 c. par muid, ce qui fait par pied 0, 45 c., pour 1 toise 97 fr. 65 c., et pour 1 mètre 13 fr. 20 c.

On fait encore usage depuis quelque temps d'une autre espèce de chaux que l'on suppose avoir une propriété particulière pour tous les endroits humides, et notamment pour faire les mortiers qu'on emploie aux chapes ou enduits des bassins, aux betons, et à l'hourdi des murs d'enveloppes des réservoirs.

Cette chaux, qui paraît être une sorte de marne ou crayon calciné, a un feu lent, vient de *Senonches*, département d'Eure-et-Loire, à 4 lieues de Dreux et à 24 de Paris; elle se vend à une mesure qu'on nomme poinçon, qui contient 3 pieds 6° cubes.

Le prix de cette mesure sur les lieux est de 6 fr. 50 c., c'est le pied cube 1 fr. 86; la voiture de Senonches à Paris est par poinçon de 7 fr. 00 c., c'est le pied cube 2 fr. 00 c. Le droit d'octroi par pied cube est de 0 fr. 45 c., et le pourboire 0 fr. 04 c.; en sorte que le pied cube revient, rendu au bâtiment dans Paris, à 4 fr. 35 c.; c'est le mètre 127 fr. 02 c., le muid 208 fr. 80 c., et la toise cube 939 fr. 60 c.

Cette chaux, qui est en poudre grossière quand on la livre, ne s'éteint pas comme les autres chaux, à l'air et dans un bassin; pour la dissoudre, on l'étouffe sous une couche de sable que l'on imbibe d'eau; la dissolution se fait sans ébullition et dans l'espace à peu près de vingt-quatre heures; on la trouve dans un état de pâte très-épaisse; si on la laisse quelque temps sans l'employer, on la perd parce qu'alors elle durcit et ne forme plus qu'une masse qu'il n'est plus possible de dissoudre (1).

---

(1) Un minot de bonne chaux en pierre doit rendre deux minots de chaux éteinte. Celle qui est réduite en poudre ne fait aucun profit, ni bon ouvrage.

On peut faire des provisions de chaux éteinte dans des fossés faits exprès; mais il faut avoir soin de les couvrir d'un pied ou deux de sable. L'usage à Paris est d'éteindre la chaux dans un bassin que l'on fait exprès sur le bord d'un trou. Cela demande un grand soin : car si on n'y met pas une quantité d'eau suffisante, elle se brûle, et si on y en met trop, elle se noie.

Il se trouve dans la pierre de chaux des pierres dures que l'on nomme *biscuits* ou *recuits*, qui ne sont d'aucun usage. C'est la faute du chaufournier qui n'a point entretenu

## Du ciment.

Le ciment est le débris de tuiles, briques, carreaux, poteries de terre cuite et gazettes que les cimentiers pulvérisent, et qui, mélangé dans cet état avec la chaux, forme une des premières qualités de mortier.

On distingue trois sortes de ciment.

Le meilleur, parce qu'il contient le plus de sels, est celui qui provient de la glaise cuite dans les cornues qui servent à fabriquer l'eau-forte ; on le nomme *ciment d'eau-forte*.

---

un feu égal dans son fourneau. Ces biscuits n'étant point de valeur, doivent être mis à part pour en faire tenir compte par le vendeur. Chaque pays produit des pierres de chaux de différentes qualités. Les ouvriers du pays en connaissent l'emploi, et en font communément un bon usage. En général, pour ce qui regarde les pierres à faire la chaux, les plus dures sont les meilleures. Leurs sels sont doux et onctueux et différens de ceux du plâtre. La chaux éteinte ne serait d'aucun usage sans sable, ciment ou autres adjonctifs que chaque pays produit, pour être mêlés avec elle, et faire ce qu'on appelle du *mortier*. Ces adjonctifs ne seraient aussi d'aucun usage dans la bâtisse sans la chaux, qui leur sert de véhicule pour se lier et s'incorporer dans les pores de la pierre.

On appelle *chaux fusée*, une chaux qui n'a point été éteinte, et a été trop long-temps exposée à l'air ; qui s'est évaporée d'elle-même, et est réduite en une cendre blanche. Cette chaux n'est d'aucun usage, le feu et les esprits en étant dissipés.

On appelle *lait de chaux* ou *laitance*, une chaux détrempée clairement, et qui ressemble à du lait. On s'en sert pour blanchir les murs et les plafonds. Comment. *de Bullet*.

La seconde qualité de ciment provient de la tuile ou brique de Bourgogne et des gazettes ou manchons dont se servent les manufacturiers de faïence ou de porcelaine pour faire cuire leurs terres.

La troisième est faite avec les débris de tuiles, briques et carreaux de pays, des poteries en terre, etc.; cette dernière qualité dont on fait assez souvent usage, composée de diverses sortes de terres mal cuites, ne mérite pas la préférence sur le sable quel qu'il soit.

Tous ces cimens se fabriquent dans l'intérieur de la ville et se vendent au muid contenant quarante-huit pieds cubes, ou quarante-huit sacs ; le sac trois boisseaux ou un pied cube.

Le poids du ciment est à peu près le même que celui du plâtre.

Le muid se vend pris au dépôt, savoir :

Celui d'eau-forte 200 fr. 00 c.; la voiture jusqu'au bâtiment avec le pourboire, 4 fr. 00 c. ; c'est 204 fr. 00 c. le muid, 4 fr. 25 c. le pied cube, et 124 fr. 10 c. le mètre.

Celui de pure tuile de Bourgogne et très-fin, propre à faire le mastic gras qu'on nomme de corbel, pour remplir des joints, 216 fr. 00 c., voiture 3 fr. 50 c., et pourboire 0 fr. 50 c., en tout 220 fr. 00; c'est le pied cube 4 fr. 58 c., et le mètre 133 fr. 75 c.

Ciment de même qualité, mais moins fin, propre à faire le jointement des assises lors du ragrément de la pierre et ceux à l'intérieur des fosses, 144 fr. 00 c., voiture et pourboire 4 fr.

oo c., en tout 148 fr. oo c.; c'est le pied cube 3 fr. o8 c., et le mètre 89 fr. 95 c.

Ciment de même qualité, mais plus gros, servant au coulement des dalles ainsi qu'à faire des crépis, 6o fr. oo c., voiture et pourboire 4 fr. oo c., en tout 64 fr. oo c.; c'est le pied cube 1 fr. 35 c., et le mètre 38 fr. 85 c.

Gros ciment, toujours de pure tuile de Bourgogne, propre au mortier pour l'hourdi des murs, 48 fr. oo c., voiture et pourboire 4 fr. oo c., en tout 52 fr. oo c.; c'est le pied 1 fr. o8 c., et le mètre cube 31 fr. 55 c.

Le même ciment, mais provenant des poteries, tuiles et briques de pays, 24 fr. oo c., voiture et pourboire 4 fr. oo c., en tout 28 fr.; c'est le pied cube o fr. 68 c., et le mètre 16 f. 95 c.

### *Du mortier, extrait de Bullet.*

Le mortier se fait d'un tiers de chaux et de deux tiers de sable ou ciment. Il ne s'agit, pour le bien faire, que de le bien broyer et corroyer, en y mettant le moins d'eau que l'on peut. Un mortier bien fait dure très-long-temps et devient par la suite aussi dur que la pierre. Voici la recette de M. Loriot pour faire un bon mortier.

Prenez, pour une partie de brique pilée très-exactement et passée au sas, deux parties de sable fin de rivière, passé à la claie, de la chaux vieille éteinte, en quantité suffisante, pour former dans l'auge, avec l'eau, un amalgame à l'ordinaire, et cependant assez humecté pour fournir à l'extinction de la chaux vive, que vous y jeterez en poudre jusqu'à la concurrence du tiers ou du quart (suivant la meilleure ou la moindre qualité de la chaux) en sus de la quantité de sable et de brique pilée, pris ensemble : les matières étant bien incorporées, employez-les promptement, parce que le moindre délai en peut rendre l'usage défectueux ou impossible.

Un enduit de cette matière sur le fond et les parois d'un bassin, d'un canal, et de toutes sortes de constructions faites pour contenir et surmonter les eaux, opère l'effet le plus surprenant, même en l'y mettant en petite quantité.

La poudre de charbon de terre s'incorpore très-efficacement avec ces mêmes matières, jusqu'à une quantité égale à celle de la chaux vive. La couleur de plomb qui en résulte n'est qu'un accessoire qui peut trouver sa convenance dans l'occasion ; mais la substance bitumineuse que le charbon de terre contient, présente un rempart qui n'est pas moins impénétrable à l'eau que les autres matières auxquelles il s'associe.

Que l'on se contente d'ajouter un quart de chaux vive au simple mortier ordinaire de chaux fusée et de sable, l'on en fera un *crépis*, qui, dans 24 heures, aura acquis plus de consistance que l'autre dans plusieurs mois.

Le mélange de deux parties de chaux éteinte à l'air, d'une partie de plâtre passée au sas, et d'une quatrième partie de chaux vive, fournit, par l'amalgame qui s'en fait à la consistance du mortier ordinaire, un enduit aussi propre pour l'intérieur des bâtimens que tenace et non sujet à se gerser. Il faut toujours avoir l'attention de ne préparer ces mortiers que par augées, et à mesure qu'on les emploie.

Au défaut de sable, s'il s'agit de construction d'édifices qu'on voudra promptement élever, ou pour les enduits intérieurs, comme pour les crépis en dehors, on peut se servir de la terre franche; la plus sablonneuse sera la meilleure.

Si on ne peut avoir de la brique pilée pour les ouvrages destinés à conduire l'eau ou à la contenir, l'on peut y suppléer, en faisant des pelottes de terre franche, qu'on laissera sécher, et qu'on fera cuire ensuite dans un four à chaux, en les rangeant derrière les pierres à chaux, ou bien dans un fourneau particulier. Ces pelottes se réduisent aisément en poudre et valent la brique pilée.

Un tuf sec et pierreux, bien pulvérisé et passé au sas, peut remplacer et le sable et la terre franche; il serait même à préférer, à cause de sa légèreté, pour les ouvrages qu'on voudrait établir sur une charpente.

Les marnes, exactement pulvérisées et délayées avec précaution, à cause de leur onctuosité qui peut résister au mélange, sont également propres à s'incorporer avec les chaux. La poudre de charbon de bois (1), et en général toutes les vitrifications des fourneaux, celle des forges et des fonde-

---

(1) Les cendres sont pernicieuses, et retardent la prise de la chaux.

ries, crasses, laitiers, scories, mâche-fers, toutes celles qui sont imprégnées de substances métalliques, altérées par le feu, sont également susceptibles des entraves que ce mélange des deux chaux leur prépare, et peuvent leur donner un ciment de telle couleur que l'on pourra désirer.

On ne doit pas omettre pour le besoin, la pierre pilée ; ces débris embarrassans de la taille des pierres, les gravas des démolitions, des constructions originairement faites avec la chaux et le sable, qu'il faut souvent transporter au loin, peuvent être de la plus grande utilité. Les essais que Loriot en a faits en petit, promettent le plus complet succès.

Il est de la plus grande importance de connaître l'état et la qualité particulière de la chaux qu'on doit employer dans ce ciment, parce que c'est d'un juste assortiment que résulte la perfection : une trop grande quantité de chaux vive qui a beaucoup de force, qui boit beaucoup, ne trouvera pas à s'éteindre parfaitement et à se combiner en mortier, elle brûlera, elle tombera en poussière : celle au contraire qui, en s'éteignant, aura été inondée, sans pouvoir absorber l'eau dans sa fusion, en laissera de superflue, qui, par l'évaporation dans le desséchement du mortier, le crevassera.

Quant à la qualité du sable, il y en a de carrières, préférable à celui des rivières, dont le grain est trop poli par le charriage.

La préparation de ce mortier ou ciment se peut

faire de deux manières : la première, en délayant exactement avec la chaux éteinte et l'eau, les matières de sable, de brique pilée ou autres qu'on y veut faire entrer, à la consistance qu'on a annoncée, c'est-à-dire, un peu plus claire que pour l'emploi ordinaire ; c'est en cet état qu'il faut jeter de la chaux vive pulvérisée, en l'éparpillant et débroyant bien pour s'en servir incontinent.

La deuxième est de faire un mélange des matières sèches, c'est-à-dire du sable, de la brique pilée et de la chaux vive, dans la proportion assignée : (mélange que l'on pourrait mettre dans des sacs, en dose convenable pour une ou deux augées) ; la chaux éteinte, d'un autre côté, étant portée avec l'eau, on pourra faire, à l'instant du besoin, et même sur l'échafaud, la mixtion, comme l'on fait du plâtre, en gâchant et détrempant le tout avec la truelle.

La proportion des doses une fois reconnue, les ouvriers à qui on délivre les matières ainsi mélangées, ne peuvent plus si facilement se tromper (1).

---

(1) Higgins a cherché les meilleures méthodes de faire le mortier. Il a avancé, d'après les résultats que lui avait donnés l'analyse, que les Romains, dont le mortier après deux mille ans est aussi dur que les pierres qu'il joint, ne possédaient pas des secrets que nous ne puissions découvrir. Ses observations, qui furent publiées en 1780, sont d'une haute importance.

Le sable le meilleur et le plus pur est celui qui contient le moins d'argile, de sels, de terres calcaires et gypseuses, ou autres matières moins dures et moins durables que le

*De la valeur de 100 pieds cubes de mortier de chaux et sable fin de carrière.*

|   | fr. | c. |
|---|---|---|
| 100 pieds cubes de sable, à 10 c. le pied. . . . . . . . . . . . . | 10 | 00 |
| 25 pieds de chaux fusée, à 74 c. le pied. . . . . . . . . . . . . | 18 | 50 |
| Valeur de 100 pieds de mortier. | 28 | 50 |
| Valeur d'un pied cube. . . . . | 0 | 285 |
| La chaux seule fournie, le pied ne vaut que . . . . . . . . . . . | 0 | 185 |

quartz. Quand on ne peut en trouver de cette qualité, on recourt au moyen suivant. On met le sable sur un crible dont les trous n'ont qu'un seizième de pouce, et ne donnent passage qu'aux grains de sable de ce diamètre ; on fait tomber dessus un filet d'eau qui lave la masse, entraîne l'argile et les autres matières plus légères que le sable qui reste au fond. On rejette ce qui se trouve sur le crible. Le sable ainsi rassemblé, est passé sur un autre qui sépare les grains qui n'ont qu'un treizième de pouce de diamètre. Nous appellerons celui-ci sable fin, et l'autre sable gros. On le fait sécher au soleil, ou par le moyen du feu.

La meilleure chaux est celle qui s'échauffe le plus, et se délite le mieux quand on l'humecte, qui est nouvelle, qui a été conservée en vase clos, qui se dissout sans effervescence dans le vinaigre distillé, en ne donnant pour résidu que peu d'argile, de gypse ou autres matières analogues. Mettez 14 livres de cette chaux choisie dans un tamis de fil de laiton, encore plus fin que le dernier dont nous venons de parler ; délayez-la en la plongeant, en la retirant et la plongeant encore dans l'eau claire, et ainsi de suite alternativement ; rejetez les matières qui n'ont pas passé à tra-

## Mortier de chaux, grès et plâtre.

|  | fr. | c. |
|---|---|---|
| Sablon ou grès, *idem*. | 25 | 00 |
| Plâtre, 7 pieds 6° cubes, à 1 fr. 10 c. | 8 | 25 |
| Chaux, 22 pieds 6°, à 74 c. | 16 | 65 |
| Valeur de 100 pieds de mortier. | 49 | 90 |
| Valeur d'un pied cube. | 0 | 50 |
| Valeur d'un pied, la chaux et le plâtre seul fournis | 0 | 25 |

vers ce tamis; remettez de nouvelle chaux, et opérez de même jusqu'à ce qu'il y en ait le quart de la quantité d'eau. Vous aurez une eau de chaux qui contribuera puissamment à la bonté du stuc. Dès que le mélange s'est fait, couvrez le baquet qui le renferme jusqu'à ce qu'il devienne clair; décantez le liquide au moyen de robinets placés à différentes hauteurs, sans casser la croûte qui s'est formée à sa surface; moins il contiendra de matières salines, meilleur il sera. On enferme cette eau de chaux dans des vases bouchés hermétiquement, jusqu'au moment de s'en servir.

Dissolvez 56 livres de chaux, choisie comme nous l'avons dit, en l'arrosant graduellement avec l'eau de chaux; jetez cette chaux sur le dernier tamis dont nous venons de parler. Celle qui passe peut être employée tout de suite, ou conservée dans des vases bien fermés; c'est la partie la p'us fine et la plus riche; on l'appelle chaux purifiée. Il faut toujours cribler immédiatement après qu'on a humecté; autrement des portions de chaux mal cuites, ou d'autres matières étrangères pourraient passer à travers le tamis. Ce qui reste sur ce tissus doit être rejeté. Les matières premières du ciment ainsi préparées, prenez 56 livres de gros

*Mortier de chaux et ciment.*

| | |
|---|---|
| 100 pieds cubes de ciment, à 60 c. le pied . . . . . . . . . . . . . . . . | 60 00 |
| Chaux, 35 pieds cubes à 74 c. le pied . | 25 90 |
| Valeur de 100 pieds de mortier. . | 85 90 |
| Valeur d'un pied cube . . . . . . | 0 86 |
| Valeur d'un pied, la chaux seule fournie . . . . . . . . . . . . . . . . | 0 259 |

sable et 42 livres de sable fin ; mêlez sur une table de bois dur, placée horizontalement ; étendez alors le sable de manière qu'il ne forme pas une couche de plus de 6 pouces de haut, et mouillez-le avec de l'eau de chaux ; ajoutez en plusieurs fois 14 livres de chaux purifiée que vous mêlez bien au sable avec une truelle ; ajoutez encore par parties 14 livres de cendre d'os, et mêlez de nouveau. Plus ces mélanges seront prompts et intimes, plus tôt le ciment sera formé, et meilleur il sera. Comme il sèche plus vite que le mortier ou le stuc ordinaire, il faut l'employer sans délai, et l'appliquer en glissant la truelle. Les surfaces sur lesquelles il est employé doivent être mouillées avec de l'eau de chaux ; et, si le ciment a besoin d'être humecté, on emploie le même liquide.

On a dernièrement découvert que le manganèse est utile dans les mortiers hydrauliques quand on l'emploie de la manière suivante : Mêlez ensemble 4 parties d'argile grise, 6 d'oxide noir de manganèse, et 90 de bonne pierre à chaux réduite en poudre fine ; on calcine le tout pour chasser l'acide carbonique ; quand le mélange est refroidi, il est mêlé avec 60 parties de sable lavé, et réduit en consistance de pâte molle avec de l'eau. Un morceau de ce ciment jeté dans l'eau se durcit aussitôt. *Encyclopédie anglaise.*

## Du sable.

On fait usage à Paris de deux sortes de sable : le sable de rivière et celui de plaine.

Le premier serait préférable, mais pourtant on emploie assez généralement celui des carrières, que l'on peut regarder comme bon lorsque son grain est égal et qu'il n'est pas trop mêlé de terre.

Le sable de rivière se livre sur les bords de la Seine et sur les ports; on tire l'autre près de l'enceinte de la ville, notamment des plaines de Grenelle, des Termes et de Ménil-Montant.

Le poids d'une toise cube de sable est d'environ 17,280 livr.; c'est le pied cube 80 livres, et le mètre 2,335 livres.

Ces deux sortes de sable se vendent le plus souvent au tombereau ou bien à la toise et rendu à pied d'œuvre; le tombereau contient de 28 à 30 pieds cubes.

Celui de rivière se vend le tombereau sur le bord de la Seine 2 fr. 50 c., transport au bâtiment 2 fr. 00 c., en tout 4 fr. 50 c.; c'est la toise 32 fr. 40 c., le pied 0 fr. 15 c., et le mètre 4 fr. 50 c.

Celui de carrière ou de plaine se vend, pour le droit de carrière et chargement, 1 fr. 25 c., voiture pour le transport 2 fr. 45 c., passage à la claie et déchet 0 fr. 30 c., en tout 4 fr. 00 c; c'est le pied cube 0 fr. 13 c., la toise 30 fr. 00 c., et le mètre 4 fr. 00 c.

Pour le sable de plaine on ne perçoit aucun droit d'octroi.

### De la latte.

La latte que l'on emploie à Paris est ordinairement faite avec le cœur du chêne, et se vend au cent de bottes, rendu ou non à pied d'œuvre; chaque botte doit contenir 52 lattes portant chacune 4 pieds de longueur sur 12 à 18 lignes de large et de deux à deux lignes et demie d'épaisseur au plus.

Le cent vaut d'acquisition 150 fr., la voiture 2 fr. 00 c., au total 152 fr. 00 c.; c'est la botte 1 fr. 52 c.

Les droits d'octroi sont de 11 f. 00 c. par cent de bottes.

### Du bardeau.

Le véritable bardeau se fait avec des bouts de bois de charpente vieux ou neufs coupés à 1 pied de longueur, et que l'on débite en lattes de 15 à 18 lignes de grosseur; c'est le meilleur et celui dont on fait le moins d'usage; il se vend au mille de compte.

Quelquefois on fait usage de douves de tonneaux, ou bien de bouts de planches minces de chêne provenant du déchirage des bateaux, que l'on débite de même à 1 pied de long et que l'on refend soi-même à environ 2° de largeur; ces deux sortes de bardeau sont encore d'un très-bon usage.

Mais le plus souvent on emploie de la latte

vieille ou neuve que l'on couche les unes à côté des autres de toute leur longueur sur les solives, et que l'on fixe quelquefois en plaçant sur chaque longueur trois autres lattes que l'on cloue des deux bouts, et sur ce faible bardeau on étend le plâtre pour en former l'aire.

Le prix du bardeau fait dans Paris avec des bouts de bois de charpente revient, rendu au bâtiment, à 16 fr. 50 c. le millier.

Celui provenant de planches d'environ 5 lignes d'épaisseur en chêne de bateau, que l'on se procure dans les chantiers des marchands du Gros-Caillou, où il se livre par tas réguliers de 3, 4 ou 5 pieds sur tous sens, se vend au pied cube à raison de 1 fr., et 5 c. pour le transport; ce pied contient ordinairement 20 planchettes de 1 pied carré, ce qui porte la toise superficielle à 1 fr. 88 c.

Quant à celui provenant des vieilles futailles, lorsqu'elles se vendent 1 fr. 50 c., la toise revient à 2 fr. 25 c., attendu qu'il faut une futaille et demie, jauge d'Orléans, pour couvrir cette surface.

## Du clou.

Les maçons font usage, à part du rapointis, de trois sortes de clou, celui que l'on nomme *à bateau*, qui est un gros clou commun et de fer aigre; le même, mais vieux, que l'on nomme *clou de bateau*, parce qu'il provient de leur déchirage. L'un et l'autre tiennent lieu de rapointis pour soutenir de certains plâtres; et enfin une troisième sorte de clou fin qui sert à attacher leurs lattes : de ces trois sortes, ils ne sont dans l'obligation de fournir que la dernière, les deux autres le sont par le propriétaire.

Le clou à latte porte de 9 à 12 lignes de longueur; la livre en contient depuis 320 jusqu'à 360, selon qu'il est plus ou moins long; plus ou moins délié; il se vend 70 fr 00 c. le cent pesant, c'est la livre 0 fr 70 c.

### Prix du travail.

Les ouvriers maçons, tailleurs de pierre, et tous ceux qui dépendent de ce genre d'entreprise à Paris seulement, ne commencent leur journée qu'à 6 heures et la finissent à 6 heures du soir; de ces douze heures ils en emploient deux à leurs repas, il reste donc dix heures de travail, et cette journée leur est payée les prix suivans.

| | |
|---|---|
| Scieur de pierre | 4 00 |
| Tailleur de pierre | 3 50 |
| Poseur | 3 75 |
| Contre-poseur | 2 75 |
| Compagnon maçon | 3 25 |
| Limousin | 2 75 |
| Bardeur, Pinceur, etc. | 2 10 |
| Garçon ordinaire | 1 90 |
| Garçon servant les limousins | 1 80 |

Les journées d'hiver sont, terme moyen, de deux heures plus courtes, et leur prix n'est que d'un 7e. de moins. *Ces prix varient.*

Tableau du déchet selon la hauteur du banc qu'éprouve la pierre après avoir été équarrie ou ébousinée, par la taille postérieure des lits, des joints et des paremens. Les assises, toutes taillées, ayant en œuvre de 2 pieds 6° à 4 pieds de longueur, et hauteur savoir:

| HAUTEUR réduite des assises. | QUANTITÉ du déchet sur l'unité, en œuvre. | |
|---|---|---|
| | en pierres dures. | en pierres tendres. |
| de 10 et 11° | $\frac{21}{100}$ | $\frac{22}{100}$ |
| de 12 et 13° | $\frac{20}{100}$ | $\frac{23}{100}$ |
| de 14 et 15° | $\frac{19}{100}$ | $\frac{21}{100}$ |
| de 16 et 17° | $\frac{16}{100}$ | $\frac{18}{100}$ |
| de 18 et 19° | $\frac{14}{100}$ | $\frac{17}{100}$ |
| de 20 et 21° | $\frac{12}{100}$ | $\frac{16}{100}$ |
| de 22, 23 et 24° | $\frac{10}{100}$ | $\frac{10}{100}$ |

Lorsque la pierre tendre ou dure sera dans une construction, toute d'égale hauteur, ce qu'on nomme *appareil réglé*, il conviendra d'ajouter comme terme moyen $\frac{5}{100}$ de plus aux déchets établis ci-dessus.

## *Du bardage.*

Autrefois que la pierre ne s'employait généralement que par carreaux, boutisses et plaquis, même pour des murs de face, son transport se faisait au moyen d'un *bard*, espèce de civière, d'où dérive le mot *bardage*, qui veut dire transport, ainsi que celui de *bardeur*, homme portant le bard, et qu'on employait au nombre de six ; mais aujourd'hui que toutes les assises sont de fortes dimensions en longueur, et qu'elles portent ordinairement toute l'épaisseur du mur, on a trouvé plus commode de remplacer cet ancien équipage par des chariots à deux roues, qui ont une flèche devant et que l'on traîne au moyen de six, huit et même dix hommes, selon leur grandeur ; on se sert aussi quelquefois d'un binard, autre chariot à bascule et à quatre roues, avec un brancard dans lequel on met un cheval pour le traîner.

*Table du temps nécessaire pour barder une toise et un mètre cube de pierre dure ou tendre, à diverses distances, sur plan supposé de niveau, au moyen d'un chariot servi par six hommes dont quatre bardeurs attelés devant et deux pinceurs poussant le derrière de l'équipage.*

| DISTANCE DES BARDAGES. | | NOMBRE D'HEURES POUR LES SIX HOMMES. | | | |
|---|---|---|---|---|---|
| | | Pour une toise. | | Pour un mètre. | |
| | | heures | min. | heures | min. |
| 10 toises ou | un relais. | 88 | 50 | 12 | 5 |
| 20 ou | 2 | 96 | 40 | 13 | 9 |
| 30 ou | 3 | 104 | 30 | 14 | 13 |
| 40 ou | 4 | 112 | 20 | 15 | 17 |
| 50 ou | 5 | 120 | 00 | 16 | 21 |
| 60 ou | 6 | 127 | 50 | 17 | 25 |
| 70 ou | 7 | 135 | 40 | 18 | 29 |
| 80 ou | 8 | 143 | 30 | 19 | 33 |
| 90 ou | 9 | 151 | 20 | 20 | 37 |
| 100 ou | 10 | 159 | 00 | 21 | 41 |

Cette table présente en résultat que pour chaque relais de plus que le premier ou 10 toises, il faut par toise cube 7 heures 48 minutes, et par mètre cube une heure 4 minutes pour aller et revenir.

*Table du temps nécessaire pour monter une toise ou un mètre cube de pierre à diverses hauteurs, au moyen d'une chèvre servie par cinq hommes, dont trois employés à brayer guider et recevoir la pierre, et deux à la monter et à la barder, avec rouleaux sur l'échafaud* (1).

| MESURE DES HAUTEURS. | | NOMBRE D'HEURES POUR LES CINQ HOMMES | | | |
|---|---|---|---|---|---|
| | | Pour une toise cube. | | Pour un mètre cube. | |
| toises | mètres | heures | min. | heures | min. |
| à 1 | ou 2 | 77 | 30 | 10 | 30 |
| à 2 | | 87 | 30 | 11 | 50 |
| à 3 | | 97 | 30 | 13 | 10 |
| à 4 | | 107 | 30 | 14 | 30 |
| à 5 | | 117 | 30 | 15 | 50 |
| à 6 | | 127 | 30 | 17 | 10 |
| à 8 | | 147 | 30 | 19 | 50 |
| à 10 | | 167 | 30 | 22 | 30 |
| à 12 | | 187 | 30 | 25 | 10 |
| à 13 | | 217 | 30 | 29 | 10 |

D'après cette table on trouvera que pour chaque toise d'élévation au-dessus de la première, il

---

(1) J'ai trouvé, d'après nombre d'expériences, qu'un atelier composé, comme je viens de le dire, de cinq hommes qui montaient à chaque voyage environ 7 pieds

faut pour les cinq hommes employés, 10 heures par toise, et une heure 20 minutes par mètre cube.

30 cubes de pierre dure ou tendre, et en trente voyages une toise, employaient chacun, terme moyen, savoir : à lier ou couver la pierre, 15 minutes, à la recevoir sur les tas, la délier, descendre le câble et le harder au rouleau 12 minutes; et que pour la monter à la chèvre, il fallait pour chaque toise d'élévation 4 minutes, et en tout pour chacun des voyages à cette hauteur 31 minutes.

# De la Charpenterie.

La charpenterie étant une des principales parties qui entrent dans la composition des bâtimens, il est nécessaire de bien savoir ce qu'il faut observer pour en faire une bonne construction.

Les principales parties de la charpenterie qui entrent dans la composition des bâtimens, sont les *combles*, les *planchers*, les *pans de bois*, les *cloisons*, les *escaliers*, et principalement ceux que l'on appelle *de dégagement* ou *dérobés*; car dans les grandes maisons, les principaux escaliers sont de pierre de taille.

Vitruve donne ordinairement à la hauteur des frontons un *neuvième* de toute la longueur de la plate-bande. Cette proportion paraît un peu haute : c'est pourquoi Serlio, architecte italien, a donné une autre règle que l'on met plus en usage, et qui réussit mieux. Il donne à toute la hauteur du fronton, y compris la corniche, l'excès dont la diagonale surpasse le côté d'un carré qui est fait de la moitié de la longueur de la plate-bande du même fronton. C'est à peu près dans cette proportion que l'on fait les combles en Italie, et dans d'autres pays qui sont dans un pareil climat. Mais cette proportion ne doit pas en général être mise en usage dans les pays froids, à cause des vents, des pluies et des neiges qui y sont plus fréquens. En France, par exemple, il faut nécessairement élever les combles plus haut que dans les pays chauds; mais on les a élevés si excessivement qu'ils en sont ridicules, surtout dans les anciens bâtimens. Mansart a donné son nom aux combles brisés vulgairement appelés *combles à la Mansarde*.

Les anciens architectes français n'ont point tracé de règles certaines et déterminées de la hauteur de leurs combles, par rapport à la largeur de leurs bâtimens, que ce que nous voyons par tradition de ce qui reste des anciens bâtimens : ceux que l'on remarque de meilleure architecture ont autant de hauteur que tout le bâtiment a de largeur hors-d'œuvre; c'est-à-dire, que si le bâtiment a 6 toises de largeur, le comble doit avoir 6 toises de hauteur, ce qui est une élévation excessive. Il y en a d'autres qui se sont plus modérés; ils n'ont donné de hauteur à leur comble que le triangle équilatéral, dont les côtés font toute la largeur du bâtiment, c'est-à-dire, que de cette largeur ils en ont fait la longueur penchante du comble.

La trop grande hauteur des combles a causé encore un abus ; c'est qu'étant beaucoup élevés, on a voulu construire des logemens au-dedans, et par conséquent il a fallu faire des lucarnes pour les éclairer : ces lucarnes sont devenues si ordinaires, que l'on a cru qu'un bâtiment ne pouvait être beau sans avoir des lucarnes, et même autant qu'il y a de croisées dans chaque étage, et aussi grandes que ces croisées. On a orné ces lucarnes de pilastres, de frontons de différentes manières, avec beaucoup de dépense; on les faisait ordinairement de pierres de taille dans les grands bâtimens; mais à présent on les fait plus communément de charpenterie recouverte d'ardoise ou de plomb, aux combles qui sont couverts d'ardoise; à ceux qui le sont en tuile, on recouvre en plâtre la charpenterie des lucarnes.

Il n'y a pas d'apparence que ceux qui connaissent la bonne architecture puissent approuver les lucarnes, car c'est une partie qui est comme hors-d'œuvre, et qui ne peut entrer dans la composition d'un bâtiment sans en gâter l'ordonnance, surtout quand elles sont grandes et en grand nombre. Outre que cet ouvrage est au-dessus de l'entablement, qui est censé couronner l'habitation, et par conséquent hors-d'œuvre, il est contre la raison qu'il y ait des ouvertures considérables dans la couverture d'un bâtiment; et puisque cette couverture n'est faite que pour mettre la maison à l'abri, il semble qu'il n'est pas raisonnable qu'il y ait des trous dans une couverture, à l'exception de ceux qu'on appelle *œils de bœufs*, qui doivent donner de l'air et du jour dans les greniers, et qui ne gâtent point la figure des toits. Si l'on objecte qu'il faut des lucarnes pour monter les foins et autres choses de cette nature dans les greniers, on peut répondre que l'on ne met point de foin dans les greniers des bâtimens considérables; on le met dans ceux des bâtimens de basse-cour.

Les lucarnes ont encore occasioné un autre abus qui est contre la bonne architecture ; il consiste à couper les entablemens au droit des lucarnes, pour avoir la facilité de voir de haut en bas. Cette licence était une chose ridicule et entièrement contre le bon sens ; car l'entablement doit être le couronnement de tout le bâtiment.

On pourra objecter que le dedans des combles donne de grandes commodités, et que c'est perdre ces commodités que de n'avoir pas la liberté d'y faire des lucarnes pour les éclairer. Il est vrai que si l'on veut faire des combles aussi hauts que ceux des anciens, on perdra de la place ; mais si l'on veut modérer cette grande hauteur, et en faire de plus plats, l'on pourra retrouver ces logemens dans un étage en attique, que l'on peut faire au lieu de combles si élevés. Si l'on veut bien examiner la chose, et perdre l'habitude de voir des combles si élevés, l'on y trouvera peut-être plus de beauté et moins de dépense ; à l'égard de la beauté, les anciens Grecs qui ont perfectionné l'architecture, n'élevaient leurs toits qu'à la hauteur des frontons : on pratique encore cette manière par toute l'Italie, qui renferme les plus beaux bâtimens de l'Europe. Pour la dépense, si l'on veut examiner ce que coûte un grand comble et ce que coûterait un comble plat, soit en charpenterie, en couverture, en lucarnes, en lambris, et en exhaussemens sous le pied des chevrons, je m'assure que l'on trouvera peut-être plus de dépense que l'on en aurait faite à élever un petit étage carré, qui, formant attique, ne dépare point une décoration d'architecture. Outre cette dépense, l'on aura pour incommodité le rempant des jambes de force et des chevrons, ce qui ôte toutes les commodités des logemens en galetas, et par-dessus cela, ces mêmes logemens seront fort brûlans en été, parce que le soleil échauffe beaucoup l'ardoise et la tuile, et très-froids en hiver, en raison des vents et des neiges.

Je vais tâcher d'indiquer des règles par le moyen desquelles on puisse fixer la hauteur des combles, autant qu'il est possible. Il faut premièrement faire attention à deux choses principales; la nécessité d'élever un peu les toits en France, par les raisons que j'en ai données; et la proportion qui doit se trouver entre la hauteur des combles, et la hauteur carrée des bâtimens sur lesquels ils sont posés. Je trouve, par exemple, qu'il serait ridicule qu'à un corps de logis qui aurait 6 toises de largeur hors-œuvre, et qui n'aurait que 3 toises de hauteur jusqu'à l'entablement, on mît un comble aussi haut qu'à un bâtiment qui aurait 8 ou 9 toises de hauteur; car si le corps de logis a 6 toises, et qu'on lui donne la moindre hauteur que l'on donne à présent, qui est l'équerre, ce comble aura 3 toises de couverture, c'est-à-dire, autant de hauteur au comble que de hauteur carrée; au lieu que dans l'autre supposition, un comble de 3 toises de haut sur 8 ou 9 toises de carré, ne pourra faire qu'un bon effet, il semble que l'architecte doit avoir égard à cette réflexion, surtout aux bâtimens considérables, où les combles doivent faire partie de la beauté de l'édifice.

Mais pour en revenir à une règle modérée, j'ai cru que celle de faire les combles d'équerre était la meilleure. La pratique en est fort aisée ; ayant la largeur hors-œuvre du bâtiment, il faut prendre la moitié de cette largeur, et la mettre sur la ligne à plomb du milieu, et tirer les deux pans du comble. Soit la largeur AB de 6 toises, fig. 73, il faut mettre 3 toises de C en D, et tirer les lignes DA et DB pour les pans du comble qui sera nécessairement d'équerre ; car l'angle D est droit, puisqu'il a son sommet D dans la circonférence, et qu'il est appuyé sur un demi-cercle, ou 180 degrés.

Il y a des occasions où l'on pourra faire les combles plus bas que l'équerre, comme je l'ai dit ci-devant, de $\frac{5}{6}$ de la moitié de leur largeur ; comme si CB, moitié de AB, est 3 toises qui valent 18 pieds, il faudra mettre 15 pieds de C en E, et tirer EA et EB pour les deux pans du comble.

Si l'on veut faire des combles brisés, et en modérer la grande hauteur, l'on peut les renfermer dans un demi-cercle en cette manière. Ayant supposé la largeur de tout le bâtiment de 6 toises, comme ci-devant, et mené la ligne à plomb sur la ligne du niveau CD, fig. 74, dessus de l'entablement, il faut décrire le demi-cercle CBD, et diviser les quarts CB et BD, en deux parties égales aux points EF ; la ligne tirée entre les points EF, sera la hauteur du brisé ; et pour la partie supérieure, il faudra mener les lignes BE et BF, et l'on aura le profil d'un comble brisé fait dans un demi-cercle (1).

*Construction des combles.*

Cette construction a rapport à deux choses principales : l'une, à la quantité et à la grosseur ;

---

(1) Plusieurs désapprouvent cette méthode et celle de Daviler. Bélidor propose de diviser ce demi-cercle en cinq parties égales. La première division donnera la hauteur du brisé, et, en tirant de cette division une ligne droite au point milieu de la circonférence de ce demi-cercle, elle formera le comble. Ce comble, dit-il, aura fort bonne grâce, n'étant ni trop élevé ni trop écrasé.

Nous donnerons ici l'article *combles*, extrait des Leçons d'Architecture de M. Durand.

Les combles ont ordinairement deux égouts, et quelquefois quatre. Lorsqu'ils n'en ont qu'un, on les nomme *appentis*; leurs extrémités s'appellent *croupes* si elles ont la même inclinaison que leur côté, et *pignons* si elles sont terminées par la continuation du mur. Enfin, lorsque la corniche de l'édifice se continue en rampant le long des deux côtés inclinés du pignon, on nomme celui-ci *fronton*.

Les combles doivent être plus ou moins élevés, suivant le climat où l'on bâtit, et suivant la matière que l'on emploie à les couvrir.

Dans le nord, où la neige tombe en abondance, et séjourne long-temps sur les toits, on doit tenir ceux-ci plus élevés que dans les pays qui ne sont point sujets à ces inconvéniens.

Les combles couverts en tuile doivent aussi être moins plats que ceux qui sont couverts en ardoise, à moins que ce ne soit que des tuiles creuses. Quoi qu'il en soit, on ne peut

et l'autre, à l'assemblage des bois. Je donnerai quelques notions sur la quantité et la grosseur des

donner aux combles ni plus d'un tiers ni moins d'un sixième d'élévation.

C'est aux fausses idées de beauté et de décoration qui se sont introduites dans l'architecture, à ces idées-là seules que l'on doit les combles énormes, à la construction desquels on n'a sacrifié de si grosses sommes que pour hâter la ruine des édifices qu'ils couvrent, et pour affliger l'œil qui les considère. C'est encore à ces mêmes idées que l'on doit cette ridicule espèce de combles dont la partie supérieure est presque aussi plate qu'une terrasse, et la partie inférieure presque aussi roide qu'un mur; espèce qui, toute désagréable qu'elle est, n'en a pas moins contribué à immortaliser Mansard.

Lorsqu'un édifice est très-large, et que le comble en deviendrait trop haut, on divise celui-ci en deux, en trois, et même en un plus grand nombre de combles qui n'ont plus alors que la moitié, le tiers de la hauteur qu'aurait eue le premier, etc.

Les combles se font soit en charpente ou en menuiserie, soit en briques ou en pierres.

Les combles en charpente s'exécutent par travées ainsi que les planchers. Ces travées sont portées par des fermes composées chacune de deux *arbalêtriers* disposés suivant le rempant du comble; d'un entrait dans lequel ils s'assemblent par le bas, et qui prévient leur écartement; d'un *entrait retroussé* assemblé dans les arbalêtriers, et qui, placé dans un sens parallèle au premier, les empêche de ployer; d'un *poinçon* assemblé de même dans les arbalêtriers, et qui s'oppose à ce que l'entrait retroussé fléchisse; d'*aisseliers* qui fortifient l'entrait retroussé; enfin de contre-fiches assemblées dans les poinçons pour roidir les arbalêtriers. Ces fermes sont réunies par un faîte assemblé dans le haut des poinçons, et par un sous-faîte qui entre par assemblage dans les entraits retroussés.

bois; car pour l'assemblage, il demanderait un traité entier de l'art de charpenterie; et ce serait

---

Les fermes ainsi disposées et placées comme les poutres, ou principales pièces des planchers, sur les chaînes verticales ou soutiens engagés, on met sur les arbalétriers un ou plusieurs cours de pannes soutenues par des tasseaux et par des chantignoles; et sur ces pannes on place les chevrons qui, à leur extrémité inférieure, s'assemblent dans une plate-forme posée sur le haut du mur; et à leur extrémité supérieure portent sur le faîte.

Quand les combles forment des croupes, on met aux angles et au milieu de ces croupes des *demi-fermes* : celles des angles se nomment *demi-fermes d'arrêtier*.

Les combles en menuiserie, inventés par Philibert de Lorme, ont de grands avantages sur les combles en charpente; et si l'usage n'en est pas devenu universel, on ne doit s'en prendre qu'à la routine. Ils chargent bien moins les édifices, n'ayant besoin ni d'entrait, ni de toutes les pièces qui embarrassent l'intérieur d'un comble, ce qui est un grand objet d'économie. Ils procurent aux greniers ou aux étages supérieurs des édifices le plus grand espace qui soit possible, espace dont on peut profiter, soit pour donner plus de hauteur à l'étage inférieur, soit pour faire des logemens que l'on ne pourrait pratiquer dans un comble en charpente. Ces combles, qui, intérieurement, ont la forme d'une voûte, mais qui n'ont point de poussée, offrent un autre mérite, celui d'embrasser, par leur étendue, des espaces considérables.

Cette espèce de combles est formée par des fermes espacées d'environ un mètre; chaque ferme est composée de deux rangs de planches de 3 à 4 pieds de long, appliquées l'une contre l'autre en liaison, c'est-à-dire de manière que l'extrémité de l'une se trouve au milieu de l'autre. Ces fermes sont reliées ensemble par des liernes dans lesquelles on met des chevilles qui serrent exactement les planches entre elles.

sortir de mon sujet, à moins qu'on ne voulût prendre pour l'assemblage la disposition et l'arrangement des bois marqués par les profils que j'en donnerai. La grosseur des bois doit être proportionnée à la charge et à la portée qu'ils auront. On peut dire en général, que l'on met trop de bois en quantité et en grosseur dans les combles : de cet excès résultent deux inconvéniens, dont l'un est qu'ils coûtent davantage, l'autre, que les murs sont trop chargés. On peut savoir que les bois employés aux combles n'ont pas besoin d'être si gros, par rapport à leur longueur, que ceux que l'on emploie aux planchers ; car ceux-ci sont posés de niveau, et souffrent beaucoup plus que ceux des combles qui sont inclinés ; et on ne doit pas douter qu'une pièce de bois posée debout, ne porte sans comparaison plus dans une même grosseur et longueur, que si elle était posée de niveau : en sorte que supposant qu'une pièce de bois puisse porter par exemple 1000 étant posée de niveau, et qu'étant posée debout elle porte 3000, si on l'incline d'un demi-angle droit, elle doit porter 2000, et ainsi des autres angles plus ou moins inclinés à proportion (1).

---

Les combles en brique, outre les avantages qui leur sont communs avec les combles en menuiserie, ont celui de n'être pas sujets aux incendies.

(1) Un morceau de bois debout porte un poids si considérable, qu'il est difficile de l'apprécier ; mais il faut supposer qu'il soit contenu sur ses faces pour ne point fléchir ou se courber d'un côté ou de l'autre : néanmoins pour établir un principe géométrique qui pût servir de règle gé-

On fait les combles de différens assemblages, selon leurs grandeurs différentes, et les observations que l'on est obligé d'y faire. Je donnerai pour exemple un comble en équerre, dont la largeur dans-œuvre sera supposée de 27 pieds, qui est une largeur proportionnelle entre 3 toises et 6 toises, qui sont les dans-œuvres les plus en usage des maisons ordinaires. Les combles sont faits par travées posées ordinairement de 9 en 9 pieds, ou de 12 en 12 pieds : à chacune de ces travées l'on fait des fermes : chaque ferme est établie sur une pièce de bois que l'on appelle *tirant;* ce tirant peut aussi servir de poutre pour porter un plancher A ; le *tirant* doit avoir à peu près 15 à 19 pouces de gros, posé de champ. Les *arbalétriers* AB doivent être un peu courbés par-dessus; ils auront à peu près 8 à 9 pouces de gros; l'*entrait* C, 8 à 9 pouces; les *liens* ou *aisseliers* DD, 8 pouces; le *poinçon* E, 8 pouces; les *contre-fiches* FF, 6 à 7 pouces. Si la travée a 12 pieds, le faîte aura 6 à 8 pouces; les liens du poinçon sous le faîte, 5 à 7; les pannes, 8 pouces; les chevrons sont ordinairement de 4 pouces en carré, et sont posés de quatre à la latte. On met des

---

nérale par laquelle l'on évitera le risque de trop charger, supposant qu'un morceau porte 10 milliers étant posé de niveau, l'on dira ; le sinus o degrés est à 1000 comme le sinus de l'angle d'inclinaison est au poids que l'on cherche. Si l'angle est de 30 degrés, le morceau incliné portera 500000 ; s'il est debout, il portera 100000 ; s'il est à 45 degrés, il portera 70710, et ainsi du reste à proportion.

*plate-formes* sur l'entablement, pour poser le pied des chevrons ; ces plate-formes doivent avoir 4 à 8 pouces ; on les met parfois doubles avec des *entretoises* et des *blochets*, et quand l'entablement a beaucoup de saillie l'on met des *coyaux* NN, pour former l'égoût du comble : ces coyaux sont des bouts de chevrons coupés en biseau par le bout, fig. 75.

On peut faire le même comble avec des *jambes de force*, jusque sous l'entrait ; au lieu d'un arbalêtrier tout d'une pièce, il suffit qu'on fasse de bons assemblages B ; il faut que les jambes de force CC, soient courbées par-dessus, et aient 9 à 10 pouces de gros posées de champ ; l'entrait E, 8 à 9 pouces ; les liens ou aisseliers DD, 8 pouces ; le poinçon F, 8 pouces en carré ; les arbalêtriers GG, 6 à 8 pouces ; les contrefiches HH, fig. 76, 5 à 7 pouces, et tout le reste peut être comme dans l'exemple précédent. Si les dans-œuvres sont plus ou moins grands, il faut que les bois des combles soient plus ou moins gros à proportion.

La construction des combles brisés n'est pas beaucoup différente de celle des combles droits. On ne peut mettre que des jambes de force au premier pan AA ; ces jambes de force doivent avoir 8 à 9 pouces de gros, et être posées et assemblées sur le tirant B, lequel aura 15 à 19 pouces, parce qu'il porte un plancher (je suppose un dans-œuvre de 27 pieds) ; l'entrait D doit être posé de champ, et avoir 8 à 9 pouces ; les aisseliers EE, 7 à 8 pouces, le poinçon, 8 pouces, les arbalêtriers GG, 7 à 8 pouces : si la travée a 12 pieds, la panne du brisé aura 7 à 8 pouces. Les autres pannes et faîtes auront les mêmes grosseurs qu'aux combles ci-devant.

Voici une table pour avoir la grosseur des poutres, suivant leur longueur, donnée de 3 pieds en 3 pieds, depuis 12 jusqu'à 42 pieds :

| Longueur des poutres. | Leur largeur. | Leur hauteur. |
|---|---|---|
| Une poutre de 12 pieds aura | 10 pouc. | sur 12 po. |
| 15 | 11 | 13 |
| 18 | 12 | 15 |
| 21 | 13 | 16 |
| 24 | 13 $\frac{1}{2}$ | 18 |
| 27 | 15 | 19 |
| 30 | 16 | 21 |
| 33 | 17 | 22 |
| 36 | 18 | 23 |
| 39 | 19 | 24 |
| 42 | 20 | 25 |

On connaît, par cette règle, qu'il faut que les poutres aient toujours plus de hauteur que de largeur dans la proportion, à peu près de 5 à 6, parce qu'alors il y a plus de parties qui résistent au fardeau.

### Des planchers.

De tous les bois que l'on emploie aux bâtimens, celui des planchers souffre le plus, parce qu'il est posé de niveau ; c'est pourquoi il faut avoir soin de le choisir de bonne qualité : quand il est nouvellement coupé, et qu'il y a encore de l'humidité, soit de la sève ou autrement, et qu'on recouvre les bois aussitôt qu'ils sont posés, comme il arrive presque toujours, il est certain que l'eau qui est dans le bois, n'ayant pas été exhalée, le pourrit en peu de temps ; il faut que le bois que l'on emploie aux planchers, surtout à ceux qui doivent être plafonnés, soit coupé en bonne saison : dans le décours de la lune, quand la sève ne monte pas beaucoup, comme dans les mois de novembre, décembre et janvier, il est sûr que dans ce temps le bois a beaucoup moins d'humide et plus de consistance que quand la sève monte en abondance, parce que la végétation est alors comme assoupie. Philibert de Lorme donne un moyen que je trouve fort bon, pour faire sortir l'eau qui est dans le bois : il veut que l'on coupe les arbres tout à l'entour, et qu'on y laisse un pivot assez gros pour que l'arbre puisse demeurer debout quelque temps ; étant ainsi coupé, il est constant qu'il tombera quantité d'eau rousse qui est la matière des vers et de la pourriture du bois. Si l'on ne veut pas se servir de cette méthode, il faut qu'il y ait du temps que le bois soit coupé, et qu'il ait été mis à l'air avant de l'employer : on doit encore prendre garde que le bois soit de droit fil, et qu'il n'y ait point de nœuds qui séparent ce droit fil ; il faut aussi qu'il ne soit point roulé, qu'il soit sans aubier, parce que les vers se mettent dans l'aubier et entrent ensuite dans le corps du bois ; il faut enfin qu'il soit d'une consistance ferme et serrée, et qu'il ne soit point gras, car le bois gras ne vaut rien. On peut à cet égard consulter les ouvrages de Buffon et de Duhamel.

Il ne suffit pas de faire le choix du meilleur bois pour les planchers ; il faut encore savoir quelle doit être la grosseur des solives, par rapport à leur portée ou longueur ; la moindre des grosseurs que l'on débite est de 5 à 7 pouces : les autres grosseurs au-dessus sont ordinairement de bois de brin.

Aux travées depuis 9 pieds jusqu'à 15 pieds, on met des solives de 5 à 7 pouces ; il faut seulement observer de mettre des solives d'enchevêtrures plus fortes, surtout aux travées de 15 pieds, et que ces solives d'enchevêtrure aient 6 à 8 pouces, le tout posé de champ.

Il faut que les espaces qui sont entre les solives, n'aient que 6 pouces de distance

Aux travées depuis 15 pieds jusqu'à 25 ou 27 pieds, les solives doivent être de bois de brin : celles de 18 pieds auront 6 sur 8 pouces de gros, posées de champ.

Celles de 21 pieds auront 8 sur 9 pouces : celles de 24 à 25 pieds auront au moins 9 sur 10 pouces ; celles de 27 pieds auront au moins 10 à 11 pouces. On peut sur cette proportion régler les grosseurs des autres solives. Il faut observer de mettre toujours les plus fortes pour les enchevêtrures. Quand les bois sont bien conditionnés, ces grosseurs doivent suffire. Il faut, autant qu'il est possible, que les solives soient d'égale grosseur par les deux bouts ; s'il manque quelque chose par un bout, il faut que l'autre soit plus fort à proportion, c'est-à-dire qu'ils aient au moins ces grosseurs par le milieu, et que les espaces ne soient pas de plus de 8 pouces pour les plus grosses solives.

Quand les solives ont une grande portée, elles plient beaucoup dans le milieu, et les unes plus que les autres; c'est pourquoi il faut faire en sorte de les lier ensemble, afin qu'elles ne fassent toutes, s'il se peut, qu'un même corps, et ne plient pas plus en un endroit qu'en un autre. Il y a deux manières de les lier, dont l'une est avec des liernes, qui sont des pièces de bois de 5 à 7 pouces, posées en travers par-dessus, entaillées de la moitié dans leur épaisseur au droit de chaque solive, et ensuite de mettre de bonnes chevilles de bois, qui passent au travers de la lierne et des deux tiers de la solive, ou bien des boulons de fer passant au travers de la solive, avec un boulon par-dessous et une clavette par-dessus : la chose en est plus sûre, mais la solive est plus affaiblie.

L'autre manière est de mettre entre les solives des bouts de bois qu'on appelle *étresillons;* il faut pour cela au bout de chaque étresillon faire une petite entaille dans chacune des solives, en sorte qu'elle facilite la place de l'étresillon, et l'arrêter de manière que le bois venant à diminuer, il ne tombe point, c'est-à-dire qu'il faut faire comme une rainure, et pousser l'étresillon à grands coups avec un maillet de fer. Cette méthode étant bien exécutée, est meilleure que la première, parce qu'elle n'endommage point les solives, et que les étresillons étant bien serrés, le plancher ne fait qu'un corps, outre que cela ne passe point le dessus des solives comme les liernes.

Il faut toujours, autant qu'il est possible, poser les solives sur les murs de refend ; car quand elles portent sur les murs de face, elles en diminuent la solidité, parce que le bois enfermé pourrit avec le temps, et endommage les murs de face qui doivent faire toute la solidité d'une maison. Il n'y a pas tant d'inconvéniens à le faire porter dans les murs de refend, parce qu'ils sont comme arrêtés entre les murs de face, et sont plus propres pour porter les planchers. Comme l'on fait à présent des cintres et des corniches sous les planchers, j'estime qu'il serait mieux de mettre des sablières le long des murs, qui portent sur des corbeaux de fer, comme on le fait en beaucoup d'endroits, surtout quand les solives ne sont pas d'une grande longueur : on peut au moins, pour ne point gâter les murs, y mettre les principales solives, comme celles d'enchevêtrure et quelques autres, et entre deux mettre des linçoirs portés sur des corbeaux de fer.

### Des pans de bois.

Les pans de bois sont pour les faces des maisons, et les cloisons sont pour les séparations que l'on fait au dedans des mêmes maisons, quand on veut ménager la place, ou que l'on n'a pas besoin de faire des murs. Les pans de bois sont fort en usage aux anciens bâtimens des villes où la pierre de taille est rare ; mais à Paris où la pierre est commune, cela était un grand abus que d'en faire sur les faces des rues ; dans les cours, cela était plus tolérable.

Aujourd'hui, il est défendu à Paris de construire en pans de bois les façades sur les rues, et ce n'est qu'avec de grandes difficultés et sur des motifs péremptoires qu'on fait déroger à cette distance.

Les poteaux que l'on emploie aux pans de bois, doivent être plus forts que ceux que l'on met aux cloisons qui ne servent que de séparation ; les principaux que l'on appelle *poteaux corniers*, qui sont posés sur un angle saillant, comme à l'encoignure d'une rue, doivent être plus forts que les autres : ces poteaux portent ordinairement depuis le dessus du premier plancher, s'il se peut, jusqu'à l'entablement, et doivent avoir au moins 9 à 10 pouces de gros, parce qu'il faut que les sablières soient assemblées dedans à chaque étage. Les poteaux d'huiserie pour les croisées doivent avoir 6 à 8 pouces. Quand on est obligé de mettre des guettes ou des croix de St.-André sur des vides de boutiques ou autres, il faut que ces guettes aient au moins 6 à 8 pouces, et que tous les poteaux des pans de bois soient assemblés à tenons et à mortaises par le haut et par le bas dans des sablières. Ces sablières doivent être posées à la hauteur de chaque étage ; il faut qu'elles aient au moins 7 à 9 pouces de gros posées sur le plat ; et si elles saillent un peu au-delà des poteaux en dehors, cette saillie servira à porter les plinthes que l'on fait ordinairement au droit de chaque plancher.

Quand on pose un pan de bois d'une hauteur considérable sur un poitrail pour de grandes ouvertures de boutiques, il faut premièrement que ce poitrail soit porté sur de bonnes jambes boutisses et étrières ; c'est à quoi l'on doit bien prendre garde : car presque toutes les faces des maisons à pans de bois manquent par-là. Les poitrails doivent être d'un bois de bonne qualité et de grosseur convenable ; il ne faut pas leur donner trop de portée, c'est-à-dire que le vide de dessous ne soit point trop grand : il faut outre cela les bien asseoir sur la tablette de pierre dure qui les doit porter, et ne point mettre de cales dessous, comme font la plupart des charpentiers. Quand les deux portées d'un poitrail sont un peu gauches, par rapport au dessus des tablettes, qui doit être de niveau, il faut, avant que de poser le poitrail, tailler et en disposer les portées, en sorte qu'elles joignent précisément sur les tablettes, et que le poitrail soit posé un peu en talus par dehors : cela est d'une plus grande conséquence qu'on ne se l'imagine ; car, pour peu que le poitrail qui porte un pan de bois, ne soit pas bien posé, il déverse en dehors où est toute la charge ; et, quand il déverse d'un quart de pouce, cela fait surplomber le pan de bois quelquefois de plus de six pouces.

Pour arrêter les pans de bois avec le reste de la maison, en sorte qu'ils ne poussent point, au vide, on met ordinairement des tirans et des ancres de fer à chaque étage de la face de devant à celle de derrière; l'on fait passer ces ancres dans de bonnes clavettes de fer par dehors les pans de bois ou murs, de manière que les faces de devant et celles de derrière soient liées ensemble, et que l'une ne puisse pas sortir de sa position sans que l'autre ne la suive. Cette précaution est bonne pour les maisons ordinaires, dont les murs n'ont pas de fortes épaisseurs : car, aux grands ouvrages, l'épaisseur et la bonne construction des murs doivent suffire sans y mettre de fer. Mais dans cette précaution il y a une chose à remarquer ; c'est qu'il faut que les tirans soient précisément d'équerre sur les faces des murs ou pans de bois qu'ils doivent arrêter : car sans cela ils servent très-peu. Les pans de bois s'écartent même avant que la maison soit achevée; c'est ce que j'ai vu souvent arriver à la honte et au dommage de l'entrepreneur, pour n'en savoir pas la raison, laquelle je crois qu'il est bon d'expliquer, afin que l'on y prenne garde.

Supposons, pour cet effet, une maison, dont les murs mitoyens et de refend ne sont pas à angles droits ou d'équerre sur les murs de face, comme le présente la figure 77 ABCD : l'on pose ordinairement les tirans le long des murs mitoyens ou de refend, comme AC ; supposons que le mur de face ou pan de bois CD soit poussé en dehors par le poids de la couverture ou des planchers qui sont au dedans d'une maison, comme il arrive souvent; le tirant qui sera posé sur le mur AC, au lieu d'entretenir le mur ou pan de bois en sa place, le suivra jusqu'à ce qu'il soit arrivé à l'angle droit sur le mur de face, comme en E, car la ligne AC est plus longue que la ligne d'équerre AE : il est donc visible que cela se doit faire. A cette observation, l'on pourra m'objecter que les tirans sont souvent cloués sur des solives, et que cela peut entretenir cet allongement. Je conviens que, par ce moyen, il n'arrive pas tout ce que je viens de dire ; mais il se fait toujours quelque chose qui tend à un mauvais effet, et l'on y doit prendre des précautions.

Quand les pans de bois sont d'une grande hauteur, il est nécessaire que les bois en soient bien choisis et bien assemblés, que tout soit lié ensemble avec des équerres et des bandes de fer, en sorte que tout ne fasse, s'il se peut, qu'un même corps.

### Des cloisons.

Les unes sont pour porter des planchers, et les autres ne servent simplement que de séparation ; celles qui doivent porter les planchers ou autre chose, doivent être posées sur un mur de parpin de pierre de taille, fondé sur un solide fondement. On donne ordinairement à ces murs de parpin 10 pouces d'épaisseur : il faut que le fondement au-dessous ait assez d'épaisseur pour faire un empatement de chaque côté. Les poteaux que l'on emploie à ces sortes de cloisons, sont ordinairement de 4 à 6 pouces, quand les étages n'ont que 10 à 12 pieds de hauteur ; mais quand ils ont 14 à 15 pieds, il faut du bois de 5 à 7 pouces : s'ils sont plus haut, comme 18 à 20, l'on en met de 6 à 8 ; surtout quand les planchers que l'on doit poser dessus sont bien pesans. Il faut que les sablières aient une largeur proportionnée à l'épaisseur des poteaux qui doivent toujours être posés de plat. Aux cloisons dont les poteaux ont 4 à 6 pouces, il faut que les sablières aient 5 à 7 pouces : à celles dont les poteaux ont 5 à 7 pouces, les sablières auront 6 à 8 pouces, ainsi du reste. Il faut que le tout soit bien assemblé à tenons et à mortaises par le haut et par le bas, et ne point mettre de dent de loup pour arrêter les poteaux aux sablières ; car c'est un mauvais ouvrage.

Quand les cloisons sont recouvertes des deux côtés, et que l'on veut que les poteaux d'huisserie soient apparens, comme l'on fait dans les dortoirs des maisons religieuses, il faut que les poteaux soient de meilleur bois, et qu'ils aient au moins 2 pouces de plus que les autres, pour la charge de la latte et du plâtre de chaque côté ; il faut de plus faire une feuillure d'un pouce un quart le long desdits poteaux pour y attacher le lattis, afin que l'enduit de la cloison affleure le devant desdits poteaux. Il y en a qui, pour donner plus de grâce aux portes des cloisons, y mettent des poteaux d'huisserie, qui ont assez d'épaisseur pour faire une petite saillie hors l'enduit, et y former un chambranle : quand cela est proprement fait, l'ouvrage en est plus agréable.

Quand les cloisons doivent être maçonnées à

bois apparent, il faut que les poteaux soient lardés de rappointis à tort et à travers (Voy. *Planchers*), afin de mieux faire tenir et gripper le plâtre.

Aux cloisons qui ne servent simplement que pour faire des séparations, et qui sont posées le plus souvent sur des poutres ou des solives, c'est-à-dire, posées à faux, il faut que les poteaux soient beaucoup moins forts que ceux dont nous venons de parler, afin que ces cloisons pèsent moins; on se sert pour cela de tiers poteaux qui ont 3 à 5 pouces de gros, posés de plat. Quand les planchers sont fort hauts, l'on met des liernes par le milieu, pour empêcher que les poteaux ne plient ; ils sont assemblés dans ces liernes comme dans les sablières; ces sablières ne doivent avoir que 4 à 5 pouces. On fait ces sortes de cloisons creuses, afin qu'elles soient plus légères.

Si les cloisons ne sont pas posées sur des poutres, et qu'il faille par quelque nécessité les poser sur les solives d'un plancher, il faut faire en sorte qu'elles soient mises en travers sur plusieurs solives, afin que chacune en porte sa part ; ou si l'on est contraint de les mettre sur une seule solive, il faut les faire les plus légères qu'on peut, et y faire des décharges ; on doit aussi observer que la solive sur laquelle on pose la cloison, soit plus forte et meilleure que les autres. On pourrait même faire poser la cloison sur trois solives, en mettant des bouts de barre de fer portant sur les deux solives les plus proches de celles qui portent la cloison, et faire en sorte que la sablière porte sur ces barres de fer.

On se sert encore d'une autre sorte de cloison plus légère pour soulager les planchers : on prend des ais de bateau que l'on met entre des coulisses faites dans des sablières par le haut et par le bas, de 3 pouces d'épaisseur : on fait des languettes dans ces ais pour les passer dans les coulisses, et l'on cloue le tout contre les sablières ; quand il y a trop de hauteur et que les ais peuvent plier, l'on met des lierues dans le milieu, et l'on fait bien entre-tenir le tour dans les murs : et quand on est obligé de faire des portes dans ces sortes de cloisons, on les fait de tiers poteaux sur le plat avec un linteau de même; cela sert à lier la cloison : on doit laisser un peu de distance entre les ais, afin qu'étant lattés et recouverts, le plâtre s'y engage mieux.

## Des escaliers.

Les principaux bois que l'on emploie aux escaliers, sont les patins sur lesquels ils sont posés; les limons dans lesquels on assemble des marches ; les poteaux pour poser les limons; les pièces de palier; les noyaux; les pièces d'appui; les balustres et les marches. On ne se sert plus guère de noyaux posés de fond, à moins que l'on n'y soit contraint par le peu de place, parce qu'un vide dans le milieu d'un escalier a bien plus d'agrément : l'on fait porter le tout en l'air, de pièces de palier en pièces de palier; il ne s'agit que de savoir bien faire l'assemblage, et faire tenir le tout par de bonnes décharges avec des boulons de fer. Comme la commodité et la beauté d'un escalier sont d'un grand ornement dans une maison, c'est une partie qu'il faut bien étudier et faire bien exécuter ; le plus difficile dans l'exécution, ce sont les courbes rampantes pour les limons, quand il faut les faire tournantes ; et c'est ce que peu de charpentiers entendent bien. Si c'était ici le lieu, j'en donnerais la description et la pratique ; mais je sortirais de mon sujet ; il me suffit d'avertir qu'on prenne pour cela les meilleurs ouvriers.

Quand on veut faire un escalier, il faut qu'il soit posé solidement sur un mur d'échiffre, lequel doit être solidement fondé ; on met au rez-de-chaussée une assise de pierre, sur laquelle on pose les patins où doivent être assemblés les poteaux qui portent les limons ou les noyaux posés de fond.

Les patins sont de bois de 8 à 9 pouces, les poteaux de 4 à 6 pouces : aux escaliers un peu grands, on fait les limons à proportion de leur longueur de 6 à 8 pouces posés de champ, et on fait une entaille dedans d'un bon pouce pour porter les marches : outre la mortaise qui sert pour l'assemblage de ces marches, l'on fait une moulure aux arrêtes des limons par dessus et des deux côtés.

Aux balustres de bois, qui ne sont plus en usage, on a substitué une rampe de fer à barreaux droits ou à arcades ou autrement, selon l'importance du lieu : l'on met quelquefois un appui en bois de noyer ou d'acajou par-dessus la rampe de fer pour la rendre plus propre et plus commode.

Les marches que l'on emploie aux escaliers doivent être pleines tant en hauteur qu'en largeur. Elles doivent avoir 5 à 7 pouces, posées à plat, c'est-à-dire 5 pouces sur le devant de la marche, et 7 pouces sur le plat. On ne prend du bois que de 4 à 6 pouces pour les petits escaliers. On doit faire une moulure au devant de chaque marche d'un demi-rond et d'un filet, cela donne plus de giron aux marches et plus d'agrément aux escaliers. On fait les pièces de palier de grosseur proportionnée à leur longueur; par exemple, de 5 à 7, de 6 à 8, de 8 à 9 pouces, et même de plus s'il est besoin : comme les pièces de paliers portent presque toutes les secondes rampes des escaliers, il faut les choisir de bois de bonne qualité.

En général, les escaliers doivent être faits de manière qu'ils adoucissent, par leur commodité et leur beauté, la peine que l'on a de monter et de descendre, c'est-à-dire qu'ils aient une entrée agréable, un tour commode, et qui ne soit pas pris de trop court, qu'ils soient bien éclairés, que les marches en soient douces, et pour cela il faut qu'elles n'aient que 5 ou 5 pouces et demi de hauteur, car à 6 pouces elles sont trop rudes. Aux moyens escaliers, les marches doivent avoir 1 pied de giron sans moulure; on peut donner quelques pouces de moins aux petits escaliers. Quand l'on a une place assez ample pour faire un bel escalier, on doit donner 15 pouces de giron sans la moulure, sur 5 pouces de haut. Cette proportion convient fort au pas : il y a des grands escaliers où l'on donne jusqu'à 18 pouces de giron aux marches, mais elles n'en sont pas plus commodes, car l'on a de la peine à faire de chaque marche un pas.

### Toisé des bois de charpente.

L'usage est de réduire les *bois de charpente* à une solive ou pièce de bois de 12 pieds de long sur 6 pouces en carré, dont les cent pièces ou solives font un *cent de bois*, ou à une autre solive de 6 pieds de long sur 8 à 9 pouces de gros, ce qui revient au même; en sorte qu'il faut que la pièce de bois qui sert de commune mesure au cent, contienne 5184 pouces cubes, qui valent 3 pieds cubes de bois. Telle est celle qui a 12 pieds de long sur 6 pouces en carré : car si l'on multiplie 6 pouces par 6 pouces, on aura 36 pouces pour la superficie du bout de la pièce; ces 36 étant multipliés par 144 pouces, valeur de 2 toises en longueur de la solive, on aura 5184 pouces cubes. L'autre solive de 6 pieds donnera le même produit; car si l'on multiplie 8 par 9, l'on aura 72 pouces pour la superficie du bout de la solive; ces 72 pouces multipliés par 72, qui est la quantité de pouces contenue dans la longueur d'une toise, on aura 5184 pouces cubes, comme ci-dessus.

Sur ce principe, tous les bois dont les côtés multipliés l'un par l'autre produiront le nombre 36, 2 toises en longueur feront une pièce de bois ; et pour tous ceux dont les côtés multipliés l'un par l'autre, produiront 72, une toise en longueur fera aussi une pièce de bois : ce qui peut être connu par les parties aliquotes de chacun de ces deux nombres 36 et 72. Par exemple, le nombre 36 a pour parties aliquotes 2, 3, 4, 6, 9, 12, 18 : ces nombres sont tous dans une telle disposition, que si l'on multiplie l'un par l'autre les extrêmes de 2 en 2 également distans du 6, ils produiront le nombre de 36, comme 2 par 18, 3 par 12, 4 par 9, et 6 par 6 lui-même : en sorte qu'ayant des bois de ces grosseurs, et de 2 toises en longueur, ils vaudront une pièce de bois au cent.

Le nombre de 72 a pour parties aliquotes le nombre 2, 3, 4, 6, 8, 9, 12, 18, 24, 36 : ces nombres sont encore disposés de manière que, si l'on multiplie les extrêmes de 2 en 2, ils produiront le nombre 72, comme 2 par 36, 3 par 24, etc., en sorte qu'ayant à compter une pièce de bois de ces grosseurs, une toise de longueur vaudra une pièce de cent.

On peut encore, par d'autres combinaisons de ces parties aliquotes, savoir la valeur des parties d'une pièce de bois par rapport à la toise ; comme si une pièce de bois a 2 sur 3 pouces de gros, elle vaudra $\frac{1}{11}$ de pièce au cent. La table suivante fera connaître mieux ce détail.

## Table.

Une pièce de bois de $\begin{cases} 2 \text{ sur } & 4 \text{ vaut } & 1/9 \\ 2 & 6 & 1/6 \\ 2 & 9 & 1/4 \\ 2 & 12 & 1/3 \\ 2 & 18 & 1/2 \end{cases}$

Une pièce de bois de $\begin{cases} 3 \text{ sur } & 4 \text{ vaut } & 1/6 \\ 3 & 6 & 1/4 \\ 3 & 8 & 1/3 \\ 3 & 12 & 1/2 \\ 3 & 18 & 3/4 \\ 3 & 24 & 72 \text{ ou l'entier.} \end{cases}$

Une pièce de bois de $\begin{cases} 4 \text{ sur } & 6 \text{ vaut } & 1/3 \\ 4 & 9 & 1/2 \\ 4 & 12 & 2/3 \\ 4 & 18 & 72 \text{ ou l'entier.} \\ 4 & 24 & 1 \text{ pièce } 1/3. \end{cases}$

Une pièce de bois de $\begin{cases} 6 \text{ sur } & 6 \text{ vaut } & 1/2 \\ 6 & 8 & 2/3 \\ 6 & 9 & 3/4 \\ 6 & 12 & 72 \text{ ou l'entier,} \\ 6 & 18 & 1 \text{ pièce } 1/2. \\ 6 & 24 & 2 \text{ pièces.} \end{cases}$

Une pièce de bois de $\begin{cases} 8 \text{ sur } & 8 \text{ vaut } & 8/9. \\ 8 & 9 & 72 \text{ ou l'entier.} \\ 8 & 12 & 1 \text{ pièce } 1/3. \\ 8 & 18 & 2 \text{ pièces.} \\ 8 & 24 & 2 \text{ pièces } 2/3. \end{cases}$

Une pièce de bois de $\begin{cases} 9 \text{ sur } & 9 \text{ vaut } & 1 \text{ pièce } 1/8. \\ 9 & 12 & 1 \text{ pièce } 1/2. \\ 9 & 18 & 2 \text{ pièces } 1/4. \\ 9 & 24 & 3 \text{ pièces.} \end{cases}$

Voilà à peu près les différentes combinaisons que peuvent produire les parties aliquotes de 72 par rapport à la toise. On peut faire des tables de tous les nombres d'après lesquels les bois peuvent être équarris ; ceux dont les grosseurs multipliées l'une par l'autre seront au-dessous de 72 ou d'une toise de longueur, seront toujours moindres qu'une pièce de bois au cent : s'ils tombent dans les parties aliquotes, ils seront toujours $\frac{1}{294784}$ ; et pour ceux qui tomberont dans d'autres nombres, il faudra compter la plus prochaine partie aliquote de 72, qui sera au-dessous, et mettre le reste en pouces, dont les 72 font la pièce : par exemple, si c'est une pièce de bois qui ait 6 sur 6, la multiplication sera 42, dont la plus prochaine partie aliquote au-dessous est 36, qui vaut une demi-pièce, et il reste 6 pouces ou $\frac{1}{12}$. Deux toises en longueur de cette même grosseur vaudront une pièce et 12 pouces ou $\frac{1}{6}$, 3 toises vaudront une pièce et 54 pouces ou $\frac{3}{4}$ ; et ainsi du reste.

La règle à mon sens la meilleure pour réduire les bois à la pièce, est de multiplier les côtés l'un par l'autre, et d'en diviser le produit par 72, puis multiplier cette division par toises ou parties de toises, que chaque pièce de bois contient en longueur : si une pièce de bois a 12 sur 15, cela produira 180, qui, divisé par 72, donnera 2 pièces $\frac{1}{2}$ pour chaque toise en longueur ; il faut multiplier 2 $\frac{1}{2}$ par 6, et l'on aura 15 pièces ; et ainsi du reste.

## Autre méthode plus générale.

L'on multiplie entre elles les trois dimensions de la pièce de bois, puis l'on divise le produit par 5184. Le quotient exprime combien cette pièce en contient de 6 sur 6 et de 144 pouces de longueur qu'on a choisie pour unité principale.

### Table de la réduction des longueurs des bois employés dans les bâtimens.

Tout bois, quelque petit qu'il soit,
est compté pour . . . . . . . . . . . . . . 1 pi. 1/2 ou 0 tois. 1/4
   Ensuite jusqu'à 2 pieds pour. . . . 2 pi.     ou 0 tois. 1/3
2 pi.     jusqu'à 3 pi. 1 po.    pour 3 pi.     ou 0 tois. 1/2
3 pi. 2 po. jusqu'à 4 pi. 8 po. 3/4 pour 4 pi. 1/2 ou 0 tois. 3/4
4 pi. 9 po. jusqu'à 6 pi. 2 po.    pour 6 pi.     ou 1 tois. 0
6 pi. 3 po. jusqu'à 7 pi. 8 po. 3/4 pour 7 pi. 1/2 ou 1 tois. 1/4
7 pi. 9 po. jusqu'à 9 pi. 3 po. 3/4 pour 9 pi.     ou 1 tois. 1/2
9 pi. 4 po. jusqu'à 10 pi. 8 po. 3/4 pour 10 pi. 1/2 ou 1 tois. 3/4
10 pi. 9 po. jusqu'à 12 pi. 4 po. 3/4 pour 12 pi.     ou 2 tois. 0
12 pi. 5 po. jusqu'à 13 pi. 8 po. 3/4 pour 13 pi. 1/2 ou 2 tois. 1/4
13 pi. 9 po. jusqu'à 15 pi. 4 po. 3/4 pour 15 pi.     ou 2 tois. 1/2
15 pi. 5 po. jusqu'à 16 pi. 8 po. 3/4 pour 16 pi. 1/2 ou 2 tois. 3/4
16 pi. 9 po. jusqu'à 18 pi. 4 po. 3/4 pour 18 pi.     ou 3 tois. 0
18 pi. 5 po. jusqu'à 19 pi. 8 po. 3/4 pour 19 pi. 1/2 ou 3 tois. 1/4
19 pi. 9 po. jusqu'à 21 pi. 4 po. 3/4 pour 21 pi.     ou 3 tois. 1/2
21 pi. 5 po. jusqu'à 22 pi. 8 po. 3/4 pour 22 pi. 1/2 ou 3 tois. 3/4
22 pi. 9 po. jusqu'à 24 pi. 6 po.    pour 24 pi.     ou 4 tois. 0

Ensuite la progression va de demi-toise en demi-toise pour les bois de qualité, comme poutres, poutrelles, tirants, sablières, etc., et non pour les petits bois, comme chevrons, poteaux, solives et autres bois bâtards. Je dis qu'une poutre ou autre bois de 25 pieds de long, est comptée pour 4 toises et demie, comme celle de 26 ou 27 pieds; une autre de 28 pieds, 29 pieds et 30 pieds pour 5 toises, et ainsi des autres longueurs. La raison en est toute simple.

Le charpentier peut couper dans une pièce de 25 pieds, 2 pieds de bois, qui dans l'emploi lui seront comptés pour 3 pieds ou une demi toise, et les 23 pieds restans lui seront comptés 4 toises: mais comme il est obligé d'employer la pièce de 25 pieds dans toute sa longueur, il perdrait une demi-toise de bois à gagner.

Plusieurs commencent cette progression de 3 pieds en 3 pieds à la longueur de 18 pieds, d'autres à 21 pieds. En général, on peut sans injustice comprendre dans cet usage toute pièce de bois amenée seule au fardier dans le bâtiment.

Les bois carrés se vendent sur les ports de Paris en progression arithmétique de 3 pieds en 3 pieds, et se comptent, étant employés dans la construction, en même progression de 18 pouces en 18 pouces.

Les bois marchands positivement n'ayant pas les longueurs justes de 6, 9, 12, 15, 18, 21, 24 pieds, etc., l'usage a adopté le pied marchand, qu'on appelle *pied avant*, *pied arrière*, par le moyen duquel une longueur de 5 ou 7 pieds est payée 6 pieds ou une toise, 8 et 10 pieds pour 9 pieds ou 1 toise et demie, 11 et 13 pieds pour

12 pieds ou 2 toises, etc. C'est ainsi que les marchands, en vendant leurs bois aux charpentiers, les mesurent.

Dans les bâtimens tous les bois se mesurent en longueur déterminée de 18 pouces en 18 pouces ou un quart de toise. La plus petite mesure est de 18 pouces ou un quart de toise, quelque petit que soit le morceau de bois ; ensuite de quart de toise en quart de toise ; savoir, 3 pieds, 4 pieds et demi, 6 pieds, 7 pieds et demi, 9 pieds, 10 pieds et demi ; 12 pieds, 13 pieds et demi ; et jusqu'à 21 pieds, où commence la progression de demi-toise en demi-toise, ou de 3 pieds en 3 pieds.

Il faut observer que les longueurs qui ne sont point dans la progression du marchand, sont comptées de la mesure la plus voisine ; par exemple, 7 pieds 3 quarts sont comptés pour 9 pieds, parce qu'il est supposé que ces 7 pieds 3 quarts ont été coupés dans une des longueurs de 8 pieds, 11 pieds, 14 pieds, 17 pieds, etc., qui ont été payées 9, 12, 15, 18, etc. Si ces 7 pieds 3 quarts n'étaient comptés que 7 pieds et demi, le charpentier serait en perte d'un quart de toise.

Pour déterminer de quelle longueur doit être comptée une certaine pièce de bois employée, il faut chercher la longueur de toise la plus prochaine en arrière, et la supposer faible, la diviser en autant de quarts qu'elle en contient : si cette longueur contient un quart juste en sus de ce qu'elle doit contenir, elle sera comptée de même ; si elle ne le contient pas juste, ce quart en sus ne sera pas compté.

*Exemple.* Je suppose un morceau de bois de 6 pieds 3 pouces de long, je dis qu'il doit être compté pour 5 quarts de toise ou 7 pieds et demi, et s'il n'a que 6 pieds 2 pouces, il ne sera compté que pour 4 quarts ou une toise. Voici comme je le démontre.

La toise se divise en 4 quarts : et 5 pieds, qui est la plus faible mesure de la toise, se divise de même, et chaque division est de 1 pied 3 pouces. Or, dans 6 pieds 3 pouces, il y a cinq fois 1 pied 3 pouces juste ; donc, 6 pieds 3 pouces doivent être comptés pour 5 quarts de toise, ou 7 pieds et demi. Mais 6 pieds 2 pouces ne contiennent pas juste cinq fois 1 pied 3 pouces ; ils doivent donc être comptés pour 4 quarts ou une toise.

La seconde mesure est 9 pieds ou 1 toise et demie, qui contient 6 quarts de toise, et sa faible longueur est 8 pieds qui, divisée en 6, donne pour chaque quart un pied 4 pouces. On veut savoir de quelle longueur on doit compter 9 pieds 9 p. suivant le principe ci-dessus : ils seront comptés pour 7 quarts de toise ou 10 pieds et demi, parce que 9 pieds 4 pouces contiennent juste 7 fois 1 p. 4 pouces : et 9 pieds 3 pouces 11 lignes ne peuvent être comptés que pour 6 quarts de toise, parce qu'ils ne contiennent pas juste 7 fois 1 pied 4 pouces : ainsi des autres.

## Table des divisions en quarts sur les faibles longueurs relatives à la toise.

| | | | | | |
|---|---|---|---|---|---|
| 5 pi. ou | 1 t. contient | 4 quarts et sa div. est | 1 pi. | 3 po. | 0 l. |
| 8 | 1 1/2 | 6 | | 4 | 0 |
| 12 | 2 | 8 | 1 | 4 | 6 |
| 14 | 2 1/2 | 10 | | 4 | 9 1/5 |
| 17 | 3 | 12 | | 5 | 0 |
| 20 | 3 1/2 | 14 | | 6 | 1 1/7 |
| 24 | 4 | 16 | 1 | 5 | 3 |

Quant aux intervalles qui sont entre 7 pieds et demi et 8 pieds, on en donne la moitié au propriétaire et l'autre moitié au charpentier, de façon que 7 pieds 8 pouces 11 lignes seront comptés pour 7 pieds et demi ou 5 quarts de toise, et 7 p. 9 pouces pour 6 quarts de toise ou 9 pieds. De même 10 pieds 8 pouces 11 lignes seront comptés pour 7 quarts de toise ou 10 pieds et demi, et 10 pieds 9 pouces pour 8 quarts de toise ou 12 p. ; ainsi des autres.

Pour éviter l'embarras de mesurer les bois de charpenterie suivant cet usage, dans lequel il peut y avoir de l'abus, on a trouvé une autre manière de les toiser, que l'on appelle *toiser les grosseurs et les longueurs mises en œuvre.* Par cette manière, l'on ne compte précisément que les longueurs mises en œuvre, sans avoir égard si les bois coupés dans les forêts sont plus ou moins longs ; c'est à l'entrepreneur à prendre ses précautions là-dessus; mais aussi le cent de bois en doit être plus cher à peu près d'un neuvième ou d'un dixième : il n'y a après cela plus de contestation, car les grosseurs des bois ne changent point dans l'une et l'autre méthode, ainsi qu'il a été expliqué.

Au reste, l'on peut connaître, par tout ce que je viens de dire, à peu près la manière dont les bois de charpenterie mis en œuvre doivent être mesurés : il n'y a que quelques petits usages à observer ; comme quand une pièce de bois est considérablement moins grosse à un bout qu'à l'autre, il faut prendre la moitié des deux grosseurs prises ensemble par les deux bouts, ou prendre la grosseur par le milieu (1). On doit

---

(1) I. « Pour prendre les grosseurs des bois, il faut voir si la pièce est carrée, la mesurer de sa grosseur ; mais si elle est flâcheuse, qu'il y manque quatre arrêtes, il la faut équarrir, c'est-à-dire, rabattre la moitié des flâches pour remplir les autres. Et si par hasard la pièce n'avait qu'une arrête, qu'il y eût trois flâches, il faut rabattre les trois quarts du plus grand, le reste sera la grosseur de la pièce ; s'il n'y en a que deux, rabattre la moitié du plus grand ; et s'il n'y en a qu'un, en ôter le quart. »

« Si la pièce était équarrie, en sorte qu'il y eût peu de flâches, c'est-à-dire, un peu d'un côté, un peu d'un autre, qui ne soient pas dans le milieu de la pièce, il est de la conscience de l'expert de diminuer de la grosseur à proportion de la grandeur desdits flâches ; mais s'ils se rencontrent au milieu où se doit mesurer la grosseur de ladite pièce, quoiqu'ils ne règnent pas d'un bout à l'autre, il ne faut pas laisser de les diminuer, car *c'est du milieu que dépend la grosseur*, et de nécessité il faut que le bois soit carré. »

« Si lesdits flâches étaient trop grands, et que la pièce fût presque ronde sans arrête par le milieu, et que le reste fût carré, il faudrait prendre les grosseurs des deux extrémités

aussi avoir mesuré les courbes, tant pour les cintres que pour les escaliers, de la grosseur qu'elles étaient avant que de les avoir travaillées, afin que l'entrepreneur ne perde point une partie du bois qu'il a fallu ôter pour former ces courbes.

___

de la pièce, les joindre ensemble, puis en prendre la moitié, qui sera la grosseur pour toute la longueur de ladite pièce, à la réserve qu'il ne faut point comprendre la longueur des flaches, quand elle aurait jusqu'à 3 pieds de long au-dessus de 4 pieds, et au-dessous d'un pied et demi; et si lesdits flaches passent ces longueurs, ils seront diminués en toute l'étendue, comme s'ils régnaient d'un bout à l'autre, comme il a été dit. »

« Il est encore à considérer que si les bois ne sont pas bien équarris, comme quelquefois il s'en trouve qui ne le sont qu'en la superficie, de sorte qu'il n'y a presque que la seule écorce d'ôtée de chaque côté, ainsi qu'il se remarque quelquefois aux bois qui viennent de Picardie, et souvent d'autres endroits; quand cela se trouve, il les faut équarrir comme le bois en grume abattu » CARON.

II. Les petits usages à observer consistent encore en ce qu'une solive de 5 et 7 pouces de gros est comptée comme si elle avait six pouces, et par conséquent son produit est 36 et non 35, parce que cette grosseur de 5 et 7 pouces est censée remplacer la solive de 6 pouces. C'est sous cette condition qu'on a engagé les marchands de bois à faire débiter des solives de cette grosseur, qui, leur produisant moins de bois, produisent au public un service supérieur : mais il faut avouer que l'usage seul peut expliquer, et non la raison, dit Séguin, que des solives de 5 à 7 soient comptées pour 36 pouces.

III. En solives ou autres bois posés horizontalement, il est bon de ne point souffrir de bois carré, mais qu'il soit tout méplat et posé de champ. J'entends par bois carré, le 5 pouces, le 6 pouces, le 7 pouces, etc. On peut les employer debout ou inclinés.

A l'égard des escaliers, quand on y fait des balustres carrés poussés à la main, deux balustres doivent valoir une pièce; et quand les balustres sont tournés, il en faut quatre pour faire une pièce; pour les moulures que l'on fait aux appuis et aux limons, on les estime en particulier.

Quand on fait un devis pour la charpenterie, il faut marquer toutes les grosseurs que les bois doivent avoir dans chaque espèce d'ouvrage, et même dans chaque pièce du bâtiment, quand ils doivent être de différentes grosseurs, afin que l'entrepreneur n'y en mette point de plus gros qu'il faut, car c'est son avantage, et l'ouvrage n'en est pas meilleur; au contraire, cela ne sert qu'à charger les murs, et augmenter la dépense. C'est pourquoi l'on met dans les marchés que si les bois passent les grosseurs marquées dans le devis, ils ne seront point comptés.

## *Observations.*

Le toisé de la charpenterie n'a point été imaginé sans quelque fondement. Son avantage au-dessus de celui qu'on appelle *bout avant*, renferme le bénéfice du charpentier, ses frais de voiture, la perte et le déchet de ses bois.

Un marchand peut savoir ce qu'il gagne sur sa marchandise; mais un charpentier ne peut moralement pas savoir le bénéfice qu'il fait sur un bâtiment, parce que les avantages du toisé sont incertains dans leur fixation. Le premier avantage est la *plus-longueur* des bois d'achat, et le second, l'industrie de les savoir placer à propos pour les faire valoir le plus qu'il est possible : c'est une des plus sérieuses études des maîtres charpentiers ; mal à propos les blâme-t-on dans cette partie ; il est indifférent à un particulier qui a besoin de 8 morceaux de bois de 5 pieds de long, que le charpentier les coupe dans une pièce de 15 pieds, ou qu'il les lui donne séparés, tels qu'il les a achetés sur les ports ; il est égal pour celui qui fait bâtir, de payer 850 fr. pour 120 pièces de bois toisées d'une façon, ou 850 fr. pour la même quantité de bois qui, par l'autre méthode, n'en produirait que 100 pièces.

*Articles préliminaires servant au toisé de la charpenterie.*

Les 15 articles suivans sont les élémens du toisé de la charpenterie dans Paris et aux environs.

1°. Le charpentier doit trouver le compte de ses bois, toujours plus, jamais moins.

2°. S'il se trouve quelque difficulté, la balance doit pencher du côté de l'ouvrier, sans faire tort au propriétaire.

3°. La longueur et grosseur des bois est toujours prise à rigueur.

4°. Tout bois est, ou doit être censé droit, et équarri sur ses quatre faces, quelque figure qu'il ait dans l'emploi. S'il ne l'est pas, il faut chercher la longueur et grosseur de la pièce de bois équarri dont il est sorti.

5°. La grosseur des bois se prend dans leur milieu, et on comprend dans leur longueur les tenons ou portées.

6°. Tout bois qui n'a point d'assemblage, qui n'est tenu que par des chevilles, chevillettes, ou dents de loup, le tout de fer, est compté de sa longueur et grosseur, et n'a point l'avantage du plein.

7° On ajoute à la longueur des solives d'un plancher prise en dans-œuvre des murs, 1 pied pour les deux portées ou scellemens, s'il n'y a attachement contraire : alors les attachemens ne concernent que les principales et maîtresses pièces, et non les solives ordinaires.

8°. Aux bois assemblés, on compte 4 pouces pour chaque tenon dans les principales pièces, et 3 pouces dans les moyennes et les petites.

9°. Aux marches d'escaliers, on ajoute à leur dans-œuvre 6 pouces pour leurs portées; savoir : 4 pouces en mur ou pan de bois, et 2 pouces dans le limon.

10°. Les solives de remplissage entre deux solives d'enchevêtrure au devant d'une cheminée, ou d'un tuyau passant seulement, sont comptées de la même longueur que les solives d'enchevêtrure; mais on ne compte point le chevêtre.

11°. Au restant d'un plancher, *linçoirs sans portées*, ou *portées sans linçoirs*; c'est-à-dire que si on compte les solives assemblées dans les linçoirs de la longueur des solives d'enchevêtrure avec leurs portées, on ne compte point les linçoirs : si au contraire on veut compter les linçoirs, la longueur de ces solives de remplissage se prend d'après le nu extérieur du linçoir ; et, s'il se trouve deux linçoirs aux deux bouts, on compte le plus fort.

12°. Toute longueur de bois qui recevra assemblage d'un ou des deux bouts, et qu'on réduira à une longueur commune, sera comptée et tirée en ligne dans la partie de toise la plus proche de sa longueur de 1 quart de toise en 1 quart de toise, à l'exception des tournisses.

13°. Deux tournisses étaient comptées autrefois pour un poteau de la longueur qu'il aurait entre les deux sablières, à laquelle longueur on ajoutait 6 pouces pour les deux tenons. Mais aujourd'hui elles sont comptées séparément de leur longueur, à laquelle on ajoute un tenon seulement.

14°. Tout petit bois d'assemblage assemblé et chevillé, quel qu'il soit, est compté de même, savoir : deux pour un poteau entre les deux sablières, la grosseur prise à part.

15°. Tout bois sur lequel on aura fait une levée considérable au-dessus de sa valeur, sera toisé à l'ordinaire; mais la levée sera déduite, estimation faite de la valeur du trait de scie : si cette levée n'excède pas le sixième de la valeur de la pièce de bois, on ne déduira rien.

## I. *Toisé des combles en général.*

Les combles sont composés de faîtages (sous-faîtages en quelques endroits), liens, aisseliers, poinçons, pannes de bresy (ou brisé), pannes de devers, contrefiches, chantignoles, jambes de force, jambettes, chevrons, coyaux, empanons, arbalétriers, arrêtiers, blochets, plate-formes, entraits, sous-entraits, entraits retroussés, etc. Tous ces différens bois qui tirent leur nom de leur place et de leur assemblage, se toisent sur leur longueur et grosseur, y compris leurs portées, tenons, joints et recouvremens, et chaque morceau est calculé pour ce qu'il est ou doit être.

Les bois cintrés ou courbes, doivent être comptés comme ils étaient avant d'être employés ; la meilleure méthode, et c'est l'usage, est de bander un cordeau d'une extrémité à l'autre de la pièce de bois courbe ou cintrée, et d'en prendre la grosseur au milieu. Par exemple, une jambe de force courbe par le bas, soit que cette courbe soit naturelle ou non, est réduite dans un cube de bois droit, comme si véritablement cette courbe fût sortie d'une masse de bois plus forte, et eût été élégie en dedans; ainsi de même de tous les bois courbes ou cintrés.

Les bois élégis sont de même espèce : leur grosseur doit être prise dans le plus fort du bois apparent.

Les bois abattus en chamfrin, comme les pannes, les empanons, etc., sont toisés de toute leur longueur, chacun en particulier, y compris le chamfrin.

Les plates-formes qui reçoivent le pas des chevrons, sont toisées de leur longueur, en y ajoutant les queues d'hirondes, et leur grosseur s'en prend comme aux autres bois. Il y a cependant une observation à faire : c'est que si ces plate-formes ont, par exemple, 4 pouces et demi et 12 pouces, elles doivent être comptées pour 5 pouces, suivant les premier, second et troisième principes.

Les tasseaux avec les chantignoles attachées sur les arbaletriers, sur lesquelles reposent les pannes de devers, sont évalués 1 quart de pièce ou 1 pied 6 pouces.

## II. *Des planchers en général.*

Les planchers sont composés de solives disposées de trois façons. Elles sont parallèles aux murs de face, aux murs de refend, ou assemblées dans des coyers. On appelle *coyer*, une maîtresse solive posée en diagonale, qui reçoit l'assemblage des solivaux en empanons.

On distingue les solives par différens noms, que leur position leur donne. Les principales et maîtresses solives sont celles d'*enchevêtrure*, qui sont scellées des deux bouts dans les murs, qui reçoivent l'assemblage des chevêtres, linçoirs, liernes, etc. On nomme solive *boiteuse*, une solive d'enchevêtrure scellée d'un bout dans le mur, et assemblée de l'autre dans une principale pièce de bois.

Les solives qui sont scellées des deux bouts dans les murs, ou portées sur des lambourdes, se nomment simplement *solives*; et celles qui sont assemblées dans des chevêtres ou linçoirs, se nomment *solives de remplage* ou *remplissage*. Les soliveaux sont de petites solives qui remplissent et garnissent les trop grands vides.

Il y a encore une espèce de solives assemblées dans des coyers, qu'on nomme *empanons*.

Dans une enchevêtrure de cheminée, l'usage est de compter les solives de remplissage de la même longueur que les solives d'enchevêtrure, mais on ne compte point les chevêtres, suivant le dixième principe, ce chevêtre et l'assemblage compensant la longueur qui manque. Cet usage est de temps immémorial. Il n'y a que cette espèce d'enchevêtrure. Les assemblages dans les linçoirs ne l'ont point, comme nous le dirons ci-après, parce qu'autrefois on ne faisait point dans les planchers d'autres assemblages que ceux-là.

Si, dans une enchevêtrure, il se trouve aux deux extrémités deux âtres de cheminée, ou deux passages, un âtre d'un bout et un passage de l'autre, il y aura de nécessité deux chevêtres : après avoir compté les solives comme ci-dessus, on comptera ensuite celui des deux chevêtres qu'on jugera à propos.

Autrefois les autres solives qui formaient un plancher étaient ou scellées dans les murs, comme les solives d'enchevêtrure, ou portaient nuement d'un bout sur des lambourdes qui étaient au long des murs portées sur des corbeaux de bois, de pierre ou de fer, et de l'autre bout sur des poutres ou sur des lambourdes attachées sur les côtés de ladite poutre, sans aucun assemblage; mais depuis qu'on a imaginé les plafonds, on a supprimé les poutres, ou on les a mises dans l'épaisseur des planchers, et on a rentré de même ces lambourdes dans lesquelles on a assemblé les solives à tenons et mortaises. Les lambourdes en cet état ont changé de nom, et ont été appelées *linçoirs*. Ceux-ci ne diffèrent des chevêtres, qu'en ce que le chevêtre est accompagné d'une cheminée, et que les linçoirs doivent être écartés des murs de 5 à 6 pouces.

La conformité du linçoir avec le chevêtre a occasioné bien des querelles pour former un usage dans le toisé; les toiseurs les plus expérimentés ont pris le milieu, donnant l'option de compter le linçoir, ou de ne le pas compter, en disant *linçoir sans portée* ou *portée sans linçoir*; c'est-à-dire, que si l'on compte les solives de remplissage de la longueur des solives d'enchevêtrure, on ne comptera point de linçoir; et si l'on trouve à propos de compter le linçoir, ces solives seront comptées de la même longueur qu'elles auraient si elles portaient sur une lambourde; et pour remédier à l'abus que le charpentier pourrait faire de cet usage, en prenant ceci trop à la lettre, la longueur de cette solive finira au nu extérieur du linçoir, et non d'après le nu du mur, suivant le onzième principe.

Cette méthode d'assembler les solives dans des linçoirs, et les linçoirs dans les solives d'enchevêtrure, ne peut être d'usage que pour les appartemens qui ne sont point sujets à porter de grands fardeaux; car des solives bien scellées en mur porteront un tiers plus pesant que celles qui n'y sont point. Pour conserver donc ces sortes d'assemblages, il faut les retenir avec des étriers de fer sur les solives d'enchevêtrure, sans quoi leur propre poids les fait périr en peu de temps.

Lorsqu'on a de vieux bois propres à être encore employés, on peut les faire servir aux planchers de peu de conséquence, et qu'on prévoit ne devoir pas porter grande charge. Mais il faut avoir la précaution d'assembler des liernes dans les solives d'enchevêtrure, pour assembler dans ces liernes les vieux bois.

Il est bon de ne point mettre ces liernes dans le milieu de

...TURE PRATIQUE

...t l'endroit le plus faible : on peut
...rs. Deux liernes feront moins de
...ve, pourvu qu'elles soient retenues
...qu'une seule posée dans son milieu,
...des étriers. On compte les solives
...une seule pièce, et on compte en-

...quelconques ne se comptent, -ui-
...es chacune, lorsque toutes les so-
...t comptées y compris la portée,
...n se fait des unes et des autres, les
...oins avoir la moitié de l'épaisseur
...rincipales pièces du voisin rencon-
...ci ; ce qu'il faut éviter autant que
...ux que ces principales pièces por-
...u mur, et même jusqu'à 3 pouces
...r. Dans ce cas, avant d'en arrêter
...t prendre attachement contradic-
...t intéressé ; s'il le néglige, on s'en

...remplissage sont assemblées d'un
...t de l'autre dans un linçoir, on
...n rabat une des portées, et l'in-
...r et le linçoir ; sinon, l'on compte
...les solives d'enchevêtrure, y com-
...pter le linçoir.

...ure, il se trouvait deux chevêtres
...qui est contre la bonne construc-
...que solive et le chevêtre de leur
...s qu'elles sont mises en œuvre, et
...e. Cet assemblage étant proscrit
...t jouir du privilège de la bonne
...nt les corrections ou changemens,
...e la faute du charpentier.

...ment sur un chevêtre de fer sans
...mptées de leur longueur, à moins
...ent.

...n fait resservir les vieux bois du
...compte, les principales pièces,

comme solives d'enchevêtrure, chevêtres, linçoirs,
coyers, etc., doivent être de bois neuf; et comme
dit, que les solives de remplissage d'une enchevêtrure
comptées de la même longueur que lesdites soliv
pouvant toucher à cet usage, les solives de rempliss
vieux bois du particulier non donnés en compte,
comptées de même longueur; mais la plus-valeur
vêtre sera en outre comptée dans sa longueur et gr
de la valeur duquel sera rabattu le prix qui sera
pour la façon des bois; de sorte que si les bois ne
payés 500 livres le cent, et la façon des vieux bois 10
le cent, cette plus-valeur du chevêtre sera payée à
de 400 livres le cent, parce que la main-d'œuvre d
neufs étant égale à celle des vieux bois, se trouv
pensée dans la plus-longueur des bois, qui, n'exist
dans le privilége des usages, est cependant compt
dit que la main-d'œuvre des bois neufs est égale à c
vieux bois; je m'explique. Celle des vieux bois
chère de quelque chose; mais ils ne devraient pas a
vantage des usages, parce que cet avantage doit na
ment être pour celui qui souffre la perte et le déc
bois; c'est pour cette raison que je les suppose égale

Si dans une partie de plancher entre deux murs
n'y a ni cheminée ni tuyau passant, il y a linçoir de
bouts, les solives de remplissage seront comptées d
d'œuvre des deux linçoirs; ensuite on comptera l
linçoirs : mais, s'il est plus avantageux à l'ouvrie
point compter ces linçoirs, ces solives seront comp
la longueur des solives d'enchevêtrure, y compris
tées, et les linçoirs ne seront point comptés.

Les planches d'entrevoux que l'on mettait autre
les solives, se comptaient six toises courantes p
pièce de bois.

## III. *Des pans de bois et cloisons.*

Les pans de bois sont composés de sablières, p
linteaux, appuis, potelets, guettes, guetterons, p
corniers, etc.

16.

Les cloisons sont composées de sablières simples et délardées, décharges, tournisses, poteaux à plomb et d'huisserie, linteaux, potelets, etc.

Toutes les sablières quelconques, soit simples ou délardées, se toisent de leur longueur et grosseur ; la grosseur de celles qui sont délardées se prend au plus fort, et toujours dans le milieu. On ajoute à la longueur les joints, recouvremens et portées, s'il y en a.

Tous les poteaux et guettes se toisent de même, y compris leurs tenons haut et bas, qui sont de chacun 3 pouces.

Les linteaux, appuis, potelets, guetterons, et tous les petits bois qui garnissent les pans de bois et cloisons, se toisent tous en particulier, savoir, leur grosseur seulement prise dans leur milieu ; mais leur longueur est celle de la moitié d'un poteau pris entre deux sablières, de façon que deux de ces petits bois font un poteau à plomb, quand même ils n'auraient qu'un pied de long, suivant le quatorzième principe ; mais il faut que les petits bois soient tous assemblés à tenons et mortaises, et chevillés, sinon leur longueur n'est comptée que de celle qu'ils présentent, suivant le sixième principe.

Les décharges sont des pièces de bois inclinées de 50 ou 60 degrés plus ou moins, pour soutenir une cloison, et soulager le poids des sablières et de ce qu'elles portent. Ces décharges sont plus larges qu'épaisses, et leurs tenons sont en bout. Leur longueur se prend diagonalement, suivant leur inclinaison entre les deux sablières, d'après les angles obtus ; on ajoute à cette longueur 6 pouces pour les deux tenons. Cette longueur, prise de cette manière, donne celle qu'avait cette décharge avant que d'être employée.

Les tournisses se toisent de leur longueur et grosseur. Il est cependant à considérer que deux tournisses prises ensemble ne doivent pas excéder la longueur d'un poteau, de quelque façon qu'elles soient posées ; car c'est un abus que de les faire excéder cette moitié. Il faut bien remarquer cette observation. Pour avoir donc leur longueur moyenne déterminée, il faut compter la quantité de tournisses, dont la moitié sera le nombre de poteaux qu'il faudra compter entre les deux sablières, et y ajouter les tenons haut et bas dans les sablières, et non ceux dans les décharges, suivant le treizième principe.

Les tournisses supérieures, dit Séguin, se plaçant toujours à plomb des entrevoux de celles inférieures, il en résulte que ceux tournisses font plus de longueur qu'un poteau ; ainsi l'usage est de les mesurer l'une après l'autre.

Dans les murs où les baies de portes ne sont point bandées en pierre, on met des linteaux de bois. Ces linteaux sont ordinairement comptés ; savoir, aux grandes baies de leur longueur et grosseur, à celles de 2 pieds jusqu'à 4 pieds et demi d'ouverture, pour une pièce de bois, et à celles au-dessous de 2 pieds, pour demi-pièce.

Les linteaux des grandes ou petites baies se mesurent pour ce qu'ils contiennent en longueur et grosseur.

Dans les étages en galetas, les charpentiers font encore des cloisons à claire-voie en bois de chêne. Il faut toiser les principaux bois, comme sablières, poteaux, traverses, etc., sur leur longueur et grosseur, suivant les usages ; mais leur intérieur garni de planches refendues en deux sur leur largeur, est toisé à toise superficielle, chacune desquelles est tirée en ligne pour une pièce de bois. J'ai vu cependant des experts très-versés dans le toisé d'usage, comprendre le tout dans la toise superficielle sans faire distinction des principaux bois.

## IV. *Des escaliers.*

Les escaliers de charpenterie sont composés de patins, limons, noyaux recreusés ou pleins, sabots, entretoises, marches droites, dansantes et palières, etc. Tous ces bois sont ornés de quelques moulures.

Outre cela, il y a encore des paliers, soit d'arrivée, soit de repos, qui sont garnis de solives, solivaux, quelquefois de croisillons ou de plate-formes, etc.

Tous ces bois se toisent différemment. Les patins se toisent sur leur longueur, et leur grosseur se prend dans le milieu, après avoir bandé un cordeau du gros bout au petit, suivant le cinquième principe.

Au-dessus des patins, s'il y a des tournisses, on les compte séparément avec leurs tenons, parce qu'ils doivent en avoir aux deux bouts. S'il y a des panneaux entre deux, on les toise de même; mais on double leur produit, à cause des rainures et languettes. Plusieurs cependant comptent les grands pour une pièce, les petits pour demi-pièce, et les moyens pour 3 quarts de pièce.

Les limons en général sont un peu courbés par une de leurs extrémités; alors il faut bander un cordeau, et prendre la grosseur dans le milieu, suivant le cinquième principe.

Les noyaux recreusés et les sabots se toisent dans leur cube, sans égard à leur évidement ni à leur travail. Leur longueur se prend d'un débillardement à l'autre, et leur grosseur se prend des extrémités de leurs faces extérieures : ils sont par ce moyen réduits dans la masse qu'ils avaient avant l'emploi, suivant le quatrième principe.

Les entretoises, solives, soliveaux et croisillons, se toisent à l'ordinaire sur leur longueur et grosseur, avec leurs tenons ou portées.

Les marches palières ou de paliers se toisent de même : mais leur grosseur se prend dans le plus fort du bois. Si cependant on avait fait une levée considérable, il faudrait diminuer quelque chose par estimation raisonnable.

Les marches ordinaires se toisent différemment, à cause de leurs différentes situations; les unes sont droites, les autres dansantes, les autres d'angle, ou, ce qui est la même chose, dans les quartiers tournans.

Les marches droites, c'est-à-dire à angles droits sur les murs ou limons, sont toisées sur leur longueur et grosseur carrément. La longueur doit être prise en dans-œuvre : à cette longueur, on ajoute 6 pouces pour les portées des deux côtés, et leur grosseur est comptée dans le plus fort de la marche sur le dessus et sur sa hauteur, sans égard au délardement qui est par derrière. Les premières marches d'un escalier sont ordinairement un peu girondées autour de la volute. Dans ce cas, ces marches, si elles sont d'une seule pièce, seront toisées dans leur plus fort. Si elles sont de deux pièces, chacune sera toisée à part.

Les marches dansantes sont celles qui ne sont point d'équerre sur les murs, et sont presque toutes de longueurs inégales. Il faut prendre la longueur de toutes en dans-œuvre, les diviser par leur nombre ou quantité, pour avoir, suivant le douzième principe, une longueur moyenne, à laquelle on ajoute 6 pouces pour les portées, et leur grosseur se prend comme aux marches droites.

Les marches dans les quartiers tournans se toisent de même et de la même façon. Plusieurs prennent la marche de demi angle pour la longueur commune de tout un étage d'escalier. Cette méthode est sujette à erreur.

Quand j'ai dit de prendre la longueur de toutes en dans-œuvre, on doit entendre que ces longueurs seront comptées chacune comme elles le seraient si on les comptait en particulier; c'est-à-dire que si une marche a 3 pieds et demi y compris ses portées, elle sera tirée en ligne pour 4 pieds et demi, de même 4 pieds 3 quarts pour 6 pieds, etc., suivant le douzième principe.

Dans toutes marches pleines où il y a des alaises, la marche est toisée à part, et l'alaise aussi à part pour ce qu'elle est, sa longueur sur sa grosseur.

## *Des bois élégis et circulaires. Des poteaux de barrière et d'écurie. Des rateliers. Des rouets de puits. Des pilotis.*

1. Tous les bois élégis en général prennent différentes figures, suivant leur destination et leur place.

Les courbes, de quelque nature et en quelque place qu'elles soient élégies, refaites ou non, doivent être rendues droites avec des cordeaux ou lignes que l'on tend d'une extrémité à l'autre, tant sur la longueur que sur la grosseur, soit que ces courbes soient cintrées sur le plan ou sur l'élévation, ou sur l'un et l'autre, sans égard aux levées qu'on y aurait pu faire, suivant le quatrième principe. C'est au charpentier à chercher et à façonner les bois qu'on lui demande; et les bois ainsi toisés sont confondus dans le prix général auquel les ouvrages sont appréciés : bien entendu que ces courbes sont d'une seule pièce; car si elles sont de plusieurs morceaux, chacun sera toisé séparément.

« Il est de la prudence, dit Caron, de ceux qui font les toisés des bâtimens, de remarquer de quelle façon les bois sont mis en œuvre; car il y en a beaucoup qui ne paraissent pas gros à nos yeux, et néanmoins sont grosses pièces qui ont été affaiblies exprès, qu'il faut compter de la grosseur des bossages, et pareillement les courbes qu'il faut compter de leur plein cintre, c'est-à-dire, comprendre le plus grand vide avec la largeur de la courbe qui se trouvera, en tendant une ficelle ou ligne d'un bout à l'autre. »

Tous les bois droits élégis nécessairement, sur lesquels on fait des levées considérables, seront toisés comme on a dit ci-dessus : mais il faut que cet élégissement soit nécessaire, sinon la levée sera réduite, estimation faite du trait de scie; et ceux sur lesquels on n'a fait que de légères levées, sont censés avoir été élégis ou refaits à la coignée, suivant le quinzième principe.

II. Les poteaux de barrière, dans les grandes cours et façades des principaux hôtels, sont ordinairement refaits proprement en ce qui est apparent, et le gros bout qui est en terre reste brut. Lorsqu'on n'en a point pris d'attachement, il faut ajouter un pouce de chaque côté sur la face apparente. Par exemple, si cette face a 7 pouces de gros, il faut la compter sur 9, parce qu'il est à présumer que ce bois a été atteint au vif sur ses quatre faces. Il est cependant plus à propos de les toiser avant qu'ils soient scellés, pour en avoir la juste longueur et grosseur dans le plus fort.

Les lisses et potelets se toisent à l'ordinaire selon leur longueur et grosseur, y compris leurs tenons.

III. Les poteaux d'écuries qui sont tournés au tour avec une pomme en tête, sont évalués chacun à une pièce de bois : si ces poteaux sont renfermés dans des fouillards, ils sont comptés pour deux pièces. On appelle *fouillard* un petit chassis d'assemblage scellé en terre qui reçoit et entretient solidement le poteau. Il y a aussi des boîtes de grosse fonte pour le même usage.

IV. Les rateliers d'écuries sont de deux sortes : les uns sont simples, et les autres sont ornés de deux façons. Les simples sont garnis d'écaillons ou roulons de bois de frêne, arrondis à la plane, et assemblés haut et bas à tourillons dans des chevrons de 4 pouces de gros. Cette sorte de ratelier est toisée à toise courante, et chaque toise est comptée pour une pièce de bois tout compris.

L'autre sorte de ratelier est composée de roulons de bois de chêne ou frêne, tournés, assemblés de même à tourillons dans des chevrons proprement rabotés, sur lesquels on a poussé quelques moulures ; cette espèce de ratelier est de même toisée à toise courante, chacune desquelles est comptée pour deux pièces.

La troisième est de même assemblée à tourillons, et les roulons tournés sont ornés de moulures avec collier haut et bas, embase, filet et congé. Chaque roulon est compté pour un quart de pièce, y compris les chevrons haut et bas et leurs ornemens. Ils diffèrent de ceux des escaliers en ce que les appuis se comptaient à part, et ici les chevrons du haut et du bas ne se comptent point.

V. Les mangeoires des chevaux sont comptées, leur longueur sur leur grosseur, comme les autres bois, en y comprenant les portées et recouvremens, s'il y en a.

Les racinaux des mangeoires se toisent sur leur longueur et grosseur prises au plus fort. Il s'en trouve quelquefois de plus travaillés ; alors il faut les réduire dans la masse de bois où ils étaient avant d'être travaillés.

VI. Les pilotis sont de deux sortes, ronds ou carrés. Il est absolument nécessaire de les toiser avant de les battre en terre ; ensuite on rend au charpentier le recépage de ceux qui sont trop longs, suivant le prix et les conditions, dont il faut nécessairement convenir auparavant.

J'ai suivi dans mes inspections une autre route. Je mesurais la longueur du pieu et la grosseur du petit bout qui entre en terre, que j'écrivais et numérotais ; ensuite, quand les pieux étaient à demeure au refus du mouton, et qu'ils étaient recépés, je prenais la grosseur au droit du recépage, que je joignais à la grosseur du bas ; la moitié de ces deux sommes était la grosseur moyenne géométrique du pieu.

*Exemple.* Le petit bout ayant 10 pouces de gros, produisait 100 ; l'autre bout au droit du recépage ayant 12 pouces, produisait 144 ; la somme est 244, dont la moitié est 122 pour la grosseur réduite du pieu. Ce qui donnait au c' arpentier un échalat de plus par toise ; et c'est la méthode la plus prompte et la plus simple, surtout lorsque l'on toise bout avant des pièces de conséquence.

## Des vieux bois et étaiemens.

1. Il est d'usage à Paris, lorsqu'on démolit les anciens bâtimens, de faire mettre à part les vieux bois capables d'être employés dans la nouvelle construction, et de les remettre au charpentier en les lui donnant en compte.

Ces vieux bois ne peuvent être employés que dans les parties de peu de conséquence, comme potelets, tournisses, solivaux, solives de remplissage, une neuve entre deux vieilles; guetterons, liens, aisseliers, coyaux, chevrons, un neuf entre deux vieux, etc. Car les principales et maîtresses pièces doivent être absolument de bois neuf; savoir, faîtages, arêtiers, arbalêtriers, jambes de force, poinçons, pannes, sablières, décharges, solives d'enchevêtrure, chevêtres, linçoirs, poteaux d'huisserie, linteaux, appuis, poutres, poutrelles, etc. Lesquels bois doivent être sains et entiers, sans nœuds vicieux, aubiers, malandres, redans, etc. qu'ils ne soient ni échauffés, ni roulés, et le plus à vive arrête qu'il sera possible.

Les vieux bois donnés en compte au charpentier, doivent être toisés suivant leur longueur entre deux portées, et leur grosseur telle qu'elle est. Les calculs s'en font tels qu'ils sont écrits sans usage, c'est-à-dire que 10 pieds sont calculés pour 10 pieds, et non 10 pieds et demi.

S'il se trouve des bois qu'il faille débiter, on rabat 1 pouce sur l'équarrissage : par exemple, une poutrelle de 12 pouces de gros, sera donnée en compte pour 11 pouces.

On ne doit donner en compte que les bois utiles. Leur longueur s'en prend dans le plus sain du bois, et on en rabat les portées, les mortaises et les tenons.

Les chevêtres, linçoirs, ou autres bois remplis de mortaises sont mis au rebut, et laissés au propriétaire pour en faire tel usage qu'il voudra. Il se trouve cependant une infinité de bois propres à faire des potelets, petites tournisses et autres : il faut les évaluer et les donner en compte au charpentier pour un certain prix.

La démolition de la charpenterie et le transport des bois se font au frais du charpentier, moyennant quoi ces bois remployés sont toisés dans le bâtiment comme bois neufs, et on rabat sur la totalité des bois celle qui lui a été donnée en compte, dont on lui paye seulement la façon.

Si l'on soupçonne que le charpentier ait employé plus de vieux bois qu'il n'en a reçu en compte, il faut toiser tous les vieux bois séparément sur leur longueur, telle qu'elle est dans l'emploi, et les calculer de même sans aucun usage ; le total en doit être inférieur à celui des bois donnés en compte. S'il lui est supérieur, le charpentier est digne de répréhension et même d'amende.

Si l'on ne donne point les vieux bois en compte, et que le particulier les fasse remployer et travailler chez lui, ces bois alors devraient être toisés de leur longueur et grosseur, sans us et coutumes, parce que le particulier en supporte le déchet, les us et coutumes étant pour celui qui souffre la perte et déchet des bois ; mais on les toise à l'ordinaire, et on rabat sur la façon un sixième ou un huitième environ, du prix courant et ordinaire des bois de façon et main-d'œuvre.

Mais si un particulier fournissait généralement tous les bois de son bâtiment, ils seraient tous toisés aux us et coutumes, et le prix en serait, comme il est dit ci-dessus, inférieur au prix courant et ordinaire des bois de façon.

II. Les étaiemens se toisent leur grosseur sur leur longueur. Il y a des chevalemens, des semelles, des chantiers, des couches haut et bas, des contrefiches ou contrevens, des chandelles ou pointails, des calles, des fourrures, des étresillons, etc. Ces noms sont donnés aux différentes pièces de bois qui servent pour les réparations des maisons et pour les reprises en sous-œuvre.

Dans les bâtimens neufs, il y a encore des bois qui sont payés en nature d'étaiemens : ce sont les cintres pour les voûtes de cave, les portes et croisées cintrées. Tous ces différens bois sont toisés chacun en leur particulier, leur longueur et grosseur, et calculés aux us et coutumes.

Ces étaiemens et cintres, lorsqu'ils servent tels qu'ils sont taillés en d'autres parties du bâtiment, et qu'il ne s'agit que de les démonter et remonter, ne doivent être payés que moitié du prix, parce qu'il n'y a ni voiture ni perte de bois.

Il y a encore des étaiemens d'assemblage et de sujétion, dont le toisé se fait de la même manière; mais les prix sont supérieurs.

Autrefois les maçons se chargeaient de faire les cintres des caves, des portes et des croisées ordinaires, comme il se pratique encore dans quelques villes de province. Cet usage est aboli à Paris. Les charpentiers abusant de cette nécessité, multiplient les bois et leurs grosseurs d'une façon illicite : un particulier qui fait bâtir à neuf ne devrait jamais payer plus de bois qu'il est nécessaire d'en employer.

## *Du toisé bout-avant en charpenterie.*

Le toisé bout-avant en charpenterie est le plus naturel, parce qu'il se fait en prenant la longueur des bois tels q'ils sont employés, y compris leurs tenons ou portées, et leur grosseur est prise par le milieu. Les calculs s'en font de même sans aucun usage particulier, et on fait son prix en conséquence. C'est ainsi que ce toisé se pratique dans les bâtimens et travaux du Roi, et dans presque toutes nos provinces.

A Paris, le prix des bois toisés de cette manière est d'environ un sixième plus fort que l'autre. Si des bois toisés sont estimés 600 livres, ceux qui auront été toisés bout-avant seront estimés 700 livres.

Les bois cintrés et refaits sont toisés de la même façon qu'était le morceau de bois dans son cube droit.

*Du mode de mesurer les bois carrés et de leur prix, extrait de Morisot.*

Les bois d'équarrissages qui sont destinés pour Paris sont flottés, c'est-à-dire que l'on réunit un certain nombre de corps d'arbres les uns à côté des autres, qu'on nomme *train*, et chacun de ces lots contenant environ 400 pièces ou 1200 pieds cubes, est mis à flot sur diverses rivières qui se jettent dans la Seine qui les charrie sur les ports de la Râpée ou de l'Hôpital, d'où ils sont débardés et mis en dépôt dans des chantiers qui avoisinent ces ports.

La plus grande partie de ces bois sont tirés des forêts de la Champagne et des Vosges; le surplus vient du Bourbonnais, de la Bourgogne, de l'Orléannais et de la Picardie; ces bois sont conduits sur la Seine par différentes rivières, telles que la Marne, l'Yonne, l'Aube, l'Ourcq et l'Oise.

Les bois provenant des forêts de la Champagne et des Vosges sont, sans contredit, les meilleurs et les mieux équarris de tous; ils méritent encore la préférence, en ce qu'ils sont de toutes longueurs et de toutes grosseurs telles qu'on peut le désirer. Le bois du Bourbonnais est, au contraire, le plus inférieur de tous en ce que les pièces sont rarement longues, qu'elles sont souvent tortueuses, et toujours mal équarries; de plus, ce bois, qui paraît ferme, est ordinairement de moindre durée que les autres, et cela paraît provenir de ce que le cœur des arbres est enveloppé d'une partie tendre assez considérable, que l'on peut considérer comme de l'aubier, et dans laquelle s'engendrent des vers qui le consomment en peu d'années.

Les marchands livrent tous ces bois à la pièce qui est de 3 pieds cubes, ou une toise superficielle ou carrée de bois de 12 lignes d'épaisseur, superficie qui paraîtrait avoir été la première origine de cette unité de pièce.

Chaque arbre se mesure, la grosseur prise au milieu, et se vend pied et pouce pleins; *pied plein* se rapporte à la longueur et signifie que tout morceau est censé avoir 9, 12, 15, 18 pieds de long et au-dessus; dès lors, toutes les fractions entre ces dimensions dans l'inventaire ou le compte du toisé, sont augmentées ou diminuées; ainsi, lorsque l'arbre n'a que 11 pieds, il est compté pour 12, et s'il a 13 pieds, il n'est de même compté que pour 12; il en est de même pour toutes les autres fractions sur la longueur, d'où il suit que tantôt les entrepreneurs ont plus, tantôt moins de bois que leur inventaire ne porte; mais ce moins est ordinairement plus fréquent, parce que les dimensions inférieures se rencontrent plus souvent.

*Pouce plein* se rapporte à la dimension de chacune des faces du morceau; il est censé que chaque pièce n'a que 6° sur 6, 7° sur 6°, 7° sur 7°, 8° sur 8°, 9° sur 9°, ainsi des autres grosseurs, en sorte que toutes les fractions de pouce, entre chacune de ces dimensions, ne sont point comptées; de sorte qu'un morceau de 6° 1/2 carrés n'est compté que pour 6°; un de 8° à 8 lignes n'est compté que pour 8°; d'après cet usage et par le toisé différent que l'on fait de ces bois lorsqu'ils sont mis en œuvre, toisé dans lequel on comprend non-seulement toutes ces fractions, mais encore on compte, ainsi que l'usage l'autorise, un quart de pouce pour demi-pouce, et trois quarts pour le pouce entier, il résulte un bénéfice assez important.

Cet avantage n'est pas le seul; il en est un autre qui n'est pas moins considérable, c'est celui que procure le toisé avec le mode de compter une pièce de 6 pieds 4" pour 7 pieds 6°, une de 9 p. 6" pour 10 pieds 6", une de 11 pieds pour 12, une de 15 pieds 4" pour 17 pieds 6", ainsi des autres.

On concevra facilement tous les avantages que peuvent procurer deux manières réunies de mesurer les bois; ils sont tels, et l'expérience me l'a démontré, qu'avec 82 pièces *marchandes*, on peut trouver 100 pièces de bois en œuvre, et que par l'avantage seul de compter les fractions de pouce sur la grosseur, il suffirait de 89 pièces *marchandes* pour trouver de même un cent de bois, bien entendu que dans ce compte le déchet résultant de la taille n'y est pas compris.

De même pour des marches d'escalier, celles-ci étant mesurées sans rien ajouter à leur longueur réelle, mais en les comptant comme si elles étaient pleines, j'ai trouvé que 58 pièces marchandes suffisaient pour un cent, et 50 pièces seulement avec le toisé d'usage qui veut qu'une marche de 3 pieds 6° par exemple soit comptée pour 4 pieds 6°.

Par les mêmes recherches, je me suis assuré

que 75 pièces marchandes pouvaient procurer 100 pièces en œuvre pour des limons d'escaliers ordinaires, dont quelques-uns seraient droits, et d'autres seraient crosses, mais mesurés selon le cube primitif et sans usage sur leur longueur; j'ai trouvé de plus que, mesurés avec usage, il ne fallait que 70 pièces marchandes pour 100 pièces comptées par ce dernier mode de toiser ces sortes d'ouvrages.

*Du prix des bois carrés selon leur échantillon* (1), *extrait de Morisot.*

Le bois de Champagne, ou de qualité équivalente, jusqu'à 30 pieds de longueur et jusqu'à 11° carrés, dit *bois ordinaire*, vaut le cent de pièces sur le port, prix réduit, 738 francs; la voiture des transports de bois au chantier est de 45 fr., et 2 fr. pour le pourboire des charretiers, ensemble (2) pour un cent de pièces, 785 francs, pour un stère, 76 f. 70 centimes.

---

(1) Nous répéterons ici ce que nous avons dit ailleurs : nos prix ne sont jamais que relatifs. Aujourd'hui, par exemple, le prix du bois a augmenté de plus d'un quart. Le cent de bois qu'on vendait en 1820, 747, se vend plus de 1000. Mais ces prix reviendront à ce qu'ils étaient; on sent bien que si la matière a augmenté, le prix de la main-d'œuvre a dû augmenter : il n'est pas jusqu'au transport qui aura participé à cette augmentation. Qu'on ne regarde donc nos évaluations que comme approximatives.

(2) Ce bois se vendait en 1804, rendu au chantier, 695 fr.; dans les années suivantes, il s'est élevé jusqu'à 945 francs;

Le bois au-dessus de 11° carrés, dit de *qualité*, se vend le cent, savoir :

Celui de 12°, 13 et 14° carrés, 900 fr. sur le port, et avec le transport chez l'entrepreneur, ils reviennent, pour un cent de pièces, à 947 francs; pour un stère, 92 fr. 30 c.

Celui de 15, 16 et 17°, 1000 francs, avec la voiture pour un cent de pièces, 1047 francs, pour un stère, 101 francs 90 centimes.

Celui de 18, 19 et 20°, 1200 fr. avec la voiture, pour un cent de pièces, 1247 francs; pour un stère, 121 francs 40 centimes.

Celui de 21 à 24° suivant sa beauté et sa longueur, se vend jusqu'à 1500 fr., et, compris la

---

en 1811, il ne valait plus que 795 fr., et en 1813, 695 fr.; enfin depuis il est remonté au prix ci-dessus.

*Prix ci-dessus détaillé.*

| | | |
|---|---:|---:|
| Le cent de bois arrivé au port, non débardé et non compris les droits d'octroi, se vend. . . . . . . | 611 | 28 |
| Les droits d'octroi pour ce petit bois, et compris un dixième d'augmentation depuis 1815, sont de. . . . . . . . . . . . . . . . | 101 | 72 |
| Le tirage de l'eau coûte. . . . . . . . . | 15 | 00 |
| Le transport du bord de l'eau au chantier est de. . . . . . . . . . . . . . . . | 10 | 00 |
| Le transport du chantier chez l'entrepreneur est de. . . . . . . . . . . . . . . . | 47 | 00 |
| Somme égale. . . | 785 | 00 |

Les droits d'octroi pour ces petits bois ou bois ordinaires sont de 101 fr. 72 c.; mais pour les gros bois, ils ne sont que de 67 fr. 83 c.

voiture, revient, pour un cent de pièces, à 1547 fr. pour un stère, 150 francs 60 centimes.

Les beaux filets de 35 à 42 pieds de longueur sur 9 à 10° de grosseur, se vendent 800 francs, et compris la voiture, pour un cent de pièces, 847 francs; pour un mètre, 82 francs 50 cent.

Tous les gros bois depuis 12° jusqu'à 20° carrés se vendent aussi au prix commun de 1000 francs, toutefois qu'on n'en prend qu'un assortiment parmi les bois ordinaires, ce qui les porte, compris la voiture, pour un cent de pièces, à 1047 fr. pour un mètre, à 101 francs 90 centimes.

Le petit bois ordinaire et défectueux se vend 100 francs de moins que le beau bois de Champagne.

Le vieux bois de démolition, mais de très-bonne qualité, se vend le cent, pris sur place, 600 francs, et avec la voiture jusqu'au chantier, il revient, pour un cent de pièces, à 647 francs; pour un mètre, à 63 francs.

Celui de qualité inférieure ne vaut que 550 fr. avec la voiture il revient (1), pour un cent de pièces, à 602 francs; pour un mètre, 58 francs 60 cent.

---

(1) Le transport d'un cent de bois, sur bonne route, coûte ordinairement pour la première lieue de distance, 35 fr.; et pour la seconde et troisième lieue, chacune 25 fr.

Avec une voiture conduite par trois forts chevaux, on transporte 25 pièces de bois, et par un fardier attelé de cinq chevaux, on en transporte environ 40 pièces. Le pied cube de chêne pèse 60 livres.

*Méthode générale pour connaître le poids que peut porter dans son milieu une solive méplate, posée de champ horizontalement, et engagée entre deux murs, l'instant avant que de se rompre,*

Il faut, 1°. Multiplier le carré d'une de ses extrémités par la hauteur verticale de cette même extrémité, ou multiplier la superficie d'une de ses deux coupes par le plus grand côté de cette même superficie. 2°. Diviser ce produit par la quantité de pieds que la pièce aura dans toute sa longueur. 3°. Faire la règle de trois suivante : comme l'unité est à neuf cents : ainsi, le quotient de la division qu'on aura faite, est à un quatrième terme, qui sera la quantité du poids que la pièce peut porter dans son milieu.

*Exemple.* Soit une pièce de bois de 12 pieds de long sur 5 et 7 pouces de gros, posée horizontalement et de champ, et engagée par les deux bouts dans deux murs : on veut savoir quel poids elle peut porter dans son milieu, l'instant avant que de se rompre.

1°. Je multiplie 5 par 7 pour avoir la superficie d'une de ses deux coupes ; le produit est 35, qu'il faut multiplier par la hauteur verticale de la même extrémité, ou par le plus grand côté de la superficie de la coupe, c'est-à-dire 7 ; le produit sera 245.

2°. Je divise ce dernier produit 245 par 12 qui est le nombre de pieds que la pièce a dans sa longueur ; le quotient est 20 $\frac{5}{12}$.

3°. Je fais la règle de trois suivante :

$$1 : 90 :: 20 \tfrac{6}{17} : x \text{ égale } 1837{,}5.$$

Et telle est la pesanteur que la pièce pourra supporter dans son milieu, l'instant avant que de se rompre.

Il est nécessaire d'observer, d'après les expériences de Bélidor, que si cette solive n'était point engagée dans l'épaisseur du mur, et qu'elle fût libre des deux bouts, elle ne porterait que les deux tiers de ce poids ; ainsi, la solive ci-dessus, non engagée, au lieu de 1837,5, ne porterait que 1225,0.

Il ne faut pas cependant prendre ceci trop à la lettre ; cette méthode n'indique tout au plus que le poids à peu près que chaque morceau de bois, quel qu'il soit, peut porter, car pour le service, il ne faut point le charger au point qu'il puisse se rompre ; la moitié de ce poids lui sera suffisante. On est sûr, par exemple, de ne rien risquer en chargeant de 9 à 10 milliers dans son milieu la solive de 12 pieds de long sur 5 et 7 pouces de gros. Il doit être entendu qu'elle sera de chêne, ferme et de la meilleure qualité.

Fondé sur ce principe, on peut encore connaître que tout bois destiné à être posé horizontalement, doit être méplat et posé de champ, pour deux raisons ; la première, parce qu'il y a moins de matière ; la seconde parce qu'il porte un plus grand poids.

Pour le prouver, supposons et comparons une

solive de 6 pouces de gros en tout sens, et de 12 pieds de long avec une autre de même longueur et de 5 et 7 pouces. Le cube de la première sera 5184 pouces qui valent trois pieds cubes, qui, à raison de 60 liv. le pied cube, pèsera 180 liv. Le cube de la seconde sera 5040 pouces, qui pèsera 175 liv. La première pèsera donc 5 liv. plus que la seconde.

Quant au poids que la première portera dans son milieu l'instant avant que de se rompre, on trouve qu'il sera de 16200 liv. Et quant au poids de la seconde, nous venons de voir qu'il sera de 18375 liv. Ce qui fait dans la matière $\frac{1}{36}$ de moins et dans la résistance 2175 liv. de plus. On peut donc dire en général, quant au poids, que le premier est au second comme 36 est à 35; et quant à la résistance, comme 216 à 245.

Ceci peut servir à connaître à quelle solive peut être attaché le fléau de la balance d'un marchand, par le poids qu'on sait qu'elle peut porter l'instant avant que de se rompre; mais nous allons voir qu'il vaut mieux placer le fléau à quelque distance du milieu pour supporter un plus lourd fardeau.

En supposant toujours la même solive de 12 pieds de long et de 5 et 7 pouces de gros, posée de champ, et engagée des deux bouts dans l'épaisseur des murs, si l'on attache le fléau aux $\frac{2}{3}$ de sa longueur, cette solive portera un fardeau de 1531 liv. $\frac{1}{4}$ plus que dans son milieu, c'est-à-dire qu'au lieu de 18375 liv. elle portera 19906 $\frac{1}{4}$.

De toutes ces connaissances que doivent avoir

ceux qui travaillent les gros bois, tant dans les édifices publics et particuliers, que dans la marine, aussi bien que les personnes occupées aux travaux de grandes machines, nous en concluons que les bois destinés à être posés horizontalement pour porter fardeau, doivent être méplats et posés sur leur champ et non sur leur plat, que les bois débités carrément doivent être employés debout et non inclinés ; car, dans cette position ils portent un fardeau qu'il n'est pas possible d'exprimer, en proportionnant cependant leur grosseur à l'immensité du poids qu'on leur destine à supporter, car il y aurait de l'extravagance à vouloir étayer une façade de maison avec des chevrons de 4 pouces.

Il est bon d'instruire ceux qui font débiter les bois pour leur usage, et de leur indiquer une méthode certaine, avantageuse et même économique, pour faire des bois méplats.

Il faut que le carré du plus grand côté soit double, ou à peu près, du carré du petit côté, pour en tirer un bon service, s'il est posé horizontalement et de champ : par exemple, dans un arbre dont on pourrait tirer un carré de 12 pouces, on en tirera un méplat de 10 et 14 pouces, qui fera un service bien supérieur à celui de 12 pouces.

1°. Le carré de 12 est 144, et le rectangle de 10 et 14 est 140. Voilà déjà 4 échalats de moins, par conséquent moins de matière et moins de poids.

2°. Un carré de 12 pouces ne portera l'instant avant de se rompre, qu'un poids relatif à 216, et le méplat de 10 et 14 pouces en portera un relatif à 245. La différence est sensible.

3°. Il y a économie dans le débit, en ce que ces bois carrés se débitent à la cognée ou épaule de mouton, et par conséquent ne donnent que des copeaux de peu de valeur ; et en ne débitant à la cognée que les petits côtés du méplat 10 et 14 qui est 10, on lève à la scie deux dosses, dont on peut encore tirer deux membrures de chacune 6 pouces sur 3 pouces, et 4 chevrons de 2 et 3 pouces, ce qui fait 60 échalats de plus, qui excèdent de beaucoup le paiement des scieurs de long.

Il sera bon de prendre pour un des grands côtés le côté de l'arbre exposé au nord ; ce qu'on connaît aisément sur la coupe horizontale, où les contextures des cercles sont les plus serrées.

Il a été dit que les bois dont il est question, sont de chêne et de la meilleure qualité, c'est-à-dire, qui ont crû sur un terrain aride, sablonneux et pierreux. Les bois de cette qualité sont les plus propres en charpenterie ; car les bois qui viennent dans un terrain gras et marécageux, ne sont propres qu'en menuiserie.

Le bois de sapin est proscrit à Paris dans les bâtiments, parce qu'il est moins de durée, à cause qu'il s'échauffe plus aisément, ou qu'il est plutôt piqué des vers que tout autre bois, et encore parce qu'il résiste moins au feu. Cependant le sapin n'est point à mépriser dans les lieux où il est commun, et où le chêne est rare. Comme il a les fibres fort longues, il portera dans son milieu l'instant avant de se rompre, un poids d'un cinquième plus fort que le chêne ; c'est-à-dire, que si une solive de chêne peut porter un poids de 500 liv., une même solive de sapin portera 600 liv. Le sapin rouge est le meilleur de tous pour être employé en charpenterie, étant posé horizontalement ou incliné, plutôt que verticalement ou à plomb ; car son assemblage n'est jamais aussi solide que celui du chêne.

### *Du toisé des bois en grume.*

Pour toiser les bois en grume, *l'on prendra pour le côté du carré inscrit, les $\frac{2}{7}$ de la circonférence, sans y comprendre l'écorce.* Par exemple, si l'arbre a 70 pouces de pourtour, les $\frac{2}{7}$ seront 20 pouces ; et calculant un morceau de 20 pouces en carré, l'on aura 5 pièces 3 pieds 4 pouces pour une toise de longueur.

### *Usage de la table suivante.*

Si l'arbre est d'une certaine grosseur, il a toujours 1 pouce et demi d'écorce. Il faut en mesurer la grosseur vers le milieu de sa hauteur, avec une petite chaîne pliante, ou avec un ruban sur lequel on aura marqué et chiffré les pouces, et en connaître la circonférence ou le pourtour pardessus l'écorce : je suppose que l'arbre ait 98 pouces, alors on verra par la table qu'on en peut tirer un carré de 20 pouces, ou un méplat de 17 et 23 pouces.

Si on croit qu'il ne peut y avoir qu'un pouce

d'écorce, et qu'il y ait 94 pouces de pourtour, on en tirera la même pièce de bois.

Mais si, à 1 pouce d'écorce, l'arbre avait 98 pouces de circonférence, on prendra le nombre au-dessus, qui est ici 94 pouces.

Je n'ai employé dans cette table la colonne des *méplats réguliers dans la raison de 5 à 7 pouces*, que pour assurer et prouver les calculs des *méplats modifiés*.

J'ai fait ici abstraction de l'aubier, qui est la partie du bois sur laquelle l'écorce est posée ; cet aubier ne doit point être conservé dans le débit de l'équarrissage des bois ; c'est cette partie qui commence à s'échauffer et à pourrir, et occasione la pourriture du reste du bois, qui, sans cet aubier, aurait rendu un plus long service. D'ailleurs, on ne souffre point en charpenterie et en menuiserie aucun bois qui ne soit de droit fil, sans aubier, roulures, nœuds vicieux, malandre, tampons, futée ni mastics.

*Table économique pour le débit des bois de charpente dans les forêts.*

| Pourtour sur 1 po. d'écorce. | Pourtour sur 1 po. 1/2 d'écorce. | Carrés. | Méplats réguliers dans la raison de 5 à 7 pouces. | | Méplats modifiés et réduits, ayant même pourtour que leurs carrés. | |
|---|---|---|---|---|---|---|
| 24 | 28 | 4  | 3 1/3  | 4 2/3  | 3 et | 5 p. |
| 29 | 32 | 5  | 4 1/6  | 5 3/6  | 4    | 6    |
| 33 | 36 | 6  | 5      | 7      | 5    | 7    |
| 37 | 41 | 7  | 5 5/6  | 8 1/6  | 6    | 8    |
| 42 | 44 | 8  | 6 2/3  | 9 1/3  | 7    | 9    |
| 46 | 49 | 9  | 7 1/2  | 10 1/2 | 8    | 10   |
| 50 | 54 | 10 | 8 1/3  | 11 2/3 | 8 et | 12 p. |
| 55 | 58 | 11 | 9 1/6  | 12 5/6 | 9    | 13   |
| 60 | 63 | 12 | 10     | 14     | 10   | 14   |
| 64 | 67 | 13 | 10 5/6 | 15 1/6 | 11   | 15   |
| 68 | 72 | 14 | 11 2/3 | 16 1/3 | 12   | 16   |
| 72 | 75 | 15 | 12 1/2 | 17 1/2 | 13   | 17   |
| 77 | 80 | 16 | 13 1/3 | 18 2/3 | 13 et | 19 p. |
| 82 | 85 | 17 | 14 1/6 | 19 5/6 | 14   | 20   |
| 87 | 89 | 18 | 15     | 21     | 15   | 21   |
| 91 | 93 | 19 | 15 5/6 | 22 1/6 | 16   | 22   |
| 94 | 98 | 20 | 16 2/3 | 23 1/3 | 17   | 23   |
| 100 | 102 | 21 | 17 1/2 | 24 1/2 | 18  | 24   |
| 104 | 107 | 22 | 18 1/2 | 25 2/3 | 18 et | 26 p. |
| 108 | 111 | 23 | 19 1/6 | 26 5/6 | 19  | 27   |
| 113 | 116 | 24 | 20     | 28     | 20   | 28   |
| 117 | 119 | 25 | 20 5/6 | 29 1/6 | 21   | 29   |
| 122 | 124 | 26 | 21 2/3 | 30 1/3 | 22   | 30   |
| 126 | 129 | 27 | 22 2/2 | 31 1/2 | 23   | 31   |
| 130 | 133 | 28 | 23 1/3 | 32 2/3 | 23 et | 33 p. |
| 135 | 138 | 29 | 24 1/6 | 33 5/6 | 24   | 34   |
| 140 | 143 | 30 | 25     | 35     | 25   | 35   |
| 144 | 146 | 31 | 25 5/6 | 36 1/6 | 26   | 36   |
| 149 | 151 | 32 | 26 2/3 | 37 1/2 | 27   | 37   |
| 153 | 155 | 33 | 27 1/2 | 38 1/2 | 28   | 38   |

## Des couvertures.

On fait plusieurs sortes de couvertures, en tuiles, en ardoises, en planches, en métal, en paille, chaume ou roseaux. La plus commune est celle de tuile, et la plus belle est celle d'ardoise. Il y a trois sortes de tuiles : le *grand moule*, *le moule bâtard* et le *petit moule*. On emploie ordinairement à Paris du grand moule, peu du petit moule, et rarement du moule bâtard.

La tuile du grand moule vient des environs de Paris et de la Bourgogne ; cette dernière passe pour la meilleure ; elle a 13 pouces de long sur 8 pouces et demi de large : le millier fait environ 7 toises en superficie, et revient, rendu au bâtiment, à 93 francs.

La tuile du petit moule vient des environs de Paris ; on la fait de différentes grandeurs : la plus forte a environ 10 pouces de long sur 6 pouces de large ; on lui donne 3 pouces de pureau. Il en faut environ 288 pour la toise, c'est à peu près 3 toises et demie par millier, qui revient, à pied d'œuvre, à 60 francs.

La meilleure tuile est celle qui est faite d'une argile bien grasse, qui n'est ni trop rouge ni trop blanche, qui est si bien séchée et si bien cuite, qu'elle rend un son clair ; car celle qui n'est pas assez cuite, feuillette et tombe par morceaux : l'expérience en doit décider ; c'est pourquoi la vieille tuile est ordinairement la meilleure.

A Paris on ne maçonne pas les tuiles ; dans quelques provinces où l'on emploie des tuiles du petit moule, on les maçonne avec du mortier de chaux et sable.

La latte dont on se sert pour la couverture de tuile, s'appelle *latte carrée* ou *latte à tuile;* elle doit toujours être de bois de chêne de la meilleure qualité, de bois de droit fil, sans nœuds ni aubier; chaque latte doit être clouée sur quatre chevrons qui font trois espaces, dans chacun desquels on met une contre-latte, clouée de deux en deux contre les lattes; la distance du dessus d'une latte au-dessus de l'autre, qui est ce qu'on appelle *pureau*, doit être du tiers de la hauteur de la tuile à prendre au-dessous du crochet. On emploie au surplus des faîtières pour les faîtes des combles, scellées en plâtre en forme de crêtes, dans chaque joint; et tous les égoûts, filets, solins, arrêtiers sont aussi faits avec plâtre. Le cent de bottes de lattes, rendu au bâtiment, coûte 152 francs, et la botte 1 fr. 52 c. Le cent de faîtières, rendu au bâtiment, revient à 59 fr. 75 c.

Depuis long-temps les couvreurs emploient de la volice de bois léger et jamais blanc pour les couvertures en ardoise; ce lattis ayant 8 à 9 p. de large est sujet à se coffiner, et la qualité du bois est fort sujette aux piqûres des vers; ainsi, quoiqu'elle soit plus forte en apparence, le lattis de chêne doit avoir la préférence.

Il y a deux sortes d'ardoise; l'une vient d'Angers, et l'autre de Mézières et de Charleville; la meilleure est sans difficulté celle d'Angers, et à Paris l'on n'emploie guère de l'autre.

L'ardoise d'Angers est de quatre échantillons.

La première, la *grande carrée forte* : le millier fait environ 5 toises, et coûte 41 francs rendu à pied d'œuvre.

La seconde, la *grande carrée fine* : le millier fait environ 5 toises et demie.

La troisième *petite fine* : le millier fait environ 3 toises.

La quatrième, dont les dimensions sont plus petites, la *quartelette* : elle est faite pour les dômes : le millier fait environ 2 toises et demie, et coûte 25 francs 50 centimes rendu au bâtiment.

En général, la meilleure ardoise est celle qui est la plus noire, la plus luisante et la plus ferme.

La latte dont on se sert pour la couverture d'ardoise, s'appelle *latte-volice* ; elle doit être de chêne de bonne qualité, comme il a été dit de la latte carrée ; chaque latte doit être clouée sur quatre chevrons : la contre-latte doit être de bois de sciage et assez longue.

Le pureau de l'ardoise doit être comme celui de la tuile, le tiers de la hauteur de l'ardoise ; ainsi les lattes qui sont plus larges que la carrée, se touchent presque l'une l'autre ; il faut au moins 3 clous pour attacher chaque ardoise.

On se sert ordinairement de tuile pour faire les égouts de la couverture d'ardoise, parce qu'elle est plus forte que l'ardoise : on met ces tuiles en couleur d'ardoise à huile, afin qu'elles tiennent mieux à la pluie. Le millier de tuiles de Bourgogne, grand moule, rendu au bâtiment, revient à 93 francs, et le millier de tuiles petit moule à 59 francs 50 centimes.

Les enfaîtemens des couvertures d'ardoise doivent être de plomb. Les œils-de-bœuf, les noquets, les noues, le devant des lucarnes damoiselles, les gouttières et chéneaux, les bavettes, membrons, amortissemens et autres ornemens, que l'on fait aux couvertures d'ardoise, sont aussi de plomb, auquel on donne telle largeur et épaisseur que l'ouvrage la demande.

### Toisé des couvertures.

Pour mesurer les couvertures de tuiles, on prend le pourtour depuis l'un des bords de l'égoût jusqu'à l'autre égoût, en passant par-dessus le faîte ; à ce pourtour on doit ajouter un pied pour le faîte, et un pied pour chaque égoût, s'ils sont simples, c'est-à-dire, s'ils sont de deux tuiles ; mais s'ils sont doubles, c'est-à-dire, composés chacun de 5 tuiles, on ajoutera 2 pieds pour chaque égoût. Ce pourtour sera multiplié par toute la longueur de la couverture ; on ajoutera à cette longueur 2 pieds pour les ruellées des deux bouts, et le produit donnera la quantité de toises de la couverture. On ne rabat rien pour la place des lucarnes et œils-de-bœuf, que l'on compte à part, comme il sera dit ci-après.

Pour mesurer la couverture d'un pavillon carré à un seul épi ou poinçon, il faut prendre le pourtour au droit du bord de l'égoût ; ajouter à ce pourtour 4 pieds pour les 4 arrêtiers, quand ils sont entièrement faits ; puis multiplier ce pourtour par la hauteur prise carrément sur l'égoût, selon la pente de la couverture, depuis l'extrémité du faîte jusqu'au bord de l'égoût, à laquelle hauteur il faut ajouter l'égoût selon qu'il est fait : cette multiplication donnera un nombre, dont la moitié sera la superficie de la couverture.

On peut encore avoir la même chose, en prenant le contour par le milieu de toute la hauteur de la couverture, y ajoutant les quatre arrêtiers, et multipliant ce contour par le pourtour de toute la couverture, pris du bord d'un égoût, passant par-dessus le faîte, jusqu'au bord de l'autre égoût. On y ajoutera les égoûts, et l'on aura une superficie, dont il faut prendre la moitié pour celle de la couverture.

On aura aussi, par la même méthode, la superficie des pavillons qui ont deux épis ou poinçons, et qui sont dégagés.

Voulant mesurer la couverture d'un comble brisé à la mansarde, si c'est entre deux pignons, on prend toute la longueur de la couverture, et on y ajoute les deux ruellées ; on multiplie le tout par le contour de toute la couverture pris d'un bord de l'égoût à l'autre ; à ce contour, il faut ajouter le faîtage, les deux égoûts, et un demi-pied pour l'égoût au droit du brisé ; et le produit donne la superficie requise.

La couverture d'ardoise se toise de même que celle de tuile, excepté que l'on ne compte point les enfaîtemens qui sont faits de plomb, et que les égoûts qui sont d'ardoise ne sont passés que pour un demi-pied : on compte au surplus les arrêtiers pour un pied, et les solins et filets aussi pour un pied.

Pour toiser un dôme d'une figure ronde couvert d'ardoise, il faut en prendre le contour au bord de l'égout, et multiplier ce contour par la hauteur perpendiculaire, prise au point milieu du dôme, depuis le dessus de l'entablement jusqu'au plus haut du dôme : le produit donnera les toises que le dôme contiendra en superficie.

S'il y a un égout, il le faut ajouter. S'il est d'ardoise, c'est un demi-pied sur tout le contour; et s'il est de tuile, il faut l'augmenter à proportion de ce qu'il doit être compté : si au haut du dôme, il y a une lanterne, il en faut rabattre la place, qui n'est ordinairement guère plus que la superficie d'un cercle.

Pour mesurer la couverture des dômes carrés, s'ils sont élevés en plein cintre, il faut prendre les $\frac{7}{1}$ de la longueur d'un égout, et ajouter à cette longueur un pied pour un arrêtier; ensuite prendre quatre fois la somme, et la multiplier par la moitié du pourtour pris d'un égout à l'autre, en passant par-dessus la couverture; l'on ajoute à ce pourtour un pied pour l'égout simple, ou 2 p. pour l'égout double. L'on ne sera pas beaucoup en erreur, en mesurant de la même façon les dômes faits sur un carré long.

Voulant toiser la couverture d'une tour couverte en cône, ou d'un colombier, il faut prendre le pourtour de la tour ou du colombier par-dehors au bord extérieur de l'égout, et multiplier ce contour par la hauteur penchante de la couverture, depuis le bord de l'égoût jusqu'au poinçon, qui est le faîte de la couverture ; la moitié du produit donnera les toises de la couverture : il faut y ajouter la saillie de l'égoût, selon qu'il est fait.

S'il y a une lanterne sur le haut de la tour ou du colombier, il faut en rabattre la place, et pour cela prendre le pourtour du bord de l'égoût où commence la lanterne, c'est-à-dire où la couverture est tronquée, et le contour au bord extérieur de l'égoût ; de ces deux contours en prendre la moitié, qu'on multiplie par la longueur penchante de la couverture, depuis le bord de l'égoût jusqu'où commence la lanterne ; et le produit sera le requis.

Dans toutes ces sortes de couvertures, on ne rabat rien pour la place des lucarnes, de quelque manière qu'elles soient, ni des œils de bœuf (1), ni de la place des cheminées.

Aux couvertures droites qui sont entre deux murs, où il faut faire des solins au lieu de ruellées, ces solins se comptent chacun pour 1 pied courant.

Les battelemens faits pour les gouttières ou chêneaux, vont pour 1 pied courant.

---

(1) Les œils-de-bœuf n'étant plus d'usage, on y a substitué les vues de faîtière. Mais sur les combles en ardoise, on les fait de plomb que le plombier pose. On en compte aux couvreurs le raccordement ou tranchis pour 6 pieds d'ardoise, sans rien rabattre du vide. Pour éviter toute dispute, on pourtournera cet œil de bœuf le long du tranchis ; ce pourtour, compté sur 6 pouces, sera la vraie mesure.

Un égoût simple de trois tuiles, va pour 1 pied courant (1).

Un égoût, composé de 5 tuiles, va pour 2 pieds.

Quand une couverture aboutit par le haut contre un mur; par exemple, comme un appentis, cela s'appelle *filet;* et ce filet est compté pour 1 pied courant.

Le posement d'une gouttière va pour un pied courant; et si l'on y fait une pente par-dessous, cette pente est encore comptée pour 1 pied courant.

On compte un œil-de-bœuf comme, pour une demi-toise.

Une vue de faîtière, pour 6 pieds de toise.

Une lucarne damoiselle, pour une demi-toise.

Une lucarne flamande sans fronton, pour une toise; et, s'il y a un fronton, pour une toise et demie.

Aux couvertures d'ardoise, les enfaîtemens qui doivent être faits de plomb, ne se comptent point : quand les égoûts sont d'ardoise, ils ne sont comptés que pour un demi-pied courant (2).

––––––

(1) Il n'y a que deux tuiles de comptées, parce que celle de dessus est comptée dans la superficie du comble : de même des autres égoûts, où chaque tuile, à l'exception de celle de dessus, est comptée pour 6 pouces de saillie sur la longueur. C'est pour cela que les égoûts de 3 tuiles sont comptés pour un pied; ceux de 4 tuiles, pour 1 pied et demi ; et ceux de 5 tuiles, pour 2 pieds, etc.

(2) C'est ce qu'on appelle un *redoublis* d'ardoise, qui vaut un demi-pied, que l'on ajoute au pourtour.

On compte les arêtiers pour un pied.

Les solins pour un pied.

Les filets pour un pied.

Les pentes des chéneaux de plomb pour un pied courant.

Les couvertures se réparent de deux manières ; l'une s'appelle *remanier à bout*, et l'autre *recherche*.

*Remanier à bout*, c'est prendre toute la tuile d'un côté, et la remettre de l'autre ; refaire le lattis où il est rompu ; fournir toute la tuile qui manque, après que l'on a posé la vieille d'un côté ; refaire entièrement tous les plâtres des enfaîtemens, des ruellées, des solins et autres. Quand l'égoût n'est pas bon, on le refait aussi à neuf, en sorte que toute la couverture doit être presque aussi bonne que si elle était toute neuve : cette réparation se toise comme la couverture faite à neuf, mais le prix en est différent.

*Recherche*, est une réparation légère ; par exemple, quand il ne manque des tuiles que dans quelques endroits, quand il faut refaire les plâtres où ils sont rompus, nettoyer la couverture, en sorte qu'elle soit en bon état. On toise encore cette réparation comme ci-devant, et l'on ne compte point les plâtres (1).

---

(1) Si les plâtres ne sont faits que par endroits, on ne les compte point ; mais s'ils sont totalement refaits, ou plutôt rechargés, ils se comptent à l'ordinaire. Dans ce toisé, on ne compte point la plus-value des lucarnes, ni les égoûts, ni la plus-value du faîte. On pourtourne le comble du bord

Ce qui est dit de la tuile doit s'entendre de l'ardoise.

Il est bon d'observer que les couvreurs ne font jamais de rétablissement aux couvertures par réfection de cheminée, lucarne ou égoût, qu'ils ne mettent pas toute leur tuile neuve aux ruellées, solins, faîtes et égoûts, parce que leur ouvrage est réglé au même prix que la tuile neuve, et ils profitent du plâtre qu'ils emploient aux solins, ruellées et arêtiers, qui leur est passé pour un pied; 1 pied de tuile neuve fait 2 pieds, en sorte qu'un solin de 18 pieds sur 2 pieds vaut une toise qui revient environ à 13 liv.; un pareil solin en *remanié*, vaut une toise qu'on ne paye qu'environ 4 fr.; et le même solin fait en *recherche* est compté 1 f. 50 c. Voilà donc une grande différence qui est très-abusive.

I. Aux lucarnes en plein comble entourées de toutes parts, on ne rabat rien pour le vide de la baie, pourvu qu'elles ne soient pas d'une grandeur extraordinaire.

A celles posées sur le bord des combles où l'égoût passe devant, on ne rabat rien pour leur vide; mais si l'égoût est interrompu, on rabat

---

d'un égoût à l'autre, et la longueur se prend entre deux solins ou ruellée. On doit fournir et poser par toises 9 tuiles neuves posées en échiquier.

Il est bien rare de ne pas trouver dans ces sortes d'ouvrages des parties neuves et remaniées. Ces sortes de dépenses ont déterminé plusieurs propriétaires à donner leur couverture à l'entretien par baux de 9 ans. Tout le monde n'est pas de même avis à ce sujet. COMMENT.

l'emplacement qu'aurait occupé cette couverture depuis le devant de la lucarne jusqu'au devant du premier pureau d'égoût, et on compte les ruellées aux côtés ou joues.

Dans les mansardes garnies de lucarnes, au-devant et au-dessus desquelles les égoûts et la tuile passent, on ne rabat rien pour leur vide. Si l'égoût est interrompu, on réduit seulement la saillie de l'égoût. Si rien ne passe dessus, ni au-devant, le vide est totalement déduit, mais on compte les solins aux côtés.

Si au-devant de ces lucarnes où il n'y aura point de devanture, il y a un chéneau avec pente, cette pente sera comprise dans le toisé ; mais le vide des lucarnes sera réduit après le développement des plâtres.

Si les jouées de ces lucarnes sont armées d'ardoise, on en toisera la superficie, en y comprenant les tranchis et devirures de chacun 6 pouces.

Lorsqu'il y a un fronton au-dessus de ces lucarnes, grand ou petit, il est compté en outre pour une demi-toise. S'il y a un chevalet, il sera compté pour une toise, grand ou petit.

Si au lieu d'un chevalet il y a un chapeau de plomb, le lattis et le plâtre sont comptés pour un quart de toise ou 9 pieds. Si l'on fait une pente sous le chapeau d'un grand fronton ou sous une devanture de lucarne, on en toise la superficie que l'on réduit à moitié. Le cintrement en lattis ou volice pour poser une noue de plomb, se toise et se réduit à moitié.

II. Aux combles en ardoise on fait les égoût

en tuile qu'on noircit avec du noir et de l'huile. On compte les redoublis d'ardoise avec l'ardoise ; mais les égoûts de tuile sont comptés en tuile, et le noir estimé à part.

III. Aux mêmes combles, lorsque les noues sont en plomb, l'on ne rabat rien pour le cintre au-dessous, et on ajoute à la longueur 6 pouces pour chaque tranchis ; mais si ces noues sont en petite ardoise sans plomb, après avoir toisé plein, on ajoute 3 pieds de large sur la hauteur de la noue seulement, parce qu'il doit y avoir quatre tranchis et deux paremens.

IV. Lorsque le couvreur pose et fournit les gouttières, elles sont comptées à toise courante, y compris leur scellement et la pose ; mais on compte les battellemens comme les égoûts, c'est-à-dire, chaque tuile, en outre celle de dessus pour 6 pouces, et le parement au-dessous aussi pour 6 pouces ; et l'on comprend ces battellemens et paremens dans la mesure du comble.

Lorsque les égoûts et battellemens sont de vieilles tuiles, on en fait distinction pour les compter en *remanié-à-bout*.

Si la gouttière n'est pas fournie par le couvreur, mais seulement posée, on lui compte un pied courant pour sa pose en *remanié-à-bout*.

Les gouttières au derrière des lucarnes damoiselles sont comptées à toise ou pied courant, si elles sont neuves, et l'on ne compte ni pose ni battellement, ni parement ; ces choses étant renfermées dans l'évaluation qui est faite de demi-toise, tant grandes que petites : les dosserets au devant des cheminées sont de même genre. La gouttière se paie au pied courant, si elle est neuve, et rien ne se compte, si elle est vieille.

V. Aux couvertures d'ardoise dont l'enfaîtement est fait avec des faîtières noircies, on doit en faire distinction pour les compter à part comme tuile, et on compte le barbouillage en sus.

Si le faîtage est de plomb, on passe par-dessus sans rien déduire pour le plomb ni rien ajouter; mais si au lieu de plomb, on fait un embardellement de plâtre de la hauteur d'un pureau de chaque côté, il sera ajouté 1 pied en sus du pourtour.

Les épis ou poinçons armés d'ardoise, sont comptés pour 9 pieds ou 1 quart de toise.

L'usage de compter les plâtres suivant la qualité des couvertures où ils sont faits, n'est pas juste, puisqu'ils sont les mêmes sur la tuile que sur l'ardoise neuve et les *remaniés-à-bout* : cependant il y a une grande différence de prix des unes aux autres, ce qui donne occasion aux ouvriers de tromper, et de mettre souvent quelques parties de tuile ou d'ardoise neuve au long des plâtres où il n'est pas nécessaire, afin de compter ces saillies de plâtre comme ouvrages neufs, lorsqu'elles devraient l'être en *remanié-à-bout*.

Il n'y a rien de si ridicule que des plâtres, employés sur une couverture d'ardoise neuve, soient payés le même prix que cette couverture; et que ces mêmes plâtres en tout égaux, posés sur une couverture de tuile *remaniée*, soient payés 5 *sixièmes* de moins.

Le toisé de la couverture est de même genre que celui de la charpenterie. Son avantage dans les usages renferme le bénéfice et les frais de l'entrepreneur; et comme cet avantage dépend du plus ou du moins d'usages, ce bénéfice lui est relatif.

Dans les toisés des couvertures, en ajoutant aux mesures des arêtiers, ou solins, il se commet des erreurs qu'on n'aperçoit pas d'abord; un arêtier est toujours plus long que la hauteur d'un pan de comble; les angles formés par les usages font des vides à la rencontre des plâtres : ainsi le mieux est de mesurer entre les plâtres des deux extrémités sans rien ajouter, et de multiplier cette mesure par la hauteur, non compris les égoûts, faîtages, filets ou autres saillies; ensuite de mesurer les arêtiers, solins ou ruellées de leur longueur seulement sur 1 pied courant dont 36 font la toise, et les faîtages et égoûts à part.

A l'égard des lucarnes en plein comble, il est rare que leur toisé (en déduisant le vide de leur emplacement d'après le développement des plâtres) excède le toisé d'usage, qui est de compter le vide plein, et la lucarne pour une demi-toise ou une toise et demie suivant sa nature; et il en résulte une erreur assez considérable : or, les couvreurs choisissent dans chaque partie de toisé l'une des deux méthodes qu'il trouve la plus avantageuse.

Supposons une lucarne à la capucine, remplaçant une baie de 5 pieds de hauteur sur 4 pieds de large, le vide sera de 20 pieds de superficie, ci . . . . . . . . . . . . . . . 20 pieds.

Si cette lucarne est comptée à l'usage, elle vaudra 54 pieds, ci . . . . 54

Total. 74 pieds.

Si le comble est élevé à 45 degrés, la lucarne aura 9 pieds de long réduits, compris un arêtier et un tranchis de noue sur 10 pieds de pourtour, compris 3 pieds pour le faîte et les deux égouts; la croupe aura 2 pieds 6 pouces réduits de long sur 4 pieds 6 pouces de haut, compris un égout; le tout produit. . . . . . . . 101 pi. 3 po.

A déduire le vide de la baie de 5 pieds de haut sur 2 pieds d'après le développement des plâtres, ci. . 10

Reste en superficie. . . . . 91 pi. 3 po.

Ce qui fait par cette méthode 7 pieds 1 quart de plus.

Et s'il se trouve des lucarnes à la capucine de très-peu de longueur, comme aux mansardes, le toisé suivant l'usage est à l'avantage du couvreur, qui ne manque pas d'en profiter.

Bullet n'ayant distingué que des grandes et des petites lucarnes, il ne donne aucune dimension déterminée; en conséquence, le couvreur peut comprendre sous la dénomination de *grandes lucarnes*, toutes celles dont le toisé, en rabattant les baies, excède l'évaluation d'usage.

A l'égard des places occupées par les tuyaux de cheminée, l'on ne rabat rien et on ne compte pas de plus-valeur ; ainsi ce n'est pas un avantage pour le couvreur que ces vides soient comptés pleins, à moins qu'il n'y ait plus de deux tuyaux adossés l'un devant l'autre, parce que les deux solins comptés pour 1 pied chaque avec le filet du bas et celui de la gouttière, remplissent le vide de deux tuyaux. Mais quand une souche de plusieurs tuyaux est adossée contre un mur de pignon et que l'égout passe devant, l'avantage du vide se trouve au profit du couvreur.

Il suit de ces observations que le toisé d'usage se trouve en contradiction avec lui-même ; ainsi il serait beaucoup mieux dans tous les cas, de déduire tous les vides et de compter les plâtres séparément de leur longueur sur un pied courant de *légers ouvrages*, ainsi que les lucarnes suivant leur toisé superficiel ; on éviterait par ce moyen toutes contestations.

Une chose à laquelle on fait peu d'attention, c'est aux couvertures en ardoise, où les couvreurs, pour la plupart, emploient de la vieille tuile aux égouts qu'ils noircissent et qu'ils comprennent dans le toisé de l'ardoise, et qui se trouve payée au même prix que l'ardoise, si l'on n'y fait point attention avant que les égouts soient peints.

Dans les bâtimens du Roi, l'on n'ajoute point d'usages aux mesures des couvertures et l'on rabat tous les vides. Quand on mesure un pan de couverture, la longueur se prend entre les plâtres, et l'on ajoute à cette longueur le contour des solins ou arêtiers suivant leur largeur seulement ;

la hauteur se prend sous le faîtage, et l'on ajoute autant de *pureaux*, ou pour mieux dire, autant de fois 4 pouces qu'il y a de tuiles à l'égoût, excepté la première qui est comprise dans le toisé. L'on déduit tous les vides des cheminées ou lucarnes, et les plâtres qui enveloppent ces vides se comptent à 6 pouces de large suivant leur longueur. Le faîtage se compte pour 2 pieds courans comme dans l'usage ordinaire, et les lucarnes se toisent à part. Les tranchis ne se comptent point tant aux noues qu'aux arêtiers. Le prix de la toise de ces couvertures doit être estimé un dixième de plus que les détails ci-après pour le bénéfice du couvreur.

### Etat de couverture.

*Ardoise carrée.* La toise superficielle d'ardoise, que l'on nomme *carrée*, contient 175 ardoises, que l'on suppose avoir 7 pouces et demi de large sur 4 pouces de pureau. Le millier fait en plein comble environ 5 toises et deux tiers, y compris le déchet. Il coûte 41 fr. rendu au bâtiment.

*Ardoise quartelette.* Le millier de quartelette ayant 5 pouces et demi de largeur et 3 pouces de pureau, peut faire 3 toises et un huitième : il en faut 318 pour la toise. Le millier rendu à pied-d'œuvre revient à 25 fr. 50 c.

*Clou-ardoise.* Un millier de clous pèse 3 livres. Si l'on attache chaque ardoise avec 3 clous, les 175 en consommeront 525, qu'on doit cependant évaluer à 1 livre 12 onces, à cause de la perte dans l'emploi et du déchet. La quartelette en consommera environ 3 livres, tout compris.

Ce clou se vend à la somme, qui pèse 30 livres, et la livre coûte 80 c. le gros, et 70 le fin. La somme revient à 24 fr. pour l'un, et à 21 fr. pour l'autre.

*Latte-ardoise.* Il faut 18 lattes-ardoises pour faire une toise superficielle, et quelque chose de plus pour la quartelette. La botte étant composée de 36 lattes, fait une toise et un tiers d'ouvrage, moyennant qu'elle ait 4 pouces et deux tiers de largeur comme à l'ordinaire. Le cent de botte de lattes rendu au bâtiment coûte 152 fr. et la botte 1 fr. 52.

*Contre-latte-ardoise.* Il faut 4 toises et demie courantes de contre-lattes pour faire une toise d'ouvrage. Elle se vend au cent de toise ou au grand cent contenant 21 bottes, ayant chacune 10 contre-lattes de 6 pieds; de façon qu'au lieu 200 toises on en a 210 toises.

Ces bottes, toujours composées de 10 contre-lattes, ont 6 pieds, 9 pieds et 12 pieds. C'est à l'acheteur à s'arranger sur ces mesures.

*Clou pour lattis et contre-lattis d'ardoise.* Il faut pour une toise d'ouvrage une livre de clous. Le millier de clous de cette espèce pèse ordinairement 3 livres et un quart : il se vend comme l'autre à la somme; mais cette somme doit peser 36 livres, au lieu que le clou-ardoise ne pèse que 30 livres; de sorte que si la somme de clous vaut 15 liv., on aura pour cette somme 30 livres de clous-ardoises, et pour la même somme d'argent 36 livres de clous à lattes.

*Tuile grand moule en plein.* Il faut 153 tuiles pour une toise carrée. Le millier peut faire 6 toises et deux tiers, pourvu que cette tuile ait 8 pouces et demi de large et 4 pouces de pureau. Il revient à 93 fr. rendu à pied-d'œuvre.

Idem *à claire-voie.* Chaque tuile doit faire 1 pied de long, tant plein que vide, sur 4 pouces de pureau. Il en faut 108 pour la toise, et le millier fait 9 toises et un quart.

*Tuile petit moule.* Si cette tuile a 6 pouces de large et 3 pouces de pureau, le millier fera 3 toises et demie, chacune de 288 tuiles, et, rendu au magasin, coûtera 59 fr. 30.

*Latte à tuile.* La botte de lattes doit être de 52. Il en faut 27 pour faire une toise d'ouvrage : la botte peut faire une toise et trois quarts tant en plein qu'à claire-voie.

Pour le petit moule, il en faut 36. La botte fait une toise et un tiers.

Chaque latte a 4 pieds de long et environ 1 et demi-pouce de large.

*Clou pour latte à tuile.* Chaque latte attachée avec 4 clous, y compris le déchet, emploie pour chaque toise près d'une demi-livre de clous, et la botte un peu moins d'une livre.

Après le détail donné, il est aisé de mettre le prix à chaque nature d'ouvrage, il ne s'agit que de savoir quel est le prix courant des matériaux, de la main-d'œuvre, et de détailler chaque toise d'ouvrage comme si elle était en plein comble.

De tous les matériaux employés dans le bâtiment aucun n'a autant varié de prix que l'ardoise, de 1804 à 1825 elle a varié de 30 à 55 fr.

*Autres espèces de couvertures.*

On fait encore des couvertures de *bardeau*. Ce sont de petits ais ou douves de tonneau, que l'on nomme ailleurs *aissis* ou *aissantes*. Cette couverture de bardeau s'emploie ordinairement sur des hangars, et sur les maisons dans les lieux où la tuile et l'ardoise sont rares et le bois commun. Il ne faut pas épargner le clou à ces couvertures. Il faut encore les peindre en grosse couleur à l'huile, en rouge ou noir, pour les garantir de la chaleur et des pluies. C'est une économie de les faire peindre tous les deux ans. Cette couverture se fait et se toise comme la tuile et l'ardoise, et se paie à proportion du prix des matériaux.

Dans les campagnes, on couvre les chaumières de paille de seigle ou de gluis, et en quelques autres lieux de roseaux. Après que les faîtages et pannes sont posés, on y attache avec des osiers des perches en place de chevrons, et des perchettes en travers, sur lesquelles le couvreur applique le chaume avec des liens de paille. Plus ces liens sont serrés, plus la couverture est de durée. Elle se toise comme à Paris et ailleurs à la travée.

### Du carreau de terre cuite.

Les chambres ordinaires sont carrelées de petit carreau de terre cuite, à six pans, que l'on fabrique à Paris et dans les tuileries aux environs.

Les salles par bas sont carrelées de grand carreau de même terre, et de même à six pans.

Les cheminées sont carrelées de grand carreau carré de 6 pouces sur tout sens.

Le petit carreau se pose le plus communément avec du plâtre mêlé de poussière.

Le grand carreau se pose de même, mais il serait bien mieux de le poser à plâtre pur.

### Détail du carreau.

Le grand carreau de six pouces à six pans, contient en surface 31 pouces, et pèse une livre 13 onces un quart. Il en faut 165 pour faire une toise carrée ; le millier fait six toises, et pèse aux environs de 1828 livres. Il coûte 42 francs 50 c. rendu au bâtiment. Une voiture ordinaire en charge environ deux milliers.

Ce carreau en place coûte 10 francs 82 cent. la toise carrée.

Le carreau d'âtre est carré. Il y en a de 8 pouces sur tout sens, et d'autres de 7 pouces.

Le petit carreau de 4 pouces et à six pans, apporté au bâtiment, contient en surface 16 pouces et un quart, et pèse 12 onces. Il en faut 550 pour faire une toise carrée, et le millier fait un peu plus de 3 toises ; le millier pèse environ 750 livres, et une voiture en charge trois milliers. Ce carreau employé et mis en place, coûte 9 fr. 85 c. la toise.

On fabrique dans les environs de Paris de ce petit carreau, mais d'un échantillon plus grand que celui de Paris, et dont le millier fait 3 toises et un quart, et coûte 21 fr. rendu au bâtiment.

Le carreau à four doit avoir le moins un pouce d'épaisseur et 6 pouces de large ; il revient à 18 f. le cent.

On vend du carreau de Bourgogne de 8 pouc. en carré et un pouce d'épaisseur. Le petit carreau de Bourgogne se vend 30 francs le millier ; il porte 4 pouces et est plus solide que celui ordinaire.

# De la Menuiserie.

Le bois que l'on emploie pour la menuiserie doit être ordinairement de chêne de la meilleure qualité, sec au moins de cinq ans, de droit fil, c'est-à-dire, sans nœuds ni aubier, ni aucune pourriture. Le plus beau bois vient dans les terres fraîches, quand elles sont un peu sablonneuses.

Les principaux ouvrages de menuiserie dont on se sert pour les bâtimens, sont les portes, les croisées, les lambris, les cloisons, le parquet, et les bas de cheminées.

*Des portes et de leurs chambrantes.*

Dans un bâtiment considérable, on fait des portes de diverses manières, sans parler des portes-cochères : il y en a de grandes, de moyennes et de petites.

Les petites portes sont pour les passages, dégagemens, lieux communs et autres, où l'on n'a pas besoin de grande force ni d'ornement. On fait ces portes de 2 pieds et un quart de large, ou 2 pieds et demi au plus, sur 6 pieds ou 6 pieds et demi de haut; elles doivent avoir au moins un pouce d'épaisseur, même 14 ou 15 lignes, et être arrasées, collées, et emboîtées par haut et par bas.

Les portes moyennes sont pour des chambres que l'on fait dans un attique. On ne leur donne guère que depuis 2 pieds et demi jusqu'à 3 pieds de large, sur 6 pieds et demi ou 7 pieds de haut ; quand on les veut un peu orner, on les fait d'assemblage ; on donne aux battans un pouce et demi d'épaisseur, dans lesquels on fait des deux côtés une moulure en forme de cadre, et une autre moulure au bord extérieur du côté qu'elles ouvrent : les panneaux doivent avoir un pouce d'épaisseur, et sont aussi ravalés. On fait à ces sortes de portes des chambranles de 4 pouces environ de large, sur 2 pouces d'épaisseur, et ornés de moulures ; on fait des embrasemens avec des bâtis, avec bouement et panneaux dans l'épaisseur du mur. On met aussi au-dessus de ces portes, des gorges, des corniches et des cadres, quand il se trouve de la hauteur.

On peut dans cette grandeur comprendre les portes d'office, de cuisine, et celles de caves que l'on fait toutes unies, mais bien fortes, comme d'un pouce et demi ou 2 pouces d'épaisseur, collées et emboîtées comme ci-devant.

Les grandes portes sont celles dont on se sert pour les principaux appartemens, comme les salles, antichambres, chambres et cabinets : on les fait ordinairement à deux venteaux, et d'une même grandeur, quand elles sont dans une enfilade, ou qu'elles se répondent l'une à l'autre dans une même pièce. On fait ces sortes de portes de différentes largeurs, depuis 3 pieds 8 ou 9 pouc. jusqu'à 6 pieds pour les grands palais, c'est-à-dire, qu'il faut savoir proportionner la grandeur des portes aux appartemens où elles doivent être mises. On leur doit donner en hauteur au moins le double de leur largeur; et pour avoir meilleure grâce, on peut leur donner environ un douzième de plus. Il y a de ces portes que l'on fait simples, quoiqu'à deux venteaux, quand c'est pour des appartemens médiocres.

Aux appartemens qui sont entre les palais et les maisons ordinaires, on donne 4 pieds, et 4 pi. et demi aux principales portes à deux venteaux; à celles qui ont 4 pieds de large, on donne 8 p. et demi de haut; 9 pieds et demi ou 9 pieds 9 po. de haut à celles de 4 pieds et demi. On donne au moins 2 pouces d'épaisseur aux battans et aux traverses; on y fait des deux côtés des compartimens de cadres, et l'on donne aux panneaux un pouce et demi d'épaisseur; les chambranles doivent avoir 8 à 9 pouces de largeur, et 3 pouces d'épaisseur.

Quand les portes ont 5 à 6 pieds, on ne donne guère plus d'épaisseur aux battans et aux autres bois; mais on leur donne plus de largeur à proportion.

Les portes cochères de grandeur ordinaire ont 8 pieds et demi ou 9 pieds de largeur entre deux tableaux. Quand il n'y a point de sujétion, on leur donne en hauteur le double de leur largeur, et quelquefois plus, selon l'ordre d'architecture dont elles sont ornées; mais comme il y a presque toujours des sujétions à Paris ou ailleurs, à cause de la hauteur des planchers ou de la vue des cours, on se contente de leur donner en hauteur une fois leur largeur ou les trois quarts, et quelquefois moins ; en sorte que si elles ont 8 pieds de large, on ne leur donne que 14 pieds de haut ; mais, pour empêcher qu'elles ne paraissent trop écrasées, on les fait en plate-bandes bombées : cela les fait paraître moins basses, par rapport à leur largeur.

On donne aux battans des portes cochères 4 pouces d'épaisseur sur 8 à 9 pouces de largeur, et aux bâtis qui sont au dedans 3 pouces d'épaisseur, aux cadres 4 pouces, aux panneaux 1 pouce et demi : ces bois ont plus ou moins d'épaisseur selon la grandeur des portes, qui se mesurent à la toise.

Cependant, quand elles sont très-grandes ou fort ornées, on en fait un dessin et un devis, sur lesquels on fait marché à la pièce.

### *Des croisées.*

On fait des croisées de différentes grandeurs, selon que les maisons où elles doivent servir sont plus ou moins grandes. Les plus communes ont 4 pieds de large, les autres 4 pieds et demi : on les fait depuis 5 pieds jusqu'à 6 pour les palais, mais elles ne passent guère cette largeur.

La hauteur des croisées doit être au moins le double de leur largeur ; on leur donne même jusqu'à 2 fois et demie leur largeur ; cette proportion leur convient assez, parce qu'on les baisse à présent jusqu'à un socle de 4 ou 6 pouces près du plancher : cela donne beaucoup de grâce aux appartemens.

Il y a des croisées de deux sortes : les unes sont à panneaux, les autres sont à carreaux de verre. On ne fait plus de celles à panneaux, qu'aux maisons très-communes ou aux bâtimens des basse-cours.

Aux croisées ordinaires de 4 pieds de large, on donnera un pouce et demi sur 2 pouces et demi au chassis dormant. Quand on y fait entrer les chassis à verre, on leur donne 3 pouces, aux meneaux 3 pouces en carré; un pouce et demi sur 2 pouces et demi aux battans des chassis à verre ; aux petits bois, quand ce sont des carreaux à verre, on donne 14 lignes, ou au moins un pouce, et l'on y fait un rond entre 2 carrés avec des plinthes; aux volets un pouce, et on y fait un bouement, et les panneaux sont de merrain. Si l'on veut que les volets soient attachés sur les chassis dormans, il faut que le chassis à verre entre dans les dormans, et l'ouvrage en est meilleur.

Aux grandes croisées de 5 pieds, les chassis dormans doivent avoir 3 pouces sur 4 ou 5 pouces, les meneaux autant; les battans de chassis à verre 2 pouces d'épaisseur sur 3 et 4 pouces de large, les petits bois de carreaux 2 pouces et demi au moins, ou 3 pouces; on les assemble avec des plinthes ou à pointe de diamans, et on les orne de demi-ronds, de baguettes des deux côtés, selon qu'on le désire. Les volets doivent avoir un pouce et demi, avec de petits cadres des deux côtés élégis dans les battans, et les panneaux sont épais d'un pouce. Quand les croisées vont jusqu'à 6 pieds, l'on fortifie le bois à proportion ; mais c'est peu de chose de plus que ce que je viens de dire.

Pour empêcher que l'eau ne passe au droit de l'appui et du meneau de la croisée, on fait la traverse d'en bas du chassis à verre assez épaisse, pour y faire des reverseaux. Cette pièce est faite par-dessus en *quart-de-rond*, et a par-dessous une *mouchette* pendante pour rejeter l'eau assez loin sur l'appui, afin qu'elle n'entre point dans les appartemens.

Pour avoir la vue libre quand une croisée est ouverte, on fait porter le meneau au chassis à verre, depuis le bas jusqu'à la traverse : cela se fait par un angle recouvert en biais ou en *gueule de loup*.

On met ordinairement la traverse du meneau plus haute que la moitié de la hauteur de la croisée d'environ un sixième et même plus, afin de n'être point barré par cette traverse, et pour que la croisée ait plus de grâce. Quand les croisées vont jusqu'en bas, on fait la partie d'en bas encore plus longue à proportion du haut, parce que l'appui y est compris : il faut que les carreaux à verre aient en hauteur au moins un sixième de plus que leur largeur, pour être bien proportionnés.

Pour les volets, les uns les font depuis le bas jusqu'en haut ; cela a sa commodité : mais ils se déjettent plus facilement : si on les fait en deux parties, on les sépare au droit de la traverse du meneau. Ils sont toujours mieux quand ils sont attachés sur le chassis dormant, ainsi qu'il a été dit; et comme on les fait ordinairement brisés en deux, il faut bien prendre garde qu'il y ait assez de place pour les coucher dans l'embrasement des croisées.

Les croisées sont mesurées au pied, selon leur hauteur, sans avoir égard à la largeur : c'est le prix du pied qui en fait la différence, selon qu'elles sont plus ou moins fortes, plus ou moins grandes, et plus ou moins ornées. Si, par exemple, une croisée a 12 pieds de hauteur, on la compte pour 12 pieds à *tant* le pied, sans avoir égard si elle a 5 ou 6 pieds de large : c'est l'usage.

### Des *lambris*.

Il y a deux sortes de lambris, l'un qu'on appelle *lambris d'appui*, et l'autre *lambris en hauteur*.

Les lambris d'appui sont pour les lieux que l'on veut tapisser : on les fait ordinairement de 2 pieds et demi, ou 2 pieds 8 pouces de haut : c'est à peu près la hauteur des appuis de croisées.

On donne un pouce d'épaisseur aux bâtis des lambris d'appui les plus simples, dans lesquels on élégit un bouement ou petite moulure; les panneaux sont de merrain, et l'on met un socle par bas et une plinthe par haut, ornés d'une petite moulure.

Le plus beau lambris d'appui est fait à cadres

et à pilastres en façon de compartiment, suivant le dessin que l'on en fait. On donne un pouce et demi aux bâtis. Il faut faire les cadres et les pilastres fort doux, afin que la trop grande saillie n'incommode point dans les appartemens.

Aux lambris en hauteur les plus simples, que l'on fait pour la place des miroirs et autres endroits où l'on ne met point de tapisserie, on donne un pouce et demi d'épaisseur aux bâtis, dans lesquels on fait un boucment; et les panneaux sont de merrain.

Aux lambris ornés de cadres en compartimens, on donne un pouce et demi d'épaisseur aux bâtis, surtout quand la hauteur et la largeur sont considérables, et l'on fait les bois des cadres et des panneaux forts à proportion.

Dans les grands bâtimens, on fait souvent de menuiserie les cabinets, et quelquefois même d'autres pièces : on doit faire des dessins pour ces sortes d'ouvrages. Je ne décide point ici l'épaisseur que les bois doivent avoir, parce que cela dépend du dessin et du lieu.

L'usage est de mesurer les lambris d'appui à la toise superficielle, en les contournant partout, sans avoir égard à la hauteur; et l'on mesure les lambris en hauteur à la toise carrée de 36 pieds pour toise, en multipliant le contour par la hauteur.

### *Du parquet.*

Il y a ordinairement trois différentes épaisseurs de parquet; la plus simple est d'un pouce ou de

14 lignes, le moyen d'un pouce et demi, et le plus épais de 2 pouces.

On n'emploie le plus simple qu'aux appartemens hauts, ou dans les maisons de peu d'importance, car quand on veut que le parquet soit bon, il faut lui donner un pouce et demi, et on fait les panneaux de merrain, et les frises d'un pouce.

Le parquet d'un pouce et demi est fort bon, mais il ne faut pas qu'il y ait d'humidité par-dessous aussi dans les grandes maisons on l'emploie aux étages supérieurs ; les frises ont 15 lignes, et les panneaux sont épais d'un pouce.

Le parquet de 2 pouces doit être employé aux appartemens bas, où il faut de la force pour résister à l'humidité. Il faut que les panneaux soient à peu près de même épaisseur que les bâtis, ou qu'ils aient au moins un pouce et demi : car quand le bois des panneaux n'a pas assez d'épaisseur, l'humidité entrant par-dessous dans les pores du bois, le fait enfler et creuser par-dessus. Quand le parquet a 2 pouces, on donne un pouce et demi aux frises. Le tout doit être assemblé à languettes, cloué avec clous à tête perdue, et les trous remplis avec de petits carrés de bois proprement joints et rabotés.

Les lambourdes que l'on emploie pour poser le parquet sur les planchers, ne doivent pas avoir autant d'épaisseur que sur les aires des étages bas ; car cela donne trop d'épaisseur au-dessus des planchers : on regarde les plus hautes solives, et l'on donne quelques pouces d'épaisseur, afin qu'aux solives basses les lambourdes n'aient pas plus de 2 pouces et demi : et c'est ordinairement du bois de 4 à 6 pouces refendu en deux.

Pour le parquet posé sur les aires des étages bas, il faut que les lambourdes aient au moins 3 pouces d'épaisseur; elles sont ordinairement de bois de 3 à 4 pouces de gros.

On fait de deux sortes de parquets à l'égard de son assemblage; l'un a les panneaux d'équerre sur les bâtis, et s'appelle *parquet carré*; l'autre a les panneaux en diagonale sur les bâtis, c'est-à-dire, qu'ils sont mis en losanges. Dans ce parquet, il y en a à 16 panneaux et à 20 panneaux : celui de 20 panneaux est toujours le plus beau et le meilleur.

On pose aussi le parquet de différentes manières. L'une est parallèle aux murs, c'est-à-dire posée en carré; l'autre est posée en losange, c'est-à-dire en diagonale à l'égard des murs : on trouve cette dernière manière plus agréable, et l'on s'en sert à présent plus que de l'autre.

Quand on met du parquet dans les appartemens qui sont en enfilades, il faut observer, s'il est posé en losange, que le milieu ou la pointe d'un rang de parquet réponde précisément au milieu des portes de l'enfilade. Si l'on en peut faire autant au droit des manteaux de cheminées et au droit des croisées, cela donne beaucoup d'agrément aux appartemens, mais il est difficile que cela se puisse toujours faire, parce qu'il se trouve dans un bâtiment des sujétions préférables au parquet. Pour les enfilades, cela doit être absolument comme je viens de le dire, et l'on doit même y penser en faisant les plans.

Il faut aussi faire répondre au milieu des enfilades le parquet posé en carré. Il y a plus de facilité en celui-ci pour les sujétions des cheminées et des croisées, qu'en celui qui est posé en losange; mais l'ouvrage n'en est pas si beau.

On fait ordinairement au-devant des cheminées un châssis de frise de 15 à 16 pouces de distance du devant des jambages, sur toute la longueur de la cheminée, y compris les jambages, pour contenir le foyer qui doit être de marbre, de pierre ou de carreau.

On mesure le parquet à la toise carrée de 36 pieds par toise à l'ordinaire. On rabat les places de cheminées et autres avances contre les murs; mais l'on compte les enfoncemens au droit des croisées et des portes. Dans le toisé du parquet, l'on comprend les lambourdes qui sont fournies par le menuisier; le tout ne doit faire qu'un même prix.

Dans les endroits où l'on ne veut pas faire la dépense du parquet, on fait des planchers d'ais, surtout aux étages bas; mais afin que ces planchers soient bons, il faut que les ais aient au moins un pouce et demi d'épaisseur, et qu'ils n'aient pas plus de 8 à 9 pouces de largeur, à cause qu'ils se courberaient, par la raison qui a été dite. Le tout doit être assemblé à languettes, et cloué sur des lambourdes comme le parquet. Si l'on fait de ces sortes de planchers aux étages hauts, on peut y mettre du bois d'un bon pouce ou de 15 lignes ; mais les ais ne doivent pas avoir plus de 8 pouces de large ; et plus, dans les cas, ils seront étroits, plus le plancher sera solide et propre. A ces sortes de planchers, l'on pose les ais de différentes façons, ou carrément ou à épi, ainsi qu'on le juge à propos.

On toise les planchers d'ais comme le parquet, c'est-à-dire, à la toise superficielle.

## Des cloisons de menuiserie.

On ne fait guère de cloisons de menuiserie que pour des séparations légères, quand on veut faire des corridors, ou qu'on veut diviser une grande pièce en deux ou trois parties. Les cloisons sont ordinairement de planches de sapin, d'un pouce ou d'un pouce et demi, assemblées à languettes l'une contre l'autre et par les deux bouts dans les coulisses faites de bois de chêne, dans lesquelles on fait une rainure pour passer les bouts des ais.

On mesure ces sortes de cloisons à la toise carrée.

## Addition à la menuiserie, extrait de Séguin.

Le toisé de la menuiserie est le plus simple de tous, et tout vide est rabattu. La toise superficielle, linéaire et courante est la règle de ce toisé. Il suffit dans les mémoires de bien détailler chaque article, en y expliquant quel bois, sa qualité, son assemblage, ses ornemens et sa mesure.

On peut admettre en général 1 quart de déchet dans l'emploi des bois lorsqu'il n'y a qu'une languette dans les joints comme aux cloisons pleines, et un tiers lorsqu'il y a assemblage comme aux portes à placards, lambris, croisées, etc. Aux portes emboîtées des deux bouts, l'on peut admettre 1 quart et la sixième partie du quart.

Les lambris sont de quatre sortes, relativement à leurs profils d'encadrement. Les plus simples sont ceux à bouemens ou quart-de-ronds; la deuxième espèce est à bouement et baguette ou à quart-de-rond et filet avec plate-bande sur les panneaux; la troisième est celle dite *à petits cadres*, portant environ 1 pouce et 1 quart ou 1 pouce et demi de profil sans saillie; et la quatrième espèce est celle dite *à cadres embrevés* ou *à cadres ravalés*, portant environ 4 lignes de saillies : les façons de ces lambris sont, compris la pose, de différens prix suivant l'espèce des bois, et l'on peut les détailler selon les quantité et épaisseur des bois.

Les réparations faites aux vieux lambris sont aussi de différentes espèces.

Les lambris à petits cadres ou à bouemens retaillés sur les assemblages et au pourtour des panneaux et rassemblés et posés en place, 30 fr. 16 c., et ceux à grands cadres, 41 fr. la toise superficielle.

Le parquet retaillé et redressé sur les joints et posé en place, 15 fr. 25 c., et s'il n'est que déposé et reposé et redressé sur les joints seulement, 9 fr. la feuille.

Les battans de parquet, emboîtures de portes,

alaises de lambris, le tout en plus-valeur sur du vieux, doit être toisé superficiellement et confondu dans le prix du lambris à grands cadres suivant les épaisseurs, à cause des sujétions.

Les embrasemens unis des portes doivent être toisés superficiellement et comptés comme lambris à bouemens suivant les épaisseurs ; par exemple, si l'embrasement est en chêne de 3 quarts, il doit être compris dans le lambris dont les panneaux ont 3 quarts de pouce d'épaisseur.

Il reste à dire quelque chose sur la manière de toiser la menuiserie.

Les lambris se mesurent de leur hauteur et largeur, sans avoir égard aux avant-corps des cadres ou des recouvremens ; mais l'on ajoute à leur longueur une épaisseur de lambris par retour d'angle et un demi-pouce de languette dans chaque chambranle de porte ou croisée. L'on ne fait point distinction des plinthes et cimaises.

Les lambris d'appui se mesurent de même sur leur longueur, et leur hauteur se prend du carreau au-dessus de la cimaise, en y ajoutant un demi-pouce pour la languette.

Si la cimaise excède en largeur le parement brut du lambris du côté du mur, l'excédant se compte à part dans la classe des cloisons pleines.

Toutes les parties circulaires sur le plan se comptent une fois et demie ; celles circulaires sur plan et élévation se comptent trois fois, c'est-à-dire, qu'une toise de lambris en voussure vaut trois toises de lambris droit.

On ne compte point de feuillures ni quart-de-ronds aux portes à placards, guichets ou lambris; mais s'ils sont faits sur des portes pleines, ils doivent être comptés à 5o c. la toise en plus-valeur pour la feuillure et autant pour le quart-de-rond.

Les parquets de glace se comptent comme le lambris y compris le cadre de la glace s'il est du même profil, et s'il est d'un profil plus riche, il doit être estimé en plus-valeur.

Les banquettes des croisées se comptent en superficie dans la même classe du lambris à petits cadres, ainsi que les embrasemens d'assemblage des portes.

Les chambranles, huisseries, bâtis de portes, plinthes, etc., toutes ces parties se mesurent à la toise courante de longueur, et l'on désigne les épaisseurs et profils : les mesures se prennent toujours aux extrémités des onglets et tenons.

Les croisées se mesurent au pied de hauteur, et l'on désigne les largeur et épaisseur des bois : à celles qui sont cintrées par le haut, l'on doit ajouter à la hauteur du milieu la moitié de la hauteur du cintre.

## TARIF,

#### EXTRAIT DE L'ALMANACH DES BATIMENS,

*Des prix à façon des ouvrages de menuiserie les plus usuels, applicable aux bois, un peu plus ou un peu moins épais de 9, 12, 15 ou 18 lignes, pour une croisée de 3 pieds 6°, pour une de 4 pieds de largeur, un bâti, une huisserie, un chambranle de 3° de largeur, même valeur que s'ils avaient 3° 3/4 (1).*

### Bois de bateau.

Bois de bateau dressé sur les rives et blanchi proprement d'un côté, en sapin ou bois blanc, 2 fr., en chêne, 3 fr.

Blanchi d'un côté et joint à rainures et languettes, ou blanchi des deux côtés et non rainé, en sapin ou bois blanc, 2 fr. 90 c., en chêne, 4 fr. 25 c.

Blanchi proprement des deux côtés et joint à rainures et languettes, en sapin ou bois blanc, 4 fr. 30 c., en chêne, 5 fr. 25 c.

### Bois neuf.

Bois neuf dressé sur les rives et blanchi d'un côté, de 9 et 12 lignes d'épaisseur, en sapin, 1 fr. 50 c., en chêne, 2 fr. 25 c.

---

(1) *N. B.* Ces prix sont variables, en raison de l'augmentation de la matière.

Blanchi de 15 lignes d'épaisseur, en sapin, 2 fr. 20 c., en chêne, 3 fr.

Blanchi de 18 lignes, idem, en sapin, 2 fr. 40 c., en chêne, 3 fr. 50 c.

Blanchi de 21 lignes à 2° $\frac{1}{4}$ d'épaisseur, en sapin, 3 fr., en chêne, 4 fr. 75 c.

Blanchi d'un côté et joint à rainures et languettes, ou blanchi des deux côtés et non rainé, de 9 et 12 lignes d'épaisseur, en sapin, 2 fr. 25 c., en chêne, 3 fr. 50 c.

Blanchi de 15 lignes d'épaisseur, en sapin, 3 fr. 20 c., en chêne, 4 fr. 75 c.

Blanchi de 18 lignes, idem, en sapin, 3 fr. 75 c., en chêne, 5 fr. 50 c.

Blanchi de 21 lignes, à 2° $\frac{1}{4}$ d'épaisseur, en sapin, 4 fr. 75 c., en chêne, 7 fr. 25 c.

Blanchi des deux côtés et joint à rainures et languettes, de 9 et 12 lignes d'épaisseur, en sapin, 3 fr. 25 c., en chêne, 4 fr. 75 c.

Blanchi de 15 lignes d'épaisseur, en sapin, 4 fr. 20 c., en chêne, 6 fr. 25 c.

Blanchi de 18 lignes d'épaisseur, en sapin, 4 fr. 90 c., en chêne, 7 fr. 25 c.

Blanchi de 22 lignes, à 2° $\frac{1}{4}$ d'épaisseur, en sapin, 6 fr. 25 c., en chêne, 9 fr. 50 c.

Blanchi des deux côtés, joint à rainures et languettes et collé, de 9 et 12 lignes d'épaisseur, en sapin, 3 fr. 50 c., en chêne, 5 fr.

Blanchi de 15 lignes d'épaisseur, en sapin, 4 fr. 50 c., en chêne, 6 fr. 65 c.

Blanchi de 18 lignes d'épaisseur, en sapin, 5 fr. 20 c., en chêne, 7 fr. 70 c.

Blanchi de 21 lignes, à 2° $\frac{1}{4}$ d'épaisseur, en sapin, 6 fr. 75 c., en chêne, 10 fr.

Blanchi, rainé, collé, idem, et de plus des clefs dans les joints, de 12 lignes d'épaisseur, en chêne, 5 fr. 75 c.

Blanchi de 15 lignes, idem, en chêne, 7 fr. 40 c.

Blanchi de 18 lignes, idem, en chêne, 8 fr. 55 c.

Blanchi de 21 lignes, à 2° $\frac{1}{4}$ d'épaisseur, en chêne, 11 fr. 50 c.

Portes pleines avec feuillures, de 12 lignes d'épaisseur, en sapin, 5 fr. 50 c., en chêne, 8 fr.

Blanchi de 15 lignes, idem, en sapin, 6 fr. 50 c., en chêne, 9 fr. 25 c.

Blanchi de 18 lignes, idem, en sapin, 7 fr. 50 c., en chêne, 10 fr. 50 c.

Blanchi de 2° à 2° $\frac{1}{4}$ d'épaisseur, en sapin, 10 fr. 50 c., en chêne, 15 fr. 75 c.

Frises pour planchers, corroyées, rainées et non tirées de largeur, de 12 lignes d'épaisseur, en sapin, 3 fr. 75 c., en chêne, 5 fr.

Frises de 15 lignes d'épaisseur, en sapin, 4 fr. 50 c., en chêne, 6 fr. 25 c.

Frises de 18 lignes d'épaisseur, en sapin, 5 fr., en chêne, 7 fr. 25 c.

Frises de 2° à 2 $\frac{1}{4}$ d'épaisseur, en sapin, 8 fr. 25 c., en chêne, 12 fr.

Frises idem, tirées de largeur pour des planchers à l'anglaise et des planchers à point d'Hongrie, de 12 lignes d'épaisseur, en sapin, 4 fr. 25 c., en chêne, 5 fr. 75 c.

Frises de 15 lignes d'épaisseur, en sapin, 5 fr., en chêne, 7 fr.

Frises de 18 lignes d'épaisseur, en sapin, 5 fr. 75 c., en chêne, 8 fr.

Frises de 2° à 2° 1/4 d'épaisseur, en sapin, 8 fr. 75 c., en chêne, 13 fr.

Parquets sans fin à panneaux de 5 à 6°, débités dans la planche, de 12 lignes d'épaisseur, en chêne, 16 fr.

Parquets de 15 et 18 lignes d'épaisseur, en chêne, 18 fr. 50 c.

Parquets avec des panneaux de merrain, de 15 et 18 lignes d'épaisseur, en chêne, 20 fr.

Lambris d'assemblage, panneaux à glace, *lambris* à table saillante, *parquets* de glace et de derrière d'armoire ; les bâtis de 12 lignes et les panneaux de 6 lignes d'épaisseur, en sapin, 7 fr., en chêne, 9 fr. 50 c.

Les mêmes, les bâtis de 15 et 18 lignes, et les panneaux de 6 et 9 lignes d'épaisseur, en sapin, 7 fr. 75 c., en chêne, 10 fr. 25 c.

Les mêmes, les bâtis de 15 lignes, et les panneaux de 12 lignes d'épaisseur, en sapin, 8 fr., en chêne, 10 fr. 75 c.

Les mêmes, les bâtis de 2° et les panneaux de 12 lignes d'épaisseur, en sapin, 9 fr., en chêne, 12 fr. 32 c.

Lambris assemblés à bouvemens simples ou à petits cadres, portes et cloisons vitrées ; les bâtis de 12 lignes et les panneaux de 6 lignes, en sapin, 7 fr. 50 c., en chêne, 10 fr. 25 c.

Les mêmes, les bâtis de 15 et 18 lignes et les

panneaux de 6 et 9 lignes, en sapin, 8 fr. 25 c., en chêne, 11 fr.

Les mêmes, les bâtis de 18 lignes et les panneaux de 12 lignes, en sapin, 8 fr. 50 c., en chêne, 11 fr. 75 c.

Les mêmes, les bâtis de 2° et les panneaux de 12 lignes, en sapin, 9 fr. 75 c., en chêne, 12 fr. 75 c.

Lambris à cadres ravalés ou à grands cadres embrevés, de 18 lignes à 2° de profil, les bâtis de 12 lignes et les panneaux de 6 lignes, en sapin, 10 fr. 50 c., en chêne, 14 fr. 25 c.

Les mêmes, les bâtis de 15 et 18 lignes et les panneaux de 6 et 9 lignes, en sapin, 11 fr. 50 c., en chêne, 16 fr.

Les mêmes, les bâtis de 18 lignes et les panneaux de 12 lignes, en sapin, 12 fr., en chêne, 17 fr. 25 c.

Les mêmes, les bâtis de 2° et les panneaux de 12 lignes, en sapin, 14 fr., en chêne, 20 fr.

Lambris à grands cadres embrevés de 3° de profil, les bâtis de 15 et 18 lig. et les panneaux de 6 à 9 lignes, en sapin, 13 fr., en chêne, 18 fr.

Portes charretières, les bâtis de 2° et les panneaux de 15 et 18 lig. d'ép., en chêne et panneaux, en sapin, 13 fr. 50 c., et panneaux en chêne, 19 fr.

Les mêmes, avec des baguettes sur le joint des planches, en chêne et panneaux en sapin, 14 fr. 50 c., et panneaux en chêne, 20 fr. 50 c.

Les mêmes, avec baguettes id. et des écharpes

derrière, en chêne et panneaux en sapin, 16 fr., et panneaux en chêne, 22 fr. 50 c.

Portes id., les bâtis de 3° d'ép. et les panneaux de 15 et 18 lig., avec écharpes, en chêne et panneaux en sapin, oo fr., et panneaux en chêne, 25 f.

Les mêmes, avec écharpes id., les bâtis de 3° et les panneaux de 2° d'épaisseur, en chêne et panneaux en sapin, 20 fr., et panneaux en chêne, 27 fr.

Petite porte-cochère, les bâtis 3°, les doubles et les panneaux de 15 et 18 lig. bâtis, blanchis ou arasés derrière, en sapin, oo fr., en chêne, 35 fr.

Grande porte-cochère, les bâtis de 4°, les doubles bâtis de 3° et les panneaux de 15 ou 18 lig. d'ép. blanchis ou arasés derrière, en sapin, oo fr., en chêne, 45 fr.

Les mêmes, mais les panneaux de 2° d'ép., en sapin, oo fr., en chêne, 47 fr. 50 c.

Châssis vitrés de toutes mesures et de 12 lig. d'ép., en sapin, 7 fr. 50 c., en chêne, 10 fr. 25 c.

Châssis de 15 lig. d'ép., en sapin, 8 fr., en chêne, 12 fr.

Châssis en tabatière, de 3 pieds sur 2 p. 6° de large en bois de 15 et 18 lig. d'ép., la pièce, en sapin, oo fr., en chêne, oo fr.

Châssis en bois de 2° d'ép., en sapin, oo fr., en chêne, 5 fr.

Chassis idem, de 4 pieds sur 3 pieds, et de 15 et 18 lig. d'ép., en sapin, oo fr., en chêne, 5 fr. 25 c.

Châssis en bois de 2° d'ép., en sapin, 6 fr., en chêne, 6 fr. 50 c.

## Croisées.

Croisées à un vantail de 2 à 3 pieds de large, dormant de 15 à 24 lig., châssis de 15 lig. d'ép., le pied de haut, en sapin pour glaces, 00 fr. 95 c. en chêne à petits cadres, 1 fr. 15 c.

Croisées à deux vantaux de 3 pieds 6 lig. à 4 pieds de large, dormant de 15 à 24 lig., châssis de 15 lig. d'ép. le pied lin., en sapin pour glaces, 1 fr. 30 c., en chêne à petits cadres, 1 fr. 50 c.

Croisées de 4 pieds 6° de largeur, les dormans et châssis idem, en sapin pour glaces, 1 fr. 40 c., en chêne à petits cadres, 1 fr. 65 c.

Croisées de 5 pieds de largeur, dormans de 2°, châssis de 15 lig. d'ép., en sapin pour glaces, 1 fr. 50 c., en chêne à petits cadres, 2 fr.

Croisées, mais les châssis de 18 lig. d'ép., en sapin pour glaces, 1 fr. 75 c., en chêne à petits cadres, 2 fr. 20 c.

Croisées de 5 pieds, dormans de 3°, châssis de 18 lig. d'ép., en sapin pour glaces, 2 fr., en chêne à petits cadres, 2 fr. 60 c.

Croisées de 5 pieds, dormans de 3°, châssis de 2° d'ép., en sapin pour glaces, 2 fr. 60 c., en chêne à petits cadres, 3 fr. 30 c.

Croisées de 5 pieds, dormans de châssis de 2° d'ép., en sapin pour glaces, 2 fr. 90 c., en chêne à petits cadres, 3 fr. 70 c.

Croisées de 6 pieds de largeur, dormans de 3°, châssis de 2° d'ép., en sapin pour glaces, 5 fr. 20, en chêne à petits cadres, 4 fr. 10 c.

Croisées de 6 pieds idem, dormans de 4°, châssis de 2° d'ép., en sapin pour glaces, 3 fr. 50 c., en chêne à petits cadres, 4 fr. 40 c.

*Persiennes.*

Persiennes de 3 pieds de largeur en bois de 15 lig. d'ép., le pied de hauteur, en sapin avec dormans, 1 fr. 25 c., en chêne avec dormans, 1 fr. 40 c.

Persiennes en bois de 18 lignes, en sapin avec dormans, 1 fr. 40 c., en chêne avec dormans, 1 fr. 65 c.

Persiennes de 3 pieds 6° à 4 pieds de large, en bois de 15 lig., le pied linéaire, en sapin avec dormans, 1 fr. 45 c., en chêne avec dormans, 1 fr. 65 c.

Persiennes de 18 lignes, en sapin avec dormans, 1 fr. 65 c., en chêne avec dormans, 1 fr. 85 c.

Persiennes de 4 pieds 6° de large, en bois de 15 lignes d'ép., le pied, en sapin avec dormans, 1 fr. 65 c., en chêne avec dormans, 1 fr. 80 c.

Persiennes de 18 lignes, en sapin avec dormans, 1 fr. 90 c., en chêne avec dormans, 2 fr. 15 c.

Persiennes de 2° d'ép., en sapin avec dormans, 2 fr. 50 c., en chêne avec dormans, 2 fr. 80 c.

Persiennes de 5 pieds de largeur, en bois de 15 lignes d'ép., en sapin avec dormans, 1 fr. 80 c., en chêne avec dormans, 2 fr. 5 c.

Persiennes de 18 lignes, en sapin avec dormans, 2 fr. 5 c., en chêne avec dormans, 2 fr. 35 c.

Persiennes de 2° d'ép., en sapin avec dormans, 2 fr. 75 c., en chêne avec dormans, 3 fr. 5 c.

Persiennes de 6 pieds de largeur, en bois de 2° d'ép., en sapin avec dormans, 3 fr. 30 c., en chêne avec dormans, 3 fr. 60 c.

*Ouvrages à toise courante.*

Plinthes et autres champs unis, de 3 à 5° de large, sur 6 à 9 lignes d'ép., en sapin 00 fr. 20 c., en chêne, 00 fr. 30 c.

Embrasemens unis, de 3 à 5° de large, sur 6 à 12 lignes d'épaisseur, en sapin, 30 cent., en chêne, 45 cent.

Embrasemens de 6 à 9 lignes d'épaisseur, en sapin, 40 cent., en chêne, 55 cent.

Moulures, bordures, cadres, de 12 à 18 lignes de profil, sur 6 à 12 lignes d'épaisseur, en sapin, 25 cent., en chêne, 35 cent.

Moulures de 2 à 2° $\frac{1}{2}$ de profil, en sapin, 40 c., en chêne, 55 cent.

Moulures de 3° à 3° $\frac{1}{2}$ de profil, en sapin, 50 cent., en chêne, 65 cent.

Cimaises de 12 à 18 lignes de profil, sur 6 à 12 lignes d'épaisseur, en sapin, 25 cent., en chêne, 35 cent.

Cimaises de 2 à 2° $\frac{1}{2}$ de profil, en sapin, 35 c., en chêne, 50 cent.

Cimaises de 2 à 2° $\frac{1}{4}$ de profil, sur 15 à 18 lig.

d'épaisseur, en sapin, 45 cent.; en chêne, 65 c.

Cimaises de 3 à 3° ½ de profil, en sapin, 50 c., en chêne, 75 cent.

Cimaises de 2 à 2° ¾ de profil, sur 2° d'épaisseur, en sapin, 55 cent., en chêne, 85 cent.

Cimaises de 3° à 3° ¼ de profil, en sapin, 70 c., en chêne, 1 franc.

Coulisses et entre-toises, de 2 à 4° de large, sur 12 lignes d'épaisseur, en sapin, 30 cent., en chêne, 40 cent.

Coulisses de 2 à 4° sur 15 et 18 lignes d'épaisseur, en sapin, 25 cent., en chêne, 45 cent.

Coulisses de 3 à 4°, sur 2 lignes d'épaisseur, en sapin, 45 cent., en chêne, 60 cent.

Tringles de tenture, corroyées et assemblées, de 3 à 5° de large, sur 6 et 12 lignes d'épaisseur, en sapin, 40 cent., en chêne, 55 cent.

Bâtis de porte, de 3 à 4° de large, sur 12 lignes d'épaisseur, en sapin, 40 cent., en chêne, 55 c.

Bâtis de 3 à 4°, sur 15 et 18 lignes d'épaisseur, en sapin, 45 cent., en chêne, 45 cent.

Bâtis de 3 à 4°, sur 21 lignes à 20 ½ d'épaisseur, en sapin, 55 cent., en chêne, 80 cent.

Poteaux de remplissage, de 3 à 4° de large, sur 2° ½ à 3° d'épaisseur, en sapin, 50 c., en chêne, 70 cent.

Poteaux de 5 à 6°, sur 2° ½ à 3° d'épaisseur, en sapin, 65 c., en chêne, 90 c.

Huisseries feuillées et quart de rainées, de 3 à 4° de large, sur 2 à 3° d'épaisseur, en sapin, 60 c., en chêne, 90 cent.

Huisseries de 5 à 6°, sur 2 à 3° d'épaisseur, en sapin, 80 cent, en chêne, 1 franc 10 cent.

Chambranles à la capucine, de 3 à 4° de large, sur 12 lignes d'épaisseur, en sapin, 45 cent., en chêne, 60 cent.

Chambranles de 3 à 4°, sur 15 à 18 lignes d'épaisseur, en sapin, 55 c., en chêne, 80 c.

Chambranles de 3 à 4° sur 21 lignes à 29 ¼ d'épaisseur, en sapin, 70 cent., en chêne, 95 c.

Chambranles ordinaires de 3 à 3° ¾ de profil, sur 12 lignes d'épaisseur, en sapin, 55 cent., en chêne, 80 cent.

Chambranles ordinaires de 4 à 4° ½ de profil, en sapin, 65 cent., en chêne, 90 cent.

Chambranles ordinaires de 3 à 3° ¾, sur 15 à 18 lignes d'épaisseur, en sapin, 65 c., en chêne, 90 cent.

Chambranles ordinaires de 4 à 4° ½ de profil, en sapin, 75 cent., en chêne, 1 franc 10 cent.

Chambranles ordinaires de 3 à 3° ¼, sur 21 l. à 2° ¼ d'épaisseur, en sapin, 80 c., en chêne, 1 franc 14 cent.

Chambranles ordinaires de 4 à 4° ¼ de profil, en sapin, 95 c., en chêne, 1 fr. 40 c.

Chambranles ordinaires de 4 à 4° ¼ de profil, sur 2° ½ d'épaisseur, en sapin, 90 c., en chêne, 1 fr. 35 cent.

Chambranles ordinaires de 4° ¼ à 5° de profil, en sapin, 1 franc, en chêne, 1 fr. 50 cent.

Chambranles ordinaires de 3 à 4° de profil, sur 3° d'épaisseur, en sapin, 95 cent., en chêne, 1 franc 40 cent.

Chambranles de 4° ¼ à 5° de profil, en sapin, 25 cent., en chêne, 1 franc 80 cent.

Chambranles ravalés en pilastre, de 3 à 4° de large, sur 12 lignes d'épaisseur, en sapin, 65 c.; en chêne, 90 cent.

Chambranles ravalés de 3 à 4°, sur 15 à 18 lig. d'épaisseur, en sapin, 75 cent, en chêne, 1 fr. 5 c.

Chambranles ravalés de 3 à 4° ¼ sur 21 lignes à 2° ¼ d'épaisseur, en sapin, 95 cent., en chêne, 1 franc 35 cent.

Corniches d'une seule pièce, de 2 à 3° de profil, sur 12 lignes d'épaisseur, en sapin, 45 cent., en chêne, 65 cent.

Corniches de 4 à 5° de profil, en sapin, 55 c., en chêne, 80 cent.

Corniches de 2 à 3° de profil, sur 15 à 18 lig. en sapin, 50 cent., en chêne, 70 cent.

Corniches de 4 à 5° de profil, en sapin, 60 c., en chêne, 90 cent.

Corniches de 2 à 3° de profil, sur 21 lignes à 2° ¼ d'épaisseur, en sapin, 55 cent., en chêne, 80 cent.

Corniches de 4 à 5° de profil, en sapin, 80 c., en chêne, 1 franc 20 cent.

Corniches volantes, de 3 à 4° de profil, sur 12 lignes d'épaisseur, en sapin, 70 c., en chêne, 1 franc 5 cent.

Corniches volantes, de 5 à 6° d'épaisseur, en sapin, 95 cent., en chêne, 1 franc 40 cent.

Corniches volantes de 7 à 8° de profil, en sapin, 1 franc 25 cent., en chêne, 1 franc 80 cent.

Corniches volantes de 3 à 4° d'épaisseur, sur

15 à 18 lignes d'épaisseur, en sapin, 80 cent., en chêne, 1 franc 25.

Corniches volantes de 5 à 6° de profil, en sapin, 1 franc 15 c., en chêne, 1 franc 70 cent.

Corniches volantes de 7 à 8° de profil, en sapin, 1 franc 50 cent., en chêne, 2 francs 15 c.

Corniches volantes de 3 à 4° de profil, sur 21 l. à 2° d'épaisseur, en sapin, 95 cent., en chêne, 1 franc 45 cent.

Corniches volantes de 5 à 6° de profil, en sapin, 1 franc 40 cent., en chêne, 2 francs 10 cent.

Corniches volantes de 7 à 8° de profil, en sapin, 1 franc 85 cent., en chêne, 2 francs 75 cent.

# De la Ferrure.

Les principaux ouvrages de ferrure que l'on emploie dans les bâtimens, sont le gros fer, la ferrure des portes et des croisées, les rampes et autres ouvrages de fer travaillé, qui ne sont point compris dans le gros fer.

I. Le meilleur fer que l'on puisse employer est sans contredit celui de Berry. Il y en a de deux sortes, le fer battu et le fer étiré. Le fer de Bourgogne est doux et aisé à employer, ainsi que celui des forges de Senonge et de Vibray dans le pays du Maine. Celui de Vibray est plus ferme. Les fers de Normandie, de Champagne et de Saint-Dizier sont cassans et de gros grain. Les fers de Roche et de Nevers sont de bonne qualité, et approchent de l'acier; ils sont supérieurs à ceux de Bourgogne et du Maine. Les fers de Suède, d'Allemagne et d'Espagne vers Saint-Sébastien, sont bons pour les ouvrages polis et délicats; mais ils ne valent rien en grosse construction.

### De la qualité du fer.

Quand on voit des gerçures de travers à une barre de fer, et que le fer n'est pas pliant sous le marteau, ce fer est *rouverain*, c'est-à-dire, cassant à chaud, difficile à forger et pailleux.

Après avoir cassé une barre de fer, si le dedans est noir et cendreux, le fer est bon, malléable à froid et à la lime, et peu sujet à se rouiller.

Un fer qui, à la casse, paraît noir et gris tirant sur le blanc, est excellent pour les gros ouvrages de bâtiment, ainsi que celui qui a le grain fin comme l'acier.

Le fer qui, à la casse, paraît le gros grain et clair comme de l'étain, est de mauvaise qualité, cassant à froid, tendre au feu, aisé à se rouiller et à se manger.

Les forgerons connaissent encore la qualité du fer en le forgeant; car s'il est doux sous le marteau, il sera cassant à froid; et, s'il est ferme, il sera pliant à froid.

### *Échantillons du fer et du clou.*

Le fer *plat* a 2 pouces de large et 1 demi-pouce d'épaisseur : sa longueur est de 9, 12 et 15 pieds.

Le fer *carré* est de différentes longueurs et grosseurs : il y en a de 1 pouce carré et de 2 pouces.

Le fer *carrillon* a 6, 8 et 9 lignes de grosseur.

Le fer *carré bâtard* est de 16 à 18 lignes de grosseur.

Le fer *rond* pour les tringles a 5, 6 et 9 lignes de diamètre.

Le fer *cornette* a depuis 3 pouces jusqu'à 6 pouces, et même 8 pouces de hauteur, et 1 demi-pouce d'épaisseur.

Le fer *courçon* est une masse de fer de 3 et

4 pieds de long, et de telle grosseur qu'on le demande dans les forges.

Le fer en *tôle* est de différentes espèces : il y en a de fort et de faible, et de différentes grandeurs et épaisseurs. La meilleure tôle vient de Suède : elle porte jusqu'à 4 pieds de longueur, et n'est point cassante.

Les menuisiers et les serruriers emploient beaucoup de clous et de différentes sortes. Les menuisiers aiment mieux le clou de Liége qui a la tête déliée et le corps mince ; mais il est d'un fer aigre. Les serruriers ne font usage que du clou Normand, parce qu'il est doux et a une forte et grosse tête. Les uns et les autres distinguent le clou comme il suit.

| Clou de | 4 à 1 pouce 1/2 de long. | |
|---|---|---|
| Clou de | 6 à 2 ... | Ces clous reviennent à 45 à 50 c. la livre. |
| Clou de | 8 à 2 ... 1/2 | |
| Clou de | 10 à 3 ... | |
| Clou de | 12 à 3 ... 1/2 | |

II. Il est quelquefois dangereux d'employer le fer dans les bâtimens, surtout dans ceux qui sont construits en pierre de taille : car le fer, venant à se rouiller, s'enfle et fait casser les pierres. Les anciens n'en faisaient aucun usage dans leurs grands édifices. Ils se servaient de crampons de cuivre. On peut cependant obvier à cet inconvénient, en posant ces fers à sec, les frottant de graisse, et ne les entaillant pas trop juste dans la pierre. Au bâtiment de l'Observatoire de Paris, il n'y a ni fer ni bois.

III. Il est d'usage dans les bâtimens de donner au serrurier les vieux fers provenant des démolitions, tels qu'ils sont, sans choix et au poids, sur laquelle quantité on lui diminue les quatre pour cent ; et cette quantité donnée en compte lui est défalquée sur la totalité des fers fournis ; mais on lui en paie la façon, suivant la cherté du charbon de terre.

### *Ouvrages de gros fer.*

Les ouvrages de gros fer, sont les ancres, les tirans, les équerres, les harpons, les boulons, les bandes de trémies, les étriers, les barreaux, les chevilles et chevillettes, les dents-de-loup, les fantons pour les cheminées, etc.

On ne détermine point ici la longueur ni la grosseur que doivent avoir toutes ces pièces de fer : car cela dépend des occasions, et du besoin que l'on a qu'il soit plus ou moins fort : toutes ces sortes d'ouvrages sont ordinairement comptés au poids, à *tant* la livre ou le cent de livres.

Il y a d'autres ouvrages de gros fer, que l'on compte encore à la livre, comme les grilles et les portes de fer; mais quand ils sont ouvragés, l'on en fait un prix à part.

Les rampes d'escaliers et les balcons, sont comptés à la toise courante sur la hauteur de l'appui (1) : les prix en sont différens selon les différens dessins que l'on choisit. Mais il faut

---

(1) On mesure le pourtour d'une rampe sur le milieu de la plate-bande du dessus, en contournant avec un fil de fer, les parties cintrées et le contour de la volute.

prendre garde que les plus chargés d'ouvrages ne sont pas toujours les plus beaux, à cause de la confusion. Un dessin dont l'ordonnance est sans confusion, c'est-à-dire d'une belle simplicité, est plus agréable, et l'ouvrage en coûte moins ; il faut, pour faire ces dessins, une personne plus habile qu'un ouvrier ordinaire : pour le mieux, ils doivent être faits par un architecte. On emploie ordinairement aux rampes le fer aplati pour les appuis et les socles ; les barres montantes sont de fer de carillon. Pour les grilles de fer, on emploie du fer carré de 9 lignes ou d'un pouce, et les traverses doivent avoir de 12 à 14 lignes.

*Ferrure des portes et croisées.*

Dans les croisées simples, on se sert de ferrures étamées en blanc : on emploie des fiches de brisure, quand les volets sont brisés.

Pour les châssis à verre, on met des fiches à bouton et à doubles nœuds pour démonter ces châssis. Les volets sont aussi attachés avec des fiches à bouton, pour avoir aussi la facilité de les démonter. On fait des targettes dont les plaques sont ovales ; les unes sont en saillie, et les autres sont entaillées dans l'épaisseur du bois, afin que les volets recouvrent par-dessus : il y a deux targettes à chaque volet. On met à présent des loqueteaux au lieu de targettes aux volets d'en haut, et les croisées doivent être attachées aux murs avec six pattes.

Aux croisées moyennes, où l'on met des ferrures polies, on fait des fiches à vases et à gonds de 5 à 6 pouces de haut pour les volets et les chassis à verre, et les crochets se démontent pour nettoyer les croisées. On fait les targettes à panaches de 6 à 7 pouces de haut, et les loqueteaux d'en haut à proportion avec un ressort à boudin, pour ouvrir les chassis à verre. Ces targettes seront entaillées dans les battans, pour être recouvertes par les volets : les fiches de brisure de ces volets sont toujours les mêmes que ci-devant.

Aux grandes croisées, les fiches des chassis à verre et des volets sont de 10 à 12 pouces de haut ; elles doivent être à doubles nœuds et à vases pour les démonter quand on voudra : on y fait des targettes à panaches de 8 à 9 pouces de haut, et fortes à proportion. On met des loqueteaux aux chassis à verre et aux volets d'en haut, avec un ressort à boudin par bas, et une lame de fer pour faire ouvrir les chassis à verre et les volets : on y fait aussi des bascules par bas pour la même fin. Les loqueteaux doivent être proportionnés aux targettes, et entaillés dans l'épaisseur des bois, s'il est besoin (1).

(1) Aujourd'hui à Paris, surtout, les croisées sont ouvrantes en deux parties de toute leur hauteur avec leurs guichets brisés. On les ferre comme il suit.

Six ou huit fiches de 6 pouces entre vases, attachées sur les guichets et sur les dormans ; 6 ou 8 fiches de brisure de 3 pouces pour faire briser les guichets ; 6 ou 8 fiches à broche ou à bouton de 4 pouces, attachées sur les dormans et chassis à verre ; 8 équerres posées et entaillées aux 8 an-

Les portes les plus simples sont ferrées de pentures et de gonds attachés dans les murs. On y met deux verrous simples avec deux crampons, une gâche à chaque verrou, une serrure simple à tour et demi, ou à pêne dormant ; le tout noirci au feu avec la corne. Aux portes des caves, on met des serrures à bosses ou des serrures à pênes dormans et à deux tours, garnies de vis, gâches et entrées, avec une boucle pour tirer la porte.

Les autres portes où il y a des châssis de bois, seront ferrées avec des fiches à gonds et à vases de 10 pouces de haut, avec une serrure commune d'un tour et demi, limée en blanc, garnie de vis, gâche et entrée : on y met aussi deux targettes avec leur crampon.

---

gles de 2 châssis à verre ; une espagnolette polie de la hauteur du dormant, de 8 à 9 lignes de diamètre, ornée de moulures, et attachée sur un des battans des châssis à verre avec 4 lacets et une poignée tournante et évidée ; 2 supports, l'un à patte attaché sur le guichet, l'autre à charnière attaché sur le battant de l'autre châssis à verre ; 2 gâches haut et bas, attachées et entaillées dans les traverses du dormant, qui reçoivent les crochets, haut et bas de l'espagnolette ; 4 pannetons sur l'espagnolette ; 4 contre-pannetons évidés attachés sur le guichet d'autre côté, et 4 agraffes sur le guichet du côté de l'espagnolette, dans lesquelles passent les pannetons. Les dormans doivent être attachés et retenus avec 6 fortes pattes entaillées dans l'épaisseur des bois. Lorsque ce sont des croisées de grands carreaux de verre de Bohême, on met encore sur les petits bois des équerres doubles.

Toutes ces ferrures doivent être propres et polies, et attachées avec clous à vis à tête fraisée, car elles sont susceptibles de dorure, de bronze ou de couleurs. COMMENT.

Aux portes à placards simples, qui sont ferrées de ferrure polie, on met à chacune trois fiches à gonds et à vases de 9 pouces de haut; deux targettes à panaches, montées sur platines de 7 pouces de haut; une serrure à ressort d'un tour et demi, garnie de ses vis et entrées, avec une gâche encloisonnée; un bouton et une rosette pour tirer la porte.

Les grandes portes à placards à deux vantaux, seront ferrées de trois fiches à chaque vantail, et ces fiches seront à vases et à gonds, de 1 pied ou de 14 pouces de haut, selon la grandeur des portes, et grosses à proportion; elles doivent être ferrées avec des pointes à tête ronde; deux grands verrouils à ressort, dont l'un aura 3 pieds et demi, et l'autre 18 pouces, attachés sur des platines à panaches; deux verrous montés aussi sur platines à panaches de 9 pouces de haut, et larges à proportion, avec leurs gâches; une serrure à tour et demi, garnie de ses vis à tête perdue, et de ses entrées avec une gâche encloisonnée; un bouton et des rosettes des deux côtés (1).

---

(1) On ferre aujourd'hui les portes à placards à deux vantaux dans les grands appartemens, comme il suit :

Huit fiches polies de 9 pouces entre vases, 4 de chaque côté. Sur un des vantaux est une serrure à l'anglaise, faite exprès à quatre fermetures, ayant en dedans trois pênes, savoir : un fourchu ou double, fermant à deux tours, un autre à demi-tour ouvrant avec un double bouton à rosette, et un petit verrouil renfermé dans la serrure avec un bouton par-dessous. Cette serrure est renfermée dans un palâtre de

Les portes-cochères seront ferrées avec six grosses fiches à gonds et à repos, de 5 à 6 pouces de haut, et de 2 pouces de gros; six gros gonds de fer bâtard, de 1 pouce et demi de gros; douze équerres, dont il y en a huit grandes pour les grandes portes, et chacune de 18 à 20 pouces de branche et quatre pour le guichet de 15 à 16 pouces de branche; une grosse serrure pour le guichet, de 1 pied ou 15 pouces de long, à deux tours, avec sa gâche encloisonnée, attachée avec des vis

cuivre orné avec goût, ciselé et appliqué contre le bois avec des étoquiaux cachés et des vis perdues. Elle fait agir deux verrouils, l'un par haut et l'autre par bas, en forme de bascule, montée sur une platine évidée, les branches étampées à pans de toute la hauteur de la porte, garnies de leurs conduits. A l'autre vantail est une bascule de même hauteur, à noix, et renfermée dans un palâtre de cuivre égal à l'autre, ayant deux verrous haut et bas; cette bascule est étampée à pans, et en tout semblable à celle de l'autre côté. Au haut de la porte est une double gâche encloisonnée pour recevoir les verrouils, et par bas dans le parquet une autre double gâche à double soupape à ressort, pour empêcher la poussière d'entrer dedans lorsque les portes sont ouvertes.

Les serrures de ces portes doivent avoir chacune leurs clefs différentes, mais toutes doivent ouvrir sur un même passe-partout. Il n'en faut que deux, un pour le maître, et l'autre pour le concierge.

On en ferre encore différemment. Au lieu de fiches on les ferre par bas avec quatre forts pivots d'un pied de branche et leurs crapaudins, et par haut avec deux bourdonnières; dans le milieu deux charnières à bouton à double branche de 6 pouces, entaillées dans l'épaisseur des bois, et attachées à vis à tête fraisée : le reste de la ferrure comme ci-dessus. COMMENT.

à tête carrée, garnie de ses entrées; une petite serrure au-dessous de la grande, de 6 à 7 pouces de long, à ressort et à un tour et demi, garnie de ses vis, gâches et entrées comme ci-devant; un fléau pour tenir les deux côtés de la porte, garni de son boulon et de deux demi-crampons qui seront rivés au travers de la porte; un moraillon avec une serrure ovale pour attacher le fléau; une grosse boucle ou marteau, avec une grande rosette par dehors, et une petite par dedans. On peut mettre un gros verrou derrière la porte, quand on ne veut pas se servir d'un fléau ou d'une espagnolette.

Pour les prix des ouvrages de ferrure, on les fait à la pièce, comme d'une serrure, d'une fiche, d'une targette, etc., ou bien d'une croisée entière ou d'une porte entière; et ainsi de chaque nature d'ouvrage en particulier.

## TARIF POUR LE FER,

### EXTRAIT DE L'ALMANACH DES BATIMENS.

*Tarif du poids légal d'un pied métrique de longueur et d'un pied de Roi de longueur de fer sur diverses grosseurs.*

| Le pied métriq. pèse. | | | Le pied de Roi pèse. | | | | |
|---|---|---|---|---|---|---|---|
| épais. | larg. | | épa. | larg. | l. | o. | g. |
| l. | l. | | l. | l. | | | |
| 1 sur | 1 | 0 014 gram. | 1 | 1 | 0 | 0 | 3 |
| 1 | 2 | 0 028 | 1 | 4 | 0 | 8 | 6 |
| 1 | 3 | 0 028 | 1 | 3 | 0 | 1 | 2 |
| 1 | 4 | 0 055 | 1 | 4 | 0 | 1 | 5 |
| 1 | 5 | 0 069 | 1 | 5 | 0 | " | 0 |

## DE BULLET.

| Le pied métriq. pèse. | | | | Le pied de Roi pèse. | | | |
|---|---|---|---|---|---|---|---|
| épais. | larg. | | | épa. | larg. | l. o. | g. |
| *l.* | *l.* | | | *l.* | *l.* | | |
| 1 sur | 6 | 0 | 083 gram. | 1 | 6 | 0 2 | 4 |
| 1 | 7 | 0 | 096 | 1 | 7 | 0 2 | 7 |
| 1 | 8 | 8 | 140 | 1 | 8 | 0 3 | 2 |
| 1 | 9 | 0 | 124 | 1 | 9 | 0 3 | 6 |
| 1 | 10 | 0 | 138 | 1 | 10 | 0 4 | 1 |
| 1 | 11 | 0 | 151 | 1 | 11 | 0 4 | 4 |
| 1 | 12 | 0 | 165 | 1 | 12 | 0 5 | 0 |
| 2 | 2 | 0 | 055 | 2 | 2 | 0 1 | 5 |
| 2 | 3 | 0 | 083 | 2 | 3 | 0 2 | 4 |
| 2 | 4 | 0 | 110 | 2 | 4 | 0 3 | 2 |
| 2 | 5 | 0 | 138 | 2 | 5 | 0 4 | 1 |
| 2 | 6 | 9 | 165 | 2 | 6 | 0 5 | 0 |
| 2 | 7 | 0 | 193 | 2 | 7 | 0 5 | 6 |
| 2 | 8 | 0 | 220 | 2 | 8 | 0 6 | 5 |
| 2 | 9 | 3 | 248 | 2 | 9 | 0 7 | 4 |
| 2 | 10 | 0 | 275 | 2 | 10 | 0 8 | 2 |
| 2 | 11 | 0 | 303 | 2 | 11 | 0 9 | 1 |
| 2 | 12 | 0 | 331 | 2 | 12 | 0 10 | 0 |
| 3 | 3 | 0 | 124 | 3 | 3 | 0 3 | 6 |
| 3 | 4 | 0 | 165 | 3 | 4 | 0 5 | 0 |
| 3 | 5 | 0 | 207 | 3 | 5 | 0 6 | 2 |
| 3 | 6 | 0 | 248 | 3 | 6 | 0 7 | 4 |
| 3 | 7 | 0 | 189 | 3 | 7 | 0 8 | 6 |
| 3 | 8 | 0 | 331 | 3 | 8 | 0 10 | 0 |
| 3 | 9 | 0 | 372 | 3 | 9 | 0 11 | 2 |
| 3 | 10 | 0 | 413 | 3 | 10 | 0 12 | 4 |
| 3 | 11 | 0 | 455 | 3 | 11 | 0 13 | 6 |
| 3 | 12 | 0 | 496 | 3 | 12 | 0 15 | 0 |
| 4 | 4 | 0 | 220 | 4 | 4 | 0 6 | 5 |
| 4 | 5 | 0 | 275 | 4 | 5 | 0 8 | 2 |
| 4 | 6 | 0 | 331 | 4 | 6 | 0 10 | 0 |
| 4 | 7 | 0 | 386 | 4 | 7 | 0 11 | 5 |
| 4 | 8 | 0 | 441 | 4 | 8 | 0 13 | 2 |
| 4 | 9 | 0 | 496 | 4 | 9 | 0 15 | 0 |

## ARCHITECTURE PRATIQUE

| Le pied métriq. pèse. | | | | Le pied de Roi pèse. | | | | |
|---|---|---|---|---|---|---|---|---|
| épais. | larg. | | | épa. | larg. | l. | o. | g. |
| t. | t. | | | t. | t. | | | |
| 4 | 10 | 0 | 551 | 4 | 10 | 1 | 0 | 5 |
| 4 | 11 | 0 | 606 | 4 | 11 | 2 | 2 | 2 |
| 4 | 12 | 0 | 661 | 4 | 12 | 1 | 4 | 0 |
| 5 | 5 | 0 | 344 | 5 | 5 | 0 | 10 | 3 |
| 5 | 6 | 0 | 413 | 5 | 6 | 0 | 12 | 4 |
| 5 | 7 | 0 | 482 | 5 | 7 | 0 | 14 | 4 |
| 5 | 8 | 0 | 551 | 5 | 8 | 1 | 0 | 5 |
| 5 | 9 | 0 | 620 | 5 | 9 | 1 | 2 | 6 |
| 5 | 10 | 0 | 689 | 5 | 10 | 1 | 4 | 6 |
| 5 | 11 | 0 | 757 | 5 | 11 | 1 | 6 | 7 |
| 5 | 12 | 0 | 826 | 5 | 12 | 1 | 9 | 0 |
| 6 | 6 | 0 | 496 | 6 | 6 | 0 | 15 | 0 |
| 6 | 7 | 0 | 578 | 6 | 7 | 1 | 1 | 4 |
| 6 | 8 | 0 | 661 | 6 | 8 | 1 | 4 | 0 |
| 6 | 9 | 0 | 744 | 6 | 9 | 1 | 6 | 4 |
| 6 | 10 | 0 | 826 | 6 | 10 | 1 | 9 | 0 |
| 6 | 11 | 0 | 909 | 6 | 11 | 1 | 11 | 4 |
| 6 | 12 | 0 | 991 | 6 | 12 | 1 | 14 | 8 |
| 7 | 7 | 0 | 675 | 7 | 7 | 1 | 4 | 3 |
| 7 | 8 | 0 | 771 | 7 | 8 | 1 | 7 | 2 |
| 7 | 9 | 0 | 868 | 7 | 9 | 1 | 10 | 2 |
| 7 | 10 | 0 | 964 | 7 | 10 | 1 | 13 | 1 |
| 7 | 11 | 1 | 060 | 7 | 11 | 2 | 0 | 0 |
| 7 | 12 | 1 | 157 | 7 | 12 | 2 | 3 | 0 |
| 8 | 8 | 0 | 881 | 8 | 8 | 1 | 10 | 5 |
| 8 | 9 | 0 | 992 | 8 | 9 | 1 | 13 | 0 |
| 8 | 10 | 1 | 102 | 8 | 10 | 2 | 1 | 2 |
| 8 | 11 | 1 | 212 | 8 | 11 | 2 | 4 | 5 |
| 8 | 12 | 1 | 322 | 8 | 12 | 2 | 8 | 2 |
| 9 | 9 | 1 | 115 | 9 | 9 | 2 | 1 | 6 |
| 9 | 10 | 1 | 239 | 9 | 10 | 2 | 5 | 5 |
| 9 | 11 | 1 | 363 | 9 | 11 | 2 | 9 | 2 |
| 9 | 12 | 1 | 487 | 9 | 12 | 2 | 13 | 0 |
| 10 | 10 | 1 | 377 | 10 | 10 | 2 | 9 | 5 |

## DE BULLET. 463

| Le pied métriq. pèse. | | | | Le pied de Roi pèse. | | | | |
|---|---|---|---|---|---|---|---|---|
| épais. | larg. | | | épa. | larg. | l. | o. | g. |
| l. | l. | | | l. | l. | | | |
| 10 | 11 | 1 | 515 | 10 | 11 | 2 | 13 | 6 |
| 10 | 12 | 1 | 653 | 10 | 12 | 3 | 2 | 0 |
| 11 | 11 | 1 | 666 | 11 | 11 | 3 | 2 | 8 |
| 11 | 12 | 1 | 818 | 11 | 12 | 3 | 7 | 0 |
| 12 | 12 | 1 | 983 | 12 | 12 | 3 | 12 | 0 |
| 12 | 13 | 2 | 479 | 12 | 15 | 4 | 11 | 0 |
| 12 | 18 | 2 | 975 | 12 | 18 | 5 | 10 | 0 |
| 15 | 15 | 3 | 098 | 15 | 15 | 5 | 13 | 0 |
| 15 | 18 | 3 | 713 | 15 | 18 | 7 | 0 | 4 |
| 18 | 18 | 4 | 462 | 18 | 18 | 8 | 7 | 0 |
| 18 | 21 | 5 | 205 | 18 | 21 | 9 | 13 | 4 |
| 21 | 21 | 6 | 074 | 21 | 21 | 11 | 7 | 6 |
| 21 | 24 | 6 | 942 | 21 | 24 | 13 | 6 | 3 |
| 24 | 24 | 7 | 933 | 24 | 24 | 15 | 0 | 0 |
| 36 | 36 | 17 | 850 | 36 | 36 | 33 | 12 | 0 |
| 48 | 48 | 31 | 733 | 48 | 48 | 60 | 0 | 0 |

Les poids ci-dessus sont pour le fer calibré et limé ; le fer brut pèse un peu plus.

*Tarif du poids des fers ronds depuis trois lignes jusqu'à deux de diamètre sur un pied de long et sur six.*

| diam. | liv. | on. | gr. | grains. | liv. | o. | gr. | gr. |
|---|---|---|---|---|---|---|---|---|
| 3 lig. | 0 | 2 | 6 | 0 sur 6 pieds. | 0 | 14 | 4 | 0 |
| 4 | 0 | 4 | 7 | 0 | 1 | 13 | 2 | 0 |
| 5 | 0 | 7 | 4 | 24 | 2 | 13 | 2 | 0 |
| 6 | 0 | 10 | 4 | 12 | 3 | 15 | 1 | 0 |
| 7 | 0 | 14 | 7 | 60 | 5 | 7 | 7 | 0 |
| 8 | 1 | 3 | 4 | 24 | 8 | 4 | 2 | 0 |
| 9 | 1 | 9 | 2 | 18 | 9 | 9 | 7 | 36 |
| 10 | 1 | 14 | 5 | 24 | 11 | 4 | 4 | 0 |
| 11 | 2 | 4 | 7 | 0 | 13 | 13 | 2 | 0 |
| 12 | 1 | 12 | 0 | 0 | 16 | 8 | 0 | 0 |
| 13 | 3 | 3 | 5 | 12 | 19 | 5 | 7 | 0 |

| diam. | liv. | on. | gr. | grains. | | liv. | o. | gr. | gr. |
|---|---|---|---|---|---|---|---|---|---|
| 14 lig. | 3 | 11 | 7 | 0 | sur 6 pieds. | 19 | 5 | 7 | |
| 15 | 4 | 4 | 4 | 14 | | 23 | 12 | 0 | 0 |
| 16 | 4 | 12 | 0 | 0 | | 28 | 6 | 9 | 0 |
| 17 | 5 | 8 | 2 | 48 | | 33 | 2 | 0 | 0 |
| 18 | 6 | 3 | 0 | 0 | | 37 | 2 | 0 | 0 |
| 19 | 6 | 13 | 1 | 0 | | 40 | 14 | 6 | 0 |
| 20 | 7 | 10 | 2 | 0 | | 45 | 13 | 4 | 0 |
| 21 | 8 | 6 | 6 | 12 | | 50 | 8 | 5 | 0 |
| 22 | 9 | 3 | 7 | 36 | | 53 | 7 | 5 | 0 |
| 23 | 10 | 1 | 5 | 11 | | 60 | 10 | 7 | 0 |
| 24 | 11 | 0 | 0 | 0 | | 66 | 0 | 0 | 0 |

Les irrégularités qui se rencontrent dans le fer rond, et qu'il est souvent nécessaire de calibrer, ont fait compter le pied de long sur 12 lignes de diamètre pour 2 livres 12 onces.

*Tarif des ouvrages en fer préparé, à l'abri de la rouille, à l'usage des bâtimens, de la* manufacture *de* PHILIPPE MOREL, *rue du Faubourg Montmartre*, n°. 20.

*Fournitures pour être payées à trois mois de terme.*

| | fr. | c. |
|---|---|---|
| Fer préparé en feuilles séparées, pris au magasin, le pied carré............ | 1 | 70 |
| Fer préparé pour couverture, compris soudure et pose, la toise superficielle......... | | 84 |

Hors Paris, les ouvriers payés à part, 5 fr. 50 cent. par jour.

*Tuyaux. Le pied courant.*

| | fr. | c. |
|---|---|---|
| De 1 pouce 1/2 de diamètre posé....... | 1 | 25 |
| 2 ............. | 1 | 50 |
| 2 .. 1/2. ........... | 1 | 75 |
| 3 ............. | 2 | |
| 3 .. 1/2. ........... | 2 | 40 |
| 4 ............. | 2 | 75 |
| 5 ............. | 3 | 50 |

Les coudes, embranchemens et dauphins seront comptés pour un pied.

## Cuvettes.

|  | fr. | c. |
|---|---|---|
| En hottes rondes. | 11 | |
| Idem  ib.  grandes. | 13 | |
| Idem  ovales  moyennes. | 15 | |
| Idem  ib.  grandes. | 17 | |
| Idem  carrées  moyennes. | 17 | |
| idem  ib.  grandes. | 20 | |

## Gouttières, chéneaux, faîtages, noues, etc. Le pied courant.

|  | fr. | c. |
|---|---|---|
| De 8 pouces de tour, posé. | 1 | 70 |
| 9 | 1 | 90 |
| 10 | 2 | 10 |
| 11 | 2 | 35 |
| 12 | 2 | 50 |
| 14 | 2 | 90 |
| 16 | 3 | 30 |
| 18 | 3 | 80 |
| 20 | 4 | 20 |
| 22 | 4 | 60 |
| 24 | 5 | |

Les équerres simples et fonds seront comptés pour six pouces, et les équerres doubles pour deux pieds.

## Crochets préparés pour les gouttières.

|  | fr. | c. |
|---|---|---|
| De 6 pouces à 11 pouces de long, la pièce. | 1 | 20 |
| 12 pouces et au-dessus. | 1 | 60 |

## Collets préparés pour les tuyaux.

|  | fr. | c. |
|---|---|---|
| De 1 pouce à 2 pouces et 1/2. | 1 | |
| 3 pouces et au-dessus. | 1 | 25 |

## TARIF GÉNÉRAL

### DES PRIX DE LA SERRURERIE.

*Fers comptés aux poids.*

|  | La liv. pes.<br>fr. c. |
|---|---|
| Pesant de gros fers communs à 26 fr. 40 cent. le quintal, pour manteaux de cheminées, ancres, tirans et autres ouvrages semblables, la livre pesant vaut. | 0 45 |
| — De fer doux pour même emploi, à 28 fr. 50 cent. le quintal, vaut. | 0 50 |
| — De fer commun pour barreaux, à 25 fr. 50 cent. le quintal, de 12 à 11 lig. de grosseur. | 0 55 |
| — De fer pour barre d'appui avec saillement en fer carré de roche de 10 lig., à 28 fr. 40 cent. le quintal. | 0 60 |
| — De fer plat, à 29 fr. le quintal, pour étrier et plate-bande. | 0 65 |
| — De fer commun de 9 à 10 lig., à 26 fr. 50 cent. le quintal, pour barreaux de croisées à scellement et à pattes. | 0 60 |
| — De fer pour grille avec travers de 11 à 12 lig., à 26 fr. 55 cent. le quintal, vaut. | 0 60 |
| — De fer pour barre, avec plate-bande étampée, à 28 fr. 50 cent. | 0 65 |
| — De fer plat ou carré en fer commun à 26 fr. 50 cent. le quintal, pour cintre et ceinture, et ouvrage à soudure, vaut. | 0 70 |
| — De fer pour grille avec sommier haut et bas, et traverse, à 27 fr. 50 cent. le quintal, à tenons rapportés. | 0 75 |

— De fer commun, à 27 fr. 50 cent. le quintal, pour grille *id.*, mais du soupirail fermant sur chassis dorénavant en fer de 10 et 13 lig., de même que pour grille de cour et de jardin, ouvrant en plu-

|  | La liv. pes. |  |
|---|---|---|
|  | f. | c. |
| sieurs parties avec pivot et bourdonnière, traverse et sommier de 10, 15 et 18 lig. | 0 | 85 |
| Pesant de fer de roche carré pour armature de pompe, à 31 fr. 50 c. le quintal, terme moyen pour des fers de plusieurs prix, toutes espèces avec balanciers. | 1 | 25 |
| — De fer pour équerre, pivots et ferrure de porte-cochère en fer de roche plat, à 28 fr. 50 cent. le quintal, vaut, | 0 | 95 |
| — De fer pour pentures et charnières façonnées avec gonds et nœuds entaillés en fer dans les bois, en fer de Berry, à 49 fr. le quintal. | 1 | 45 |
| — De fer pour penture, en fer coulé de roche, large au collet, entaillées dans les bois, posés avec vis et clous rivés, non fourni en fer aplati, à 37 fr. le quintal. | 1 | 20 |
| — De fer pour penture *id.*, en fer de roche façonné, garni de gonds entaillés dans le bois, aplatis, à 36 fr. le quintal. | 0 | 96 |
| — De fer pour chevillettes de charpentier, à 35 fr. le quintal. | 0 | 70 |

*Fonte de Champagne.*

|  | f. | c. |
|---|---|---|
| Pesant de fonte pour plaque et foyer de cheminée, mis en place, la livre. | 0 | 18 |
| — Pour tour creuse. | 0 | 21 |
| — Pour tuyaux de descente. | 0 | 12 |
| — Pour Bornet. | 0 | 23 |
| — Pour réchauds de poissonniers. | 0 | 24 |

*Prix d'un boulon de 3 pieds de longueur et au-dessous, en fer carré.*

|  | La livre. | | Le boulon. | |
|---|---|---|---|---|
|  | f. | c. | f. | c. |
| Pesant de fer pour boulon à tête d'un bout et clavette de l'autre, de 6 lig., 36 fr. le quintal, la livre. | 0 | 80 | 2 | 40 |
| — De 8 lig. à 25 fr. le quintal. | 0 | 75 | 2 | 25 |

|  | f. | c. | f. | c. |
|---|---|---|---|---|
| Pesant de 10 lig., à 30 fr. le quintal.... | 0 | 70 | 2 | 10 |
| — De 12 lig., à 27 fr. 60 cent. le quintal... | 0 | 65 | 1 | 95 |
| — De 14 lig., à 27 fr. 50 cent. le quintal.. | 0 | 60 | 1 | 80 |
| — De 16 lig., à 27 fr. 50 cent. le quintal.. | 6 | 55 | 1 | 65 |
| Pesant de fer pour boulon à tête ou clavette, à écroux avec vis de 6 lig., à 36 fr. le quintal, la livre vaut.......... | 0 | 90 | 2 | 70 |
| Boulon de 8 lig., à 35 fr. le quintal..... | 0 | 85 | 2 | 53 |
| — De 20 lig., à 20 fr. le quintal....... | 0 | 80 | 2 | 40 |
| — De 12 lig., à 27 fr. 50 cent. le quintal... | 0 | 75 | 2 | 20 |
| — De 14 lig., à 37 fr. 50 cent. le quintal.. | 0 | 70 | 2 | 15 |
| — De 16 lignes, à 27 fr. 50 cent. le quintal. | 0 | 60 | 1 | 80 |

*Rampe de fer de roche.*

|  | f. | c. |
|---|---|---|
| Toise courante de rampe à barreaux droits, espacés de 6 lig. avec plate-bande de 13 à 26 lig. et lame en fer à sceau sur le limon............. | 58 | 8 |
| — Courante de rampe *id.* en fer de 8 lig., avec chassis par-dessus pour main courante, vaut....... | 43 | 0 |

*Des clous et rappointis.*

| | | |
|---|---|---|
| Pesant de clous et rappointis ordinaires, vaut... | 0 | 25 |
| — Rappointis fins................. | 0 | 30 |
| — De tiges...................... | 0 | 35 |
| — De clous à bateaux.............. | 0 | 46 |
| — A maçon..................... | 0 | 55 |
| Pesant de clous à menuisier........... | 0 | 65 |
| — A parquet.................... | 0 | 60 |
| — A sapin...................... | 0 | 70 |
| — De clous déliés................ | 0 | 90 |
| — A broquettes.................. | 1 | 6 |
| Le cent de broches de compte, de 3 pouces..... | 3 | 50 |
| — De 4 pouces................... | 4 | 20 |
| — De 5 pouces................... | 4 | 70 |
| — De patte de 5 pouces, compris les broquettes pour les attacher................. | 4 | 25 |

|  | fr. | c. |
|---|---|---|
| — De 4 pouces compris les broquettes. | 4 | 80 |
| — De 5 pouces *id*. | 5 | 50 |
| — De 4 pouces à scellement, compris les clous pour les attacher. | 5 | 30 |
| — A chambranle de 4, 5 et 5 pouces avec vis. | 18 | 0 |

*Tarif des prix d'achat de quincaillerie.*

|  | fr. | c. |
|---|---|---|
| Agraffe d'espagnolette évidée avec vis. | 0 | 30 |
| Anneaux pour mangeoire. | 0 | 25 |
| Bascule de 8 pieds pour porte à deux vantaux, les platines de 2 pouces la tige à pan. | 6 | 0 |
| Bec-de-canne sans gâche, de 3 pouces à bouton double, avec vis et clous pour rosette | 2 | 0 |
| — De 4 pouces. | 2 | 50 |
| — De 3 pouces. | 3 | 0 |
| — Mieux faits et renfoncés. | 6 | 0 |
| — De 2 pouces pour volets brisés avec anneaux en cuivre et gâche | 2 | 40 |
| — De 4 pouces avec boucle à gibecière en cuivre. | 4 | 0 |
| — A bouton double, de 4 pouces avec double bec de 2 pouces et demi et tirage de fil de fer et conduit. | 4 | 0 |
| Bouton à boîte d'horloge, avec son crampon. | 1 | 35 |
| — En cuivre | 1 | 25 |
| — Rond poli, avec rosette | 0 | 60 |
| — Bien tourné en cul-de-lampe de 20 lignes de diamètre | 1 | 0 |
| Briquet pour table, à un coq de 4 pouces, blanchi, compris vis à tête fraisée. | 0 | 60 |
| — A deux coqs de 3 pouces | 0 | 75 |
| Cadenas garni de pitons et tire-fond de bonne qualité, de 2 pouces | 1 | 20 |
| — De 3 pouces. | 1 | 60 |
| — A charnière de bonne qualité | 1 | 60 |
| — De 3 pouces. | 2 | 0 |
| Croissans de cheminées, la paire vaut | 0 | 50 |

|   | fr. | c. |
|---|---|---|
| Croissans simples avec vase en cuivre doré. | 2 | 25 |
| — A longue tige, à patte ou scellement. | 2 | 30 |
| — Doubles en fer poli, non à longue tige. | 1 | 20 |
| — Doubles avec quatre vases en cuivre doré | 4 | 50 |
| — A longue tige sans vase. | 3 | 40 |
| Charnière en cuivre fondu de deux pouces de haut, à trous fraisés | 0 | 75 |
| — De 3 pouces. | 1 | 20 |
| — De pans, à trous fraisés de deux pouces | 0 | 40 |
| — Cartée en fer poli de 2 pouces, à trous fraisés | 0 | 20 |
| — A pas de 3 pouces | 0 | 50 |
| — A deux branches de 12 pouces. | 0 | 75 |
| — De 18 pouces | 1 | 10 |
| — De 24 pouces | 1 | 40 |
| Crochet plat poli, à pans de 4 pouces, compris tire-fond. | 0 | 30 |
| — Rond de 3 pouces | 0 | 20 |
| — De 6 pouces. | 0 | 35 |
| — De 9 pouces. | 0 | 50 |
| Couplet noirci de 4 pouces compris les vis | 0 | 25 |
| — Rivé et blanchi de 5 pouces. | 0 | 45 |
| — A branche et blanchi de 4 pouces | 0 | 40 |
| — De 8 pouces. | 0 | 75 |
| — A charnières, à goujon et trois nœuds de 19 lig. de longueur, 3 vis. | 1 | 00 |
| — A 5 nœuds de 2 pouces un quart avec vis. | 1 | 60 |
| Coulisseau en cuivre pour sonnette avec fil de laiton, pied courant. | 1 | 00 |
| — Monté sur 2 pointes et doré. | 2 | 00 |
| — Mieux fini. | 3 | 00 |
| Clef petite, pour serrure ordinaire d'armoire, non fendue. | 0 | 35 |
| — Benarde ordinaire | 0 | 45 |
| — Forée, pour serrure ordinaire | 0 | 40 |
| — De sûreté, forée de deux hauteurs. | 0 | 60 |
| — De sûreté, forée à jour | 0 | 75 |
| — De sûreté, grosse broche, forée à jour. | 1 | 25 |
| — Espagnolette de 6 pieds, de trois embasses poi- | | |

## DE BULLET.

|  | fr. | c. |
|---|---|---|
| gnée pleine, le support à charnière, et ses deux gâches, avec goujon en fer de 6 lignes de diamètre......... | 6 | 50 |
| — De 7 lignes, avec toutes pièces......... | 7 | 00 |
| — De 8 lignes, *idem*......... | 8 | 00 |
| Equerres simples, avec brochettes, le cent de compte | 8 | 00 |
| — De 5 pouces, *idem*......... | 9 | 00 |
| — De 6 pouces, *idem*......... | 10 | 50 |
| — A trous fraisés, avec vis, le cent de compte de 6 pouces......... | 25 | 00 |
| — De 8 pouces......... | 45 | 00 |
| — De 10 pouces à T double, avec trous fraisés, et vis de 15 pouces d'ouverture, la pièce...... | 0 | 90 |
| — De 18 pouces......... | 1 | 00 |
| — De 21 pouces......... | 1 | 50 |
| Fiches à brisure ordinaire, de deux pouces et demi, avec pointes......... | 0 | 18 |
| — De 3 pouces......... | 0 | 25 |
| — De 3 pouces et demi......... | 0 | 30 |
| — Mieux faites, dites au T, polis, de 2 pouces et demi......... | 0 | 25 |
| — De 3 pouces......... | 0 | 30 |
| Fiches de 3 pouces et demi......... | 0 | 40 |
| — A bouton de 3 pouces......... | 0 | 80 |
| — De 3 pouces et demi......... | 0 | 35 |
| — De 4 pouces......... | 0 | 40 |
| — Dites au T, polies de 3 pouces......... | 0 | 35 |
| — De 3 pouces et demi......... | 0 | 40 |
| — De 4 pouces......... | 0 | 45 |
| — A vase ordinaire de 5 pouces, compris les pointes | 0 | 70 |
| — De 6 pouces......... | 0 | 50 |
| — De 7 pouces......... | 0 | 60 |
| — A vase dite au T, polie à double vase de 6 pouces avec les pointes......... | 0 | 50 |
| — De 6 pouces......... | 0 | 60 |
| — De 7 pouces......... | 0 | 70 |
| — A chapelet de 9 pouces, pour porte-cochère avec broches......... | 5 | 0 |

|  | fr. | c. |
|---|---|---|
| — De 12 pouces | 8 | 0 |
| — De 15 pouces | 10 | 50 |
| — De 18 pouces | 12 | 00 |
| — A gond avec lame à scellement pour porte cochère et broche | 4 | 70 |
| — De 4 pouces | 12 | 00 |
| Gâche pour serrure à un pêne, encloisonnée avec vis | 0 | 75 |
| — Pour serrure à deux pênes | 0 | 75 |
| — La même, de deux hauteurs | 1 | 25 |
| — Pour espagnolette en fer forgé et pour verrous à ressort à vis | 0 | 25 |
| — Simple à soupape pour verrou | 1 | 0 |
| — Double | 2 | 25 |
| — En tôle dite d'équerre pour serrure à bec de canne et armoire | 0 | 15 |
| Gâche à pointe pour serrure à un pêne, encloisonnée ou non | 0 | 35 |
| — A deux pênes | 0 | 55 |
| — A scellement à un pêne encloisonnée ou non | 0 | 35 |
| — A deux pênes | 0 | 55 |
| Garniture de poulies pour rideaux, communs de quatre poulies montées sur gonds à pointe de 2 et de 4 pouces | 1 | 0 |
| — Mieux faite, montée sur platine et sur gond à pointe renforcée | 2 | 0 |
| — De Picardie plus forte, les gonds polis | 2 | 75 |
| — La même, les gonds de 9 à 10 pouces | 5 | 0 |
| — Id. pour tringle de rideaux, mieux confectionnée avec gonds de 9 à 10 pouces | 6 | 0 |
| Gond noir (petit), ou clou à crochet de 2 pouces | 0 | 5 |
| — A vis de 2 pouces | 0 | 8 |
| — De pomelle à scellement | 0 | 18 |
| — A tringle pour rideaux | 0 | 15 |
| — A scellement pour petite penture de 4 pouces | 0 | 30 |
| — De 6 pouces | 0 | 45 |
| — De 8 pouces | 1 | 10 |
| — A pointe de 4 pouces | 0 | 30 |

|  | fr. | c. |
|---|---:|---:|
| — De 6 pouces. | 0 | 45 |
| — De 8 pouces. | 1 | 10 |
| Loquet à bouton olive de 12 à 14 pouces de battant en fer poli. | 1 | 30 |
| Loqueteaux à croissans, blanchis de 18 lignes de platine avec mentonnet ou goujon. | 0 | 40 |
| — De 16 à 18 pieds de longueur. | 2 | 0 |
| — De 2 pouces de largeur de platine. | 0 | 55 |
| — A panache, polis, de 18 lignes de largeur de platine. | 1 | 0 |
| — De 2 pouces de largeur de platine. | 0 | 55 |
| — A panache, polis, de 18 lignes de largeur de platine. | 1 | 0 |
| — De 2 pouces id. | 1 | 40 |
| — Forts, grisés à longue queue coudée pour persienne de 2 pouces de platine. | 1 | 0 |
| — Id. de 2 pouces et demi de platine. | 1 | 25 |
| Moraillon à charnière, de 6 pouces de long, avec vis et tirefond. | 0 | 60 |
| — De 12 pouces. | 1 | 60 |
| Mouvement en cuivre pour tirage. | 0 | 30 |
| Penture bien faite, forte, à tête fraisée, au cent pesant, en fer coulé, sans gonds ni clous rivés, depuis 12 jusqu'à 30 pouces. | 55 | 0 |
| — Mieux faite, avec vis à tête fraisée, la pièce de 12 pouces. | 1 | 50 |
| — De 18 pouces. | 2 | 60 |
| — De 2 pouces | 3 | 0 |
| — De 30 pouces. | 8 | 50 |
| Pivot à équerre simple, à moufle en cuivre, tête carrée avec vis à l'anglaise. | 1 | 0 |
| — Petit pour porte d'armoire, de 6 à 7 lignes de saillie sur largeur et hauteur, avec moufle de 4 pouces. | 1 | 20 |
| — Plus fort pour armoire. | 1 | 75 |
| — Ordinaire pour porte d'appartement de 15 lignes de saillie sur 20 lignes de large, de 6 à 8 lignes de haut, de 4 à 5 pouces de branche. | 2 | 15 |

|  | fr. | c. |
|---|---|---|
| — De 7 pouces de branche. | 2 | 75 |
| — De 8 pouces de branche. | 4 | 0 |
| Poignée à tourillon de 4 pouces sous talon et lacet à écrou. | 0 | 50 |
| — A talon. | 0 | 50 |
| — D'espagnolette pleine, ordinaire. | 0 | 80 |
| — Évidée, bouton tourné, ordinaire. | 2 | 0 |
| — D'un beau modèle, évidée. | 2 | 50 |
| — A patte ordinaire. | 0 | 35 |
| Pommelle simple à queue d'hirondelle, de 3 pouces avec gonds. | 0 | 40 |
| — De 5 pouces. | 0 | 45 |
| — Simple à S ou T, avec gonds de 4 pouces. | 0 | 50 |
| — A S ou T, de 4 pouces. | 0 | 72 |
| — De 6 pouces. | 0 | 80 |
| — De 10 pouces. | 1 | 50 |
| — De 6 pouces. | 0 | 60 |
| — De 8 pouces. | 0 | 75 |
| — Simple à S ou T, avec gonds de 9 pouces. | 0 | 90 |
| — de 10 pouces. | 1 | 0 |
| — De 12 pouces. | 1 | 60 |
| Ressort et renvoie avec pointe. | 0 | 50 |
| Serrures d'armoire à équerre de 8 pouces garnie de son bec de canne de 2 pouces et demi, avec tirage et fil de fer. | 4 | 0 |
| — La même de 4 pouces et le bec de canne de 3 pouc. | 5 | 0 |
| — Id. de 5 pouces, polie, garnie, brasée à pênes, fourbie, demi-tour avec étoquaux. | 4 | 50 |
| — Id. de 4 pouces. | 5 | 50 |
| — Id. garniture tournée à planche, bon poussoir. | 13 | 0 |
| — Id. de 4 pouces. | 15 | 0 |
| — A tour et demi ordinaire pour porte d'appartement, de 5 pouces. | 3 | 50 |
| — De 6 pouces. | 5 | 0 |
| Id. avec deux clefs forées de 6 pouces. | 5 | 25 |
| — De 7 pouces. | 6 | 25 |
| — Noircie à deux tours, à prise dormant, bonne qualité, porte de cave, de 6 pouces. | 5 | |

|  | fr. | c. |
|---|---|---|
| — Id. de 7 pouces. | 6 | 0 |
| — Id. avec une clef forée de 6 pouces. | 6 | 75 |
| — Id. de 7 pouces. | 7 | 25 |
| A tour et demi, bouton double en fer à étoquaux, avec gâche encloisonnée, de 6 pouces. | 8 | 25 |
| — Id. de 7 pouces. | 9 | 25 |
| — De 6 pouces avec deux boutons en cuivre. | 10 | 60 |
| — De 6 pouces, clef forée à jour et garniture tournée, avec planche. | 30 | 0 |
| — Id. de première qualité. | 33 | 0 |
| — Id. les deux boutons en cuivre. | 53 | 0 |
| — De grille à pêne dormant, bonne qualité, avec gâche de répétition, faux fond en cuivre de 6 pouces. | 15 | 0 |
| Serrure de sûreté, pêne dormant, à demi-tour ordinaire, clef forée en chiffre et deux défenses, sans gâche de 6 pouces. | 7 | 20 |
| — Id. de 7 pouces. | 8 | 20 |
| — Id. Broche effleurant le canon, clef forée à jour, dite bon poussé. | 11 | 50 |
| — Id. A clef forée à jour, la garniture tournée de 6 pouces. | 20 | 0 |
| — De sûreté à pêne fourchu, à demi-tour, à étoquaux, clef forée à jour, la garniture brasée, de 6 pouces. | 15 | 0 |
| Sonnette de 2 pouces de diamètre avec pointe. | 1 | 50 |
| — De 2 pouces et demi. | 2 | 0 |
| — De 3 pouces. | 2 | 75 |
| Support non évidé, à patte, pour poignée d'espagnolette. | 0 | 50 |
| — Plein et à charnière. | 0 | 55 |
| — Id. mieux fait. | 0 | 75 |
| Targette de 4 pouces sur 18 lignes blanchie, évidée en rond. | 0 | 50 |
| — Id. de 5 pouces et 2 pouces de large. | 0 | 60 |
| — Id. Blanchie et découpée, de 7 pouces sur 18 lig. de longueur. | 0 | 75 |

| | fr. | c. |
|---|---|---|
| Id. de 9 pouces sur 2............................ | 0 | 85 |
| — Id. Polie et renforcée........................ | 1 | 10 |
| — Avec platine évidée, à double rond poli, de 8 à 9 pouces et un fort verrou monté sur picolet et bouton tourné............... | 2 | 50 |
| Tourniquet simple à patte de 3 pouces.......... | | |
| — Id. double avec tige et scellement de 4 à 5 pouces............................. | 0 | 50 |
| Tuyau en fer-blanc au pied courant............. | 0 | 15 |
| Verrou en fer poli, monté sur platine et cramponnet en cuivre de 2 pouces................. | 2 | 50 |
| — A ressort ordinaire sur platine non évidée, de 6 pouces................................. | 0 | 65 |
| — De 12 pouces................................. | 1 | 0 |
| — De 24 pouces................................. | 1 | 50 |
| — De 36 pouces................................. | 1 | 75 |
| — Id. A demi-placard, platine évidée, non polie, de 6 pouces............................... | 1 | 0 |
| — De 12 pouces................................. | 1 | 15 |
| — De 24 pouces................................. | 2 | 0 |
| — De 36 pouces................................. | 2 | 50 |
| — Id. A placard, platine évidée, non polie, de 6 pouces................................... | 1 | 50 |
| — De 12 pouces................................. | 2 | 0 |
| — De 24 pouces................................. | 3 | 0 |
| — De 36 pouces................................. | 4 | 0 |
| — Id. à coulisse à la capucine, platine en cuivre de 12 lignes.................................. | 75 | 0 |
| — De 18 lignes................................. | 1 | 0 |
| — De 2 pouces................................. | 1 | 40 |

### *De la grosse fonte, ou fer fondu.*

Dans les bâtimens importans, on fait usage de grosse fonte pour les contre-cœurs de cheminées et leurs garnitures; les réchauds de fonte pour les fourneaux potagers; les poissonnières, les têtes de dauphin ou dégueulards, pour mettre au bas des tuyaux de descente des eaux, les tuyaux pour les chausses d'aisance, les boîtes ou souillards pour les poteaux d'écurie.

Tous ces ouvrages de grosse-fonte sont fournis par les marchands clincailliers, et se vendent au cent pesant.

Les plaques de fonte pèsent depuis 60 jusqu'à 100 livres.

Une garniture de cheminée, depuis 400 jusqu'à 600 livres.

Des réchauds de fonte garnis de leurs grilles, depuis 15 jusqu'à 20 livres, et les poissonnières le double.

Les dégueulards n'ont que 18 pouces de haut, et pèsent depuis 40 jusqu'à 50 livres.

Les tuyaux pour la descente des eaux, de 5 pieds 5 pouces de long et de 4 pouces de diamètre, depuis 75 jusqu'à 80 livres.

Les tuyaux pour les chausses d'aisance, de 5 pieds 5 pouces de long et de 8 pouces de diamètre, pèsent 150 à 160 livres.

Il y a encore de gros tuyaux de fonte pour la conduite des eaux, dont le poids n'est point fixé.

Quand on fait son prix à tant le cent, il faut avoir soin d'expliquer si le marchand se charge du transport au bâtiment, ou non : il vaut mieux lui donner quelque chose de plus par cent ou par millier, afin qu'il se charge de la marchandise, et qu'il la rende au bâtiment saine et sauve.

Quant aux prix de cette marchandise, ils varient comme les autres.

# De la Plomberie.

Les ouvrages de plomberie employés pour les bâtimens, sont principalement pour les combles couverts d'ardoise : on en fait les enfaîtemens, les noues et noquets, les lucarnes, les chéneaux et gouttières, les descentes et cuvettes, les amortissemens ou vases, etc. On donne différentes épaisseurs au plomb, suivant l'ouvrage où l'on veut l'employer.

Le plomb des enfaîtemens des combles doit avoir une ligne, ou au plus une ligne et un quart d'épaisseur sur 18 à 20 pouces de largeur : pour tenir le plomb des enfaîtemens, il faut mettre des crochets de pied et demi en pied et demi, c'est-à-dire, quatre à la toise.

Le plomb des enfaîtemens des lucarnes doit avoir 15 pouces de largeur sur une ligne d'épaisseur : les noquets pour les noues de ces lucarnes doivent avoir une ligne d'épaisseur.

Le plomb des noues doit avoir 15 pouces de largeur et une ligne et demie d'épaisseur.

Le plomb pour les chéneaux que l'on met sur les entablemens, doit avoir 18 pouces de largeur et une ligne et demie d'épaisseur.

Le plomb des bavettes par-dessus les chéneaux

et les entablemens, doit avoir 3 quarts de ligne d'épaisseur. Les chéneaux doivent avoir au moins un pouce de pente par toise : on y met des crochets de 18 pouces en 18 pouces.

Le plomb des descentes doit avoir 2 lignes d'épaisseur et 3 pouces de diamètre ; les entonnoirs ou hottes doivent peser au moins 50 livres : on met aussi des crochets pour tenir ces descentes et entonnoirs ; on blanchit ordinairement le plomb des chéneaux et descentes avec l'étain.

Les canaux ou gouttières que l'on met pour jeter l'eau hors le pied des murs, quand on ne fait point de descentes, ont à peu près 5 pieds hors de l'égout ; on les fait de différentes figures, selon qu'on les veut orner. Il faut toujours mettre une bande de fer pour les soutenir.

Le plomb des arêtiers doit avoir une ligne d'épaisseur.

Le plomb que l'on emploie pour les membrons et autres ornemens de plomb que l'on fait aux couvertures d'ardoise, doit avoir un quart de ligne d'épaisseur.

Pour les amortissemens ou vases, ou autres ornemens que l'on met sur les épis au haut des couvertures, on les fait de différentes figures ; mais pour être bien, il faut que ce soit un sculpteur qui en fasse les modèles ; on les comprend dans le prix de la livre de plomb.

Quand on fait des terrasses de plomb, il faut qu'il ait au moins une ligne et demie d'épaisseur, celui de 2 lignes est encore meilleur ; mais il faut bien prendre garde que l'aire ou le plancher qui doit porter le plomb, soit solide, et que la pente soit uniforme.

Comme l'on vend tout le plomb à la livre, il est bon de savoir ce que peut peser celui qu'on emploie dans chaque espèce d'ouvrage, par rapport à son épaisseur sur un pied en carré.

Un pied de plomb en carré d'une ligne d'épaisseur doit peser à peu près 5 livres 10 onces. On peut, sur ce principe, connaître qu'une toise de plomb en longueur, sur 18 pouces de largeur et d'une ligne d'épaisseur, doit peser 50 livres 10 onces. Une toise de 2 lignes d'épaisseur sur même longueur, doit peser 101 livres 4 onces.

Ainsi, l'on peut par ce moyen savoir la pesanteur du plomb, en sachant son épaisseur pourvu qu'elle soit partout égale.

La soudure que l'on emploie pour souder le plomb, doit être d'étain fin : on le compte à part ; le prix en est bien différent de celui du plomb.

Le plomb en masse se paye 45 à 50 c. la livre et lorsqu'un particulier a donné en compte son vieux plomb au plombier, qu'on le diminue de 4 pour cent, c'est-à-dire que 104 livres pesant données en compte sont réduites à 100 livres : ces 100 livres sont diminuées sur la totalité du plomb fourni et posé, et on paye au plombier un sou pour livre pesant de plomb donné en compte pour sa refonte, main-d'œuvre, façon, pose et bénéfice, y compris la façon des soudures, et on lui paye à part la valeur de sa soudure, à *tant* la livre.

Le plomb coulé sur sable a l'inconvénient d'être

raboteux et inégal d'épaisseur; il n'est pas propre à toutes sortes d'ouvrages comme le plomb laminé, que l'industrie, engendrée par la cherté du plomb, a fait imaginer. Ce plomb a l'avantage d'être employé généralement à toutes sortes d'ouvrages.

*Tarif du prix des plombs de la fabrique de* M. Lenoble, *rue des Coquilles, n° 2.*

*Plomb laminé en tables de toutes épaisseurs, jusqu'à une ligne inclusivement.*

|  |  | fr. | c. |
|---|---|---|---|
| | La livre . | » | 45 |
| 3/4 ligne. . . . . . | Idem. . . | » | 50 |
| 1/2 idem. . . . . . | Idem. . . | » | 55 |
| 1/4 idem. . . . . . | Idem. . . | » | 60 |

*Tuyaux étirés fortes épaisseurs, sans soudure, tous diamètres jusqu'à un pouce inclusivement.*

| | La livre . | » | 50 |
|---|---|---|---|
| 9 lignes diamètre. . . . . . . . . | | » | 60 |
| 6 idem. Idem. . . . . . . . | | » | 70 |
| 4 idem. Idem. . . . . . . . | | 1 | » |

*Faibles épaisseurs, tous diamètres jusqu'à un pouce inclusivement.*

| | La livre . | » | 55 |
|---|---|---|---|
| 9 lignes, le pied courant. . . . . | | 1 | 20 |
| 6 idem. Idem. . . . . . . . | | » | 90 |
| 4 idem. Idem. . . . . . . . | | » | 50 |

Les personnes qui en prennent plus de 500 kilogrammes à la fois ont une remise d'un pour cent.

Les prix ne changent qu'autant que les matières subissent de l'augmentation.

*Tarif pour le plomb. Poids d'un pied métrique superficiel, et d'un pied de roi superficiel, sur diverses épaisseurs.*

Un pied métrique pèse.

| | | | |
|---|---|---|---|
| 0 lig. | 1 quart | 0 k. | 727 gram. |
| 0 | 1 demi. | 1 | 455 |
| 0 | 3 quart. | 2 | 182 |
| 1 | 0 | 2 | 909 |
| 1 | 1 quart. | 3 | 657 |
| 1 | 1 demi. | 4 | 364 |
| 1 | 3 quart. | 5 | 091 |
| 2 | 0 | 5 | 819 |

Un pied de roi pèse.

| | | | |
|---|---|---|---|
| 0 lig. | 1 quart. | 1 liv. | 6 onces. |
| 0 | 1 demi. | 2 | 12 |
| 0 | 3 quarts. | 4 | 2 |
| 1 | 0 | 5 | 8 |
| 1 | 1 quart. | 6 | 14 |
| 1 | 1 demi. | 8 | 4 |
| 1 | 3 quarts. | 9 | 10 |
| 2 | 0 | 11 | 0 |

DE BULLET.

*Tuyaux de plomb laminé, soudé de longueur.*

Le double mètre pèse.

| Diam. | Épaiss. | Poids. | | dont en soud. | |
|---|---|---|---|---|---|
| 2 sur | 1 demi | 18 k. | 513 | 3 k. | 000 |
| 3 | 1 demi | 25 | 388 | 5 | 000 |
| 3 | 2 | 33 | 321 | 3 | 500 |
| 4 | 2 | 42 | 413 | 4 | 500 |
| 5 | 2 | 52 | 391 | 6 | 000 |
| 6 | 3 | 96 | 792 | 9 | 000 |

La toise mesure de roi pèse.

| 2 sur | 1 demi | 35 k. | 0 | 6 k | 0 |
|---|---|---|---|---|---|
| 3 | 1 | 48 | 0 | 6 | 0 |
| 3 | 2 | 63 | 0 | 7 | 0 |
| 4 | 4 | 80 | 0 | 9 | 0 |
| 5 | 2 | 100 | 0 | 12 | 0 |
| 6 | 3 | 183 | 0 | 18 | 0 |

*Tuyaux moulés.*

Le double mètre pèse.

| Diamètres. | Poids. | |
|---|---|---|
| 1° | 19 k | 004 |
| 1° demi. | 29 | 620 |
| 2° | 38 | 008 |
| 2° demi | 47 | 012 |
| 1° | 36 | 0 |
| 1 demi. | 55 | 0 |

| Diamètres. | Poids. | |
|---|---|---|
| 2 | 72 | 0 |
| 2 demi. | 108 | 0 |

*Tuyaux d'eau forcée.*

| Diamètres. | Épaisseurs. | Poids. | |
|---|---|---|---|
| 1° demi. | 3 lig. | 20 k | 629 |
| 2 | 3 | 26 | 975 |
| 3 | 3 | 53 | 950 |
| 4 | 4 | 90 | 974 |
| 5 | 5 | 138 | 038 |
| 6 | 6 | 193 | 540 |
| 7 | 7 | 261 | 285 |
| 8 | 8 | 336 | 292 |

| Diamètres. | Épaisseurs. | Poids. | |
|---|---|---|---|
| 1° demi. | 2 lig. | 39 | 0 |
| 2 | 2 | 51 | 0 |
| 3 | 3 | 102 | 0 |
| 4 | 4 | 172 | 0 |
| 5 | 5 | 261 | 0 |
| 6 | 6 | 366 | 6 |
| 7 | 7 | 494 | 0 |
| 8 | 8 | 637 | 0 |

Le laminage, indépendamment d'une diminution sur le poids de plus de quatre pour cent, a le double avantage de rendre unies les surfaces et de procurer des tables à volonté, jusqu'à dix mètres de long, et un mètre soixante-dix centimètres de large, ce qui est encore un objet d'économie, par la diminution de la main-d'œuvre et des soudures.

Le vieux plomb non dégraissé de ses soudures, sera reçu par la manufacture, en échange du plomb laminé qui serait pris dans ses magasins, poids pour poids. Déduction faite de quatre pour cent pour le déchet ordinaire de la fonte, à raison de quarante centimes par kilogramme, d'une demi-ligne; de trente centimes, *idem*, de trois quarts de vingt centimes, *idem*, d'une ligne; de quinze centimes, *idem*, de cinq quarts et au-dessus.

A l'égard des retailles ou rognures de tables de plomb neuf, elles seront reprises sans déchet, à raison de cinquante-deux centimes le demi-kilogramme.

# De la Vitrerie.

Il y a deux sortes de verres, l'un que l'on appelle *verre blanc*, et l'autre *verre commun*.

Le verre blanc se fait dans les forêts de Léonce, près de Cherbourg, à Saint-Quirin, département de la Meurthe, Sainte-Catherine, département de la Nièvre, Ivoi-le-Pré, département du Cher, etc.

Le verre commun est celui qu'on appelle *verre d'Alsace*; il y en a de fin, de moyen et de rebut. Le verre fin est d'une matière différente du verre moyen ; cependant dans le verre fin il se trouve du moyen, parce qu'il n'est pas si blanc ni si clair que celui qu'on appelle *fin*. Celui de rebut est celui qui est au centre des écuelles, qu'on appelle *boudine :* on l'emploie chez les pauvres gens et dans les campagnes.

Il y a deux sortes de vitrerie pour les croisées ; l'une est à panneaux, et l'autre à carreaux.

On ne se servait autrefois que de celle à panneaux, que l'on faisait à compartimens de différentes figures, auxquelles on prenait beaucoup de soin ; le tout était en plomb arrêté avec des vergettes de fer ; mais on ne s'en sert plus guère à présent que pour des maisons médiocres ou pour des basses-cours, parce qu'il en coûte moins pour la façon et l'entretien.

On fait à présent les croisées à carreaux de verre de différentes grandeurs, que l'on met les uns en plomb, les autres en papier, le tout attaché avec des pointes de fer : ceux que l'on met en plomb durent plus long-temps, mais ils ne sont pas si clos que ceux qui sont en papier.

On mesure le vitrage au pied de roi, à *tant le pied en superficie*, soit à panneaux ou à carreaux ; ou bien à l'égard des carreaux, comme ils sont plus ou moins grands, ce qui fait une différence pour le prix, on en fait marché à la pièce selon leur grandeur.

Il y a du choix dans le verre. Il y en a qui est plein de bouillons, d'autre qui est verdâtre. Les vitriers appellent *cassilleux*, un verre qui se casse par morceaux en y appliquant le diamant; ce qui provient de ce qu'il n'est point assez recuit.

Le toisé du verre se fait au pied superficiel de 144 pouces. S'il se trouve des verres circulaires, ils sont mesurés comme s'ils étaient carrés, sans égard au circulaire ; et lorsqu'il y en a plusieurs dans une partie, comme, par exemple, dans un évantail de croisée, on les mesure séparément sur leurs plus grandes dimensions.

On attache chaque carreau avec quatre pointes, et on les colle ensuite avec des bandes de papier ou avec du mastic. Le mastic se fait avec du gros blanc écrasé, dans lequel on mêle un peu de blanc de céruse broyé et de la litharge qu'on pétrit avec de l'huile de noix ou de lin. Ce mastic devient très-dur à l'air. Lorsqu'il est fait pour des endroits sujets à la casse, il ne faut pas qu'il soit si dur, à cause de la difficulté de le lever. On le pétrit alors avec de l'huile ne navette.

Les hôtels, les églises et les grands édifices sont donnés aux vitriers à l'entretien. Ils les nettoient une fois ou deux par an, et remettent des carreaux à mesure qu'ils manquent, suivant les conventions qui sont faites.

Le vitrage est du nombre des entretiens locatifs. En entrant dans une maison, les vitres doivent être propres, nettoyées, sans fêlures, cassures, plomb ni boudines. S'il y en a, il faut en faire mention par écrit.

On cintre le verre à volonté par le moyen du feu, sans en altérer la qualité, ni en ternir le transparent. On fait une masse de terre cuite qu'on cintre à la demande du circulaire dont on a besoin, et sur laquelle on applique le carreau, et par-dessus on met une autre masse aussi circulaire, mais creuse, qui pèse sur le verre à mesure qu'il s'échauffe. On fait un feu de réverbère dans un fourneau; on avance peu à peu cette masse de terre sur laquelle est le carreau, et après que la chaleur l'a rendu tel qu'on le demande, on l'ôte peu à peu, et on diminue de même le feu. Lorsque le verre est froid, on le retire du fourneau. J'en ai vu cintrer d'assez grands pour faire des demi-lanternes.

## Du verre de Bohême.

On fait vitrer aujourd'hui les croisées avec du verre blanc de Bohême : ce verre remplace les glaces pour les voitures de campagne : on en fait aussi beaucoup d'usage pour encadrer les estampes.

Ce verre est de grandeur inégale, non soufflé, mais coulé : il se vend au paquet. Chaque paquet contient plus ou moins de carreaux suivant leur grandeur. Par exemple, la *deux* contient trois différentes mesures : il faut deux carreaux d'une de ces grandeurs pour faire le paquet. De même la *sept* ne contient que deux différentes mesures, de chacune desquelles il faut sept carreaux pour faire le paquet, qui est toujours de même prix. Deux carreaux de la *deux* coûtent autant que sept carreaux de la *sept*; ainsi du reste.

La vente du verre en table se fait au paquet. Pour qu'une seule feuille produise un paquet, il faut que sa hauteur et sa largeur réunies produisent 60 pouces ; ainsi, sa superficie n'en détermine pas le prix ; car diverses hauteurs et largeurs réunies peuvent donner un total de 60 po., et varier considérablement dans leur superficie, telles que 50 sur 10, 45 sur 15, 40 sur 20, 35 sur 25, et 30 sur 30.

Les fabricans, au lieu de tarifer chaque feuille de verre, ont simplifié beaucoup l'opération, en les réduisant en paquet, dont le prix est le même, de telles dimensions que soient les feuilles qui le composent : dans cette réduction, ils ont pris en considération la difficulté de fabriquer les pièces de grand volume; la forte épaisseur qu'elles nécessitent, le risque de la casse, et nullement les superficies; car une feuille de 50° sur 10, dont la superficie est 500, produit un paquet et 70 feuilles chacune de 5 sur 4, dont les superficies réunies donnant 1400, ne produisent de même qu'un seul paquet; donc une seule feuille peut produire plusieurs paquets, et plusieurs feuilles un seul paquet : voici le tarif de cette réduction. Il est presque toujours le même depuis 50 ans; on lui a appliqué le système décimal.

*Réduction des feuilles de verre en table, en paquets.*

| Hauteur et largeur réunies. | | Réduction en paquets. | |
|---|---|---|---|
| DÉNOMINATION. | | CALCUL. | |
| Ancienne. | Nouvelle. | Ancien. | Décimal. |
| | M. | F. au P. | P. |
| 74 pouces. | 2,00 | 1 . . . 7 | 7,000 |
| 73 | 1,97 | 1 . . . 6 | 6,000 |
| 72 | 1,95 | 8 . . . 16 | 5,333 |
| 71 | 1,92 | 3 . . . 14 | 4,667 |
| 70 | 1,89 | 1 . . . 4 | 4,900 |
| 69 | 1,86 | 2 . . . 7 | 3,500 |
| 68 | 1,84 | 1 . . . 3 | 3,000 |
| 67 | 1,81 | 2 . . . 5 | 2,500 |
| 66 | 1,78 | 1 . . . 2 | 2,000 |
| 65 | 1,75 | 10 . . . 19 | 1,900 |
| 64 | 1,73 | 5 . . . 9 | 1,800 |
| 63 | 1,70 | 3 . . . 5 | 1,667 |
| 62 | 1,68 | 2 . . . 3 | 1,500 |
| 61 | 1,65 | 3 . . . 4 | 1,333 |
| 60 | 1,62 | 1 . . . 1 | 1,000 |

## DE BULLET.

| Hauteur et largeur réunies. || Réduction en paquets. ||
|---|---|---|---|
| DÉNOMINATION. || CALCUL. ||
| Ancienne. | Nouvelle. | Ancien. | Décimal. |
| | M. | F. au P. | P. |
| 59 pouces. | 1,59 | 15. . . 14 | 0,953 |
| 58 | 1,57 | 8. . . 7 | 0,875 |
| 57 | 1,54 | 5. . . 5 | 0,853 |
| 56 | 1,52 | 4. . . 3 | 0,750 |
| 55 | 1,49 | 3. . . 2 | 0,667 |
| 54 | 1,46 | 5. . . 3 | 0,800 |
| 53 | 1,43 | 7. . . 4 | 0,572 |
| 52 | 1,41 | 2. . . 1 | 0,500 |
| 51 | 1,38 | 9. . . 3 | 0,445 |
| 50 | 1,35 | 5. . . 2 | 0,400 |
| 49 | 1,33 | 8. . . 3 | 0,375 |
| 48 | 1,30 | 3. . . 1 | 0,333 |
| 47 | 1,27 | 20. . . 3 | 0,300 |
| 46 | 1,24 | 7. . . 2 | 0,286 |
| 45 | 1,22 | 4. . . 1 | 0,250 |
| 44 | 1,19 | 9. . . 2 | 0,222 |
| 43 | 1,16 | 19. . . 4 | 0,211 |
| 42 | 1,14 | 5. . . 1 | 0,200 |
| 41 | 1, 1 | 11. . . 2 | 0,182 |
| 40 | 1,08 | 6. . . 1 | 0,167 |
| 39 | 1,05 | 13. . . 2 | 0,154 |
| 38 | 1,03 | 10. . . 3 | 0,150 |
| 37 | 1,00 | 7. . . 1 | 0,145 |
| 36 | 0,97 | 29. . . 4 | 0,138 |
| 35 | 0,95 | 15. . . 2 | 0,135 |
| 34 | 0,92 | 8. . . 1 | 0,125 |
| 33 | 0,89 | 17. . . 2 | 0,118 |
| 32 | 0,87 | 9. . . 1 | 0,111 |
| 31 | 0,84 | 19. . . 2 | 0,105 |
| 30 | 0,81 | 10. . . 1 | 0,100 |
| 29 | 0,78 | 21. . . 1 | 0,091 |
| 28 | 0,76 | 12. . . 1 | 0,083 |
| 27 | 0,73 | 13. . . 1 | 0,077 |
| 26 | 0,70 | 14. . . 1 | 0,071 |
| 25 | 0,68 | 15. . . 2 | 0,066 |
| 24 | 0,65 | 16. . . 1 | 0,062 |
| 23 | 0,62 | 18. . . 1 | 0,055 |
| 22 | 0,60 | 20. . . 1 | 0,050 |

| Hauteur et largeur réunies. || Réduction en paquets. ||
| DÉNOMINATION. | | CALCUL. | |
| Ancienne. | Nouvelle. | Ancien. | Décimal. |
| --- | --- | --- | --- |
| | M. | P. au P. | P. |
| 21 pouces. | 0,57 | 22... 1 | 0,045 |
| 20 | 0,54 | 24... 1 | 0,041 |
| 19 | 0,51 | 27... 1 | 0,037 |
| 18 | 0,49 | 30... 1 | 0,033 |
| 17 | 0,46 | 33... 1 | 0,030 |
| 16 | 0,43 | 36... 1 | 0,027 |
| 15 | 0,41 | 40... 1 | 0,025 |
| 14 | 0,38 | 45... 1 | 0,022 |
| 13 | 0,35 | 50... 1 | 0,020 |
| 12 | 0,33 | 53... 1 | 0,018 |
| 11 | 0,30 | 60... 1 | 0,017 |
| 10 | 0,27 | 65... 1 | 0,015 |
| 09 | 0,24 | 70... 1 | 0,014 |

# De la Miroiterie.

Les glaces et miroirs sont fort en usage dans les appartemens. Cette partie est encore du ressort de l'architecte, qui doit savoir les grandeurs des glaces qui doivent occuper les dessus des cheminées et les trumeaux, afin d'arranger ses dessins de menuiserie, et de les orner à proportion de la grandeur des glaces.

Il y a des tarifs imprimés de la largeur et hauteur des glaces, et de leurs différens prix. On peut, au moyen de ce tarif, en prévoir la dépense, et en arranger l'ordonnance.

Dans les grands hôtels, les croisées des principaux appartemens sont vitrées avec des glaces sans fers ni petits bois. Les glaces artistement jointes sont retenues avec de petites vis dans les angles; ce qui n'arrête point la vue. D'autres sont retenues dans les petits bois; d'autres dans des tringles de fer.

L'usage est de payer au miroitier 10 pour cent de la valeur de la glace, suivant le tarif. Par exemple, une glace de 49 pouces sur 58, qui coûte 490 liv., sera payée pour pose, fourniture, risque et tain, 539 liv.

S'il n'y a point de tain, on ne lui paie que 5 pour cent.

Il y a une chose à observer dans l'estimation des glaces, c'est que le marchand qui l'achète, soit à la manufacture, soit au particulier, ne l'estime que comme ayant un pouce de moins sur la largeur et un pouce de moins sur la hauteur; de sorte qu'une glace de 49 pouces sur 58, ne sera estimée que 48 pouces sur 57, qu'il paiera 470 fr. sans égard au tain, et le particulier perdra sur cette glace 70 fr.

Toutes glaces à demeure doivent être portées telles qu'elles sont sur l'état de la maison : elles sont sous la garantie du locataire, qui est tenu d'en faire mettre d'autres si elles sont cassées ou endommagées.

# DE LA
# Peinture d'Impression.

Les principales couleurs que l'on emploie pour les impressions, sont le blanc de céruse, le blanc de Rouen ou blanc de craie, l'ocre rouge, l'ocre jaune, le noir de fumée ou d'Angleterre, le vert de montagne, le vert-de-gris pour les treillages des jardins.

Pour faire une bonne peinture d'impression, il faut mettre deux couches; et si l'on veut faire, par exemple, une couleur de gris-de-perle, on fait la première couche de blanc de céruse, dans la seconde couche on mêle de l'émail plus ou moins, jusqu'à ce que la couleur agrée; le tout doit être à l'huile de noix.

Le blanc de Rouen s'emploie ordinairement pour les impressions en détrempe : cette composition est faite avec de la colle de peaux de rognures de gants; on en met aussi deux couches; et si l'on veut que la couleur soit de gris-de-perle, il faut mêler de l'inde dans la seconde couche.

La couleur de bois est faite avec du blanc de céruse, mêlé d'ocre jaune ou d'ocre rouge et un peu de terre d'ombre, selon les différentes couleurs que l'on veut faire; on en fait à l'huile et en détrempe de plusieurs sortes de couleurs, et même de bois veiné.

Aux impressions que l'on fait pour les treillages des jardins, on met trois couches, dont les deux premières doivent être de blanc de céruse de Clichy; et pour l'autre on fait un composé de moitié vert-de-gris et moitié vert de montagne; et pour faire un beau vert, on mêle une livre de cette composition avec une livre de blanc de céruse; c'est la proportion qu'il faut observer : le tout doit être à l'huile.

Pour la peinture d'impression que l'on fait pour les ouvrage de fer, on se sert d'huile grasse, ou bien on fait une composition de blanc de céruse broyé avec de l'huile de noix, dans laquelle on mêle du noir de fumée ou d'Angleterre : on se sert de cette couleur pour les portes, les rampes, les balcons et autres ouvrages de fer, pour empêcher la rouille, et pour avoir une belle et une bonne couleur de fer.

Je ne parlerai point de la dorure que l'on emploie pour ces mêmes ouvrages de fer : cela ne convient point ici.

On compte tous les ouvrages d'impression à la travée, dont chacune doit contenir 216 pieds ou 6 toises en superficie : quand il y a des moulures et des ornemens de sculpture, on les évalue à la superficie, pour être comptés au pied ou à la toise.

Jamais la peinture d'impression n'a été aussi en vogue qu'elle l'est aussi aujourd'hui. La facilité qu'on a de leur faire succéder d'autres couleurs, les renouvelle et les fait changer de face, et en même temps satisfait, par son peu de dépense, le goût naturellement changeant de notre nation, dont la vivacité ne peut souvent tenir sur des décorations toujours semblables.

On appelle *peinture d'impression* ou *barbouillage*, celle que l'on couche à plat avec des brosses sur les menuiseries, les murs, les plafonds, etc. Il y en a de deux sortes, *peinture en détrempe, peinture en huile.*

La peinture en détrempe se fait avec de la colle-forte, et plus communément avec de la colle faite de rognures de gant ou de parchemin bouillies et réduites en une colle claire et transparente. On y mêle du gros blanc écrasé pour faire le blanc, et une certaine quantité de jaune pour faire la couleur de bois, de la terre d'ombre, terre amerita, ou tels autres autres ingrédiens propres à faire les teintes convenables. Cette peinture en détrempe ne satisfait que l'œil, et ne contribue en rien à la conservation des matières sur lesquelles on l'applique.

Les personnes qui ne peuvent supporter qu'avec peine les premières odeurs des huiles, font peindre leurs appartemens en détrempe avec 4, 5 ou 6 couches de ce gros blanc râpé, c'est-à-dire qu'au lieu de traîner la brosse du haut en bas, on tape ce blanc du bout de la brosse, ensuite on le ponce avec la pierre de ponce, ou on l'adoucit avec un linge mouillé. On applique sur cet enduit deux couches de couleurs fines broyées à l'eau, et ensuite deux couches de vernis blanc. Lorsque les moulures de menuiserie sont bien retirées au fer et évidées, et qu'elles sont rechampies de couleurs différentes du fond le coup-d'œil en est agréable. Il faut que les couches en détrempe soient chaudes chaque fois qu'on les applique.

Les peintures d'impression à l'huile sont d'un bon usage, en ce que de quelque couleur qu'elles soient, elles contribuent beaucoup à la conservation des bois. Les premières couches doivent être nourries en huile et les secondes en couleurs. Il ne faut pas mettre une couche que l'autre ne soit sèche. On se sert d'huile de noix ou de lin, et les couleurs sont broyées sous la molette avec l'huile d'œillet. Plus elles sont broyées, plus elles sont belles et luisantes: elles font aussi plus d'honneur et de bénéfice. Quand on les emploie, on y met de l'huile ou essence de térébenthine, et un peu de litharge pour les faire sécher plus promptement, et les empêcher de jaunir.

Le blanc en détrempe se fait avec du gros blanc écrasé, que l'on emploie avec de la colle de gant ou de parchemin, ou au défaut avec de la colle-forte. On y mêle du noir de fumée ou du charbon pilé et broyé à l'eau, sans quoi le blanc jaunirait. Il faut savoir ménager la colle suivant les endroits où ce blanc est employé. Par exemple, il en faut peu pour les plafonds et autres parties qui ne sont exposées qu'à la vue; mais il en faut davantage à celles qui sont exposés aux frottemens. Si on en met trop, le blanc s'écaillera ; si l'on n'en met pas assez, il blanchira les habits.

Il faut de nécessité deux couches de blanc aux plafonds neufs; mais les vieux plafonds doivent être préparés à recevoir ce blanc par plusieurs couches de chaux éteinte et claire, ce qu'on appelle *échauder*.

Le noir à l'huile pour les balcons de fer, rampes d'escaliers, barreaux de fer, etc., se fait avec de l'huile de noix et du noir de fumée. Plusieurs, au lieu d'huile, l'emploient avec le vernis gras à l'esprit-de-vin, pour faire plus promptement sécher. Une seule couche suffit, lorsqu'elle est bien nourrie; mais il vaut mieux en donner deux également nourries, et faiblement.

L'impression en vert sur les treillages et dans les jardins se fait avec le vert-de-gris broyé. La première couche se met en blanc de céruse; la seconde, en même blanc mêlé d'un peu de vert; et la troisième, aussi avec du blanc, dans lequel on a mis la quantité de vert suffisante pour le former. Le vert employé pur ne serait pas beau. Plusieurs mettent pour première couche du jaune, d'autres de la terre d'ombre, d'autres de la couleur olive, etc., disant que ces couleurs fortes soutiennent mieux le vert. Je croirais plutôt qu'elles garantissent et conservent mieux les bois; car les verts n'ont leur bel éclat que la première année.

Le vernis est fait avec de l'esprit-de-vin, de la gomme copale, du sandarac et autres ingrédiens connus. Il y en a de gras et de blanc. Le vernis sec est le meilleur pour les bâtimens. Le vernis est une liqueur sans couleur ni épaisseur. Il ranime les couleurs en leur donnant un luisant de glace. Une couche de vernis suffit sur les couleurs en huile : il en faut deux sur les couleurs en détrempe.

Les lambris neufs destinés à être vernis sans couleurs, doivent être replanis et dégraissés légèrement. Ensuite on y passe une couche ou deux de colle de gant transparente, puis on applique deux couches de vernis blanc.

Le blanc de céruse et le blanc d'Espagne ou gros blanc, sont les bases fondamentales de la peinture d'impression. Il n'y a point de couleur, quelle qu'elle soit, où il n'entre du blanc; le blanc de céruse pour les huiles, et le gros blanc pour les détrempes.

On appelle *molleton* du gros blanc broyé à l'huile, dont l'usage devrait être interdit. Les personnes versées en bâtiment en savent bien faire la différence; on passe un doigt sur la langue, ensuite on l'applique sur cette peinture, en pressant un peu et traînant par le bas; la couleur fait comme un rouleau de ruban.

Toutes les peintures d'impression, de quelque nature et espèce qu'elles soient, se toisent à la toise superficielle de 36 pieds, tout vide rabattu, en faisant distinction de leurs qualités par rapport à leurs différens prix.

Le toisé des plafonds se fait en dans-œuvre des corniches, et l'on compte les corniches à part, leur pourtour sur leur développement, qu'on évalue à 1 pied ou 6 pouces, suivant leur grandeur.

Les planchers hauts dont les solives sont apparentes, sont toisés longueur sur largeur en dans-œuvre des murs. On toise ensuite les jouées des solives, poutres et sablières, le tout réduit à la toise superficielle. Il est mieux et moins embarrassant de mesurer une jouée de solive, compter le nombre de ces jouées, et en ajouter la somme à la largeur, ou bien combiner combien de fois cette somme est contenue dans la largeur, et compter ce plancher pour le nombre ou partie de faces qu'il contient.

Les lambris de hauteur ou d'appui sont toisés en superficie, de quelque couleur qu'ils soient peints, tout vide rabattu, sans rien augmenter pour les moulures de menuiserie, soit qu'elles soient rechampies ou non. On explique seulement la couleur, le vernis, le nombre de couches et le rechampissage.

Si, sur une impression faite sur un lambris ou mur uni, on fait des panneaux feints de menuiserie, on les compte à *tant* la pièce, tant grands que petits. Les cimaises ou corniches aussi feintes, se toisent au pied courant : on mesure ensuite le pourtour d'un grand et d'un petit panneau dont on prend la moitié; et cette moitié sert de règle pour connaître combien de panneaux sont renfermés dans le courant de ces cimaises ou corniches. Par exemple, je suppose que la moitié réduite d'un grand et d'un petit panneau soit

12 pieds, 12 pieds courans de cimaise feront un panneau, et la corniche de même, si elle n'a pas plus de membres d'architecture qu'il n'y en a aux panneaux : car, s'il y en a plus, ils seront évalués à proportion. Par exemple, s'il y a quatre membres aux panneaux, et qu'il y en ait cinq à la corniche ou cimaise, 48 pieds courans seront comptés pour 5 panneaux, etc.

Les marbres feints sur les cloisons, murs, niches et autres endroits, sont toisés à la toise superficielle, tout vide rabattu, et sont distingués suivant leur espèce. Ces marbres sont plus ou moins chers, à proportion de ce qu'ils sont approchans du marbre naturel. Il est ordinaire à Paris et dans les maisons de plaisance, de faire peindre en marbre les chambranles de pierre, qu'on estime à *tant* la pièce tout vernis, sans toisé. Dans les grands appartemens, on peint les frises au bas des lambris en même marbre que les chambranles de cheminées : ces frises se toisent et s'estiment au pied courant.

Les croisées à carreaux de verre peintes sur les deux faces, sont toisées leur hauteur sur leur largeur. Ces deux faces ne sont comptées que pour une, lorsque les carreaux sont collés en papier: savoir, 3 quarts de face pour la face intérieure, et un quart de face pour l'extérieure, parce que les petits bois ne sont pas peints.

Si les carreaux de verre sont mastiqués et rechampis sur le mastic, cette croisée est comptée pour une face de trois quarts. Si les feuillures et les côtés des dormans sont peints en première couche, elle est comptée pour deux faces. S'il y a des volets qui ouvrent de toute la hauteur, peints sur les deux faces de même couleur que la croisée, ils sont toisés à part, et on les compte pour deux faces.

Les croisées à grands carreaux se toisent de leur hauteur et largeur, et l'on rabat les verres en diminuant un pouce au pourtour pour le rechampissage.

Les croisées à panneaux de verre sont toisées de leur superficie, de laquelle on rabat le vide des panneaux, et ce qui reste est doublé.

Si, au devant d'une croisée, il y a des barreaux ou un grillage de fer peint en noir, qui soient espacés de 6 pouces en 6 pouces et peints sur toutes les faces, ils sont comptés en noir à une face de la même superficie que le dehors de la croisée.

Les verts de treillage de maille de 6 et 7 pouces peints de deux faces, sont toisés à la toise superficielle, et sont comptés à moitié. Quand ils ne sont peints que sur la face et sur les épaisseurs, ils ne sont comptés qu'à trois toises pour une : les autres mailles à proportion.

Les décorations de treillage, comme vases, paniers de fleurs et autres, sont estimées à *tant* la pièce.

*Prix des peintures.*

Blanc à la détrempe, la toise, une couche . . . . . . . . . . 0 50
    Idem.         Idem. deux couches . . . . . . . . . . 0 90

| | | |
|---|---|---|
| Plafond vieux, grattage sur plâtre. | 1 | 00 |
| Échaudage, la toise, une couche. | 0 | 30 |
| Id. Id. deux couches. | 0 | 50 |
| Id. Id. trois couches. | 0 | 60 |
| Blanc de céruse à l'huile, deux couc. | 3 | 25 |
| Vert-de-gris pour treillage. | 4 | 00 |
| Vert plein. | 4 | 00 |
| Vernis, la toise. | 1 | 75 |
| Noir à l'huile, la toise, une couche. | 1 | 75 |
| Id. Id. deux couches. | 3 | 00 |
| Noir au vernis, la toise, une couche. | 3 | 50 |
| Id. Id. deux couches. | 4 | 50 |

# De la Dorure.

La dorure est une partie qui concerne encore la peinture d'impression, en ce que sont les maîtres peintres qui en font les entreprises, ainsi que du bronze.

Il y a deux sortes de dorures : l'or mat ou or couleur; l'or bruni, taillé et réparé.

L'or mat est appliqué tel qu'il est sur les endroits unis, sur la détrempe pour les ouvrages intérieurs, ou sur l'huile pour les ouvrages extérieurs exposés à l'injure du temps.

L'or bruni, taillé et réparé, est appliqué sur un apprêt de six ou sept pouces de blanc à la colle adouci avec la pierre-ponce ou le linge mouillé; ce qu'on appelle du *blanc à la dorure*. On répare avec des outils les endroits où ce blanc est trop épais dans les fonds, et surtout aux sculptures; ensuite on y passe une couche ou deux d'*assiette* qui est composée de colle et de sanguine, sur laquelle on applique l'or avec de l'eau claire. Après quoi, lorsque le tout est bien sec, on polit l'or dans les endroits convenables (ce qu'on appelle *brunir*), avec des outils d'acier, de pierre-à-fusil, ou d'agathes taillés exprès.

L'or mat en huile s'applique sur deux couches de blanc de céruse à l'huile de noix aux endroits à couvert, ou sur deux couches d'ocre jaune à l'huile aux endroits à découvert. L'une ou l'autre étant bien séchée, on met une autre couche de sanguine ou d'ocre, ou d'autres vieilles couleurs engraissées. Lorsque cette dernière couche est bien imbue, on applique les feuilles d'or, que l'on appuie légèrement avec du coton, ou de petites brosses faites avec du duvet de cigne, pour les faire attacher sur la couleur.

L'or se toise au pied carré de 144 pouces, et se mesure sur sa longueur, largeur ou pourtour. Ces mesures se prennent avec une bande de parchemin étroite et mince, sur laquelle les pouces et les lignes sont marqués. On prend le pourtour des moulures, le mieux qu'il est possible, que l'on multiplie par la longueur, pour les réduire au pied carré, et on les compte par pieds, pouces et lignes, comme à la vitrerie.

La dorure des bordures de glaces, de tableaux, trophées, ornemens de sculpture, comme consoles, agraffes, volutes, bosses, creux, figures, bas-reliefs, festons, etc., se toise de même, en contournant avec une bande de parchemin le pourtour de ces saillies, autant juste qu'il se peut faire, que l'on réduit aussi au pied carré.

Le livret d'or battu contient 25 feuilles, ce qu'on appelle un *quarteron d'or*. Il y en a de différens échantillons; mais le plus ordinaire est de 4 pouces sur tous sens. Ce livret en ouvrage uni peut faire, entre les mains d'un bon ouvrier, 2 pieds d'or, y compris le déchet, et en ouvrage d'ornement un pied et un pied et demi. C'est une matière bien délicate.

L'or jaune est le plus estimé et le plus aisé à employer. L'or pâle ou verdâtre est le moindre, et ne plaît point à la vue.

### Du bronze de peintre.

Le bronze est de diverses sortes : bronze antique, bronze doré, bronze pâle, bronze couleur d'eau. Tous ces bronzes sont du cuivre calciné réduit en poudre. Le dégré de chaleur y donne la couleur que l'on veut. Le plus beau venait d'Allemagne ; celui de Paris était inférieur : aujourd'hui c'est tout le contraire. Le bronze se vend en petits paquets du poids d'une once.

Ces bronzes s'appliquent sur les serrures des portes et croisées, sur une couche de vernis ou de mordant. On bronze encore au feu les espagnolettes, les tringles de rideaux, les palastres de serrures. Tout le secret ne consiste qu'à donner un certain degré de chaleur à ces fers avant d'y appliquer le vernis et le bronze. C'est la meilleure méthode, et celle qui fait durer la couleur plus long-temps.

Les bronzes s'estiment à tant chaque pièce ou le pied courant de hauteur.

Le bronze antique ne sert que pour les figures, statues ou médailles. Il se soutient long-temps ; on l'estime à la pièce.

Le bronze couleur d'eau est le moindre pour le service ; il ne brille point, coûte plus cher que l'autre, et ne fait point d'honneur.

Toutes les sculptures, comme figures, bas-reliefs, trophées, chapiteaux, palmettes, consoles, coins, rosettes, etc., s'estiment à la pièce, suivant la matière et la délicatesse du travail.

Mais il y a d'autres ouvrages de sculpture ordinaire qui s'estiment au pied courant : tels sont ceux qui se font en plâtre pour les gorges des corniches, ceux qui sont taillés pour les moulures ou membres d'architecture, ceux pour les frises, architraves, cadres, bordures, chambranles, etc., tant en marbre et en pierre, qu'en bois et en plâtre, dont le toisé est uniforme, et le prix différent, suivant le travail et la matière.

Il faut remarquer que quoiqu'un membre d'architecture de corniche, ou autre, en plâtre ou en pierre, soit orné de sculpture, il n'en est pas moins compté au maçon, et la sculpture au sculpteur.

A Paris surtout, on fait beaucoup d'ornemens en plâtre qu'on jette en moule, comme gorges de corniches, godrons, consoles, bas-reliefs, coins, rosettes, et tous autres ouvrages qui se marient avec le plâtre. C'est une facilité pour orner à peu de frais des plafonds. Les moules de ces ornemens se trouvent tout faits chez les sculpteurs. Lorsqu'on a choisi ce qui plaît le mieux, il faut faire prix à tant la pièce, ou à tant le pied courant de telle et telle sorte, et ne pas attendre que l'ouvrage soit mis en place.

Les bordures de glaces, de dessus de portes, de tapisseries et autres, s'estiment au pied courant.

C'est le menuisier qui souvent fournit le bois au sculpteur, et alors ce bois est compris dans ses mémoires.

# De la Marbrerie.

Le toisé des marbres en général se fait de trois façons : on le toise d'abord au pied cube, ensuite ses moulures au pied superficiel, chaque membre couronné de son filet pour un pied, et ensuite le polissage aussi au pied superficiel.

Si la masse qu'il faut réduire au cube, est plus forte à un bout qu'à l'autre, la mesure s'en prendra dans le milieu, ou bien par la moitié de la superficie des deux extrémités ; mais si le plus fort était dans le milieu, ce serait là que cette mesure se prendrait.

Tous les marbres employés dans les bâtimens, savoir, les chambranles de cheminées, le dessus de tables, les buffets, les revêtissemens, les cuvettes, etc., sont toisés au cube.

Les ouvrages unis sont d'un prix bien différent de ceux qui sont ornés de moulures d'architecture. Il n'est cependant pas d'usage de toiser les chambranles de marbre : on ne toise que ceux qui sont d'un marbre cher, et dont le travail

---

(1) Les ouvrages en marbrerie se toisent comme ceux en pierre de taille, tous paremens vus et chaque membre couronné pour un pied ; l'on toise le sciage à part que l'on estime à deux paremens de sciage pour un. Dans le toisé des paremens et moulures, l'on comprend le polissage.

passe l'ordinaire ; car pour les autres, on les estime à la pièce. Les plus ordinaires ne contiennent pas plus de 5 pieds cubes de marbre.

Les marbriers entreprennent aussi le carreau de *liais noir et blanc*. Présentement c'est quelquefois le goût de faire carreler les paliers des grands escaliers et les antichambres en carreaux de liais à huit pans, qu'on remplit de petit carreau noir de Senlis ou de Flandres. Il en faut 36 pour une toise, et 36 petits carreaux. Ces paliers et antichambres sont entourés au pourtour de bandes de pierres de liais. Il y a aussi du petit carreau de 9 et 10 pouces pour poser dans de petites pièces. Ils ne sont pas plus chers que les autres.

# Du Pavé de grès.

On emploie ordinairement deux sortes de pavé : l'un s'appelle *gros pavé*, et l'autre, *pavé d'échantillon*.

Le gros pavé s'emploie pour les rues et les chemins publics : il a environ 7, 8 à 9 pouces en carré : on le pose toujours à sec avec du sable, et il est battu et dressé avec la *demoiselle*. A l'égard des grands chemins, on y met une bordure des deux côtés pour l'arrêter. Cette bordure est de pierre dure, posée de champ, et assez avant dans la terre pour tenir la chaussée en bon état.

Le pavé d'échantillon est de différentes grandeurs : le plus grand est celui qui est de gros pavés fendus en deux : on s'en sert pour paver les cours des maisons : on donne au moins un pouce de pente par toise au pavé des cours pour l'écoulement des eaux.

Le pavé d'échantillon, plus petit, sert pour les offices, cuisines et autres lieux où il y a ordinairement de l'eau ; on l'emploie aussi à chaux et ciment.

On mesure le pavé à la toise carrée superficielle, sans aucun retour, c'est l'usage ; et le prix à *tant* la toise est différent selon l'ouvrage.

Le mortier de chaux et ciment est la liaison qui convient le mieux au pavé de grès, surtout au-dessus des caves et autres lieux souterrains qui sont de service; la seconde liaison est le mortier de chaux et sable, et la moindre est le salpêtre et le sable pur. Ce dernier ne sert que pour les rues et les grands chemins.

On pave encore les grands chemins avec du blocage, sorte de pierre meulière plate d'un pied ou environ, qu'on pose de champ et en liaison l'une contre l'autre, les joints remplis de sable, sur une forme de terre franche. Le pavé en blocage, bien fait, résiste au fardeau et au rouage: mais il fatigue les chevaux, et encore plus les hommes. Ce pavé veut être entretenu, surtout au droit du rouage. Il est plus ou moins cher, suivant la distance de la carrière et le déblai des terres.

On fait peu d'usage à Paris du pavé et rabot, à cause de l'abondance du grès de toute espèce que l'on y trouve. Ce rabot est fait d'éclat de pierres de liais taillées carrément et d'échantillon. On en fait aussi avec des plaquières, qui sont des bancs qu'on trouve dans les carrières de pierre dure, qui ont 3 à 4 pouces d'épaisseur, et sont aussi durs que le liais. On les débite encore aujourd'hui pour les campagnes en pavé de 5 à 6 pouces d'échantillon. Ce pavé de rabot se pose avec l'un et l'autre mortier; mais il est sujet à s'éclater et se calciner au feu. Au surplus, chaque pays ou province a ses carrières particulières dont on se sert.

*Détail d'une toise ou pavé fendu en deux, d'après Morisot.*

|  | fr. | c. |
|---|---|---|
| 81 pavés à 20 centimes. . . . . . . . | 16 | 20 |
| 5 pieds cubes de mortier à 0,607. . . | 3 | 03 |
| Main d'œuvre. . . . . . . . . . . | 2 | 25 |
| Frais de conduite et faux frais, $\frac{1}{15}^{e}$ . . | 1 | 62 |
| Déboursé. | 23 | 10 |
| Avances et bénéfice, $\frac{1}{6}$. . . . . . | 3 | 85 |
| Prix de la toise . . . . . . . . | 26 | 95 |

*Détail d'une toise de pavé fendu en trois.*

| 90 pavés à 14 centimes . . . . . . . | 12 | 60 |
|---|---|---|
| 5 pieds cubes de mortier à 0 f. 607 . . | 3 | 3 |
| Main d'œuvre . . . . . . . . . . | 2 | 25 |
| Faux frais et frais de conduite . . . | 1 | 51 |
|  | 9 | 19 |
| Avances et bénéfice, $\frac{1}{6}$ . . . . . . | 3 | 13 |
| Prix de la toise. . . . . . . . . . | 22 | 42 |

Le taux de ces détails éprouve des modifications lorsqu'on emploie le salpêtre pour le scellement. Or, le pied cube de salpêtre vaut 11 centimes.

Même observation pour le cas où l'on se sert de *pavé de rebut*. Voici les prix de ce pavé :

1°. Pavé de rebut des rues de Paris, les 90 pavés. . . . . . . . . . . . . . . 9 90

2°. Vieux pavés de démolition, les 110 pavés. . . . . . . . . . . . . . . 8 80

La journée du paveur est de dix heures de travail ; elle se paie 3 francs 50 centimes, ce qui donne 35 centimes par heure.

La journée des garçons est de 2 francs 25 centimes ; c'est 22 centimes par heure.

## POIDS DU PIED CUBE.

### Des différentes matières.

| MAÇONNERIE. | CHARPENTERIE et MENUISERIE. |
|---|---|
| Pierre dure. . . . . 140 l. | Bois de chêne vert. . 60 |
| —Tendre ou S.-Leu. 115 | —De chêne sec. . . . 52 |
| —De liais. . . . . . 165 | —D'aubier. . . . . . 38 |
| —De grès. . . . . . 183 | —De noyer. . . . . . 42 |
| Brique de Garches. 112 | *Couverture.* |
| Autre brique. . . . 132 | Ardoise. . . . . . . . 156 |
| Plâtre en pierre. . . 86 | Tuile. . . . . . . . . 127 |
| —Gâché et employé. 104 | *Fer, cuivre, etc.* |
| Mortier. . . . . . . 120 | Fer. . . . . . . . . . 558 |
| Chaux vive. . . . . 59 | Cuivre jaune. . . . . 548 |
| Sable de rivière. . . 132 | —Rouge. . . . . . . . 648 |
| —Fort. . . . . . . . 124 | Plomb. . . . . . . . . 792 |
| —Terrain. . . . . . 120 | Étain. . . . . . . . . 516 |
| Terre ordinaire. . . 95 | Mercure ou vif-argent. 946 |
| —Grasse. . . . . . 115 | *Marbres.* |
| —Argilleuse. . . . . 135 | Marbre blanc. . . . . 189 |
| Eau de Seine. . . . 69 | Autres marbres. . . . 252 |
| —De puits. . . . . . 72 | |
| —De fontaine vive. 70 | |
| —De mer. . . . . . 73 1/2 | |

### Garantie.

En France, le temps fixé pour la garantie, par les articles 1792 et 2270 du Code civil, est de dix ans, sans établir de différence entre les édifices publics et les bâtimens particuliers. En conséquence, les architectes entrepreneurs, les maçons et les charpentiers sont garans pendant dix ans de la durée de leur ouvrage ; c'est pourquoi, si dans le cours des dix années postérieures à la réception dudit ouvrage, il se trouve des défauts considérables dans la charpenterie ou maçonnerie, l'ouvrier, dont ils sont le fait, est tenu de les réparer à ses frais, et de tenir compte des indemnités auxquelles ces défauts peuvent avoir donné lieu. Il ne pourrait même s'exempter de cette garantie quand il prouverait que son ouvrage est conforme aux plans et devis, parce qu'avant tout, il doit être exécuté selon les règles de l'art et de la solidité.

L'entrepreneur ne peut point se regarder non plus comme libéré de cette garantie, par la réception qui a été faite de son ouvrage, même par jugement rendu sur rapport d'experts, parce que le procès-verbal de réception n'a pu porter sur la présomption que d'après ce qui est visible, les conditions établies sont remplies, et les ouvrages sont faits suivant les règles de l'art; mais cette présomption se trouve détruite par la démonstration que procure l'événement. Mais comme c'est du jour de cette réception que date le commencement des dix années, il est important pour l'entrepreneur de faire fixer cette date, par une réception faite, soit de gré à gré, en remettant les clefs au propriétaire qui, prenant possession de sa chose, en annonce la réception, soit en la faisant constater par experts ou par un acte authentique quelconque.

Quant aux autres entrepreneurs ou ouvriers, dont les ouvrages n'assurent point la solidité des bâtimens et sont plus ou moins exposés à la destruction ou à la dégradation, il paraît que leur garantie ou responsabilité n'a de durée que l'année qui suit le moment de leur achèvement ; c'est cependant ce qu'on ne peut affirmer malgré l'usage, parce que l'article 1799 du Code civil semble ne pas dire cela.

« Après les conférences tenues à ce sujet par MM. les commissaires du parlement en 1766, la cour, toutes les chambres assemblées, a arrêté et ordonné que les architectes, entrepreneurs, maçons et autres ouvriers, pour édifier, construire ou réparer des bâtimens quelconques, ne pourront prétendre être payés par privilége et préférence à d'autres créanciers, du prix de leurs ouvrages, sur celui des bâtimens qu'ils auront édifiés, reconstruits ou réparés à l'avenir, à compter du jour de la publication du présent arrêt, qu'autant que par un expert nommé d'office par le juge ordinaire à la requête du propriétaire, il aura été préalablement dressé procès-verbal à l'effet de constater l'état des lieux relativement aux ouvrages que le propriétaire déclarera avoir dessein de faire, et que les ouvrages, après leur perfection, auront été reçus par un expert pareillement nommé d'office par ledit juge, à la requête, soit du propriétaire, soit des ouvriers collectivement ou séparément, en présence les uns des autres, ou autres dûment appelés par une simple sommation, desquels ouvrages ladite réception sera faite par ledit expert, par un ou plusieurs procès-verbaux, suivant l'exigence des cas, lequel expert énoncera sommairement les différentes natures d'ouvrages qui auront été faits, et déclarera s'ils ont été bien faits et suivant les règles de l'art; permet au juge ordinaire de nommer, suivant sa prudence, pour ledit procès-verbal de réception, le même expert qui aura fait la première visite; ordonne pareillement qu'à l'avenir ceux qui auront prêté des deniers pour payer ou rembourser les ouvriers des constructions, reconstructions et réparations par eux faites, ne pourront prétendre à être payés par privilége et préférence à d'autres créanciers, qu'autant que pour lesdites constructions, reconstructions et réparations, les formalités ci-dessus prescrites auront été observées; que les actes d'emprunts auront été passés par-devant notaires et avec minutes, et feront mention que les sommes prêtées sont pour être employées auxdites constructions, reconstructions et réparations, ou au remboursement des ouvriers qui les auront faites, et que les quittances des paiemens desdits ouvrages porteront déclaration et subrogation au profit de ceux qui auront prêté leurs deniers, lesquelles quittances seront passées par-devant notaires, et dont il y aura minutes, sans qu'il soit nécessaire de devis et marché, ni autres formalités que celles ci-dessus prescrites. »

*De la demande du paiement des travaux.*

D'après l'article 7 d'une ordonnance de 1673, titre 1, tous les entrepreneurs, marchands et ouvriers, sans distinction, travaillant en bâtimens, sont tenus de demander leur paiement après l'entier achèvement de leurs travaux ou livraison de leurs fournitures; cet article est conçu comme il suit :

### Art. VII.

*Les marchands en gros et en détail et les maçons, charpentiers, couvreurs, serruriers, vitriers, plombiers, paveurs et autres de pareille qualité, sont tenus de demander paiement dans l'an après la délivrance.*

Après quoi il est dit :

### Art. IX.

*Voulons le contenu ès articles ci-dessus avoir lieu, encore qu'il y eût continuation de fourniture ou d'ouvrage, si ce n'est qu'avant l'année.... il y eût un compte arrêté, sommation ou interpellation judiciaire, cédule, obligation ou contrat.*

### Art. X.

*Pourront néanmoins les marchands et ouvriers déférer le serment à ceux auxquels la fourniture aura été faite, les assigner et les faire interroger; et à l'égard des veuves, tuteurs de leurs enfans, héritiers ou ayant-cause, leur faire déclarer s'ils savent que la chose soit due, encore que l'année soit expirée.*

D'où il suit que les fournisseurs, entrepreneurs et ouvriers, de tous états, concernant le bâtiment, sont obligés de produire leur mémoire avant le dernier jour de l'année qui s'est écoulée depuis l'entier achèvement de leurs ouvrages, non seulement pour en être payés ou en assurer le paiement, mais aussi pour en faire les vérifications avant qu'il n'y ait eu des changemens ou des altérations d'opérées, en cas que ces objets fussent donnés en location.

Il a cependant paru convenable de faire remarquer ici qu'il est dit article 2271 du Code civil, que l'action des ouvriers et gens de travail, pour le paiement de leurs journées, fournitures et salaires se prescrit par six mois.

Il est donc important, pour ne point éprouver de prescription, de produire son mémoire le plus tôt possible et avant les six mois, en indiquant en tête de ce mémoire l'époque de la confection et de l'achèvement des travaux, ainsi que la date de la remise dudit mémoire. Et dans le cas où l'on a des difficultés ou tracasseries à craindre, soit à raison de mineurs, soit en raison des personnes avec lesquelles on a affaire, il est bon de l'établir sur papier timbré, et de le faire signifier dans les délais convenables.

Il faut en convenir, quand il est question de vérifier un mémoire, il est bien plus convenable de le faire quand on a encore les objets qui le composent tout récens pour ainsi dire dans la tête, au lieu qu'après un certain laps de temps, ils peuvent être sortis de l'idée.

Souvent aussi il n'est pas possible de produire, vérifier, régler et arrêter les mémoires d'un bâtiment considérable dans le courant de l'année qui suit son entière confection ; mais on peut faire constater l'époque de la remise, par un accusé de réception, au refus duquel il faut faire signifier.

*Sur les devis et marchés, extrait du Code civil.*

1787. Lorsqu'on charge quelqu'un de faire un ouvrage, on peut convenir qu'il fournira seulement son travail ou son industrie, ou bien qu'il fournira aussi la matière.

1788. Si, dans le cas où l'ouvrier fournit la matière, la chose vient à périr, de quelque manière que ce soit, avant d'être livrée, la perte en est pour l'ouvrier, à moins que le maître ne fût en demeure de recevoir la chose.

1789. Dans le cas où l'ouvrier fournit seulement son travail ou son industrie, si la chose vient à périr, l'ouvrier n'est tenu que de sa faute.

1790. Si, dans le cas de l'article précédent, la chose vient à périr, quoique sans aucune faute de la part de l'ouvrier, avant que l'ouvrage ait été reçu, et sans que le maître fût en demeure de le vérifier, l'ouvrier n'a point de salaire à réclamer, à moins que la chose n'ait péri par le vice de la matière.

1791. S'il s'agit d'un ouvrage à plusieurs pièces

ou à la mesure, la vérification peut s'en faire par parties : elle est censée faite pour toutes les parties payées, si le maître paie l'ouvrier en proportion de l'ouvrage fait.

1792. Si l'édifice construit à prix fait, périt en tout ou en partie par le vice de la construction, même par le vice du sol, les architectes et entrepreneurs en sont responsables pendant dix ans.

1793. Lorsqu'un architecte ou un entrepreneur s'est chargé de la construction à forfait d'un bâtiment, d'après un plan arrêté et convenu avec le propriétaire du sol, il ne peut demander aucune augmentation de prix, ni sous le prétexte d'augmentation de la main d'œuvre ou des matériaux, ni sous celui de changemens ou d'augmentations faits sur ce plan, si ces changemens ou augmentations n'ont pas été autorisés par cet écrit et le prix convenu avec le propriétaire.

1794. Le maître peut résilier, par sa seule volonté, le marché à forfait, quoique l'ouvrage soit déjà commencé, en dédommageant l'entrepreneur de toutes ses dépenses, de tous ses travaux, et de tout ce qu'il aurait pu gagner dans cette entreprise.

1795. Le contrat de louage d'ouvrage est dissous par la mort de l'ouvrier, de l'architecte ou entrepreneur.

1796. Mais le propriétaire est tenu de payer en proportion du prix porté par la convention, à leur succession, la valeur des ouvrages faits et celle des matériaux préparés, lors seulement que ces travaux ou ces matériaux peuvent lui être utiles.

1797. L'entrepreneur répond du fait des personnes qu'il emploie.

1798. Les maçons, charpentiers et autres ouvriers qui ont été employés à la construction d'un bâtiment ou d'autres ouvrages faits à l'entreprise, n'ont d'action contre celui pour lequel les ouvrages ont été faits, que jusqu'à concurrence de ce dont il se trouve débiteur envers l'entrepreneur, au moment où leur action est intentée.

1799. Les maçons, charpentiers, serruriers et autres ouvriers qui font directement des marchés à prix fait, sont astreints aux règles prescrites dans la présente section : ils sont entrepreneurs dans la partie qu'ils traitent.

*Sur les privilèges.*

Sont privilégiés les architectes, entrepreneurs, maçons et autres ouvriers employés pour édifier, construire ou réparer des bâtimens, canaux ou autres ouvrages quelconques, pourvu néanmoins que, par un expert nommé d'office par le tribunal de première instance, dans le ressort duquel les bâtimens sont situés, il ait été dressé préalablement un procès-verbal, à l'effet de constater l'état des lieux relativement aux ouvrages que le propriétaire déclarera avoir dessein de faire, et que les ouvrages aient été, dans les six mois au plus de leur perfection, reçus par un expert également nommé d'office.

Mais le montant du privilége ne peut excéder les valeurs constatées par le second procès-verbal, et il se réduit à la plus-value existante à l'époque de l'aliénation de l'immeuble et résultant des travaux qui y ont été faits.

2110. Les architectes, entrepreneurs, maçons et autres ouvriers employés pour édifier, reconstruire ou réparer des bâtimens, canaux ou autres ouvrages, et ceux qui ont, pour les payer et rembourser, prêté les deniers dont l'emploi a été constaté, conservent, par la double inscription faite, 1° du procès-verbal qui constate l'état des lieux ; 2° du procès-verbal de réception, leur privilége à la date de l'inscription du premier procès-verbal.

2112. Les cessionnaires de ces diverses créances privilégiées exercent tous, les mêmes droits que cédans, en leur lieu et place.

2270. Après dix ans, l'architecte et les entrepreneurs sont déchargés de la garantie des gros ouvrages qu'ils ont faits ou dirigés.

## OBSERVATIONS.

### EXTRAIT DE MORISOT (1).

*Toisé de maçonnerie.*

Tous les ouvrages en pierres, tels que murs, plate-bandes, voûtes, voussoirs, parpaings, seuils, marches, appuis, dalles, pilastres, colonnes, bornes, auges, pierres d'éviers, etc., étaient réduits et comptés à la toise superficielle. Aujourd'hui tous ces ouvrages se toisent en cube.

Les pierres d'échantillon sont aujourd'hui toisées séparément des autres, et leur prix s'élève progressivement en raison de leurs dimensions.

Toutes pierres employées parmi des moëllons, comme cela se pratique pour des chaînes dans les murs de pignon et autres, ou pour des chaînes de voûte, étaient mesurées avec les moël-

---

(1) L'ouvrage de Morisot a opéré une sorte de révolution dans l'appréciation de divers ouvrages, révolution du reste moins étendue et moins importante que ne le juge l'auteur. Nous donnons ici, en employant les expressions de Morisot lui-même, un tableau succinct de ces changemens apportés par cet entrepreneur, en avertissant, toutefois, que dans beaucoup d'endroits les principes de Séguin et de Bullet sont encore en usage; dans presque toutes les provinces, on compte comme autrefois, les détails de maçonnerie, de charpenterie, de menuiserie. A l'aide de ce tableau de rectification, on pourra comparer ces méthodes anciennes et nouvelles, et corriger les unes par les autres.

lons; après quoi l'on faisait un mesurage séparé de ces pierres pour en avoir la surface, et on les désignait au toisé comme pierre en *plus-value sur moëllon :* le toisé des pierres et des moëllons se fait aujourd'hui séparément.

Les pierres dont les surfaces étaient ou cintrées ou circulaires, telles que des voussoirs et des assises de colonnes, ou évidées en coupe comme des plate-bandes, se toisaient pour ce qui se trouvait en œuvre, sans égard aux évidemens ou pertes de matière qu'elles avaient subis pour recevoir leur forme particulière. On toise aujourd'hui ces pierres par équarrissage, ensuite on prend la matière en œuvre seule qui sert de base pour la taille, le bardage, la pose; et la matière perdue est comptée comme déchet produit par les évidemens.

En ce qui concernait les évidemens qu'avaient subis des assises carrées, l'ancien usage était le contraire de celui qui existait pour les pierres circulaires ou évidées en coupe. On donnait à ces assises carrées les dimensions qu'elles avaient avant l'évidement, et on en faisait la base des prix de main d'œuvre. Il résultait de ce mode que l'on payait le bardage et la pose de la matière évidée. Aujourd'hui la matière en œuvre seulement sert de base au bardage et à la pose.

Il n'existait autrefois qu'un seul prix pour la pose de tous les ouvrages en pierres. La pose des assises d'une construction établie sur une ligne droite était payée sur le même taux que la pose plus difficile et plus longue des assises d'une construction cintrée et que celles des corps isolés, tels que des colonnes, des pilastres ; ces prix ne variaient qu'en raison de l'épaisseur de la construction ; la pose, dans ces différens cas, est estimée en raison du temps qu'elle exige.

Les paremens des constructions cintrés ou circulaires se comptent aujourd'hui séparément, et leur évaluation se fait en raison de la surface que présente le développement des cercles intérieurs et extérieurs.

Les libages qui ne sont que des pierres grossièrement taillées que l'on emploie d'ordinaire dans les fondations où leur placement n'exige aucun soin, étaient autrefois confondus dans les toisés des murs, en sorte que ces libages se trouvaient ainsi payés au même taux que les assises du mur. On en fait compte aujourd'hui séparément, et ces libages, leur taille et leur pose ne sont payés qu'en raison de ce qu'ils valent.

Les refouillemens, qui sont un creusement que l'on fait dans une pierre, en lui conservant ses quatre côtés, étaient autrefois confondus avec les évidemens qui ne sont qu'un simple retranchement de matière sur une ou plusieurs des faces de la pierre ; en sorte que la main d'œuvre pour abattre à la pioche des angles d'assises, opération prompte et facile, était payée au même prix que celle du creusement d'un auge, qui présente beaucoup de difficultés et demande beaucoup de temps, en ce qu'elle ne peut se faire qu'à la masse et au poinçon pour n'enlever la pierre que par petits éclats. Cette dernière main d'œuvre n'était donc point assez payée, ou l'autre l'était trop. On les distingue aujourd'hui, et chacune d'elles est estimée en raison du temps qu'elle exige.

Dans la fixation du prix des bardages et du montage de la pierre, on n'avait nul égard à la distance à laquelle il avait fallu aller la prendre, non plus qu'à la hauteur à laquelle il avait fallu la monter. Le bardage se paie aujourd'hui en raison de l'éloignement de l'atelier de taille où on va lever la pierre, et le montage en raison de la hauteur de l'échafaud sur lequel on la transporte.

Dans l'ancienne manière de toiser les voûtes, on les prenait à leur naissance dans l'intérieur des murs qui leur servaient d'appui, et d'autre part on toisait ces murs dans leur entier; en général, on ne toise plus aujourd'hui les voûtes qu'à partir de leur sortie des murs.

On appliquait encore aux voûtes en moëllons le système des compensations; on ajoutait à leur toisé un tiers de son développement, et l'on payait l'entrepreneur pour ce tiers idéal en indemnité du remplissage des reins de la voûte qu'on ne lui payait pas; aujourd'hui on maintient le toisé des voûtes tel qu'il est en réalité, et l'on paie le remplissage des reins en raison des matières qui y sont employées et du temps que cette main d'œuvre exige.

Une autre fiction du même genre se pratiquait dans le toisé des murs. Après en avoir mesuré la longueur réelle, on ajoutait à cette longueur du retour du mur, ou, si l'on veut, la moitié de son épaisseur. Par suite de cet usage, auquel on donnait le nom de *demi-face* ou de *demi-épaisseur*, un pilastre de deux pieds carrés, qui ne présentait par conséquent que deux pieds de largeur, était compté pour un pied de plus en raison de l'un de ses retours, et pour un autre pied en raison du second retour. Le toisé donnait ainsi à ce pilastre une largeur fictive de quatre pieds, et l'on payait la matière, la pose et les accessoires à l'entrepreneur à raison de quatre pieds sur deux d'épaisseur, au lieu de 2 p. sur 2 p., qui existaient réellement en œuvre. Ensuite, en compensation de cette fiction généreuse, on ne payait point à l'entrepreneur la taille des retours ou faces de côté ; on ne compte plus ni demi-face ni demi-épaisseur, et l'on paie la taille des retours ou côtés des murs ou autres constructions, comme toutes les autres tailles, pour ce qu'elles sont.

L'usage que l'on suivait pour le toisé d'un appui de croisée, d'une marche ou de toute autre pierre dont le devant était isolé, ressemblait à celui des demi-faces. Après avoir mesuré la largeur ou profondeur de l'appui ou de la marche, on y ajoutait l'épaisseur de la pierre ; en sorte que si cette pierre avait 12" de largeur sur six d'épaisseur, on lui donnait une largeur fictive de 18", et, par compensation, on n'accordait rien à l'entrepreneur pour la taille du devant de la pierre. On ne compte la pierre dans le toisé que pour sa largeur réelle, et on alloue à l'entrepreneur le prix de la taille du devant de cette pierre.

Le vide, cet espace dans lequel il n'existait aucun travail, était compté comme mur, sauf quelques exceptions lors desquelles on ne comptait que moitié de ce vide, et par compensation, on ne payait ni la taille, ni les feuillures faites au pourtour de ce vide ; aucun vide ne se compte plus aujourd'hui dans les toisés, et les tailles et feuillures du pourtour des portes et des croisées sont évaluées comme toute autre main d'œuvre.

Les ouvrages en moëllons, meulière, plâtras et brique se toisaient autrefois à la toise superficielle comme les ouvrages en pierre.

Lorsque des murs cintrés étaient construits en moëllons taillés que l'on nomme moëllons *piqués*, on ajoutait au toisé vrai de la surface de cette taille une moitié fictive, et une toise était ainsi comptée pour une toise et demie sous le prétexte d'indemniser l'entrepreneur de ce que la forme cintrée exige plus de temps et de soins. Aujourd'hui la taille est payée en raison de sa surface réelle ; et la pose qui exige plus de soins et de temps que celle de moëllons droits, est payée en raison de ce temps et de ces soins.

L'usage des demi-faces et des demi-épaisseurs existait aussi pour les ouvrages en moëllons ordinaires, meulières, plâtras et briques, et on les compensait en ne payant pas à l'entrepreneur les enduits ou ravalemens des retours ou côtés des constructions. On ne compte plus rien aujourd'hui pour les demi-faces et demi-épaisseurs, et d'autre part, on compte les enduits ou ravalemens, qui sont un travail réel, pour ce qu'ils valent en plâtre et en main d'œuvre.

L'usage de payer les vides, cet usage le plus absurde, le plus intolérable et le plus ridicule de tous, existait également pour les constructions en moëllons, etc. On lui donnait pour compensation l'abandon que l'on exigeait de la part de l'entrepreneur; 1° de la valeur des enduits de plâtre qu'il fallait appliquer au pourtour de ces vides; 2° du prix de la pose et du scellement des linteaux; 3° du prix des feuillures; 4° du prix des trous et scellemens des pattes et des solins des croisées; en sorte qu'on ne payait rien pour les fournitures et main d'œuvre qui avaient eu lieu, et l'on payait du vide. On ne paie plus le vide, et l'on paie les enduits, la pose et le scellement des linteaux, ainsi que les feuillures, les trous et les solins.

Cela s'applique aux baies des portes et des croisées des constructions neuves, et percemens de baies dans des constructions existantes. On confondait dans ce cas la démolition avec le rétablissement des jambages, et le vide de la baie était compté comme plein, par compensation avec les enduits à l'intérieur de la baie que l'on ne payait pas. Aujourd'hui on compte d'abord la démolition pour le temps qu'elle a exigé, ainsi que pour l'enlèvement des gravois. On ne compte plus le vide et l'on évalue la reconstruction ou le rétablissement des jambages, en raison de la matière et de la main d'œuvre.

Un abus particulier aux murs de clôture construits en moëllons existait en ce qui concerne les chaperons qui les couvrent. On ne voulait pas se donner la peine d'évaluer ce que ces chaperons pouvaient coûter ; on les payait par compensation en ajoutant fictivement deux pieds à la hauteur réelle du mur, prise au-dessous du chaperon. On n'ajoute plus rien aujourd'hui à la hauteur réelle du mur, et le chaperon est compté à part pour ce qu'il vaut en moëllon, plâtre et façon.

Dans les toisés des murs en plâtras, il n'était jamais question autrefois de dire si le plâtras avait été ou n'avait pas été fourni par l'entrepreneur. On fait aujourd'hui dans ces toisés un article particulier pour la fourniture du plâtras, lorsqu'il a été fourni par l'entrepreneur, et, dans le cas contraire, on n'estime plus que le plâtre et la main d'œuvre.

Les trous et scellemens faits dans le moëllon ou dans la meulière se payaient autrefois sur le même pied, et le même prix encore était accordé pour le scellement seul, lorsque les trous, étant faits dans de la pierre, étaient payés séparément comme taille. Il n'y avait nulle raison dans cette uniformité de prix pour des espèces de main d'œuvre si différentes les unes des autres. Les trous qui se font dans la meulière présentent plus de difficulté et demandent plus de temps que ceux que l'on fait dans le moëllon, et d'un autre côté le scellement dans une pierre n'exige ni plus de temps ni plus de plâtre que le scellement dans le moëllon et la meulière. On distingue donc aujourd'hui ces variétés de main d'œuvre. Le scellement, qui dans tous les cas est le même, est compté toujours au même prix, et la façon des trous faits dans la meulière est comptée pour un prix supérieur à celle des trous faits dans le moëllon, en raison du plus de temps qu'il faut pour les creuser.

Lors du rétablissement d'un ouvrage sur lattis, comme par exemple d'un plafond ou d'une cloison, jamais le toisé ne disait si le remplâtrage avait été fait sur l'ancien lattis ou sur un lattis neuf : la fourniture et la pose d'un lattis neuf étaient toujours supposées. Aujourd'hui on exprime dans le toisé s'il y a eu ou non fourniture de lattis, et l'estimation se fait en conséquence.

Les démolitions de murs, de cloisons, de pans de bois, de tuyaux de cheminées, de plafonds, de planchers, etc., étaient ordinairement estimées à la toise superficielle, ou en journée. Aujourd'hui le toisé de ces démolitions se fait en cube.

On n'était pas trop d'accord autrefois sur ce qui concerne les gravois ; les uns n'admettaient le paiement de l'enlèvement que pour les démolitions dont nous venons de parler, ou pour celle de plâtras hachés ou refaits ; ils n'accordaient rien pour les gravois provenant des constructions neuves ; d'autres adoptaient, dans tous les cas, un article pour gravois provenant de la pierre ; les uns et les autres n'avaient nul égard à ce qu'avaient pu devenir ces gravois qui, quelquefois, sont employés sur place pour des remblais. Aujourd'hui on ne paie point d'enlèvement de gravois, lorsqu'il n'y en a point eu d'enlevés ; et dans le cas contraire on paie l'enlèvement en raison de la quantité qui a été réellement enlevée.

Quant au prix de cet enlèvement, il était le même dans tous les cas, soit que les gravois se trouvassent sur les lieux mêmes de l'enlèvement, soit qu'il fallût les approcher ou les descendre, et quel que fût le lieu où il fallût les transporter.

Aujourd'hui l'enlèvement des gravois n'est payé à l'entrepreneur que quand il a lieu, et seulement pour la quantité de gravois réellement enlevés ; mais on lui tient compte des différences que peuvent apporter dans le prix de cet enlèvement, soit la nécessité d'approcher ou de descendre les gravois, soit la distance à laquelle ils doivent être transportés.

Enfin, et pour fixer la quantité de gravois enlevés, l'usage était de les mettre en tas de forme régulière, pour en prendre le toisé; c'est un moyen sans doute d'en apprécier la quantité avec exactitude ; mais la mise en tas est une main d'œuvre qu'il faut payer. On l'évite assez généralement aujourd'hui en fixant le prix de ces enlèvemens par tombereau. Le nombre des tombereaux, multiplié par leur capacité, peut facilement au surplus donner le nombre de toises cubes enlevées à ceux qui s'opiniâtreraient à fixer le prix à la toise, sans qu'ils soient obligés pour cela de faire la dépense inutile de la mise en tas.

## Charpenterie.

Parmi les usages, en ce qui concernait les bois de charpente, le plus important était de comprendre dans le toisé, non-seulement une quantité de matière supérieure à celle qui existait en œuvre, mais une quantité supérieure à celle que l'entrepreneur aurait dû acquérir et payer pour la construction qu'il s'agissait d'apprécier. Ainsi, par exemple, d'après Bullet et ses annotateurs, une pièce de bois de 6 p. 4° de longueur était comptée pour une longueur fictive de 7 p. 6"., et, outre le bénéfice de cette fiction, l'entrepreneur avait encore celui des quatre pièces qu'il obtenait gratis du marchand par chaque cent de pièces; et les longueurs des bois de charpente ne sont aujourd'hui comptées au fournisseur que pour ce qu'elles sont réellement en œuvre.

On ne faisait autrefois que deux classes de bois sous le rapport de leur grosseur. La première classe comprenait les bois qui avaient moins de 12° en carré ; on les nommait *bois ordinaires*. La deuxième classe comprenait ceux dont la grosseur était de 12° et au-dessus, et on les nommait *bois de qualité*. Ce mode ne donnait pour ceux-ci qu'un prix moyen d'où résultait presque toujours une injustice, puisque les marchands de bois en augmentent progressivement la valeur de 2 en 2 pouces dès qu'ils ont 12 pouces en carré. Aujourd'hui l'on a reconnu qu'il était juste de suivre la même progression pour le paiement des entrepreneurs.

Les bois d'escaliers faisaient néanmoins et font encore, avec raison, une classe de bois à part de tous les autres, lorsqu'il n'y a pas de convention contraire; mais leur prix était autrefois uniforme, sans aucun égard à leur grosseur. Aujourd'hui ceux de ces bois qui ont moins de 12° carrés ne sont plus confondus avec ceux d'une dimension supérieure.

Les bois se distinguaient encore en deux classes sous un autre rapport. Ceux qui étaient dressés avec soin, équarris à vive arête avec la besaigue ou le rabot et ornés de moulures, comme des bois de lucarne, de mangeoire, d'huisserie, ou comme des poteaux et des lices, étaient nommés *bois refaits;* tous les autres bois qui n'avaient reçu qu'une main d'œuvre moins parfaite, étaient assimilés aux *bois bruts* et étaient payés comme tels. Cette seconde classe se subdivise aujourd'hui; on ne compte comme *bois bruts* que ceux qui le sont réellement, et les autres sont payés en raison du plus ou du moins de façon qu'on leur a donnée.

Il est telle construction de planchers pour laquelle les solives sont tout simplement scellées des deux bouts dans les murs; il en est telle autre dans laquelle ces solives sont assemblées à tenons et mortaises dans les chevêtres : l'usage était de supposer toujours l'assemblage existant pour tous les bois; en sorte que le prix de la façon de l'ouvrage était le même dans les deux cas. On les distingue aujourd'hui, et l'assemblage n'est payé que quand il a lieu.

La main-d'œuvre d'assemblage, non plus que celles des coupes, entailles, feuillures et trous de chevillettes qu'un entrepreneur faisait sur des vieux bois en place, ne lui étaient pas payées. Il en était peut-être ainsi par compensation de ce que l'assemblage, fait ou non, lui était toujours payé pour des bois neufs, comme nous l'avons dit tout à l'heure. Mais en retirant aux entrepreneurs les bénéfices illégitimes des usages, on ne pouvait sans injustice leur refuser le prix d'aucune partie de main d'œuvre; en conséquence, les tenons, mortaises, coupes et entailles que l'on fait sur des bois vieux en place, sont payés aujourd'hui.

Une autre partie de main d'œuvre qui, d'après les usages, n'était pas payée à l'entrepreneur, était le sciage. Aujourd'hui que rien ne vient compenser cet abandon, le prix du sciage est porté en compte.

Enfin l'usé, ou si l'on veut le loyer des bois employés pour cintre et étresillons, était autrefois payé au même prix que celui des bois employés pour étais ou échafaudages. Ceux-ci sont cependant d'une moindre valeur. On les distingue aujourd'hui, et l'usé se paie en raison de la qualité des bois.

*Couverture.*

Non-seulement tous les vides étaient comptés comme pleins, mais les ouvrages en plâtre qui se font au pourtour des combles, tels que solins, filets, ruellées, faîtage, étaient comptés chacun pour un pied de couverture que l'on ajoutait à la longueur ou à la hauteur réelle du toit ; toute rive taillée, comme des arêtiers, des délivures et des tranchis, lui donnait de même fictivement un pied de plus en longueur, et les portions de comble qui étaient recouvertes de bandes de plomb sur les bords ou sur les angles de la construction, étaient comptées comme le surplus de la couverture et comme garnies de tuiles ou d'ardoises, quoiqu'il n'y en eût point.

Aujourd'hui on ne porte au toisé que les surfaces de couvertures réellement existantes ; on paie ensuite en matière et en main d'œuvre les travaux accessoires ci-dessus détaillés, chacun pour ce qu'il vaut, et l'on tient compte enfin à l'entrepreneur des lattes et plâtre employés pour les parties recouvertes en plomb. Je ne parle point de la valeur de ces plombs, qui sont une fourniture étrangère au couvreur, et sont comptés dans les détails des travaux de plomberie.

L'évaluation des travaux de rétablissement ou de réparation soit total, soit partiel, des anciennes couvertures n'était pas moins susceptible de réforme que celle des constructions neuves.

Lors d'un rétablissement total, soit que l'ancienne couverture dût être remplacée par des tuiles ou ardoises neuves, soit que les anciennes tuiles ou ardoises dussent être remployées après le rétablissement du lattis, on ne demandait jamais rien pour la dépose de l'ancienne couverture supprimée, et, par compensation, on supposait toujours l'ancien lattis refait à neuf, même quand il était entièrement conservé. Aujourd'hui on tient séparément compte à l'entrepreneur de la dépose des anciennes tuiles ou ardoises, lorsqu'on les remplace par une couverture neuve; et quant au lattis, on le paie en entier, comme autrefois, quand il a été entièrement refait à neuf; mais on n'en paie que le remaniement quand il n'a été que remanié, et l'on ne paie rien s'il n'a été entièrement conservé.

L'usage d'augmenter fictivement la surface réelle d'une couverture neuve, et, par compensation, de ne pas porter en compte la valeur des objets accessoires sur lesquels on motivait la fiction, n'avait pas lieu pour les simples réparations de couverture. Dans ce dernier cas, on ne payait ces réparations qu'en raison de la surface réelle des parties restaurées, et, par une conséquence très-juste, on payait séparément les solins, filets, ruellées, faîtages, etc.; ces objets accessoires divers étaient compris en masse au toisé sous la dénomination commune de *plâtres*, et ils étaient évalués, l'un dans l'autre, au même prix, ce qui faisait encore une cote mal taillée, qui par fois donnait trop et d'autres fois donnait peu à l'entrepreneur. On veut aujourd'hui payer tout ce qui est dû et le payer pour ce qu'il est en réalité, pour avoir le droit de refuser tout ce qui n'est pas dû : en conséquence, les solins, filets et autres objets accessoires des travaux de couverture sont comptés séparément sous le nom spécial qui leur appartient, et chacun est estimé en raison de la quantité de plâtre qui y a été employée, et du temps que la façon y a exigé.

### Menuiserie.

Après avoir toisé la surface réelle d'une porte d'assemblage ou à cadre, on ajoutait un tiers de cette surface au toisé lorsque la porte était ornée de cadres sur son revers comme sur sa face principale; on n'ajoutait que le quart lorsque les panneaux affleuraient par derrière, et on n'ajoutait qu'un sixième si le derrière n'était que blanchi. On n'obtenait ainsi qu'une appréciation *approximative*. Aujourd'hui on n'ajoute plus rien à la surface réelle de la porte, et la façon qui lui est donnée sur son revers est payée en raison du temps que le plus ou le moins de perfection de cette façon exige.

Les formes cintrées que l'on donne à des ouvrages de menuiserie en augmentent la valeur, comme nous avons vu qu'elles augmentent la valeur des ouvrages de maçonnerie. On les a donc toujours, et avec raison, fait payer plus cher que les ouvrages établis sur des plans droits; mais l'usage pratiqué à ce sujet était vicieux en ce que la surface de l'ouvrage était comptée double *dans tous les cas*.

Il faut observer à cet égard que l'augmentation de valeur de l'ouvrage résulte :

D'une part, de la perte de tout ce qu'il faut retrancher de l'épaisseur ou de la largeur des planches pour leur faire prendre la forme cintrée qu'on veut leur donner.

D'autre part, du temps que cette façon exige.

En sorte que plus la courbure du cintre est forte, plus il faut enlever le bois, et plus il faut de temps pour évider ou creuser les planches.

Un prix uniforme était donc nécessairement injuste, car s'il était suffisant pour un ouvrage courbé à plein cintre, dont la flèche est le tiers du développement de la courbure, il était excessif pour un ouvrage dont la courbure serait si faible que la flèche du cintre ne donnât que le $\frac{1}{12}$ de son développement.

J'ai essayé et j'ai réussi à faire adopter à cet égard des évaluations proportionnées aux différences que les ouvrages de cette nature pouvaient avoir entre eux, et leur prix s'évalue aujourd'hui en raison du plus ou moins de courbure des cintres.

Dans les ouvrages de menuiserie, les assemblages et les feuillures font partie de la façon : on doit y comprendre encore les moulures, rainures, languettes, élégissemens et coupes d'onglets, parce que ces diverses parties de main d'œuvre ont nécessairement lieu quand les ouvrages en sont susceptibles. L'usage s'était introduit d'y comprendre de plus les entailles, arrondissemens et contre-profils, ce qui était abusif et injuste ; abusif, en ce que ces sortes de main d'œuvre n'appartiennent point à la façon, mais bien à la pose de l'ouvrage ; injuste, en ce qu'elles ne sont qu'accidentelles et ne doivent par conséquent pas être comptées dans tous les cas. J'ai donc établi mes détails pour la façon et la pose des ouvrages de menuiserie sans égard aux entailles, arrondissemens et contre-profils, sauf à faire payer séparément ces derniers objets, lorsqu'ils ont eu lieu, en raison du temps qu'ils ont pris à l'ouvrier.

Le toisé des croisées et des persiennes se faisait autrefois au pied linéaire en hauteur ainsi que celui des volets ; en sorte qu'il fallait établir des prix différens pour toutes celles qui se trouvaient d'une largeur différente de celle des autres. Il était possible, sans doute, d'arriver ainsi, pour toutes, à un résultat exact ; mais on multipliait inutilement les opérations, et plus on les multiplie, plus on s'expose à des erreurs. J'ai donc cru devoir proposer la méthode plus simple de réduire ces objets à la toise carrée superficielle, de manière qu'il n'y eût plus qu'un seul prix pour les croisées, un seul prix pour les volets et un seul prix pour les persiennes. Cette méthode est aujourd'hui assez généralement suivie.

FIN.

# TABLE
## DES MATIÈRES.

|  | Pages. |
|---|---|
| GÉOMÉTRIE PRATIQUE. — Pour la mesure des surfaces planes et des solides. | 1 |
| Définitions. | 2 |
| Superficies. | 3 |
| Des triangles. | 4 |
| Des figures de quatre côtés ou quadrilatères. | 5 |
| Des polygones ou figures de plusieurs côtés. | Id. |
| Le cercle, et figures dérivées du cercle. | 6 |
| Des solides. | 8 |
| MESURE DES SURFACES PLANES.—Proposition première.— Mesurer la superficie d'un carré. | 10 |
| Proposition II.—Mesurer la superficie d'un rectangle. | Id. |
| Proposition III. — Mesurer la superficie d'un triangle rectangle. | Id. |
| Proposition IV.—Mesurer la superficie de toutes sortes de triangles rectilignes. | 11 |
| Autre manière de mesurer la superficie des triangles par la connaissance de leurs côtés. | 12 |
| Proposition V.— Mesure des polygones réguliers | 13 |
| Proposition VI. — Mesurer les polygones irréguliers. | 14 |
| Proposition VII.—Mesure des losanges. | 15 |
| Proposition VIII. — Mesurer les parallélogrammes. | Id. |
| Proposition IX. — Mesure des trapèzes. | Id. |
| Proposition X. — Mesure du cercle. | 17 |
| Proposition XI. — Mesure d'une portion de cercle. | Id. |
| Proposition XII. — Mesure d'une ellipse. | 18 |
| Autre manière de mesurer l'ellipse. | 19 |
| Proposition XIII. — Mesure des portions de l'ellipse. | Id. |
| Proposition XIV. — Mesure d'un espace parabolique. | 20 |

MESURE DE LA SUPERFICIE DES CORPS SOLIDES. — Proposi-

## TABLE DES MATIÈRES. 543

Pages.

tion première. — Mesure de la surface convexe d'un cylindre. 21

Proposition II. — Mesure de la superficie d'un cylindre, dont l'un des bouts est coupé par un plan oblique à l'axe. *Id.*

Proposition III. — Mesure de la surface convexe d'un cône. 22

Proposition IV. — Mesure de la surface convexe d'un cône tronqué. 23

Proposition V. — Mesure de la surface convexe d'une sphère. 24

Proposition VI. — Mesure de la superficie d'une portion de sphère. 25

Proposition VII. — Mesure de la superficie convexe d'un cône de sphère. 26

Proposition VIII. — Mesure de la superficie d'un solide elliptique, ou d'un ellipsoïde. *Id.*

Observation pour la surface du paraboloïde. 27

STÉRÉOMÉTRIE OU MESURE DES SOLIDES. — Proposition première. — Mesure de la superficie d'un cube 28

Proposition II. — Mesure d'un parallepipède rectangle. *Id.*

Proposition III. — Mesure d'un parallélépipède, rectangle, coupé obliquement à sa hauteur perpendiculaire. 29

Autre méthode. *Id.*

Proposition IV. — Mesure de la solidité des prismes et des cylindres droits. 30

Proposition V. — Mesure des prismes et des cylindres obliques. 31

Proposition VI. — Mesure des pyramides et des cônes. *Id.*

Proposition VII. — Mesure des pyramides et des cônes tronqués. 32

Proposition VIII. — Mesure des pyramides et des cônes tronqués obliquement. 33

Proposition IX. — Mesure de la solidité de la sphère. *Id.*

Proposition X. — Mesure des portions de la sphère. 36

Proposition XI. — Mesure des polyèdres réguliers. 37

Proposition XII. — Mesure d'un ellipsoïde. 38

| | Pages. |
|---|---|
| Proposition XIII. — Mesure d'un paraboloïde. | 38 |
| Mesures nouvelles. — Première section. — Définitions et nomenclatures. | 40 |
| Deuxième section. — Rapports. | 41 |
| Troisième section. — Rapports approximatifs en nombres ronds. — Mesures de longueur. | 42 |
| Mesures itinéraires. | Id. |
| Mesures de superficie. | Id. |
| Mesures agraires. | 43 |
| Mesures de capacité pour liquides. | Id. |
| Mesures de solidité. | Id. |
| Bois de chauffage. | Id. |
| Bois de charpente. | Id. |
| Mesures de capacité, mesures sèches. | 44 |
| Poids. | Id. |
| Monnaies. | Id. |
| Quatrième section. — Tables de réduction. | Id. |
| Table première. — Réduction des perches et arpens en ares et hectares. | 45 |
| Table II. — Réduction des ares et hectares en perches et arpens. | 46 |
| Table III. — Réduction des lignes, pouces, pieds, en mètres et parties de mètres. | 47 |
| Table IV. — Réduction des toises en mètres. | 48 |
| Table V. — Conversion des mètres, et subdivision du mètre en toise et subdivision de la toise. | 49 |
| Suite de la table V. | 50 |
| Construction et toisé. | 52 |
| Construction des cheminées. | 53 |
| Toisé des cheminées. | 55 |
| Manteaux de cheminées. | 60 |
| Causes de la fumée des cheminées, et remèdes. | 63 |
| Toisé des manteaux de cheminées. | 64 |
| Toisé des fourneaux et potagers. | 67 |
| Fours à cuire le pain et la pâtisserie. | 69 |
| Toisé géométrique des fours à cuire le pain et la pâtisserie. | 70 |
| Des planchers. — Première espèce de planchers. | 73 |

| | Pages. |
|---|---|
| Deuxième espèce de planchers. | 76 |
| Troisième espèce de planchers. | 78 |
| Quatrième espèce de planchers. | 79 |
| Cinquième espèce de planchers. | 80 |
| Plafond et cloisons creuses suivant Bullet. | 81 |
| Détail d'un plafond suivant Goupil. | Id. |
| Plancher d'une nouvelle espèce compté pour 2 toises 1/4. | 82 |
| Sixième espèce de planchers. | 83 |
| Autres détails donnés par Bullet. | 84 |
| Des airs. | 85 |
| Des cloisons et pans de bois. | 87 |
| Des lambris. | 93 |
| Des lucarnes. | Id. |
| Des escaliers et perrons. | 94 |
| Des chausses d'aisances. | 98 |
| Détail des chausses d'aisances en poterie de terre cuite. | 101 |
| Des lieux à l'anglaise. | 103 |
| Des scellemens. | 105 |
| Observations en partie prises de Séguin. | 108 |
| Des solins, solemens ou calfeutremens, et des rebouchemens de crevasses et trous. | 110 |
| Des renformis et ravalemens. | 112 |
| Additions extraites en partie de Miché. | 114 |
| Des murs. | 119 |
| Mortier. | 121 |
| Toisé des murs de face. | 129 |
| Observations de Miché. | 132 |
| Baies percées en vieux murs. Extrait de Séguin. | 142 |
| Des demi-faces de tête, extrait de Séguin. | 147 |
| Murs de clôture, extrait de Miché. | 161 |
| Des puits, des citernes, des glacières. | 167 |
| Des voûtes et de leurs toisés, extrait de Miché. | 171 |
| Toisé, évaluation des voûtes en berceau. | 173 |
| Voûtes d'arrête, et en arc de cloître. | 176 |
| Voûtes en arc de cloître à plusieurs pans, voûtes ou portions de voûtes sphériques ou phéroïdales, trompes. | 180 |
| Voûtes en berceaux sur noyaux carrés, circulaires ou ovoïdes, droites ou rampantes. | 186 |

| | Pages. |
|---|---|
| Terres massives pour le vide des caves. | 187 |
| Des saillies et moulures. | 190 |
| **Moulures simples.** | 191 |
| Moulures couronnées de filets. | 192 |
| Section première. — Manière de compter les profils, comme taille ou comme légers ouvrages, extrait de Séguin. | 193 |
| Section II.—Des longueurs et pourtour des corniches, plinthes ou autres. | 201 |
| Section III. Des saillies d'architecture et des évidemens d'angles. — Paragraphe premier. | 202 |
| Paragraphe II. | 206 |
| Des frontons triangulaires ou cintrés, et des couronnemens de cheminées. | 207 |
| De l'ordre toscan. | 215 |
| De l'ordre dorique. | 216 |
| De l'ordre ionique. | 218 |
| De l'ordre corinthien. | 220 |
| Toscan sans piédestal. | 222 |
| Le dorique sans piédestal est de 20 modules, et de 25 modules 1/3 avec piédestal. | 223 |
| L'ionique sans piédestal est de 22 modules 1/2, et avec piédestal de 28 modules 1/2. | 224 |
| Le corinthien et composé sans piédestal est de 25 modules, et avec piédestal de 31 modules 1/3 ou 12 parties. | 225 |
| De la manière dont on doit toiser les tailleurs de pierres qui travaillent à leur tâche. | 231 |
| De la construction en pierre de grès, vulgairement nommée *Gresserie*. | 234 |
| Toisé de la gresserie pour appareil. | 237 |
| De la construction des murs de rempart et de terrasse | 242 |
| Du centre de gravité. | 251 |
| De l'équilibre. | *Id.* |
| Du levier. | 252 |
| **Toisé des pilotis.** | 262 |
| Du toisé cube des murs de remparts et de terrasse, appliqué à un bastion et à une courtine, ce qui | |

| | Pages. |
|---|---|
| peut servir à toutes les parties d'une fortification. | 265 |
| Mesurer un mur en talus et en rampe. | 278 |
| Mesurer un mur circulaire et en talus. | 280 |
| Méthode pour toiser les terres cubes de hauteurs inégales, par rapport à un plan de niveau ou en pente. | 281 |
| Des pierres de taille, extrait de Morisot. | 285 |
| Des pierres dures. | Id. |
| Des pierres tendres. | 288 |
| Du prix des diverses espèces de pierres rendues à pieds d'œuvre, et tous frais de pourboire et autres compris. | 292 |
| De la meulière. | 298 |
| Du transport des pierres de taille et autres, à diverses distances par eau et par terre. | 299 |
| Table du transport des pierres, du moëllon, meulière, etc. | 300 |
| De la brique. | 301 |
| De la pierre à plâtre et des platras. | 303 |
| Du plâtre. | 307 |
| De la chaux. | 310 |
| Du ciment. | 313 |
| Du mortier, extrait de Bullet. | 315 |
| De la valeur de 100 pieds cubes de mortier de chaux et sable fin de carrières. | 320 |
| Mortier de chaux, grès et plâtre. | 321 |
| Mortier de chaux et ciment. | 322 |
| Du sable. | 323 |
| De la latte. | 324 |
| Du bardeau. | id. |
| Du clou | 325 |
| Prix du travail. | 326 |
| Tableau du déchet selon la hauteur du banc qu'éprouve la pierre après avoir été équarrie ou ébousinée, par la taille postérieure des lits, des joints et des paremens. Les assises, toutes taillées, ayant en œuvre de 2 pieds 6 à 4 pieds de longueur, et hauteur. | 327 |
| Du bardage. | 328 |

| | Pages. |
|---|---|
| Table du temps nécessaire pour barder une toise et un mètre cube de pierre dure ou tendre, à diverses distances, sur plan supposé de niveau, au moyen d'un chariot servi par six hommes, dont quatre bardeurs attelés devant et deux pinceurs poussant le derrière de l'équipage. | 329 |
| Table du temps nécessaire pour monter une toise ou un mètre cube de pierre à diverses hauteurs, au moyen d'une chèvre servie par cinq hommes, dont trois employés à brayer, guider et recevoir la pierre, et deux à la monter et à la barder, avec rouleaux sur l'échafaud. | 330 |
| DE LA CHARPENTERIE. | 332 |
| Construction des combles. | 338 |
| Des planchers | 344 |
| Des pans de bois. | 348 |
| Des cloisons. | 352 |
| Des escaliers. | 355 |
| Toisé des bois de charpente. | 358 |
| Table. | 360 |
| Autre méthode plus générale. | 362 |
| Table de la réduction des longueurs des bois employés dans les bâtimens. | id. |
| Table des divisions en quarts sur les faibles longueurs relatives à la toise. | 366 |
| Observations. | 369 |
| Articles préliminaires servant au toisé de la charpenterie. | 370 |
| Toisé des combles en général. | 372 |
| Des planchers en général. | 373 |
| Des pans de bois et cloisons. | 377 |
| Des escaliers. | 379 |
| Des bois élégis et circulaires. Des poteaux de barrière et d'écurie. Des rateliers. Des rouets de puits. Des pilotis. | 381 |
| Des vieux bois et étaiemens. | 384 |
| Du toisé bout-avant en charpenterie. | 386 |

DES MATIÈRES.

| | Pages. |
|---|---|
| Du mode de mesurer les bois carrés et de leur prix, extrait de Morisot. | 387 |
| Du prix des bois carrés selon leur échantillon, extrait de Morisot. | 390 |
| Prix ci-dessus détaillés. | 391 |
| Méthode générale pour connaître le poids que peut porter dans son milieu une solive méplate, posée de champ horizontalement, et engagée entre deux murs, l'instant avant que de se rompre. | 393 |
| Du toisé des bois en grume. | 398 |
| Usage de la table suivante. | id. |
| Table économique pour le débit des bois de charpente dans les forêts. | 400 |
| Des couvertures. | 401 |
| Toisé des couvertures. | 404 |
| Etat de couverture. | 417 |
| Autres espèces de couvertures. | 420 |
| Du carreau de terre cuite. | 421 |
| Détail du carreau. | id. |
| DE LA MENUISERIE. | 423 |
| Des portes et de leurs chambranles. | id. |
| Des croisées. | 426 |
| Des lambris. | 429 |
| Du parquet. | 430 |
| Des cloisons de menuiserie. | 434 |
| Addition à la menuiserie, extrait de Séguin. | id. |
| Tarif, extrait de l'almanach des bâtimens. — Des prix à façon des ouvrages de menuiserie les plus usuels, applicable aux bois, un peu plus ou un peu moins épais de 9, 12, 15 ou 18 lignes, pour une croisée de 3 pieds 6°, pour une de 4 pieds de largeur, un bâti, un huisserie, un chambranle de 3° de largeur, même valeur que s'ils avaient 3° 3/4. | 438 |
| Bois de bateau. | id. |
| Bois neuf. | id. |
| Croisées. | 444 |
| Persiennes. | 445 |
| Ouvrages à toise courante. | 446 |

| | Pages. |
|---|---|
| DE LA FERRURE. | 451 |
| De la qualité du fer. | Id. |
| Échantillons du fer et du clou. | 452 |
| Ouvrages de gros fer. | 454 |
| Ferrures des portes et croisées. | 455 |
| Tarif pour le fer. — Extrait de l'almanach des bâtimens. — Tarif du poids légal d'un pied métrique de longueur et d'un pied de roi de longueur sur diverses grosseurs. | 460 |
| Tarif du poids des fers ronds depuis trois lignes jusqu'à deux de diamètre sur un pied de long et sur six. | 463 |
| Tarif des ouvrages en fer préparé, à l'abri de la rouille, à l'usage des bâtimens, de la manufacture de *Philippe Morel*, *rue du Faubourg Montmartre*, *n. 20*. — Fournitures pour être payées à trois mois de termes. | 464 |
| Tuyaux. Le pied courant. | Id. |
| Cuvettes. | 465 |
| Gouttières, cheneaux, faîtages, noues, etc. Le pied courant. | Id. |
| Crochets préparés pour les gouttières | Id. |
| Collets préparés pour les tuyaux. | Id. |
| Tarif général des prix de la serrurerie. — Fers comptés aux poids. | 466 |
| Fonte de Champagne. | 467 |
| Prix d'un boulon de 3 pieds longueur et au-dessous, en fer carré. | Id. |
| Rampe de fer de roche. | 468 |
| Des clous et rappointis. | Id. |
| Tarif des prix d'achat de quincaillerie. | 469 |
| De la grosse fonte, ou fer fondu. | 476 |
| DE LA PLOMBERIE. | 478 |
| Tarif du prix des plombs de la fabrique de M. Lenoble, rue des Coquilles, n° 2. — Plomb laminé en tables de toutes épaisseurs, jusqu'à une ligne inclusivement. | 481 |
| Tuyaux étirés fortes épaisseurs, sans soudure, tous diamètres jusqu'à un pouce inclusivement. | Id. |

| | Pages. |
|---|---|
| Tarif pour le plomb. Poids d'un pied métrique superficiel, sur diverses épaisseurs. | 482 |
| Tuyaux de plomb laminé, soudé de longueur. | 483 |
| Tuyaux moulés. | Id. |
| Tuyaux d'eau forcée. | 484 |
| DE LA VITRERIE. | 486 |
| Du verre de Bohême. | 489 |
| Réduction des feuilles de verre en table, en paquets. | 490 |
| DE LA MIROITERIE. | 493 |
| DE LA PEINTURE D'IMPRESSION. | 495 |
| Prix des peintures | 503 |
| DE LA DORURE. | 505 |
| Du bronze de peintre. | 507 |
| DE LA MARBRERIE. | 509 |
| DU PAVÉ DE GRÈS. | 511 |
| Détail d'une toise ou pavé fendu en deux, d'après Morisot. | 513 |
| Détail d'une toise de pavé fendu en trois. | Id. |
| Poids du pied cube. — Des différentes matières. | 514 |
| Garantie. | Id. |
| De la demande du paiement des travaux. | 518 |
| Sur les devis et marchés, extrait du Code civil. | 520 |
| Sur les privilèges. | 522 |
| Observations, extrait de Morisot. — Toisé de maçonnerie. | 524 |
| Charpenterie. | 534 |
| Couvertures. | 536 |
| Menuiserie. | 539 |

FIN DE LA TABLE DES MATIÈRES

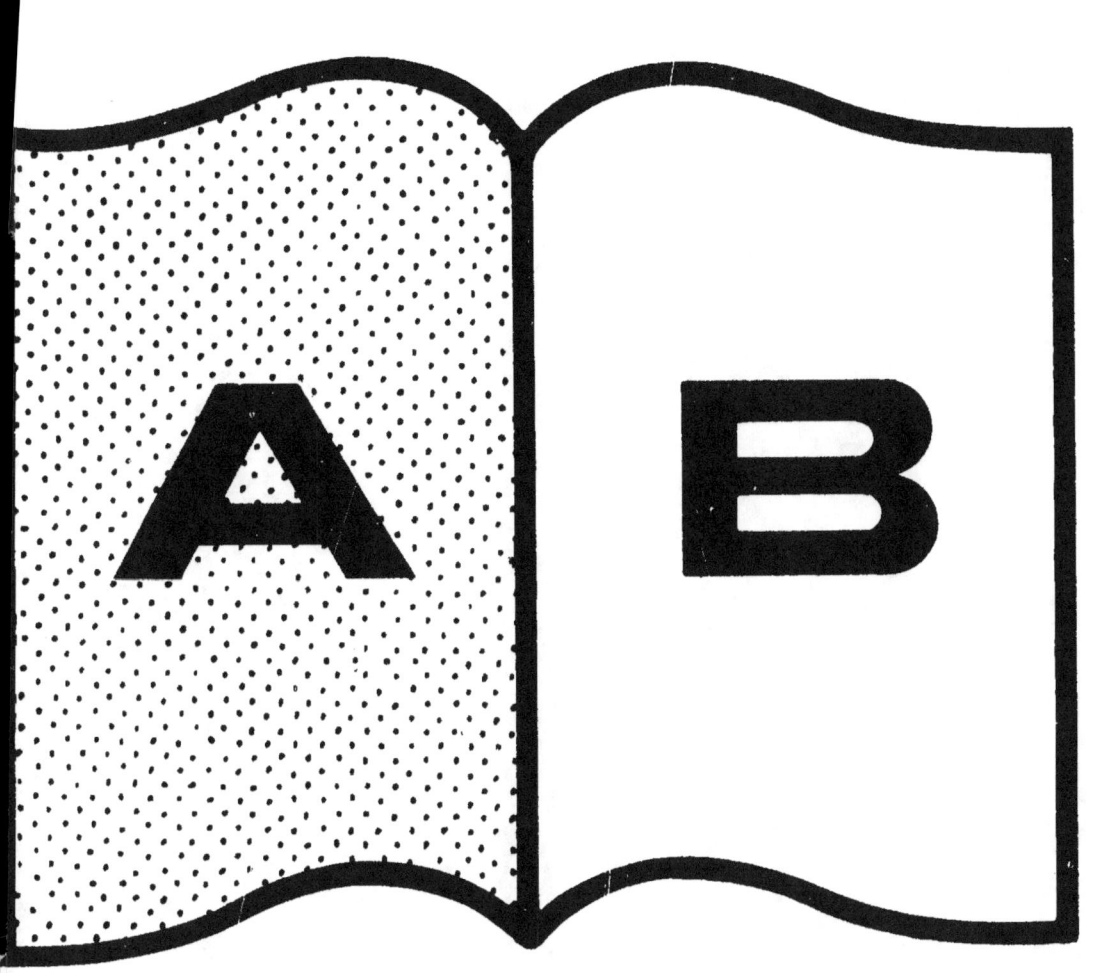

Contraste insuffisant

**NF Z 43**-120-14

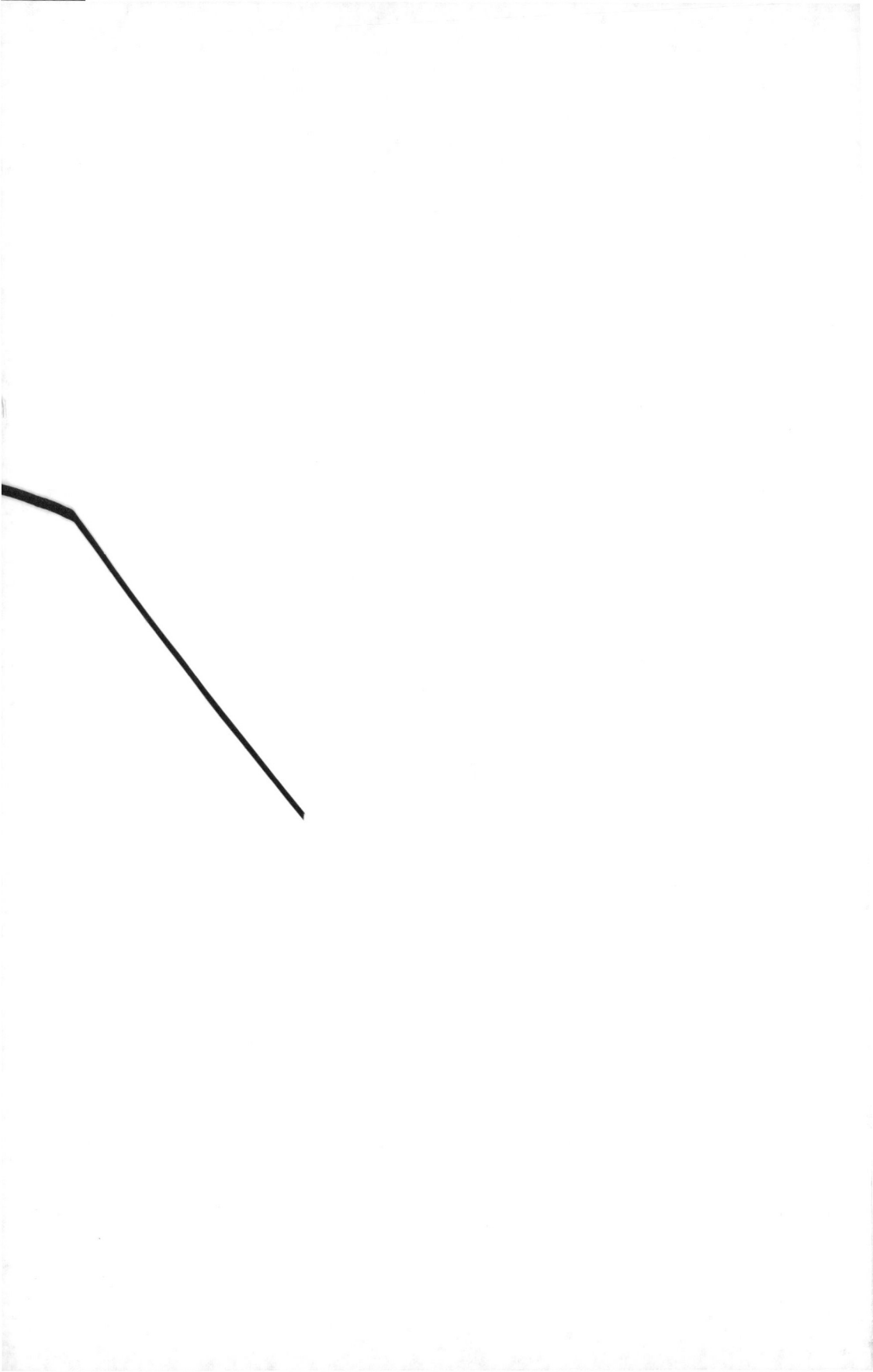

www.ingramcontent.com/pod-product-compliance
Lightning Source LLC
Chambersburg PA
CBHW070828230426
43667CB00011B/1725